"十二五"职业教育国家规划教材
经全国职业教育教材审定委员会审定

公共素质教育

大学生安全知识读本

主　编　杨　军　李　磊
副主编　刘　莉　邵金莉　刘毅飞　吕尚苗
参　编　王　琳　杨春华　杨绍昌　雷　云
　　　　杨松慧　沈世强　周石桥　李　佳
　　　　杨东昌　曾永群　者胜祥　季绍文
　　　　杨洪兵

北京师范大学出版集团
BEIJING NORMAL UNIVERSITY PUBLISHING GROUP
北京师范大学出版社

图书在版编目(CIP)数据

大学生安全知识读本 / 杨军，李磊主编. —北京：北京师范
大学出版社，2016.1(2020.8 重印)
"十二五"职业教育国家规划教材
ISBN 978-7-303-19757-6

Ⅰ.①大… Ⅱ.①杨… ②李… Ⅲ.①大学生－安全教育－
高等职业教育－教材 Ⅳ.①G645.5

中国版本图书馆 CIP 数据核字(2015)第 273323 号

营 销 中 心 电 话	010-58802181 58805532
北师大出版社职业教育分社网	http://zjfs.bnup.com
电 子 信 箱	zhijiao@bnupg.com

出版发行：北京师范大学出版社　　www.bnup.com
　　　　　北京市西城区新街口外大街12-3号
　　　　　邮政编码：100088

印　　刷：天津市宝文印务有限公司
经　　销：全国新华书店
开　　本：787 mm×1092 mm　1/16
印　　张：18.75
字　　数：330 千字
版　　次：2016 年 1 月第 1 版
印　　次：2020 年 8 月第 9 次印刷
定　　价：32.00 元

策划编辑：周光明　　　　　责任编辑：周光明
美术编辑：高　霞　　　　　装帧设计：高　霞
责任校对：陈　民　　　　　责任印制：陈　涛

前　言

　　安全教育是高校思想政治教育的一个重要内容,也是大学生知识体系不可缺少的一个组成部分。因此,抓好大学生安全教育,这对于加强高等院校的日常管理,维护学校的正常教学、科研及生活秩序,保障学生人身和财物安全,促进学生健康心理的形成,都具有十分重要的现实意义和战略意义。

　　随着高校改革开放深入,大学生的生活空间大大扩展,交流领域也不断拓宽。在校期间,他们除了进行正常的学习、生活外,还需要走出学校参加各种的社会实践活动。在这种情况下,如果缺乏必要的社会生活知识,尤其是安全知识,势必会导致各种安全事故的发生。因此,加强大学生的安全教育,增强安全意识和自我防范能力,已迫在眉睫、刻不容缓。我国面临着复杂严峻的安全形势,而大学生的安全意识又相对薄弱,这就迫切需要对大学生进行安全教育,培养安全知识,树立新的安全观,既是必要的,也是紧迫的。

　　当前高校管理方式社会化,办学形式多样化,学生结构复杂化,校园与社会相互交叉、相互渗透,校园治安形势日趋复杂严峻。高校由原来单一的教学封闭型转变为全方位、多功能、开放型的"小社会",这种复杂的格局,客观上也给高校的安全造成诸多不利因素。社会上的一些不法之徒,时常窜入高校进行盗窃、抢劫、诈骗、行凶等流氓犯罪活动,有的甚至危害师生的人身安全,直接影响学校的安全稳定。大量的外来务工、经商人员涌入校园,给学校的治安管理带来了巨大的冲击。据调查,高校外来人员引发的案件占高校刑事、治安案件的40%以上。加上不少高校校区多而分散,交通安全也存在较大的隐患。据有关统计数据表明,高校校园内发生的刑事、治安案件或安全问题,大多数与学生有关。这些案(事)件的发生,不仅会给学生本身及家庭造成伤害,而且也会直接影响到学校正常的教学、生活秩序,严重时将危及整个社会的稳定。因此,在社会治安形势严峻、高校周边治安环境复杂、校园治安形势不容乐观的情况下,加强大学生安全教育,提高他们的安全防范能力,可以有效地减少和避免发生在大学生中的各种安全问题,从而起到维护高校安全和稳定的积极作用。

　　近年来,在校园内外发生了许多涉及学生意外伤害事故,究其原因虽然各不相同,但有一个共同点,就是大多数当事学生对事故的发生没有任何心理准备和自我保护意识,面对伤害不知所措。当代大学生由于从小都是在父母和老师的呵护下长大,没有经受什么挫折,思想比较单纯,对社会上的不良风气和一些坏人坏事不能作理性的认识。由于缺乏社会经验,自我防范能力就相对比较弱,如缺乏保管自己的贵重物品、现金的经验,易于发生财物被盗;缺乏人际交往中的经验,容易上当受骗。也有一些学生在受到不法侵害时,不知道如何保护自己,轻而易举地被一些不法之徒欺骗或威逼利诱。近年来发生的多起女大学生被拐卖、凌辱、残害的案件就是这方面的活生生的例子。另一方面,一些大学生安全防范意识淡薄,对可能发生的各种安全问题,缺乏必要的重视和警惕,留下

了种种安全隐患。例如人离不锁门、贵重物品不加妥善保管、随意丢放，导致钱物失窃；有的学生违反宿舍安全管理规定，在宿舍内乱接乱拉电线、违章使用电器、吸烟乱扔烟头等，并由此造成各种安全事故。因此，加强大学生安全教育，使广大学生提高警惕，掌握必要的安全知识，可以起到预防犯罪，减少发案的作用，加强大学生安全教育，既是时代的呼唤，也是素质教育发展的必然要求。

目前，大学生安全教育还处于宣传教育阶段，远未达到有计划、有目标、规范化教育的层次，但安全教育决不是可有可无，可做可不做的事情。安全教育是维护大学生安全的一项基础教育，是学生素质教育的一部分，是人才保障的根本教育，它始终是贯穿于人才培养的全过程。因此，我们要把做好大学生安全教育工作提高到能否营造优良育人环境；能否维护校园和社会的稳定；能否实现高校的教育培养目标这一高度来认识，时刻把学生安全教育工作摆在重要位置。

目前，全国高校至今还没有一门较完整的综合性的安全教育课程，更没有合适的教材适合于安全教育。近年来，大学生安全教育主要渠道是报纸、电视、广播、安全知识讲座以及上级有关文件、通知精神等。当然，这些教育是很重要的，也收到了一些效果，但毕竟是有局限性的，其深度和系统性也受到限制。因此，尽快地编写出具有以思想教育为基础，法制教育为依据，典型案例为衬托，防火、防盗、防事故为主要内容的安全教育教材，可以有效提高授课的系统性、条理性和逻辑性。为了使高校学生安全教育逐步走向规范化、系统化和科学化的轨道，我们组织了一批近年来在高校安全教育管理第一线的专家和学者编写了集知识性、趣味性、实用性于一体的《大学生安全知识读本》一书，旨在弘扬安全文化，强化高校校园全员安全意识，有效地普及安全知识，培养和提高必要的安全技能，让受教育者内心接受，做到入耳、入脑、入心。变"要我安全"为"我要安全"，从而为构建和谐平安校园作出积极努力。

编　者
2015 年 11 月

目　录

第一章　政治安全

▶ 第一节　维护国家安全　反对邪教迷信

一、保持政治敏锐性　提高辨别能力

当前，我国大学生的政治文化主流是好的，但同时也应看到，在文化多元化的背景下，一些新的社会思潮及其观念对大学生的政治文化选择产生了一定影响，导致当代大学生在政治文化选择时面临多元化的状态，若不能及时加以正确引导，将对其世界观、人生观、价值观产生很大影响。高校应从以下几个方面着手，使大学生保持政治敏锐性，提高辨别力。

首先，调整高等教育策略，从价值观引导、方法论培养、思维方式形成等方面，对当代大学生进行全面引导。高等教育工作者应该将培养大学生树立正确的价值观放在人才培养工作的首位，通过各种教育手段和教育途径，帮助大学生树立崇高的政治理想、强烈的社会责任感。

其次，在增加大学生与社会政治生活接触的广度和深度的基础上，将书本知识和实践知识、专业知识和社会知识相结合，特别注重理论和实践、历史和现实、传统和现代相一致的方法论培养，使大学生通过历史的、民族的、传统的、客观的、现实的文化积淀，增强政治敏锐性，更加符合时代要求。

再次，把对大学生思维方式的培养放在高等教育教学的重要位置上，通过教育教学的多样化途径，使学生开阔视野，提高理论水平，培养思维方式，锻炼正确的思维能力，提升文化品位，升华思想境界，树立正确的世界观、人生观、价值观。

最后，对各种社会思潮进行正确的分析和评价，注重改变一些大学生政治情感淡漠化的倾向，努力用社会主义核心价值体系教育引导青年学生，使其树立正确的价值观，克服消极批判或盲目接受的片面化倾向，使青年学生以国家发展为己任，以民族富强为职责。

二、维护国家安全

新时期的国家安全观是一种综合安全观，主要由国家外部环境的安全和内部环境的安全两个方面构成，其范围较为广泛，涉及政治、军事、经济、科技、文化等方面。

(一)国家主权的独立

主权在国际法上是指一个国家独立自主地处理对内、对外事务的最高权力。按照近代国家的概念，国家和主权是不可分的，主权是国家区别于其他社会集团的特殊属性。国家主权的基本内容有：对内的管辖权，主要是属地（领域）管辖权和属人管辖权；对外的独立权，即国家可以按照自己的意志处理本国事务而不受其他国家干涉的权力；对外的平等权，即各国不论大小、强弱、贫富、社会制度的差异，都有平等参与国际事务、相互尊重的权力；对外的自卫权，即国家为抗拒外来武力攻击而进行国防建设和进行单独或集体自卫的权力。国家主权独立和安全是国家安全的前提和基础。

(二)国家领土完整

国家领土是位于国家主权支配下的地球表面的特定部分，以及其底土和上空。领土是构成国家的主要因素之一。世界上任何一个国家都必须有一定的领土，才能使其国民安居乐业，才能组织政权，才能为国家行使主权提供空间，才能生产出国民和国家赖以生存和发展的物质财富。领土完整包括领陆、领水、领空等地理方面的内容，但更主要的是体现了国家领土的完整性，表示国家领土不能被侵占、被肢解、被分裂。领土完整是国家独立的重要标志，是国家主权、国家安全的重要组成部分。领土主权不可侵犯也是国际法早已确认的重要原则。《联合国宪章》第二条第四项规定："各会员国在其国际关系上不得使用威胁或武力侵害任何会员或国家领土完整或政治独立。"

(三)国家经济安全

国家经济安全是指维护国家经济正常运转，不受内外干扰、威胁、破坏的一种状态。国家经济安全既包括一国抗击各种风险的能力，也包括该国为确保国家经济稳定和持续发展而确立的战略目标以及为此采取的各项措施。经济安全在国家安全诸要素中起着基础性作用。这是因为，经济利益是国家、民族赖以生存和发展的最根本利益，在国家利益中居主要地位，而国家经济安全所体现和维护的正是国家的经济利益。针对我国实际，国家经济安全所面临的威胁主要包括：经济制度安全、民族经济安全、金融安全、贸易安全、粮食安全及合作安全等。

(四)军事安全

所谓军事安全，是指国家运用军事力量捍卫国家安全，维护国家的主权完整和长治久安，保卫人民的生命财产，为国家的发展和人民的生活提供一个相对稳定的内部和外部环境。军事安全包括三个方面的内容：一是指国家在客观上是否存在军事威胁，可分为外敌入侵和内部动乱；二是指国家主观上是否具有军事安全感；三是指一个国家是否拥有维护国家安全的手段和军事能力。维护军事安全是通过自身的军事实力来实现的。

(五)政治安全

政治安全是国家传统的重要内容，即主权国家如何防止来自外部的政治干预、压力和颠覆以及内部敌对势力的破坏活动。其主要体现是国际政治斗争。政治安全更多的是通过外交斗争和政府行为来维护，但也离不开经济实力和军事实力的支撑。政治安全也是增强民族凝聚力的重要基础。

(六)信息安全

信息安全是由于近年来网络技术迅速发展而产生的一个独立的安全概念，也可以说是国家安全概念延伸到计算机网络空间的结果。所谓信息安全，是指在电脑网络空间中，主体利益不受到来自外部和内部的威胁、破坏以及其他任何危害性影响的一种状态。信息安全既可以在电脑网络空间直接提供国家安全保障，也可以通过经济安全、军事安全、政治安全和社会安全等因素对国家安全产生重大影响。

(七)科技安全

科技安全是指保障国家科学技术的发展不受内外干扰和威胁，即通过政治、经济、外交、军事、情报等手段，使国家的科学技术体系以及各项工作免受内部和外部的干扰、破坏，保障本国科学技术的先进性和重要科学技术发展战略计划的顺利实施。科技安全是国家安全的一个重要组成部分。当今世界各国之所以重视科技安全，努力保障和维护科技安全，是因为科学技术在整个社会发展过程中，在提高综合国力和保障国家安全等方面都发挥着越来越重要的作用。

(八)环境生态安全

随着工业化的发展，全球性的环境问题日益凸显，生态环境安全也日益引起国际社会的普遍关注。所谓生态环境安全，主要是指人类的生存免予受到环境恶化的威胁，以及国家安全和国际社会免予受到环境破坏和生态恶化的威胁。联合国在1992年召开的地球首脑会议上通过的《21世纪日程》中，将环境保护与"一个更安全、更繁荣的未来"等问题联系起来，突出强调了环境安全的重要性。环境问题主要包括以下几个方面：一是环境污染；二是全球气候与臭氧层的破坏；三是资源破坏与短缺；四是生物多样性丧失。

(九)文化安全

文化安全是指一个主权国家的文化价值体系，特别是主流文化价值体系，免予遭受来自内部或外部文化因素的侵蚀、破坏或颠覆，以完整地保持自己的文化价值传统，在自主和自愿的基础上进行文化革新，吸收和借鉴一切对本民族有益的文化价值观念和生活方式。文化安全在国家安全中的地位是独特的，文化安全为一个国家提供了稳定的政治环境和发展经济与促进科学技术发展所需要的强大的精神动力，为人民大众的幸福生活提供了深厚的道德基础。

三、坚决抵制邪教迷信

（一）大学生要警惕邪教或其他非法组织

大学生应当参加合法的社会组织，参与健康向上、有益身心的社会活动，不能参加邪教组织、会道门或其他以祛病健身、修身养性为幌子的非法组织活动，要经常保持政治警惕性，凡事多问几个为什么，防止上当受骗，防止做违法的事情。我国《刑法》中有打击"组织、利用会道门、邪教组织或者利用迷信进行犯罪活动"的规定。如果发现有人利用会道门、邪教组织或者利用迷信蒙骗群众，危害社会治安，要及时向公安、保卫部门举报。如果你的亲友参加了会道门、邪教组织或搞迷信活动，则应当劝其尽快脱离非法组织，中止非法活动。

（二）崇尚科学，反对邪教

高等学校是传播科学文化知识的殿堂，担负着为国家培养社会主义现代化建设人才的崇高使命。高校的大学生应当牢固掌握辩证唯物主义和历史唯物主义，反对唯心主义，反对封建迷信。

大学生要学会识别真伪，分辨善恶，分清宗教与邪教的本质区别，分清我们提倡的"真、善、美"与李洪志《转法轮》里所讲的"真、善、忍"的本质区别，识破李洪志所谓"祛病健身"的骗局，从根本上认清"法轮功"反人类、反社会、反科学、反政府的反动本质。

"法轮功"顽固分子在高校还有破坏活动，我们与"法轮功"的斗争仍在继续。李洪志一伙在西方敌对势力的支持下，利用网络等手段进行反动活动，投寄非法传单、传送攻击党和政府的录音电话的事情仍在不断发生。境外"法轮功"活动仍很猖獗，境内"法轮功"破坏活动也在升级，广大学生要站在党和人民一边，与邪教"法轮功"进行坚决的斗争，用实际行动去反对迷信，反对邪教，用实际行动去维护学校稳定。

▶ 第二节　提高政治觉悟　维护高校稳定

一、大学生如何提高政治觉悟

提高大学生政治觉悟要遵循坚持教书与育人相结合，教育和自我教育相结合，政治理论教育与社会实践相结合，解决思想问题与实际问题相结合，教育与管理相结合的原则。坚持马克思列宁主义、毛泽东思想、邓小平理论和"三个代表"重要思想为指导，解放思想，实事求是，与时俱进；始终坚持以人为本，坚持"三个贴近"，坚持追求提高思想政治教育的针对性、实效性和吸引力、感染力。在继承党的思想政治工作优良传统的基础上，积极探索新形势下开展大学生思想政治教育的新途径、新方法，努力体现时代性，把握规律性，富于创造性，增强实效性。

提高大学生政治觉悟的主要任务是：以理想信念教育为核心，深入进行树立正确世界观、人生观和价值观的教育；以爱国主义教育为重点，深入进行弘扬和培育民族精神的教育；以基本道德规范为基础，深入进行公民道德教育；以大学生全面发展为目的，深入进行素质教育。这些任务的确定和完成都要坚持以人为本，努力贴近实际，贴近生活，贴近学生。

高校要丰富和改进开展大学生思想政治教育的途径，把大学生社会实践、心理健康教育、校园文化建设、网络思想教育等加强和改进大学生思想政治教育的难点，转变为提高大学生政治觉悟和思想道德素质的着力点和切入点。

深入开展社会实践活动，引导大学生走出校门，把社会实践纳入学校教育教学总体规划和教学大纲，规定学时和学分，提供必要经费。积极探索和建设社会实践与专业学习相结合、与服务社会相结合、与勤工助学相结合、与择业就业相结合、与创新创业相结合的管理体制，增强社会实践活动的效果，培养大学生的劳动观念和职业道德。认真组织大学生参加军政训练。利用好寒暑假，开展形式多样的社会实践活动。

大力建设体现社会主义特点、时代特征和学校特色的校园文化，形成优良的校风、教风和学风。通过推动校园文化建设，提高大学生的科学文化素质、思想道德素质和健康素质，促进大学生健康成长和全面发展。

大学生正处在人生观、世界观和价值观形成的关键时期，大学时代所养成的性格特点、生活习惯将不可避免地影响其一生的成长和发展。要培养大学生具有高尚的道德情操，具有强烈的事业心和社会责任感，具有艰苦奋斗、甘于奉献和集体主义的精神。

全面加强校园网的建设，使网络成为弘扬主旋律、开展思想政治教育的重要手段。利用校园网为大学生的学习、生活提供更好的服务，对大学生进行教育和引导，不断拓展大学生思想政治教育的渠道和空间。

帮助大学生解决实际问题，把思想政治教育和解决实际问题很好地结合起来。结合大学生实际广泛深入开展谈心活动，有针对性地帮助大学生处理好学习成长、择业交友、健康生活等方面的具体问题，提高大学生的思想认识和精神境界。制订大学生心理健康教育计划，确定相应的教育内容、教育方法。建立、健全心理健康教育和咨询的专门机构，配备足够数量的专、兼职心理健康教育教师，积极开展大学生心理教育和心理咨询辅导，引导大学生健康成长。加强对经济困难大学生的资助工作，多方筹措资金，不断完善资助政策和措施，形成包括国家助学贷款、助学奖学金、勤工助学基金、特殊困难补助和学费减免在内的助学体系，帮助经济困难的大学生完成学业。

发挥好党组织在大学生思想政治教育中的重要作用。重视学生党员的发展工

作，对入党积极分子注重早期培养，并进行系统的党的知识教育和实践锻炼。创新学生党支部的活动方式，丰富活动内容，增强凝聚力和战斗力。

发挥好共青团和学生组织在青年学生中的影响作用，推进大学生思想政治教育。高等学校团组织应充分发挥在教育、团结和联系大学生方面的优势，竭诚为大学生的成长成才服务。加强对优秀团员的培养，认真做好推荐优秀共青团员的入党工作。在共青团指导下，学生会可针对大学生的特点，开展生动有效的思想政治教育活动，把广大学生紧密团结在党的周围，在大学生思想政治教育中更好地发挥桥梁和纽带作用。

另外，加强对大学生社团的领导和管理，帮助大学生社团选聘指导老师，支持和引导大学生社团自主开展活动。重视大学生生活社区、学生公寓、网络虚拟群体等新型大学生组织的思想政治教育工作，选拔大学生骨干参与学生公寓、网络的教育管理，发挥大学生自身的积极性和自主性，增强教育效果。

二、维护高校校园稳定

大学生是十分宝贵的人才资源，充满活力与热情，是维护高校校园稳定的积极而重要的力量。大学生要做维护高校校园稳定的模范，并努力做到以下几点。

(一)树立坚定的理想信念，自觉抵制西方敌对势力的渗透和破坏活动

坚定的理想信念是我国人民团结一致的思想基础，是克服艰难险阻的法宝，也是保障社会稳定的关键。大学生要按照邓小平同志关于"有理想、有道德、有文化、有纪律"的要求，"不断深化对我国历史和国情的认识、对改革开放30多年伟大进程的认识，进一步增强民族自尊心、自信心和自豪感，进一步坚定跟党走中国特色社会主义道路，实现中华民族伟大复兴的信念。"

当前影响我国政治稳定的主要是西方敌对势力、民族分裂势力、非法宗教势力与邪教组织的渗透和破坏活动。邓小平同志曾反复强调："中国的问题，压倒一切的是需要稳定。没有稳定的环境，什么都搞不成，已经取得的成果也会失掉。"大学生发现西方敌对势力、民族分裂势力、非法宗教势力和邪教组织的渗透和破坏活动，要及时向学校报告，要同它们作坚决的斗争，努力维护安定团结的大局。

(二)承担起历史责任，理性理解爱国主义

大学生是民族的希望，是祖国的未来，党和人民希望他们成为可靠的社会主义事业的建设者和接班人。历史证明，青年兴则国家兴，青年强则国家强。当前，我国正处于重要战略机遇期，党的十七大提出要深入贯彻落实科学发展观，继续解放思想，坚持改革开放，推动科学发展，促进社会和谐，为夺取全面建设小康社会的新胜利而奋斗的战略目标，意义重大而深远。大学生一定要努力学习邓小平理论和"三个代表"重要思想，认真贯彻落实科学发展观，正确认识社会发展规律，认识国家的前提命运，承担起自己的历史使命和社会责任，在维护社会稳定的大局中发挥积极的模范作用。

热爱祖国是中华民族的光荣传统，爱国主义是我们民族的伟大凝聚力。我们的爱国主义不是资产阶级民族主义或以孤立、保守、排外为特征的狭隘的民族主义，一个成熟的爱国者会铭记历史，并以对国家未来负责的态度理性选择自己的爱国行为。在过去发生的学潮或突发事件中，有的是以爱国主义为主题的，表现了青年学生的爱国热情，这是不容质疑的。但是，也有少数人错误地认为在爱国的题目下什么事情都可以做，或者幼稚地认为爱国就不要购买和使用外国的产品，否则就是卖国主义。大学生一定要全面、科学、正确、理性地认识爱国主义，努力理解国际外交斗争的形势和复杂性，学校外交斗争的艺术，使自己的言行符合自己爱国的初衷，才能更好地维护国家的利益。胡锦涛同志 2008 年 5 月 13 日在北京大学师生代表座谈会上的讲话中提出，"要坚持爱国主义与社会主义的高度统一，时刻心系民族命运，心系国家发展，心系人民福祉，使爱国主义精神在新的时代条件下发扬光大。"大学生应当认真学习贯彻。

(三)学会辨别真伪，自觉抵制网上不良信息

改革开放以来，大学生面临着大量西方文化思潮和价值观念的冲击，社会上的各种思潮也不可避免地传播到学校。敌对势力或者别有用心的人一贯把青年学生当作突破口，他们企图利用青年人缺乏经验、思想上与心理上还不够成熟的特点，以达到自己的目的。大学生要头脑清醒，对此保持警惕，要通过学校和实践不断提高自己的政治意识和理论素质，提高识别各种错误思潮的能力，善于辨别真伪是非，善于识破敌对势力和别有用心的人的各种企图，努力维护高等学校和全社会的政治稳定。

对网上的有害信息，特别是影响政治稳定的有害信息，要努力分辨，自觉抵制，不受它的影响。对于一时分辨不清的要向学校咨询、核实、查证，而不要轻信，不要随波逐流。自觉抵制网上不良信息的影响，就是维护稳定的实际行动。

(四)理解和支持学校的改革，通过正常途径反映意见

为了提高办学水平和质量，适应社会主义现代化建设的需要，高等学校不断进行办学体制、学科设置、学科建设、人才培养模式、人事制度、分配制度、管理制度、后勤等方面的改革，有些改革措施涉及学生的利益，学生对于学校的某些改革措施有这样那样的意见是完全正常的。

大学生要理解和支持学校的改革。我国的高等教育事业是在计划经济体制下成长起来的，同社会主义市场经济必然有许多方面不相适应，必须进行改革，不改革就不能前进。因此，对于改革要持支持的态度。学校的具体改革措施不一定完备，甚至可能有缺陷。学生对涉及自身利益的改革措施表示关注是完全正当的，但要学会通过正常途径反映意见，也可以通过学生中的党团组织、学生会、研究生会向学校有关部门反映意见，也可以通过学校校园网络反映意见。学生通过正常途径反映

意见，不仅是正确行使民主权利的体现，也有利于维护学校的政治稳定。

(五)妥善处理各类纠纷，主动化解矛盾

在高校内部，大学生之间、大学生和教职工之间、大学生和教职工家属之间、大学生和学校外来人口之间，难免发生一些矛盾和纠纷，这些矛盾和纠纷处理不当，就有可能激化，影响学校的正常秩序和安定团结。大学生要依据法律和学校的规章制度妥善处理这些矛盾和纠纷，构成刑事案件、治安案件的，报送公安部门和学校保卫部门调解解决。调解过程中，大学生要实事求是地反映情况，提出维护个人利益的合理要求，决不能在矛盾和纠纷中推波助澜，更不能使刑事案件、治安案件、普通纠纷演变为影响学校秩序和稳定的政治事件。要经过协商、调解，主动化解矛盾，自己有错误时，主动自我批评；自己没有错误时，也要得理让人，化干戈为玉帛。

第二章　增强法律意识　维护自身权益

▶第一节　大学生增强安全法律意识的重要性

　　法律意识，是人们的法律观点和法律情感的总和，其内容包括对法的本质、作用的看法，对现行法律的要求和态度，对法律的评价和解释，对自己权利和义务的认识，对某种行为是否合法的评价，关于法律现象的指示以及法制观念等。大学生作为一个特殊的社会群体，也是未来社会的支撑主体，其法律意识如何，直接影响公民的法律素质和整个社会法治文明的程度。在现代法制经济社会中，加强大学生的法律意识教育对我国法治的建设和发展，对提升整个民族的法律素质，具有重要的意义。大学生法律意识教育就是在对其传授基本法律知识的基础上，帮助大学生树立必要的和相关的法律思想观念，使其具备健康的法律心理和较高的法律认知，进而塑造大学生的理性法律意识，以适应社会的发展对人才素质提出的新要求。

▶第二节　大学生法律意识的现状

　　高校法制教育虽然取得了一定成绩，但现实情况不容乐观，大学生对法律的信任度、法纪的遵从感还比较低。据有关调查表明，近30％的学生认为"权大于法"，近60％的学生认为对付不法侵害可采用私了、忍让和报复的手段，这反映出他们的法制观念淡薄，对法律的实践意义和作用缺乏正确的认识。他们在书面、口头的学法、知法、用法过程中，一般能作出正确的选择，但遇到具体问题需要用法律进行具体操作时，却很难按正确的法律意识去处理，实际上是知法而不能守法和用法。有些学生不了解法律或认为法律的有关规定可以有弹性，不惜以身试法，致使在校的少数大学生犯罪现象未能得到有效的遏制。在大学生犯罪构成中盗窃罪占了近一半，有自己被偷又偷别人的幼稚行为；有追求不劳而获的犯法行为，有哥们儿义气式的团伙作案，有失恋后寻求刺激或采取报复手段作案的等，近年来涌现的计算机智能犯罪和吸毒、贩黄案件在校园内也有一定比例。这些犯罪现象的发生与在校学生法律意识不强，法律知识缺乏不无关联。由于法律知识的匮乏，导致大学生不知道运用法律武器来保护自己，甚至于出现过在校女研究生被拐卖为农民之妻的悲剧等。

　　同时，有关机构随机抽取1万余名在校大学生进行调查。调查结果表明，几乎所有的大学生都赞同"依法治国"的治国方略和"建设社会主义法治国家"的战略目

标，认为应该自觉遵守法律法规、依法维护自身的正当权益，等等。然而，同时却有 42.67％的人同意"只有私了解决不了的问题才应求助于法律"，15.41％的人认为"遇到法律纠纷选择托人私了"，80.96％的人认为在"亲情和法律面前，有时确实不好办"，42.97％的人认为"能够钻法律空子的人及能够不按法律规定办事的人，都是有本事的人"，有 52.54％的人认为"买到假冒伪劣商品后只能自认倒霉"。这些数据表明，中国当代大学生的法律意识虽然已经有了很大程度的觉醒，但是大多仅仅只停留在感性认识上，而且"知"与"行"仍然存在很大的反差，在不同大学生中，法律意识参差不齐。

(一)大学生法制观念淡薄，权利意识不强

目前在校大学生大多是在家长和学校的呵护下成长起来的，是过分追求高分，应试的产物。进入大学后，年龄普遍较低，心理和生理都很不成熟，对复杂的社会环境缺乏深刻的认识，极易受不良思潮的影响而偏离正确的思想轨道。由于过分追求书本知识，法制观念不强，一切强调以自我为中心，看问题往往主观偏激，缺乏足够的明辨是非的能力，故常发生因一时冲动而不计后果的现象，导致违法和犯罪行为的发生。虽然在校学生犯罪现象时见于各种舆论载体，但与之形成鲜明对比的却是国内如此多的学生，以其为原告的案例却十分罕见。这说明大学生的法制观念中更多的是一种义务，而缺乏法律本身所包含的权利。大学生在自己权益受到侵害时大多忍气吞声，不作合法、合理的反抗。他们不善于，也不知道如何运用法律武器来维护自己的合法权益，甚至有较多学生不知道自己的那些权利应受到法律的保护。

(二)心理因素导致大学生违法犯罪行为居多

青春期是每一个人必经的时期，当儿童期的依赖和幼稚的行为等被舍弃的时候，这应该是一种成长的现象，但是到这个时候却又免不了有情绪上的冲突。许多心理学家称青春期为"问题的年龄"，而青春期行为和问题，是文化和生物各因素互动的产品，其中文化因素是主要的。这个时期情绪上的冲突与混乱，是由青春期身心飞速发展变化带来的成人感与面对现实的无力感引起。大学生是一群有特定文化因素的青年群体，他们中的大部分是从父母的保护下和中学封闭的小团体中走进大学校园的，身心快速地变化且不说，物理环境、人际环境、文化环境等对大学生来说，都是崭新的，这种新环境对他们情绪冲击是很大的，他们的反应或是兴奋、愉快，或是胆怯、烦躁，或是回避、抑郁，多数大学生面对这个现实不知所措，有不同程度的心理障碍，这些说明，大学生的心理状况已经严重地影响到他们的学习与生活。

▶第三节　当代大学生法律意识现状的特点

分析当代大学生法律意识的现状，不难发现以下特点。

(1)当代大学生有着较强烈的安全责任感和法制安全意识。随着知识的积累、视野的不断扩大，大学生开始对安全问题进行深层次的理性思考，关注国家的安全法制建设，关注校园的安全环境及人防、物防、技防建设，更关注自己的合法权益。但他们又往往富于幻想、以点概面、急于求成，缺乏对国情、社会环境、学校的全面了解，缺乏冷静、理性的分析，情绪化倾向较为明显。甚至很多大学生思想深处虽具备了自身"权利意识"，但对于他人及社会的"义务意识"却抛诸脑后。

(2)满足于对法律法规的一知半解。有的大学生对法律有一定的兴趣，但没有相对系统地认真学习法律规定，更没能深刻理解法律的实质，自以为能钻法律的空子，聪明反被聪明误。可见，知法并不是对法律的一知半解，它不仅要求对法律条文有完整准确的理解，而且要求对法律精神、法治原则有一个正确的认识，同时，要有一个健康的法律心理。

(3)觉得法律离自己比较遥远。"法律与我何干？学法无用论、不犯法就行"的想法在现实社会中是不成立的。作为当代大学生，面对纷繁复杂的社会环境，不应当是"惶惶欲何之"的弱者。在加强社会之一民主法制建设的今天，大学生应该懂得用法律规范和约束自己的行为，懂得合法、适度的处理大学期间的各种安全问题，知道用用什么样的途径来维护自身的合法权益。了解有关法律、法规，领会精神实质，是其中的一条基本途径。

(4)更加注重实现自我价值，但是他们往往不能正确认识自我，喜欢以批判的眼光对待周围的人和事，为表现个性，甚至把学校的校纪校规视为束缚自己思想和行为的多余之举，多对法制安全教育存在逆反心理，有的甚至做出违纪违法的行为。

(5)相当一部分学生虽然具备一定的法律常识，然而在现实生活中，其行为却与法律的规定背道而驰，对法律的信任度和敬畏感较差，守法的自觉性较差，形成"学而不用"、"知而不信"的现象。

上述情况表明，由于受社会负面文化和学生自身道德以及心理成熟程度的影响，当代大学生的法律意识还没有达到应有的高度。面对这种情况，对大学生加大法制教育力度，进一步增强他们的法律意识、提高法律素养、增强对法律的敬畏感，势在必行。

▶第四节 大学生应加强的五种法律意识教育

在现代法制经济社会中，加强大学生的法律意识教育对我国法治的建设和发展，对提升整个民族的法律素质，具有重要的意义。大学生法律意识教育就是在对其传授基本法律知识的基础上，帮助大学生树立必要的和相关的法律思想观念，使其具备健康的法律心理和较高的法律认知，进而塑造大学生的理性法律意识，以适应社会的发展对人才素质提出的新要求。目前，高校加强对大学生法律意识的教育，应该着重加强以下五种法律意识的教育：民主意识教育、安全意识教育、权利意识教育、义务意识教育和证据意识教育。

(一)加强民主意识的教育

民主不单纯是一个政治概念，它和法治紧密相连。民主是法治的前提和基础，法治是民主的实现方式。法律要得到社会成员的普遍遵从和信任，必须是人民利益与意志的集中体现，即"民主之法"。法治国家机制运作的各个环节，从立法、执法、司法、守法到法律监督都必须以民主政治为基础，都必须贯穿民主政治的内在精神。没有民主思想及一系列贯彻民主的制度和原则，根本不可能有真正的法治。

建设社会主义法治国家，关键是要提升国民的民主法治素质。大学生是社会主义事业的建设者和接班人，其民主法治素质直接关系到党的事业后继有人和中华民族伟大复兴宏伟目标的实现。高校是对大学生进行民主法治宣传教育的主阵地，社会主义民主法治教育是目前高校思想政治教育的主要任务。所以，高校必须加强对大学生的民主意识教育。

民主作为社会主义的本质特征，其核心是人民当家做主，是公民权利保障和公共权力的有限性。高校教师在对大学生进行民主意识教育的过程中，应注意以下四个方面的问题：一是要让学生明确什么是民主，并明确民主与社会主义法治的关系；二是要让学生明确什么是社会主义民主，并明确坚持党的领导与社会主义民主的关系；三是要把培育大学生的民主精神作为社会主义民主教育的主线；四是要努力引导大学生进行民主制度的践行活动。

大学生是社会中一个文化素质相对较高并将对未来社会发展进程产生较大影响的群体。如果大学生形成了良好的法治意识，确立了科学的、先进的、正确的民主观念，必将成为民主法治观念的传播者，成为促进国家法治化进程的积极的推动力量。我国是一个缺乏民主传统的国家，因此，高校开展民主教育尤为重要。

(二)加强安全意识的教育

国家安全问题事关国家的安危和民族的存亡，事关每个公民的切身利益。在国家安全问题越来越复杂的今天，大学生必须增强国家安全意识，学习国家安全方面的法律知识，对境内外敌对势力的渗透、颠覆、破坏活动保持高度警惕，切实履行维护国家安全的法律义务。大学生在新的历史条件下要树立新的国家安全观念，必须掌握国家安全法律知识。在教学中，教师结合案例讲解相关的国家安全法律制度，使大学生深刻了解国防安全、经济安全、网络信息安全、生态安全、社会公共安全等方面的法律制度，并牢记和践行维护国家安全的法律义务：如依照法律服兵役和参加民兵组织，保守国家秘密，为国防建设和国家安全工作提供便利条件，及时报告危害国家安全行为，不得非法持有、使用专用间谍器材等。

教师在培养大学生国家安全意识的同时，应侧重于从法律视角对大学生自身的安全意识进行培养，作为一个拓展内容安排教学。大学生应具备的自身安全意识，是指大学生通过感觉、知觉、记忆、思维、想象等，对现实安全准确、清醒的认识，对外在客观事物的安全状态进行正确地判断；对自己的行为有意识地进行决策和控制，使自己或他人免受伤害，成为知法、守法、护法、明辨是非并具有防范能力的公民。

我国大多数大学生都具有较好的安全意识，但安全防范能力不强；同时，还有很多大学生的安全意识不容乐观，防范意识较弱，处于盲目状态。因此，加强对大学生的安全教育，提高他们明辨是非、适应环境、处理和解决问题的能力，成为大学生法制教育的重要内容之一。

大学生安全教育的目标应是最大限度地改善大学生的安全意识状况，提高大学生安全意识，保护大学生安全。大学生安全意识教育的主要内容包括：以法制教育为切入点进行防盗、防骗、防人身伤害教育，增强大学生自身安全意识与防范能力。加强大学生自身安全教育最重要的是要让他们从思想上重视安全意识问题；同时，在实践过程中，还应与团委、学工部密切配合，齐抓共管，教育引导与严格管理相结合，以提高大学生的安全意识。

(三)加强权利意识的教育

我国正致力于法治现代化建设，加强大学生的权利意识教育是我国法治建设的重要方面。权利意识包括以下三方面的内容：一是对权利的正确认识和理解；二是通过各种合法的途径实现和行使自己的权利；三是在权利遭受侵害时，勇于运用法律手段维护自身权利。随着市场经济的繁荣，大学生的个体观念逐渐增强，但权利意识却由于受到历史上小农经济、传统文化、集权统治的遏止、排斥和压抑而淡薄，他们对自己应该和实际享有的权利和自由的了解和认识十分模糊。他们谈论人权，却不知道人权与自己的实际生活关系如何；他们渴望权利却不知道自己的权利有多少；他们要捍卫自己的权利，却不知道自己的权利是否被侵犯；所以，教师在教学过程中，首要的任务是让大学生了解自己的权利有哪些，并了解这些基本权利在生活中的具体表现和作用。宪法规定我国公民享有的权利有：政治上的权利和自由、宗教信仰自由、人身自由权、监督权和取得国家赔偿权、社会经济权利、文化教育的权利和自由等。同时，教师要引导大学生学会通过各种合法的途径和方法自

觉并勇敢地行使宪法赋予的基本权利。很多大学生特别关注民事上的权利，并对其有一定的认识和了解，但他们对政治上的选举权和被选举权以及监督权等表现出相当的冷漠，普遍不重视。因此，教学中，教师应使大学生认识到各种权利是相互依存的一个整体，某些权利的不行使必然导致某些行政权力缺少制约和监督，这样就必然影响其他权利的实现。所以，大学生要自觉地行使各种权利，以使整个社会在一片权利的呼声之中沿着法治的轨迹健康发展。此外，教师还要教育大学生勇于用法律手段维护自身的权益。当自己的权利受侵犯时不忍气吞声，不息事宁人，让权利意识勇敢地显示出来，让法律保护权利。

（四）加强义务意识的教育

权利和义务是相伴而生的，享受一定的权利就要履行一定的义务。但目前，很多大学生在享有了权利之后却忽略了履行义务、承担责任。他们强烈要求获得个人权利，却消极回避个人对社会应尽的义务。他们要求国家、社会、他人为其实现权利和自身价值提供条件并加以保障，而在行使权利、实现价值的过程中，却不考虑他们是否侵害了他人的利益，是否对国家、社会、他人造成危害。所以，高校必须要加强对大学生进行义务意识的教育。

义务意识是指公民对依法应当履行的某种责任的正确认识和自觉履行法定责任的正确观念。在教学过程中，教师应注意以下几点：第一，要教育大学生对权利和义务的关系有一个正确的认识。权利和义务是相辅相成、互相制约、紧密联系、不可分割的。大学生不应该只要求权利而拒绝履行义务。不尽义务或少尽义务反过来必然影响其权利的实现。因为权利实现越有保障，义务的履行就越有可能；越自觉履行义务，则权利的实现就越有保障，两者互为因果关系。第二，要使大学生了解自己有哪些义务，这是履行义务的前提。宪法规定了公民应履行的基本义务主要有：维护国家统一和全国各民族团结；遵守宪法和法律，保守国家秘密，爱护公共财产，遵守劳动纪律，遵守社会公德；维护祖国安全、荣誉和利益；保卫祖国依法服兵役；依法纳税。此外，还有劳动的义务、受教育义务、计划生育的义务、父母和子女抚养与赡养义务，民法、婚姻法、继承法、刑法对公民如何履行这些义务作出了具体的规定。教师既要让学生明白公民的义务有哪些，又要让其明白不履行法定义务会带来哪些法律后果、承担哪些法律责任。第三，要使大学生树立积极履行义务的良好观念。大学生通过学习法律知识，了解了作为一名公民应该履行哪些法定义务之后，就要自觉并积极地履行这些义务。这不仅是法律的要求，而且是现代文明人应该具备的基本素质。大学生履行义务的同时还要积极主张自身的权利，因为从某种角度上讲，主张权利实际上也是在对社会尽义务。例如，消费后向经营者索要正式收据，一旦被侵权，手握证据，便于维权。这不仅维护了自己的权利，而且在客观上也促使经营者依法纳税。

(五)加强证据意识的教育

在我国，由于历史传统和法律文化的影响，大学生的证据意识非常淡薄，主要表现在以下几个方面：第一，缺少收取证据的意识。人们在相互交往之中比较重视人情和关系，不太重视证据，对可能发生的纠纷缺乏证据准备。例如，同学之间相互借钱，碍于情面不收借条，结果一旦发生纠纷，便束手无策，后悔莫及。第二，缺少保存证据的意识。人们在生活中对一些书面资料重视不够，不注意保管，一旦丢失，出现纠纷，便难以说明原委。例如，消费后索要的收据、经济来往中的信函一旦丢失或损坏便没有了证据。打官司其实就是打证据，没有证据就要承担败诉的风险。所以，必须加强对大学生证据意识的教育。

证据意识是人们在社会生活和交往中对证据的作用和价值的一种觉醒和知晓的心理状态，是人们在面对纠纷或处理争议时重视证据的心理觉悟。这种心理觉悟的高低将直接影响当事人的诉讼效果，所以，要重视收取和保留证据。加强证据意识的教育也是对大学生法律意识教育的重要内容。因此，在教学过程中，教师要详细说明证据的种类，使大学生了解诉讼的证据主要有书证、物证、视听资料、证人证言、当事人陈诉、鉴定结论、勘验笔录等。同时，教师还要强调证据的搜集方式要合法，不能损害他人的、集体的、国家的利益。加强大学生的证据意识不仅要讲明理论知识，还要通过一个个鲜活的案例使大学生对证据的认识、了解和使用的观念和能力进一步增强。

综上所述，教学过程中，教师不仅要注重向学生传授法律知识以培养其良好的思想道德品质，而且还应着重培养大学生的法律意识，使法律意识的教育贯穿于整个教学的全过程；不仅使大学生知道什么行为是可为的，什么行为是应为的，什么行为是不可为的，从而自觉守法、维护法律尊严，而且要注重对大学生法律理念和现代法律意识的教育，把法律精神的内核与法治的实质传授给学生，使大学生能够理性地认识到法律的公正性，认识到法律是具有最高权威的规范标准和价值尺度，认识到法律与他们生活的紧密联系，从而形成大学生科学的法律思维方式和对法律的情感，坚定法律信仰，将法律意识内化为观念、外化为行为。

▶第五节　大学生应当学习法律的内容

树立大学生的法律意识，首先要了解日常大学生活中基本的法律、法规，并逐步树立在法律、法规框架下的自身安全理念。大学生日常大学生活中要掌握的基本的法律、法规有以下几项。

(一)国家法律、法规

(1)《中华人民共和国宪法》

宪法是国家的根本大法，具有最高法律效力，它确立公民的基本权利及义务，

全国各族人民、一切国家机关和武装力量、各政党和社会团体、各企事业组织，都必须以宪法为根本的活动准则，并负有维护宪法尊严、保证宪法实施的职责。

(2)《中华人民共和国民法通则》

民法通则是新中国历史上第一部正式颁行的民事基本法，是中国民事立法的重要里程碑，被誉为中国的"权利宣言"，也是公民从事民事活动的基本准则。它对我国民事活动中一些共同性问题所作的法律规定，是民法体系中的一般法。所谓民事活动是指：公民、法人或其他组织为了一定的目的设立、变更、终止民事权利和民事义务的行为，如买卖、运输、借贷、租赁等。进行民事活动时，应遵循自愿、公平、等价有偿、诚实信用、守法的原则。

(3)《中华人民共和国刑法》

《中华人民共和国刑法》的任务，是用刑罚同一切犯罪行为作斗争，以保卫国家安全，保卫人民民主专政的政权和社会主义制度，保护国有财产和劳动群众的集体所有财产，保护公民私人所有财产，保护公民人身权利、民主权利和其他权利，维护社会秩序、经济秩序，保障社会主义建设事业的顺利进行。作为大学生，懂得《中华人民共和国刑法》是十分必要的，一旦触犯了刑法必然要受到严惩。

(4)《中华人民共和国治安管理处罚法》

《中华人民共和国治安管理处罚法》是为了加强社会治安管理，维护社会秩序和公共安全，保护公民合法权益、保护社会主义建设事业的顺利进行所制定的。大学生的日常生活行为中涉及此法的问题最多、最突出，如赌博、打架斗殴、寻衅滋事、扰乱公共秩序等。

(5)《中华人民共和国国家安全法》

大学生应该懂得哪些行为是危害国家安全的行为，应该懂得中华人民共和国公民有维护国家的安全、荣誉和利益的义务，不得有危害国家的安全、荣誉和利益的行为。特别是在邪教法轮功的问题上，立场要坚定，要同邪教法轮功作斗争，千万不能参与法轮功组织，不要以身试法。

(6)《中华人民共和国集会游行示威法》

大学生思想活跃，激情洋溢，集会、游行这些形式的活动可能会比较多，所以懂得《中华人民共和国集会游行示威法》，明白怎样的聚会、游行活动是合法的，依法进行活动也是十分必要的。如果不懂得《中华人民共和国集会游行示威法》，扰乱了正常的社会秩序，触犯了法律，就会受到制裁。

(7)《中华人民共和国消防法》

火灾是无情的，它吞噬人们的宝贵生命，使大量的物资财富化为灰烬，给社会生产和人们的生活带来极大的危害。江泽民说过："隐患胜于明火，防范胜于救灾，责任重于泰山。"消防工作责任重大，我们每一位大学生都要充分认识到消防工作的重要意义，自觉遵守消防法，积极学习消防知识。

（8）《中华人民共和国计算机信息网络国际联网管理暂行规定实施办法》

目前，计算机、互联网已经进入千家万户，大学生对计算机和互联网的接触是非常普遍的。所以，懂得《中华人民共和国计算机信息网络国际联网管理暂行规定实施办法》，知道哪些网络行为是违法的也是必需的。

（9）教育部关于《学生伤害事故处理办法》

目前，学生伤害事故时有发生，已经成为社会关注的热点问题，做好学生伤害事故的预防和处理工作，是事关维持学校正常的教育教学秩序、确保广大受教育者生命安全及家庭幸福的大事。大学生在学校期间，也可能会发生意外，所以懂得《学生伤害事故处理办法》有利于维护自身的权力，提高预防意识。

（二）学校有关规章制度

大学生所在学校的《学生管理规定》、《学生违纪处分办法》、《学生安全教育管理规定》、《学生公寓管理规定》、《学籍管理规定》等。

作为大学生，必须关心、了解、参与我们学校的安全工作，自觉遵守有关安全的校纪校规，维护校园稳定和自身的合法权利，所以学习和领会上述校纪校规的相关内容是十分必要的。

▶第六节　加强和改善大学生法制教育的途径与方法

前美国总统、著名政治家亚伯拉罕·林肯曾经指出："让法律的尊严被每一位母亲向在她膝盖上呢喃的婴儿表述。让它在大中小学中讲授；让它写在识字课本和历法上；让它在布道台上宣讲；让它在议会大厅中宣传；在正义的法庭上执行；让它成为我们的政治宗教。"可见，对大学生法制教育也应当时时处处进行，注意将课堂教学与课外教学、校内教育与校外教育，显性教育与隐性教育等结合起来。全方位多渠道，全过程地对大学生进行教育。现从以下几个方面对高校法制教育进行改革完善。

（一）营造良好的育人环境

要配合当地公安机关做好学校周边的歌舞厅、网吧、酒吧、游戏机厅的安全防范工作，认真解决好学校后勤管理工作中所存在的问题。

（1）保障学生宿舍水电正常运转。

（2）认真加强学生宿舍住宿条件的管理。尽量改善住宿条件，保护学生的财产安全，要认真搞好学生宿舍的环境卫生工作。

（3）加强校园周边环境的综合治理。

（4）学校要组织学生多搞一些生动活泼的校园文化活动，通过丰富多彩的活动，鼓舞学生志气，激励学生向上精神，为学生的身心健康创造良好的环境。

（二）改革法制教育内容，提高预防大学生犯罪的实效性教学

只有理论联系实际，加强教学内容的针对性，才能满足大学生守法的需要，实现培养大学生社会主义法律意识的根本目的。

对于大学生在法律方面的思想实际，可以进行直接调查和间接调查相结合，对高校大学生违法犯罪情况作系统跟踪调查。间接调查可通过报刊杂志，另外，注重法制教育内容的相关性，围绕怎样预防大学生犯罪，结合大学生的专业特点，进行相关教学，既要考虑到全国的统一要求，又要照顾到不同地区、不同学校、不同专业的具体情况，如针对经济类专业学生，可开设预防经济犯罪专题讲座。改革法制教育方式和方法：

（1）抓好课堂讲授主导环节，坚持以"教师为主导，学生为主体"的原则，避免说教。增加师生间的互动环节。帮助大学生形成健康的法律心理。

（2）搞好辅助性教学，在校内开辟第二课堂。例如：组织学生观看电影录像；组织学生到监狱参观；对大学生进行现身说法教育，进行法庭旁听；对青少年犯罪分子进行重点帮教；请专家学者作专题报告；拓宽教学渠道，搞好实践教学环节。

（3）加强案例教学研究，要选择对大学生具有启发教育意义的案例进行教学。如发生在大学生中的，能够对预防大学生犯罪起警示震撼作用的案例，大学生比较关注、社会影响比较大的案例，必须避免对凶杀暴力，色情或犯罪方法的渲染，使大学生通过案例教学以案说法，法案结合积极参与和深入思考，以期取得良好的教学效果。

（4）注重运用现代教学技术手段进行教学，通过多媒体教学课件。把文字、声音、视频融为一体。以其形象性，生动性吸引学生注意力，法制教育与道德教育应协调统一，紧密配合，加强法制教育必须以加强道德教育为基础，继承优良传统，吸纳道德教育成果。法律与道德同属于社会意识形式，它们相互影响又相互渗透，其社会功能具有互补性，道德和法律是人类的两大社会调控体系。都是实现社会控制的手段，都通过调整和规范人们的行为来维护社会秩序并反映一定的社会价值和时代精神，法律以道德为价值取向。道德属性要求法律必须以道德为价值准则。因此高校法制教育只有把法律意识融入并积淀在当代大学生的道德理念中，将社会道德内化为他们自己的观念，才能使法律至上的意识升华为更深层次的意识。

（三）营造健康校园法治氛围，全方位加强学生的法制教育，引导学生养成遵纪守法的习惯

高校是人才最集中、思想最活跃的阵地，我们要充分利用这种优势，努力创造高品位的校园文化，营造健康向上的法治氛围，引导学生认识到法律必须为我国社会主义现代化建设服务。高校的各项工作必须顺应法治社会的要求，将人的管理变为制度的管理，以法律为指导，贯彻《高等教育法》，制定适应时代特征、符合学校实际的规章制度，有法可依，有章可循，让学生明白自己该做什么和该怎么做，同时严明校风校纪，有法必依，令行禁止，让学生明确若不遵守纪律，则会受到相应的处罚。并且，学校还应积极开展大学生喜闻乐见的法制教育，比如利用校级广播、橱窗、展览等形式向学生宣传我国法制建设取得的巨大成就，扬正抑邪，使学生受到依法治教的法治氛围的熏陶，形成以依法办事为荣，以违纪犯法为耻，引导学生养成遵纪守法的习惯。

（四）有效加强法制教育，遏制和惩处违法行为

这样法律的权威就会得到尊重，法律的效力就会得到体现，必将形成一个良好的法制教育的氛围，极大地推动大学生学法懂法，知法用法，既有效地维护自己的合法权益，又慑于法律的权威，尽量避免违法犯罪，同时敢于和善于拿起法律的武器同各种违法犯罪行为作斗争。

（五）通过各种校园媒体加大法制宣传教育力度

其一，学校的报纸、广播、电视、网络是学校主要的宣传和传播媒体，通过文字、声频、视频等形式，经常地、形象化地影响学生生活。因此，通过这些校园媒体进行法制教育是可行的，也是有效果的。

其二，法制讲座、法制宣传教育专题影片、法律知识和案例展览以及法律知识竞赛活动也是开展法制宣传教育的重要载体。

邀请有关专家到高校举办法制讲座，组织学生观看法制宣传教育专题影片，举办和学生密切相关的法律知识和案例的展览活动，开展法律知识竞赛，也是对学生进行法制宣传和法制教育的有效手段。首先，它能吸引众多学生的参与；其次，这种生动而形象的活动，能让所有的参与者在轻松而活跃的气氛中学习法律知识，接受法制教育，学生比较容易接受。这对促使学生形成法律意识和法律思维，培养法律素质，将起到非常好的作用。

（六）组织学生深入社会，开展社会实践，坚持校内与校外教育相结合，充分发挥校外活动场所和各类法制教育基地的作用

要推动大学生学习法律知识的热情，增强大学生法制教育的效果，必须让大学生明确法律和法治对社会主义建设事业和人们日常生活的重大影响，明确依法治国、建设社会主义法治国家对社会主义现代化建设的重大意义。如果大学生的视野局限在校园一隅，不接触具体的社会实际，对此是不会有全面而深刻的认识的。为此，大学生的法制教育不能局限于校园，而应该让他们走向社会，开展社会实践活动，了解法律的社会影响力，了解法制建设和依法治国的必要性和重要性，强化学生的感性认识。

总之，加强大学生法制教育是一个非常重要而迫切的现实课题，需要引起大学的教育工作者、管理者和社会上的司法行政部门与法制工作者的高度重视，需要各方的相互协作，共同努力。

第三章　消防安全知识

[学习要求]

了解火灾的成因，认识消防安全标志，熟悉灭火器的使用方法，掌握火灾初发时的应急措施和火场自救与逃生知识。

人类文明的演进离不开火，人类的生产、生活更离不开火。火能造福于人类，给万物带来光明和温暖。但火一旦失去控制，超出有效范围内的燃烧，就会烧掉人类经过辛苦劳动创造的物质财富，甚至夺去人的生命和健康，造成难以挽回和弥补的损失。这种超出有效范围的燃烧称火灾。据统计，2006 年全年共发生火灾222 702起，死亡1 517人，受伤1 418 人，直接财产损失 7.84 亿元（注：不含森林、草原、军队、矿井地下部分）。

大学校园里，火灾也是威胁我们安全的重要因素。据有关统计资料表明，大学里火灾比盗窃所造成的经济损失要高出十几倍，甚至烧死同学的事例也曾有发生。2003 年 11 月 24 日凌晨，莫斯科时间 2：50（北京时间 7：50），莫斯科俄罗斯人民友谊大学六号学生楼失火。大火从 203 号宿舍烧起。这场大火是俄罗斯十年来最严重的一场火灾。消防局出动了 50 辆消防车、30 辆救护车。直到凌晨 5：45，在发现火情约三个半小时之后，大火才被扑灭。经调查，失火原因是电线短路。这场火灾造成 41 名学生被烧死，100 多人受伤，其中遇难的中国留学生 11 名。至于同学们在宿舍里所发生的小型火灾，则每年可达数千起之多，烧毁同学们的衣物、图书，烧伤同学们身体的事例，屡见不鲜。

大学生是国家的未来和希望。保护国家、人民和公共财产的安全，保护他人和自身的安全，已成为当代大学生的神圣权利和义务。了解、学习和掌握防火知识，协助学校做好防火工作，增强火场求生和自救的能力是十分必要和有益的。

▶第一节　火灾的成因及预防

一、火灾的成因

火灾，就是在时间和空间上失去控制的燃烧。一般说来，引起火灾的原因主要有两个方面：一是自然因素引起的火灾；二是人为因素引起的火灾。

自然因素引起的火灾，主要指由于地震、火山爆发、雷击、物体自燃等原因造成的火灾。有许多物质可以在一定条件下自燃，如煤炭、干燥的树叶及稻草堆垛、油棉纱等，它们堆积起来会产生高热，若再遇气温升高，极容易自燃。自燃现象是在物质内部形成的，往往不易被发现，所以常常酿成大的灾害。自燃火灾比较少见，现实生活中的火灾，绝大多数是人为火灾。

人为因素引起的火灾，主要有以下几种类型。

1. 用火不慎。人们在日常生活中每时每刻都离不开火，其中使用最多的是做饭、取暖、照明；在生产中用火的机会就更多了。无论是哪方面用火，稍有不慎，都有可能酿成火灾事故，甚至造成灾难性后果。如蚊香点着后，在燃烧过程中引燃其他可燃物；在野外郊游野炊、烧纸引燃树叶枯草等造成山林、草原火灾等。

2. 用电不慎。因用电不慎引起的火灾和因用火不慎引起的火灾一样，也是相当普遍的。例如电线老化漏电，胡拉乱接电线，用铁丝、铜丝代替保险丝等；使用电炉、电褥子、电熨斗等不慎引起火灾；使用电视机、电冰箱、空调等家用电器缺乏安全常识，用电超负荷引起火灾等。

3. 吸烟不慎。我国约有 2.5 亿烟民，每天消耗卷烟量约为 7 亿支，因吸烟引起的火灾次数约占火灾总数的 6%，甚至有些可达 15%。首先烟头是一种点火源，烟头的边缘温度达 200℃～300℃，中心温度为 800℃～900℃，一支香烟燃烧时间约 4～15 分钟，一般可燃物的燃点大多低于烟头边缘温度，若点燃的烟头遇到低于烟头温度的可燃物，就能引起火灾。

4. 用油不慎。在烹制油炸食品或做菜时，油滴飞溅遇火造成火灾；由于汽车、拖拉机等交通运输工具越来越多地进入家庭，使家庭接触、使用或存放汽油、柴油等油料的机会增多，个别家庭因使用或保管油料不当，引发火灾事故也日渐增多。

5. 燃放烟花爆竹。我国有喜庆日和节假日燃放烟花爆竹的传统。乘客违反交通管理部门禁止携带易燃易爆物品乘车、乘船的规定，携带烟花爆竹引来祸事。腾空而起的烟花爆竹，人们无法控制，其火星落在严禁烟火的地方和可燃物上即可引起火灾。近年来，许多地方和城市为了消防安全，防止发生火灾，颁布了禁止燃放烟花爆竹的规定，在指定地点、指定时间内燃放，大大减少了火灾的发生率。但是在广大农村，并没有完全禁绝，由燃放烟花爆竹而引起的大小火灾屡有发生。

6. 小孩玩火。好玩是儿童的天性，但玩火不慎也容易造成火灾事故。例如，

儿童学大人生火做饭、点火、吸烟等；点火把、蜡烛做游戏；玩火柴、打火机、打火玩具等，这些都容易引起火灾。其中，在校学生玩火引起火灾的事件有一定的普遍性。例如，2002 年，我国共发生火灾 25 万起，伤亡 5 000 余人，而其中 7% 的火灾是由儿童玩火造成的，这个比例是相当高的。

7. 学生在寝室违规违纪用火。冬天有些没有取暖条件的学校，学生用电炉取暖，烘烤物品；或焚烧废弃纸张；或使用蜡烛在寝室看书；夏天点燃蚊香后，未远离易燃物等，这些都非常容易引起火灾。

另外，人为纵火也是造成火灾的原因之一。

二、火灾的预防

火灾对人身安全造成的危害，主要是高温灼伤、窒息、烟中毒、爆炸冲击波伤、电击伤、砸伤和摔伤等。在火灾发生的同时，有时还伴随着化学物质、有毒物、放射性物燃烧或爆炸等恶性事故，因而其危害比单纯的火灾更为复杂和严重。据统计，窒息中毒死亡是造成火灾死亡的主要原因。所以，大学生必须从自我做起，从身边做起，重视并做好火灾的预防工作，这是大学生作为公民应尽的社会责任。

1. 家庭防火

家庭生活离不开火。如用火不慎就会酿成火灾。所以在家庭生活中要时时处处注意，防止火灾的发生。

第一，安全使用液化石油气。家用液化石油气是人们在生活中最常接触的易燃易爆物。用燃气做饭时要注意通风，使用石油液化气罐一定要按燃气安全操作规程去做，避免发生意外事故。使用液化气在点火时，要先划火柴，再开气阀。要有人看管，不可远离，防止汤水溢出浇灭或被风吹灭火焰造成漏气。切记用毕要关好阀门、开关。一旦发现有气漏出，要立即打开窗户，降低泄漏的可燃气浓度，迅速关闭截门、阀门。不要开电器，如开灯、开排风扇、开抽油烟机和打电话。如闻到非常浓的气体异味，要迅速大声叫喊，用最快的方式通知周围的邻居熄灭明火，勿开电器。立即查找漏气部位并及时进行处理。自行处理不了的，要迅速离开泄漏区，在户外打"119"报警。

第二，安全用电及家用电器。要经常检查电气线路，发现导线绝缘层有破损或老化现象，要及时更新。在需要保险丝的用电线路中，要安装合适的保险丝，千万不能用大号保险丝或金属丝代替，以防电路漏电、短路、超负荷、接触电阻过大和

绝缘层被击穿造成高温、打出电火花和出现电弧而酿成火灾事故。另外，在使用家用电器时，使用时间不宜过长，使用完毕后要及时散热并切断电源。不要使用灯泡、电热器烤衣服、毛巾等易燃物品。

第三，安全使用炉火。炉旁不要放柴草、废纸等易燃物质。生火时，不要使用汽油、煤油等助燃物，以防猛烈燃烧，引起火灾。烘烤衣服、被褥等易燃物品时不能离得太近，而且要留心看管，防止烘烤时间过长而被引燃。炉渣要在确定完全熄灭后，再倒在安全的地方，遇到刮风天气，倒炉灰应该加倍注意。

第四，吸烟和燃放烟花爆竹要注意防火。吸烟是主要的火灾隐患，许多日常生活用品，如被褥、衣物等，都容易被烟火、火星引燃。因此，卧床时，尤其是困倦时，不能吸烟。在禁止吸烟的地方，一定要遵守规定，不能吸烟，烟头绝不能乱扔。另外，燃放烟花爆竹也应特别注意，燃放时，首先要选好安全的场地，远离公共场所、仓库和放有易燃、易爆物品的地方。

2. 学校防火

学校是开展教学活动的主要场所，人员多且较为密集，需要一个安全的环境，要创造这样的环境，就必须做好消防安全工作。因此，应禁止学生携带烟花、爆竹、砸炮、火柴等易燃、易爆物品进入学校；实验用的易燃、易爆物品，要有严格的使用、保管制度，并在专门库房存放，随用随领，用完立即清理，不要在现场存放；要经常检查电气设备使用情况；要建立切实可行的消防制度，关键部位要设置灭火器材；在有寄宿生的学校里，要健全防火安全措施，严格管理，不允许使用电炉、热得快等电热器具；不准点蜡烛看书，不准用纸当灯罩，不准将灯泡安装在蚊帐边。

3. 公共场所防火

商场、影剧院、图书馆、饭店、宾馆、公园等是人们日常生活中学习、购物、娱乐的公共场所。这些场所大都人员密集，财产集中。为了防止发生火灾，学校和家长应教育青少年不要携带油漆、酒精、胶水、爆竹等易燃、易爆物品乘坐公共交通工具或进入公共场所；不能随便按动公共场所和公共交通工具的电气设备；要遵守公共秩序，爱护消防器材，不能从事与火有关的游戏活动。进入公共场所，要观察安全逃生标志和路线，了解紧急出口通道，一旦遇到火灾，尽快安全撤离火场。网吧作为新兴公众聚集场所，去网吧要仔细观察有无火灾隐患，对出口少、通道窄、电线乱的网吧要提高警惕，绝不能去无证经营的黑网吧。

4. 山林防火

许多农村学校地处山林之间，学生也经常出入山林。作为国家和集体的宝贵财富，山林一旦发生火灾，损失巨大。造成山林火灾的原因主要有两种：一是自然火

源；二是人为因素。山林火灾的发生常以人为因素居多。防止山林火灾的发生，首先要杜绝人为火种。要教育广大青少年严格遵守山林管理的规章制度，不准在山林地区吸烟、野炊和举行篝火晚会等活动。其次，要采取一定的保障措施，如在山林周围设置一定宽度的隔离带，防止汽车漏气、扔烟头等引起的火灾；还可以对山林内的采伐剩余物进行清除，山林采伐可能将大量的剩余物堆放或散落在林内，随着可燃物积累的增多，如不及时清除，极易引起火灾。总之，只要做到制度落实、宣传到位、人人警惕，山林火灾是可以避免的。

5. 配备消防设施

在一些消防重地，要按规定设置火警系统，按规范设置防火墙、门、窗和隔离带。要远离火种，严禁烟火，备足消防用水及各种灭火的器材。

▶ 第二节 火场自救与逃生

一、火灾初发时的应急措施

火灾多是由小火引起的，初起时，只要应对得当，都能扑救。在现实生活中，由于火灾的发生大都具有突发性，一旦发生，火势会迅速蔓延，稍有迟缓，会造成重大损失。火灾初发，人们往往感到措手不及或惊恐忙乱，从而错失灭火良机，使小火变成大火。因此，当你遇到火灾时，可以采取以下应急措施。

1. 报警

一旦发现火情，即出现失火情况，为尽快扑灭大火，减少损失，首先应该立即报警。《消防法》第三十二条第一款规定："任何人发现火灾时，都应当立即报警。任何单位、个人都应当无偿为报警提供便利，不得阻拦报警。严禁谎报火警。"报警越早，火灾损失越小。打电话报警时，首先要记清拨准火警电话"119"，同时，报警时还要注意以下几点：

（1）说明失火地点以及失火单位名称，报清所在区（县）、街道或村庄、路名、门牌，要用全称，不要用简称，也可说明失火地点附近的明显目标，作为寻找的参照物。

（2）说明是什么引起的火灾，即着火物质名称、火势大小、火灾面积，以便消防队根据情况采取措施。如果有人被困在火场或有爆炸、中毒危险因素存在，要如实准确地报告。

（3）说明报警人的姓名、电话号码。

（4）发生火灾时，人们心情紧张，手指往往不听使唤，很容易拨错电话号码，因此，报警时一定要沉着冷静，保持清醒头脑。

（5）自己或让别人到路口迎接消防人员，尽量提供水源位置等情况。在没有电话或没有消防队的地方，如边远地区，可采用打锣、吹哨、喊话、敲锅（盆）、挥舞鲜艳的衣物等办法向四周报警，动员乡邻一起来灭火。

2. 初起火灾的扑救措施

（1）初起火灾时，及时灭火是应对火灾的最重要环节。在报警的同时，起火学校、家庭或单位必须及时组织人员利用本学校、自己家里或单位以及附近的灭火器材、设备进行扑救。

（2）若是因用电不当引起火灾，应迅速切断电源，再用干粉灭火器或气体灭火器灭火，而不宜用水扑救。发现家中起火应立即就地取材，及时将火扑灭。若液化石油气因漏气而起火，可将手巾或抹布淋湿盖住火点，同时迅速关闭阀门。如果油锅起火，千万不要用水扑灭，更不要直接用手去端锅，应立即拿起锅盖盖上油锅或将切好的菜放入锅内。

（3）根据火场的具体情况，可采用隔离法、冷却法、窒息法、抑制法四种方法灭火（参见本章第三节"灭火技术"）。

（4）火灾可能危及其他物资安全时，必须组织人员对物资进行疏散。

（5）救火时不要贸然开门窗，以免空气对流，加速火势蔓延。

（6）易燃、易爆危险场所发生火灾时，必须尽快采取防爆措施，停止对受火灾威胁的压力容器、设备的物料输送和加温，应打开冷却系统进行冷却，有手动放空泄压装置的应开阀放空泄压。

（7）如有人被大火围困，要坚持救人第一的原则，采取各项措施，利用各种条件进行人员疏散，救出被困人员。

（8）消防队到达后，起火单位和在场的人员应及时向指挥员介绍已查明的火场情况，例如：燃烧的物质，有无人员被火围困，灭火中要注意什么等。同时在火场的扑救人员都应在消防队指挥员的统一领导下，紧密配合，共同扑灭火灾。

（9）若初起火灾被扑灭后，青少年学生可协助大人保护好火灾现场，未经消防部门许可，不得自行处理火场，以便调查火灾原因与损失情况。

二、自救的基本方法

一场大火降临，在众多被火围困的人员中，有的人跳楼丧生或造成终生残疾；也有人化险为夷，死里逃生。这固然与起火时间、地点、火势大小、建筑物内消防设施等因素有关，还要看被火围困的人员的自救与互救能力，以及是否懂得逃生知识等因素有关。大学生都应掌握一定的逃生和自救知识，在火灾发生时，沉着冷静，选择有利时机、路线和方法逃出危险区域。如果惊惶失措、慌不择路，就有可能酿成不可挽回的后果。

当你遇到火灾时，可采用以下方法自救：

1. 开门之时，先用手背碰一下门把，如果门把烫手，或门隙有烟冒出来，切

勿开门，用手背先碰是因金属门把传热比门框快，手背一感到热就会马上缩回。

2. 若门把不烫手，则可打开一道缝以观察可否出去，用脚抵住门下方，防止热气流把门冲开。如门外起火，开门会鼓起阵风，助长火势，打开门窗则形同用扇扇火，应尽可能把全部门窗关上。

3. 匍匐前行，浓烟从上往下扩散，越近地面，浓烟越稀薄，呼吸较容易，视野也较清晰。

4. 如果出口堵塞了，则要试着打开窗或走到阳台上，走出阳台时随手关好阳台门。

5. 如果居住在楼上，而该楼层离地不太高，落点又不是硬地，可抓住窗悬身窗外伸直双臂以缩短与地面之间的距离。这样做虽然可能造成肢体的扭伤或骨折，但这毕竟是主动求生。在跳下前，先松开一只手，用这只手及双脚撑一撑离开墙跳下。在确实无其他办法时，才可从高处下跳。或利用身边一切有用的东西(如被单、床单等物)撕开连接成长绳并拴紧在家具上，顺绳爬到地上。

6. 如果要破窗逃生，可用顺手抓到的东西(较硬之物)砸碎玻璃，把窗口碎玻璃片弄干净，然后顺窗口逃生。如无计可施则关上房门，打开窗户，大声呼救。在阳台求救，应先关好后面的门窗。

7. 如没有阳台，则一面等候援救，一面设法阻止火势蔓延。

8. 向木材及门窗泼水防止火势蔓延，用湿布堵住门窗、门缝，以阻止浓烟和火焰进入房间，以免被活活烧死。邻室起火，不要开门，应从窗户、阳台转移出去。如贸然开门，热气浓烟可乘虚而入，使人窒息。睡眠中突然发现起火，不要惊慌，应趴在地上匍匐前进，因靠近地面处会有残留的新鲜空气，不要大口喘气，呼吸要细小。

9. 失火时，应尽可能利用室内的水和湿毛巾、布织物等，掩住口鼻。

三、逃生的原则和常见的逃生方法

火场逃生有很多技巧，有专家根据以往经验总结了火场逃生十三要诀如下：

第一要诀：事前预演，临危不乱。

每个人对自己工作、学习或居住的建筑物的结构及逃生路径要做到了然于胸，必要时可集中组织应急逃生预演，使大家熟悉建筑物内的消防设施及自救逃生的方法。这样，火灾发生时，就不会出现走投无路的情况了。

第二要诀：熟悉环境，暗记出口。

当你处在陌生的环境时，如入住酒店、商场购物、进入娱乐场所等，为了自身安全，务必留心疏散通道、安全出口及楼梯方位等，以便关键时候能尽快逃离火场。

请记住：在你安全时，一定要根据实地环境，给自己预留一条通路。

第三要诀：通道出口，畅通无阻。

楼梯、通道、安全出口等是火灾发生时最重要的逃生之路，应保证畅通无阻，切不可堆放杂物或设闸上锁，以便紧急时能安全迅速地通过。

请记住：自断后路，必死无疑。

第四要诀：扑灭小火，惠及他人。

当发生火灾时，如果发现火势并不大，且尚未对人员造成很大威胁时，当周围有足够的消防器材，如灭火器、消火栓等，应奋力将小火控制、扑灭；千万不要惊惶失措地乱叫乱窜，置小火于不顾而酿成大灾。

请记住：争分夺秒消灭"初期火灾"，同时还要保护自己。

第五要诀：保持镇静，明辨方向，迅速撤离。

突遇火灾，面对浓烟和烈火，首先要强令自己保持镇静，根据平时对环境的熟悉情况，迅速判断危险地点和安全地点，决定逃生的办法，尽快撤离险地；千万不要盲目地跟从人流和相互拥挤、乱冲乱撞。撤离时要注意克服能见度低的困难，朝明亮处或外面空旷地方跑，要尽量往楼层下面跑，若通道已被烟火封阻，则应背向烟火方向离开，通过阳台、气窗、天台等往室外逃生。

请记住：人只有沉着镇静，才能想出好的办法。

第六要诀：不入险地，不贪财物。

在火场中，人的生命是最重要的。身处险境，应以尽快撤离为第一，不要因害羞或顾及贵重物品，而把宝贵的逃生时间浪费在穿衣或寻找、搬离贵重物品上。已经逃离险境的人员，切莫重返险地，自投罗网。

请记住：留得青山在，哪怕没柴烧。

第七要诀：简易防护，蒙鼻匍匐。

逃生人员多数要经过充满烟雾的路线，才能离开危险区域，而防止烟雾中毒、防窒息是火场逃生自救的首要一步。为了防止火场浓烟呛人，可采用毛巾、口罩蒙鼻，匍匐前进的办法。烟气较空气轻而飘于上部空间，贴近地面而行是避免烟气吸入、滤去毒气的最佳方法。要穿过烟火封锁区，应佩戴防毒面具、头盔、阻燃隔热服等护具，如果没有这些护具，那么可向头部、身上浇冷水或用湿毛巾、湿棉被、湿毯子等将头、身裹好，再冲出去。

请记住：多件防护工具在手，总比赤手空拳要好。

第八要诀：善用通道，莫入电梯。

一般建筑物都会有两条以上逃生楼梯、通道或安全出口，发生火灾时，要根据情况选择进入相对较为安全的楼梯通道。除可以利用楼梯外，还可以利用建筑物的阳台、窗台、天面屋顶等攀到周围的安全地点，沿着落水管、避雷线等建筑结构中凸出物滑下楼也可脱险。在高层建筑中，电梯的供电系统在火灾时随时会断电或因热的作用电梯变形而使人被困在电梯内，同时由于电梯井犹如贯通的烟囱般直通各

楼层，有毒的烟雾直接威胁被困人员的生命，因此，千万不要乘普通的电梯逃生。

请记住：逃生的时候，乘电梯最危险。

第九要诀：缓降逃生，滑绳自救。

高层、多层公共建筑内一般都设有高空缓降器或救生绳，人员可以通过这些设施安全地离开危险的楼层。如果在没有这些专门设施，而安全通道又已被堵，救援人员又不能及时赶到的情况下，你可以迅速利用身边的绳索或床单、窗帘、衣服等自制简易救生绳，并用水打湿，从窗台或阳台沿绳缓滑到下面楼层或地面，安全逃生。

请记住：胆大心细，救命绳就在身边。

第十要诀：避难场所，固守待援。

假如用手摸房门已感到烫手，此时一旦开门，火焰与浓烟势必迎面扑来；这已证明，各种逃生通道均被切断，且短时间内无人救援。这种时候，可采取创造避难场所、固守待援的办法。首先应关紧迎火的门窗，打开背火的门窗，用湿毛巾、湿布塞堵门缝，或用水浸湿棉被蒙上门窗，然后不停用水淋透房间，防止烟火渗入，固守在房内，等待救援人员到达。

请记住：坚盾何惧利矛？人定胜火！

第十一要诀：缓晃轻抛，寻求援助。

被烟火围困暂时无法逃离的人员，应尽量待在阳台、窗口等易于被人发现和能避免烟火近身的地方。在白天，可以向窗外晃动鲜艳衣物，或向外抛轻型晃眼的东西；在晚上，即可以用手电筒不停地在窗口闪动或者敲击东西，及时发出有效的求救信号，引起救援者的注意。因为消防人员进入室内都是沿墙壁摸索行进，所以在被烟气窒息失去自救能力时，应努力滚到墙边或门边，便于消防人员寻找、营救；此外，滚到墙边也可防止房屋结构塌落砸伤自己。

请记住：充分暴露自己，才能拯救自己。

第十二要诀：火已及身，切勿惊跑。

火场上的人如果发现身上着了火，千万不可惊跑或用手拍打，因为奔跑或拍打时会形成风势，加速氧气的补充，促旺火势。当身上衣服着火时，应赶紧设法脱掉衣服或就地打滚，压灭火苗；能及时跳进水中或让人向身上浇水、喷灭火剂就更有效了。

请记住：就地打滚虽狼狈，烈火焚身可免除。

第十三要诀：跳楼有术，虽损求生。

身处火灾烟气中的人，精神上往往陷于极端恐怖和接近崩溃的状态，惊慌的心理极易导致不顾一切的伤害性行为，如跳楼逃生。应该注意的是，只有消防队员准备好救生气垫并指挥跳楼时，或楼层不高（一般4层以下），非跳楼即烧死的情况下，才采取跳楼的方法。即使已没有任何退路，若生命还未受到严重威胁，也要冷静地等待消防人员的救援。跳楼也要讲技巧，跳楼时应尽量往救生气垫中部跳，或选择有水池、软雨篷、草地等的方向跳；如有可能，要尽量抱些棉被、沙发垫等松软物品或打开大雨伞跳下，以减缓冲击力。如果徒手跳楼，一定要扒窗台或阳台使身体自然下垂跳下，以尽量降低垂直距离，落地前要双手抱紧头部，身体弯曲卷成一团，以减少伤害。跳楼虽可求生，但会对身体造成一定的伤害，所以要慎之又慎。

请记住：跳楼不等于自杀，关键是要有办法。

四、火场逃生的心理误区

面对滚滚的浓烟、凶猛的火势以及热浪的侵袭，为什么有的人能够临危不惧，顺利地躲过劫难重获新生？而有的人急于生还，想一步迈出死亡地带，结果却适得其反，早早毙命？在这其中，逃生心理起着重要作用。

要想在大火中安全逃生，除了平时要学习一些自防自救常识之外，还要努力克服逃生中的某些心理误区。逃生中的心理误区主要有以下几种：惊慌心理、习惯心理、趋光心理、外散心理及盲从心理。

1. 惊慌心理

在火灾中感到恐惧是人的一般习性，惊慌就是人在极度难忍、充满恐怖的环境下造成的一种心理状态。在逃生时，惊慌心理可导致一些非理性行为，结果经常是不幸的。例如有的人面对浓烟不知所措，从高楼跳下而丧生；有的人见了大火，只顾向相反方向奔逃而不管是否有出口；在火灾现场往往发现死者蹲踞在屋角或把头伸入橱柜内，这些都是由于惊慌恐惧而导致的非理性行为。惊慌一开始只是个别人的非理性行为，但由于惊慌带有传染性，很快会波及众人，而且非常迅速，常常可导致不可抑制的恐惧心理，往往发生不必要的重大伤亡。

2. 习惯心理

这种心理常表现为人们只会朝经常使用的出入口和楼梯疏散，即使那里已挤成一团，堵塞了出口，还是争相夺路不肯离去。一方面，是因为灾祸降临，人们挤成一团，以解除心理上的孤独感和恐惧感；另一方面，也是由于对所处环境的不了解，对其他出口没有把握，甚至不了解安全疏散出口包括哪些楼梯和门窗。特别是楼房火灾，一般人听到火警，往往习惯往下跑，而遇上烟气又会慌忙向上跑，烟速为3～4米/秒，大大超过了人的上楼速度，就在这种往返之中，贻误了逃生的最佳时机，甚至丧生。例如，在旅馆或剧场发生火灾时，一般旅客和观众都习惯从原入口逃生，很少找其他出入口和楼梯疏散。出于习惯心理，有的人即使是在自己居住的场所，在原出路被烟火阻塞无路可走时，才去寻找其他疏散出路，但常常为时已晚。

3. 趋光心理

人有向光的习性，所以有趋向明亮方向和开敞空间的本能。例如，当旅馆有烟气在走廊弥漫时，若走廊一端黑暗、一端明亮，则人们一般向明亮方向疏散。趋光心理有时是有益的，但如果身处陌生的火灾环境中，盲目地拼命朝有光亮的方向逃跑，很容易误入危险境地，如建筑物里的"袋形走廊"，十分危险。

要避免误入危险逃生路径，就必须熟悉自己所处的环境。当我们进入一个比较陌生的建筑物中，就要到走廊看一看报警器、疏散出口和楼梯的位置，这种细心是很必要的，只有养成习惯，心中有数，才能在关键时刻救自己一命。

4. 外散心理

起火时，人的求生本能促使人一般总想向室外跑，这对低层的、结构简单的建筑物还可以，但对高层的、结构又较复杂的建筑物来讲，这种想法是不太现实的，因为身处较高楼层或比较复杂结构的环境中，人们跑到室外需要较长时间，反而会贻误逃生的时机。所以，在火灾中一心只想外散逃出去有时并非上策，在无路可逃时，就要选择相对安全的地方避难，等待消防队员的到来。当然，即使选择避难间避难，也只能是暂时的，目的在于及早疏散出去或是被安全救援，所以在选择避难的同时，应做好下一步的考虑和准备。

5. 盲从心理

盲从心理是惊慌心理的延续，表现是：在火灾危险中失去正常判断能力，没有主见，随大流、不顾后果。比如一窝蜂地跟着人群盲目地跑，至于跑向什么地方，能不能跑得出去，则根本不知道；比如不知所措的程度急剧增加，见人从楼上往下跳，便跟着一起往下跳，至于跳下去是什么后果则不管了。准确地说，这种盲从心理导致的行为已算不上是一种正常的逃生了。许许多多群死群伤火灾的发生，都与这种盲从心理带来的消极后果密切相关。

综合以上几种逃生心理的分析不难看出，在逃生中，心理上一旦走入误区，也就相当于人在火场中闯入误区一样危险。要想在火灾中安全逃生，除了要具备一定的消防意识、掌握一定的自防自救知识外，还要努力克服种种心理障碍，从心理误区中尽快走出来，培养良好的逃生心理素质，在逃生的关键时刻引领自己走进安全地带。

▶ 第三节　灭火技术

火使人类告别了茹毛饮血的时代，是人们日常生活和生产中不可缺少的，但是，火一旦失去控制，就会造成财产的损失和人员的伤亡，酿成灾害。为了防止火灾的发生，人们采取了各种积极的预防措施，然而火灾总是不能完全避免。火灾发生后，如何有效地进行扑救，关键在于正确地选择和使用各种灭火方法与灭火剂。

灭火剂是指能够有效地破坏燃烧条件，使燃烧中止的物质。简言之，灭火剂就是用来灭火的物质。无论哪类火灾，只要扑救及时、方法正确、充分发挥灭火剂的灭火作用，就能迅速地将其扑灭。迅速及时合理地使用灭火剂，能有效地减小火灾的损失。

一、常用灭火方法

根据物质燃烧原理，燃烧必须同时具备可燃物、助燃物和着火源三个条件，缺一不可。而一切灭火措施都是为了破坏已经产生的燃烧条件，或使燃烧反应中的游离基消失而终止燃烧。灭火的基本方法有四种，即降低燃烧物的温度——冷却灭火法；隔离与火源相近的可燃物——隔离灭火法；减少空气中的含氧量——窒息灭火法；消除燃烧中的游离基——抑制灭火法。

1. 冷却灭火法

冷却灭火法，就是将灭火剂直接喷洒在燃烧着的物体上，将可燃物的温度降低到燃点以下，从而使燃烧终止。这是扑救火灾最常用的方法。冷却的方法主要是采取喷水或喷射二氧化碳等其他灭火剂，将燃烧物的温度降到燃点以下。灭火剂在灭火过程中不参与燃烧过程中的化学反应，属于物理灭火法。

在火场上，除用冷却法直接扑灭火灾外，在必要的情况下，可用水冷却尚未燃烧的物质，防止达到燃点而起火。还可用水冷却建筑构件、生产装置或容器设备等，以防止它们受热结构变形，扩大灾害损失。

2. 隔离灭火法

隔离灭火法，就是将燃烧物体与附近的可燃物质隔离或疏散开，使燃烧停止。这种方法适用扑救各种固体、液体和气体火灾。

采取隔离灭火法的具体措施有：将火源附近的可燃、易燃、易爆和助燃物质，从燃烧区内转移到安全地点；关闭阀门，阻止气体、液体流入燃烧区；排除生产装置、设备容器内的可燃气体或液体；设法阻拦流散的易燃、可燃液体或扩散的可燃气体；拆除与火源相毗连的易燃建筑结构，造成防止火势蔓延的空间地带；以及用水流封闭或用爆炸等方法扑救油气井喷火灾；采用泥土、黄沙筑堤等方法，阻止流淌的可燃液体流向燃烧点。

3. 窒息灭火法

窒息灭火法，就是阻止空气流入燃烧区，或用不燃物质冲淡空气，使燃烧物质断绝氧气的助燃而熄灭。这种灭火方法适用扑救一些封闭式的空间和生产设备装置的火灾。

在火场上运用窒息的方法扑灭火灾时，可采用石棉布、浸湿的棉被、湿帆布等不燃或难燃材料，覆盖燃烧物或封闭孔洞；用水蒸气、惰性气体(如二氧化碳、氮气等)充入燃烧区域内；利用建筑物上原有的门、窗以及生产设备上的部件，封闭

31

燃烧区，阻止新鲜空气进入。此外在无法采取其他扑救方法而条件又允许的情况下，可采用水或泡沫淹没（灌注）的方法进行扑救。

采取窒息灭火的方法扑救火灾，必须注意以下几个问题：

（1）燃烧的部位较小，容易堵塞封闭，在燃烧区域内没有氧化剂时，才能采用这种方法。

（2）采取用水淹没（灌注）方法灭火时，必须考虑到火场物质被水浸泡后能否产生不良后果。

（3）采取窒息方法灭火后，必须在确认火已熄灭时，方可打开孔洞进行检查。严防因过早地打开封闭的房间或生产装置的设备孔洞等，而使新鲜空气流入，造成复燃或爆炸。

（4）采取惰性气体灭火时，一定要将大量的惰性气体充入燃烧区，以迅速降低空气中氧的含量，窒息灭火。

4. 抑制灭火法

抑制灭火法，是将化学灭火剂喷入燃烧区使之参与燃烧的化学反应，从而使燃烧反应停止。采用这种方法可使用的灭火剂有干粉和卤代烷灭火剂及替代产品。灭火时，一定要将足够数量的灭火剂准确地喷在燃烧区内，使灭火剂参与和阻断燃烧反应。否则将起不到抑制燃烧反应的作用，达不到灭火的目的。同时还要采取必要的冷却降温措施，以防止复燃。

采用哪种灭火方法实施灭火，应根据燃烧物质的性质、燃烧特点和火场的具体情况，以及消防技术装备的性能进行选择。有些火灾，往往需要同时使用几种灭火方法。这就要注意掌握灭火时机，搞好协同配合，充分发挥各种灭火剂的效能，迅速有效地扑灭火灾。

二、灭火器的使用

灭火器是扑灭起火时最常见、最简单、最方便的灭火工具，它是保卫人民生命财产安全的重要武器，一旦发生火灾时，它能发挥重要作用。常用灭火器都为直接启动储存式，使用时去掉保险栓，将喷嘴对准火焰根部，按下灭火器的把柄，喷出的灭火剂即可将火扑灭。灭火器的类型（按充装的灭火剂类型划分）有如下几种：

1. 泡沫灭火器

泡沫灭火器里的泡沫灭火剂有化学泡沫、蛋白泡沫、水成膜泡沫、空气泡沫和抗溶性泡沫等几种。泡沫灭火剂主要适用于扑救可燃液体和一般固体火灾，尤其对油类初起火灾效果较佳，例如，汽油、煤油、柴油等易燃、可燃液体引起的火灾。但该种灭火器属水溶液，不能用来扑救忌水的化工产品，如金属钠、镁铝粉、电石等。在扑救电器火灾时，必须先切断电源以防触电。泡沫灭火器主要有手提式和推车式两类。手提式化学泡沫灭火器在使用时，应注意在未到达火灾现场时不能将灭火器过分倾倒，避免两种药剂(碳酸氢钠水溶液和硫酸铝水溶液)混合提前喷出。当距起火点约10m时，将灭火器倒置，一手握提环，一手抓住筒体底边，对准着火点即可喷出。

灭火注意事项：(1)在喷射泡沫过程中，灭火器应一直保持颠倒的垂直状态，不能横置或直立过来；(2)如果扑救可燃固体物质火灾，应把喷嘴对准燃烧最猛烈处喷射；(3)如果扑救容器内的油品火灾，应将泡沫喷射在容器的器壁上，使泡沫沿器壁流下，再平行地覆盖在油品表面上；(4)如果扑救流动油品火灾，应站在上风方向，尽量减小泡沫射流与地面的夹角使泡沫由近而远地逐渐覆盖在整个油面上。

2. 二氧化碳灭火器

二氧化碳灭火器因灭火剂是二氧化碳而得名。二氧化碳是不会燃烧的气体，其灭火的原理主要是窒息作用。当空气中的二氧化碳增加，氧含量相对就减少，二氧化碳在空气中达到一定浓度，燃烧就停止了。二氧化碳灭火剂对绝大多数物质没有破坏作用，不留痕迹，没有毒害，它适用于各种易燃、可燃液体气体和仪表仪器、低压电器设备、图书档案、工艺品、陈列品等初起火灾的扑救。由于二氧化碳灭火时不会污损物品，灭火后不留痕迹，所以，二氧化碳灭火器更适用于扑灭精密仪器和贵重设备的初起火灾。由于二氧化碳不导电，还可扑救电压在600V以下的各种带电设备的火灾。如果是电压超过600V，应先断电后灭火。

使用二氧化碳灭火器时，先拔出保险栓，再压下压把(或旋动阀门)，将喷口对准火焰根部灭火。需要提醒的是，使用时最好戴上手套，以免皮肤接触喷筒和喷射胶管，防止冻伤。

3. 干粉灭火器

干粉灭火器是目前产量最多的一种灭火器。干粉灭火器适用扑救可燃易燃液体、气体及带电设备火灾，特别适用于扑救可燃气体火灾，这是其他灭火器所难以比拟的。它也能扑救仪器火灾，但扑救后要留下粉末，故对精密仪器火灾是不适宜的，干粉灭火器对固体火灾效果不大，因为火灾后会复燃。

手提式干粉灭火器在距燃烧物5m左右处开启，具体方法是：先撕掉小铅块，拔出保险销，然后一手压下压把后提起灭火器；另一手握住喷嘴，将干粉射流喷向燃烧区即可。

手提式干粉灭火器在操作灭火时，要注意保持灭火器正立状态，并将干粉射流喷向燃烧的火焰根部。在室外使用时，要注意站在上风向喷射，并随着射程缩短，要逐渐接近燃烧区，以提高灭火效率。

4. 卤代烷型灭火器(1211灭火器、1301灭火器)

卤代烷型灭火器因灭火剂为卤代烷灭火剂而得名：以卤素原子取代烷烃分子中

的部分或全部氢原子后得到的有机化合物统称卤代烷。一些低级烷烃的卤代物具有程度不同的灭火作用，这些具有灭火作用的低级烷烃卤代烷称为卤代烷灭火剂。卤代烷灭火剂应用范围较广，并且灭火速度快、用量省、容易汽化、空间淹没性好、洁净、不导电、可长期贮存不会变质，是一种优良的灭火剂。使用方法：手提式1211灭火器和1301灭火器使用时，应手提灭火器提把，迅速赶到起火点。首先拔掉保险销，然后右手紧握压把，左手握住喷射软管前端的喷嘴（没有喷射软管的左手可扶持灭火器底部），对准燃烧处喷射。

在使用时，灭火器在喷射过程中应保持直立状态，不允许水平和颠倒使用；在室外使用时，应注意占据上风方向喷射；在狭小的室内空间灭火时，灭火后应迅速撤离，因为卤代烷灭火剂有一定毒性，防止对人体造成伤害；要注意防止复燃。

5. 清水灭火器

该灭火器喷出的主要是水，一般用于扑救棉花、林材等固体火灾，而不能扑救液体、气体和带电设备的火灾。目前，我国生产的清水灭火器主要用筒体、钢瓶、吸管、喷嘴、手轮安全帽等组成。使用该灭火器时，钢瓶内气体喷到器筒内，在压力的作用下，水从喷嘴内喷出，以达到灭火的目的。

此外，凡是能够有效地破坏燃烧条件，阻止燃烧的物质均可叫灭火剂。在灭火过程中的水、沙等都是随地可见的天然灭火剂。用水或沙灭火方法最简便，只要将水或沙直接浇洒到燃烧物上，使燃烧物降低温度，隔绝空气，就起到了灭火的作用。

▶ 第四节 消防安全标志

消防安全标志是由安全色、边框、以图像为主要特征的图形符号或文字构成的标志，用以表达与消防有关的安全信息。根据安全标志的性质可分为以下四类：

a. 火灾报警和手动控制装置；

b. 火灾时疏散途径；

c. 灭火设备；

d. 具有火灾、爆炸危险的地方或物质。

一、火灾报警和手动控制装置标志

名　　称	标　　志	说　　明
消防手动启动器 MANUAL ACTIVATING DEVICE		用以指示火灾报警系统或固定灭火系统手动启动装置。其形状为正方形，背底为红色，符号为白色。图形标志如左图

名　称	标　志	说　明
发声警报器 FIRE ALARM		用来启动声报警的装置，可以单独使用，也可与手动启动装置标志一起使用。其形状为正方形或长方形，背底为红色，符号为白色。图形标志如左图
火警电话 FIRE TELEPHONE		用以指示或显示发生火灾时，专供报警的电话及电话号码。其形状为正方形或长方形，背底为红色，符号为白色。图形标志如左图

二、紧急时疏散途径标志

名　称	标　志	说　明
紧急出口 EXIT		用以指示在遇有突发事件等紧急情况下，可供使用的一切出口。在远离紧急出口的地方通常与一个箭头标志联用，以指示到达出口的方向。其形状为正方形或长方形，背底为绿色，符号为白色。图形标志如左图
疏散通道方向 （逃生路线方向箭头）		标志到达紧急疏散通道的方向，也可以与紧急出口标志联用。如指示左向（包括左下、左上）和下向，则放在图形标志的左方；如指示右向（包括右下、右上），则放在图形标志的右方。其形状为正方形或长方形，背底为绿色，符号为白色。图形标志如左图
灭火设备或报警装置的方向		标志灭火设备或报警装置的位置方向，一般与消防手动启动器、发声警报器、火警电话以及各种灭火设备的标志联用。其图形与疏散方向标志一样，背底为红色，符号为白色。图形标志如左图
滑动开门 SLIDE	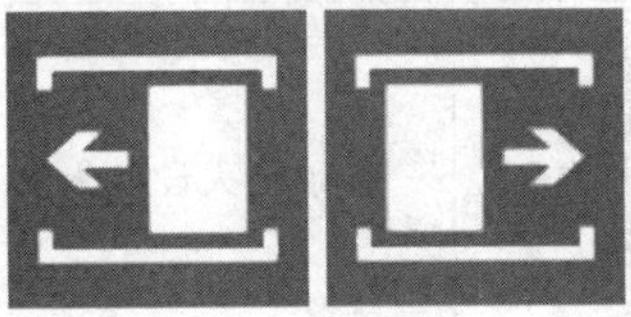	滑动标志置于门上，箭头指示该门的开启方向，其形状为长方形或正方形，背底为绿色，符号为白色。 指示装有滑动门的紧急出口

续表

名　称	标　志	说　明
推　开 PUSH		推开标志置于门上，用来指示门的开启方向，其形状为长方形或正方形，背底为绿色，符号为白色
拉　开 PULL		拉开标志置于门上，用来指示门的开启方向，其形状为长方形或正方形，背底为绿色，符号为白色
击碎板面 BREAK TO OBTAIN ACCESS		击碎板面标志可以用于指示以下内容： a. 必须击碎玻璃板才能拿到钥匙或拿到开门工具 b. 必须击开板面才能制造一个出口 c. 必须击碎玻璃才能报警
禁止阻塞 NO OBSTRUCTING		表示阻塞（疏散途径或通向灭火设备的道路等）会导致危险
禁止锁闭 NO LOCKING		表示紧急出口、房门等禁止锁闭

三、灭火设备标志

用以表示灭火设备各自存放的地点或存放的位置，它告诉人们如发生火灾，可随时取用。常用的灭火设备分别用以下图形表示。

名　称	标　志	说　明
灭火设备 FIRE-FIGHTING EQUIPMENT		指示灭火设备集中存放的位置

续表

名　称	标　志	说　明
灭火器 FIRE EXTINGUISHER		指示灭火器存放的位置
消防水带 FIREHOSE		指示消防水带、软管卷盘或消火栓箱的位置
地下消火栓 FLUSH FIRE HYDRANT		指示地下消火栓的位置
地上消火栓 POST FIRE HYDRANT		指示地上消火栓的位置
消防水泵接合器 SIAMESE CONNECTION		指示消防水泵接合器的位置
消防梯 FIRE LADDER		指示消防梯的位置

四、具有火灾、爆炸危险的地方或物质标志

生产、储存和运输易燃易爆物品的过程中，致燃致爆因素多，火灾危险性大，一旦疏于防范，发生火灾造成的危害极大。为了有效地预防易燃、易爆危险物品引起火灾的发生，无论是生产场所、存储单位或运输车船，都必须设置各种不同的消防安全标志。这类标志对人们起警示和告诫作用。

a. 当心火灾类标志（这类标志为正三角形，背底为黄色，符号和三角形为黑色）

名　　称	标　志	说　　明
当心火灾—— 易燃物质 DANGER OF FIRE-HICHLY FLAMMABLE MATERALS		警告人们有易燃物质，要当心火灾之类
当心火灾—— 氧化物 DANGER OF FIRE-OXIDIZING MATERALS		警告人们有易氧化的物质，要当心因氧化而着火
当心爆炸—— 爆炸性物质 DANGER OF EXPLOSION EXPLOSIVE MATERALS		警告人们有可燃气体、爆炸物或爆炸性混合气体，要当心爆炸

b. 禁止用水灭火标志

名　　称	标　志	说　　明
禁止用水灭火 NO WATERING TO PUT OUT THE FIRE		表示：a. 该物质不能用水灭火；b. 用水灭火会对灭火者或周围环境产生危险

c. 禁止吸烟和禁止烟火标志(其背底为白色，符号为黑色，圆圈和斜线为红色)

名　　称	标　志	说　　明
禁止吸烟 NO SMOKING		表示吸烟能引起火灾危险
禁止烟火 NO BURNING		表示吸烟或使用明火能引起火灾或爆炸

d. 禁止带火种、存放易燃物和禁止燃放烟花鞭炮等标志

名　　称	标　　志	说　　明
禁止存放易燃物 NO FLAMMABLE MATERALS		表示存放易燃物会引起火灾或爆炸
禁止带火种 NO MATCHES		表示此处存放易燃、易爆物质，不得携带火种
禁止燃放烟花鞭炮 NO FIREWORKS		表示燃放鞭炮、焰火能引起火灾或爆炸

▶ 第五节　案例警示

私自使用大功率电器酿成大祸

【案例一】2004年10月2日晚8时25分许，某高校十一公寓301宿舍发生一起火灾事故，致使配置给该宿舍使用的箱子架、物品柜等设施因火灾被损，另有价值5 000余元的学生个人财物被烧毁。经查这起火灾事故是有同学违反学生公寓管理制度，在宿舍内私自使用大功率电器而造成的（寝室当时无人）。具体原因是：插在主接线板的电热杯放在箱子架顶层，水烧干后自燃，并引燃临近的易燃品，如箱子架上所放的书籍、衣物、被子等，最终酿成火灾事故。

【案例二】2002年1月4日晚9时许，某高校一公寓523宿舍发生一起火灾事故，致使配置给该宿舍使用的长条桌、物品柜等设施因火灾被损，另有价值4 000余元的学生个人财物被烧毁。经查这起火灾事故是由于该宿舍两名同学将应急灯长时间充电（13小时，寝室当时无人），使蓄电池过热，引燃桌下纸箱内的易燃物而造成火灾。

【案例三】2002年9月8日21时39分，北京某大学研究生公寓1号楼3层324室发生火灾，北京市公安局消防局119调度指挥中心迅速调集7个消防中队、38辆消防车前往现场进行扑救，火灾于当晚23时扑灭。火灾中共有3间宿舍被烧毁，2间宿舍部分被烧，过火面积80余平方米。经查，火灾原因系该宿舍学生姜某某，于当晚19时30分使用"热得快"在暖壶里烧开水，并请同学沈某某照看，随后就去

教室看书，而沈某某洗完衣服后外出，将同学烧水一事遗忘，致使"热得快"长时间通电干烧，导致发生火灾，直接经济损失 10 万余元。

平时逃生训练让我"9·11"生还

【案例四】2002 年 9 月，《东京消防》杂志刊载了纽约世贸大厦灾难中日本企业职员如何面对灾难成功逃生的惊险历程。35 岁的 A 先生是日本综合商社派往美国分公司的副社长，他的公司在纽约世贸大厦北楼第 89 层。灾难发生时他同公司其他 5 名职员正在办公室内。

2001 年 9 月 11 日 8：54，A 先生正在会议室商谈事情。第一架飞机撞击世贸大厦后，为防止烟气进入房间，他们关闭了房门，并向外窗户处移动。

9：05，烟气开始从门缝向办公室侵入，渐渐地浓起来。这时，收音机里又传出"又一架飞机撞向大厦"的实况转播。突然，他们听到大厦的物业管理人员敲门并说"大家赶快避难"。一听这话，大家开始从办公室向避难楼梯转移。尽管避难楼梯很狭窄，但大家都是一个个有秩序地往下走，同时留出楼梯的另一半让从下往上走的消防队员们通过。

10：05，当他们走到第 16 层和第 17 层之间时，突然停电了，烟也浓了。有些人惊慌地向上走，造成了拥堵。这时，有消防队员喊道："请走别的避难楼梯。"在他的提示下，A 先生等人穿过第 16 层漆黑的楼道来到另一个避难楼梯。

10：20，他们终于来到大厦一楼，至此已过去 1 小时 15 分钟了。从一楼大厅冲出，大片的玻璃和砖石纷纷落下，堆积在大厦周围。这时有消防队员和警察喊道："快跑！快躲开！"A 先生疯狂地向北跑去。随后，他跑到日本的一个商社里，在那里度过了数小时，等地铁开通后才回到住处。

由于他所在的公司平时曾组织过避难逃生训练，因此这次灾难中无一人遇难。

高楼火灾逃生应注意：

第一，保持清醒头脑是高楼火灾逃生的关键。

第二，应尽量利用楼梯间等设施。

第三，进入楼梯间后，在确定下面楼层未着火时，可以向下逃生。因为火灾发生时火迅速向上蔓延，使进入者晕头转向，最终晕厥乃至死亡。

第四，平时进行避难逃生训练，预先熟悉逃生路线，了解掌握逃生方法。

>>> 思考与练习

1. 由人为因素引起的火灾有哪些，如何预防？

2. 通常的灭火方法有哪几种？怎样使用干粉灭火器、二氧化碳灭火器、泡沫灭火器及 1211 灭火器？

3. 火灾初发时，有哪些应急措施？

4. 在火场如何进行自救和逃生？

第四章　交通安全

[学习要求]

了解行路、骑车、乘机动车、乘火车和乘轮船的安全常识，熟悉常用道路交通标志，掌握交通事故应急知识，自觉遵守交通安全准则。

交通与我们息息相关，平日里同学们于节假日外出、旅游，除了步行外，还要骑自行车、乘坐公共汽车，路程远的还乘火车、乘轮船。因此，交通是人们参与社会生活一个极其重要的方面，它的发展变化直接影响着社会文明进程。在现在经济发达的社会中，人们的交通工具也越来越丰富了，人们的生活水平在渐渐提高，但交通安全始终威胁着人类的生活，而且威胁越来越大。

自汽车问世以来，全世界约有 3 400 多万人死于交通事故，比第一次世界大战死亡人数还多 1 300 多万人，相当于第二次世界大战死亡人数。交通事故对人类的威胁已超过心血管疾病、艾滋病、癌症等绝症，成为人类各种死因之首，成为"世界头号杀手"。近些年来，我国每年约有 50 多万人死于交通事故，1 500多万人伤残，经济损失约占国民生产总值的 1.5%。人们把交通事故称为"没有硝烟的战争"。汽车在给人类生活和社会发展带来翻天覆地变化的同时，也带来频频车祸，给人类的生命财产造成巨大的灾难和损失。据统计，因汽车交通事故每年全世界死亡人数超过百万，伤残者不计其数，交通安全问题日益成为当今世界各国尤其是发展中国家和地区共同面对的课题。

改革开放 30 年，是我国经济高速发展的 30 年，与其他发达国家不同，美、日等国在进入经济高速发展时期前，已在交通基础设施建设上做了大量的工作，同时也建立了完善的法律、法规体系，国民也都有较好的交通安全意识。而我国在进入经济高速发展期之初，交通基础设施落后，相应的交通法规、规章不健全，人们缺乏交通安全意识。因此，我国交通状况较差，交通事故死亡人数远远超过世界其他国家。

我国汽车工业和汽车拥有量发展很快，自 1978 年以来我国汽车保有量一直以两位数的百分比率在增长，至 2002 年底我国汽车已达 2 141 万辆。与此同时，每年因交通事故死亡的人数也在迅速增长，十年间翻了一番，从 1991 年的 5.3 万人，到 2001 年已达 10.6 万人，2002 年为 10.9 万人，居世界第一位。未来十年间道路交通事故年死亡人数还会再翻一番，达 20 余万人。我国道路交通事故的致死率也很高，比工业发达国家高出 10 倍。因此，我国道路交通安全形势十分严峻，已经引起国家有关方面的重视。

从这几年学生因交通事故而伤亡的情况来看，除客观因素外，绝大多数是由于安全意识淡薄和缺乏必要的交通安全知识造成的。因此，我们必须重视交通安全，掌握必要的交通安全知识，要时刻注意，确保交通安全。

▶ 第一节　交通安全准则

交通安全是指不发生交通事故或少发生交通事故的主观条件，即指交通参与者要严格遵守交通法规，提高警惕，不因麻痹大意而发生交通事故。在日常学习和生活中，学生参与最多的是道路交通，只要有行人、车辆、道路这三个交通安全要素存在，就有交通安全问题，也许只是一个小小的意外，就会造成严重后果，断送美好的前程，甚至生命。据上海市交通巡警总队事故防范处统计，2001 年上海市大学生发生道路交通事故 300 起，死亡 4 人，伤 220 人。

所以，要维护道路交通秩序，确保道路交通安全，必须掌握并遵守安全准则。

1. 靠右行的原则。所谓靠右行，是指行人或车辆在法律、法规规定的范围内，必须遵守靠道路右边一侧行走或行驶。确定这个原则，原因是行人和各类车辆在同一道路内往同一方向行进，可以保证交通流向的一致性，能有效地减少和避免行人与行人、车辆与车辆相撞现象的发生。我国自古就有靠右行驶的传统和习惯，所以一直沿用靠右行驶的规则。

2. 行人、车辆各行其道的原则。所谓各行其道，是指车辆、行人在规定的机动车道、非机动车道和人行道上分开行驶(行走)，互不干扰。我国人口众多，近几年随着轿车进入家庭的步伐加快，道路上的车流量也明显增加，如果机动车、非机动车和行人混行在同一道路上，会增加交通安全事故。《道路交通安全法》第六十一条规定：行人应当在人行道内行走，没有人行道的靠路边行走。

3. 确保交通安全的原则。据粗略统计，在我国造成交通事故的原因中，各种交通违章占 90% 以上，交通法规是公民的生命之友，每个人都必须遵守交通法规，不做违反交通法规的事。如果遇到交通法规没有明文规定的例外情况，广大青少年必须遵守"车辆、行人必须在确保安全的原则下通行"。

为确保交通安全，这里强调颜色对于安全的意义。在交通中，颜色与交通安全息息相关。在现实中，大家要充分利用颜色安全功能促进交通安全。(1)在雨天和雾天，行路或骑车要穿戴红色和黄色为主的艳色服装，手持艳色雨伞；(2)青少年宜用黄书包，戴红、黄色相间的帽子；(3)儿童上街，宜穿红、黄色的鲜艳服装，围巾和帽子颜色与衣服颜色要形成鲜明对比。

一、行路安全

行路，是人类最基本的一种能力，是人类生存的基本条件——衣、食、住、行之一。步行是人类参与社会活动使用最早、最简单的一种交通形式。由于一些人没有好好地走路，造成了不少交通事故。据专家统计，行人违章造成的交通死亡事故占全部交通死亡事故的 27％。因此，青少年在日常生活中都不可避免地会遇到行路安全问题，就像吃饭时不小心咬了自己的舌头一样，在路上发生交通事故也是常有的事。因此，广大青少年要掌握行路安全常识，遵守交通法规，这样就可以避免或减少交通事故。同学们在路上行走时应该注意以下几个方面。

1. 应当按照交通信号灯通行，遇到交通警察现场指挥时，应当按照交通警察的指挥通行，在没有交通信号灯的道路上，应当在确保安全畅通的原则下通行。

红灯亮时。

人行横道灯绿灯亮时。

停

横过马路时，有交通警察或交通管理人员指挥的，应服从交通警察和管理人员的指挥。

2. 在道路上行走要走在人行道上，没有人行道的要靠边行走。走路时，思想要集中，不能东张西望，不能在行路时嬉闹追逐，更不能看书读报；不能因想事或聊天而忘记观察路面情况，否则可能会被路面上的石块、砖头等障碍物绊倒、摔伤或撞到路旁的树干或电线杆上，甚至可能发生车祸。路边停有车辆的时候，要注意避开，以免汽车突然启动或打开车门碰着。低年级同学出行，一般要有家长带领。

3. 大中城市的公路，一般都分成机动车快车道、慢车道和人力三轮车、自行车道及人行道。步行时，必须走人行道，在人行道行走时，不要多人手挽手并行，以免影响别人通过。在没有划出人行道的路段，要尽量靠边走。行路时，如果公路对面有人打招呼，不要贸然横穿公路，以防发生危险和事故。

4. 横穿没有交通信号灯的公路或街道，要走人行横道（没有人行横道的路段要直行到有人行道的地方通过），并注意主动避让来往车辆，不要在车辆临近时抢行。

5. 横穿有人行横道信号灯的公路，要明确信号灯的含义：绿灯亮时，行人通过人行横道；红灯亮时禁止行人进入人行横道，但是已经进入人行横道的，可以继续通过或在道路中心处停留等候。交通拥挤的地方，架有人行天桥或设有过街地道的，最好走人行天桥或过街地道。

有人行过街天桥或人行
过街地道的，须走人行过街
天桥和人行过街地道。

6. 穿越没有人行横道线的马路时，要做到：

(1)穿越马路前，先在路边停一下。据有关专家估测，如果每个人都能在穿越马路前暂停一下，就可至少减少一半的交通事故。

(2)先看左边有无来车，再看右边有无来车。因为车辆靠右行驶，从左边过来的车辆离过马路的人距离近些，一旦漏看，潜在危险是很大的。

(3)在看清确定没有车辆过来时，应尽快直行通过，不要停下来，做系鞋带、捡东西之类的事。

7. 行人不得在道路上使用滑板、旱冰鞋等滑行工具；不得在车行道内坐卧、停留、嬉闹；不得跨越、倚坐道路隔离设施，不得扒车、强行拦车；不得实施追车、抛物击车等妨碍道路交通安全的行为。

不准在道路上进行滑板、滑旱冰等有碍交通安全的活动。

8. 集体外出活动时，要在老师的带领下有秩序地排队前进，行路时，不能三五成群地打闹、嬉戏或进行其他活动。列队在道路上通行时，每横列不得超过 2 人，但在已经实行交通管制的路段不受限制。

不准穿越、倚坐人行道，车行道和铁路道口的护栏。

9. 在车多、人多、容易发生交通事故的路段和高速公路两侧，交通部门都设置了护栏或隔离墩。同学们要走有人行标志的地方，不要倚坐护栏或隔离墩，也不要图省事翻越或钻过护栏和隔离墩过公路或街道。因为在有护栏的道路上驾驶车辆，驾驶员往往将注意力主要集中在视野前方，如果有人突然翻越护栏进入车行道，反应再快的驾驶员也难免措手不及。

10. 雨天、雾天、雪天，走路更要小心，以防碰撞或跌倒。在下雪、结冰道路上行走时，要精力集中，最好穿防滑的胶鞋，尽量不穿平底无花纹的鞋，身体重心尽量放低，小步慢行。由于汽车在下雪、结冰道路上制动距离要比在正常路面上长，路滑还会出现刹车侧滑、掉头失控的情况，所以在这种天气里，一定要在人行道或靠路边行走，尽量离车行道远一些。横过道路时，要先站在路边调整好雨帽、雨伞的角度，不要让它们挡住自己的视线，待看清确实没有危险时，再小心通过。千万不要猛跑抢行，或在两车之间穿行，更不要突然改变行走方向或后退。

11. 夜间走路要防止意外事故的发生。因夜里走路能见度低，须格外小心。不然，有可能会滑进路旁的阴沟里，摔进施工挖的土坑里或掉下桥、山洞去，后果不堪设想。因此，夜间行走时，要尽量走自己熟悉的路段，要注意观察路面的情况，及时发现异常情况，以防不测。

二、骑车安全

自行车又称单车，在我国，由于经济水平等因素的影响，自行车被广泛地使用作交通工具。无论是城市或农村，人们出行的主要代步工具即是自行车，它给人们的生活带来了诸多的方便，成人上班、学生上学、父母送孩子上幼儿园，一家人一道串亲访友，都离不开自行车。我国已被称为"自行车王国"。

我国交通法规规定，未满 12 周岁，不准在道路上骑自行车（三轮车）。骑电动自行车和残疾人机动轮椅车必须年满 16 周岁；而对于年龄较大的同学骑自行车，则应该注意以下内容。

1. 不骑没有车闸或没有安全保证的自行车上路，要经常检查自行车轮胎、车闸、链条、车铃等重要部位，有问题要及时修理。

2. 不能在人行道、机动车道上骑自行车。在混行道上要靠右边骑行，不得在车行道上学习骑自行车；电动自行车在非机动车道内行驶时，最高时速不得超过 15 公里。

3. 不得在道路上骑独轮自行车或者二人以上骑行的自行车。

4. 转弯前须减速慢行，向后观望，并伸手示意（向左转伸左手，向右转伸右手），不准突然猛拐。

5. 骑车时，思想要集中，不要听随身听。

6. 不能逞能飞车穿行，超越前方自行车时，不要靠得太近，不要速度过快，同时在超越前车时，不准妨碍被超车的行驶。

7. 骑车时不要三五成群，并肩骑行，也不要扶身而行或互相追逐；自行车（三轮车）不得加装动力装置。

8. 不要手中持物骑车，更不要双手离车把，逞一时之快。

9. 不要紧随机动车后面骑车，更不要手扒机动车行驶，以免被剐倒。

10. 骑自行车不准带人。因为自行车的车体轻、刹车灵敏度低，轮胎很窄，如果带人的话，车子的总重量增加，容易失去平衡，遇到突发情况时，容易发生事故。

11. 骑自行车(电动自行车、三轮车)在路段上横过机动车道，应当下车推行，有人行横道或者行人过街设施时，应当从人行横道或行人过街设施通过；没有行人过街设施或者不便使用行人过街设施的，在确认安全后直行通过。

12. 通过陡坡、横穿四条以上机动车道、夜间灯光炫目或途中车闸失效时，须下车推行，但切记不要突然停车，下车前须伸手上下摆动示意，不准妨碍后面车辆行驶。

13. 骑车时要注意转弯。向右转弯时，必须看清车后是否安全，及早打出右转弯手势，尽量沿着道路右侧减速前进。左转弯时，也要看清车后是否安全，及早打出手势，如有自行车禁止行驶区，应从禁止行驶区外侧左转弯；没有禁止行驶区时，要大转弯。自行车在路段行进时不准突然转弯，因为自行车突然转弯，往往使机动车驾驶员措手不及，极易造成安全事故。

14. 青少年学生骑车时最好不要载较多物品，若必须载物时，则高度从地面起不准超过 1.5 米，宽度左右各不得超出车把 0.15 米，长度前端不准超出车轮，后端不准超出车身 0.3 米。遇有雨天，在骑车时不要撑雨伞，可以穿雨衣。

15. 骑自行车除了要遵章通行外，也要经常检查车辆的安全行驶性能，检查车闸等机械装置是否齐全有效。上路时带齐证件以备检查。骑车时注意力要集中，注意周围交通变化，市区内骑车依据信号指示，服从交警指挥，不争道、抢道，严禁在车辆缝隙间穿行曲驶，交通拥挤时，要下车推行。需要强调的是，市区边缘道路和城区外的道路多为混合交通，道路设施不齐备，秩序也较混乱，在这种环境下，我们骑车时就要特别注意安全。

三、乘机动车安全

随着现代城市的发展，机动车的数量也越来越多，安全事故的阴影伴随着人们。如果自己没有机动车，那么外出就需要乘坐公交车、出租车等交通工具。作为乘车人，特别是我们青少年学生，如果不注意自己的不安全行为，也会给他人带来不便，甚至危及自己或他人的安全。

不要在不准停车的地方等候及拦车。

1. 乘车人必须遵守的交通规则有：

（1）依次候车，待车停稳，先下后上。

（2）不要在不准停车的地方等候及拦车，不准在行车道上或道路中间招呼汽车，招呼出租车。

（3）不准携带易燃、易爆等危险品乘车。

（4）在机动车行驶中，不准站立，头、手不准伸出窗外和跳车，手应抓牢车上固定的物体或安全带。

（5）不得向车外吐痰、抛撒物品等，不得有影响驾驶员安全驾驶的行为。

2. 公交车到站时，有很多人为了在车上抢到好的位置或是赶着下车去办急事，都会争先恐后，这样很容易造成对自己或他人的伤害。所以上下公交车时应等车靠站停稳，先让车上的乘客下完车，再按次序上车。下车时，要依次而行，不要硬推硬挤。

3. 乘坐客车或出租车时，必须在车辆停稳后开右侧车门下车，如果需要开左侧车门，应观察确认安全时，再开车门下车，以防后面来车超车而发生危险。

下车后，不要从车前、车后突然走出或猛跑过马路。这是最容易发生交通事故的行为。

4. 下车后应随即走上人行道。需要通过车行道的，应从人行道线内通过；千万不能在有车行驶的车行道上急穿，这样很不安全。

5. 乘车过程中也要具备安全意识。因为在乘车中，由于头、手或脚伸出车外而造成人身伤残、死亡的交通事故很多。乘车安全的基本要求是乘车时不准将头、手或脚伸出车外。

6. 乘坐长途汽车时，在上车前就留心观察汽车的安全状况，如果发现车况太差，就不要乘坐。尤其是途中有高速路段的，更要注意选择性能优越的定点班车。

7. 如果在乘车途中发现司机超速超载、违章操作，或旅客携带违禁物品时，应予以干涉和制止，这是保护自己和他人的权益。如制止无效，可要求换车，或拨打"110"或"122"报警。

8. 乘坐公交车或其他汽车的过程中，一旦发生火灾应科学使用自救方法。

（1）当车内着火，驾驶员打开车门后，应有秩序地下车，然后组织乘客用随车灭火器扑灭火焰。

（2）在扑救火灾时，应重点保护驾驶室和油箱部位。

（3）如果火焰小但封住了车门，可用衣物蒙住头部，从车门冲下。

（4）如果车门线路被火烧坏，开启不了，应砸开就近的车窗跳下车。

（5）开展自救、互救方法逃生。

9. 小组或班集体外出活动，要有老师带队，并与交通管理部门取得联系。选择取得驾驶资格的驾驶员和质量优良的客运车。发现驾驶员无驾驶证或饮酒、过度疲劳等妨碍安全行车的现象，应拒绝乘坐该车。不准集体乘货车出游，不乘超载车。

10. 乘坐二轮、侧三轮摩托车必须年满12周岁，并戴好头盔，将自己的头部保护起来，双脚应始终放在脚垫上，不得离开，不得脚着地，扶牢把手或腰带，不得侧身斜坐，始终保持骑坐姿势，停车时也应保持骑坐姿势，身体应尽量贴近驾驶员，转弯时要和驾驶员保持一个重心，避免谈话和不必要的动作。轻便摩托车不得载人。

四、乘火车安全

除乘汽车外，火车也是人们出远门时首选的交通工具，既经济实惠又方便。我们青少年学生掌握一些乘火车的安全知识是很有必要的。

1. 站台候车时的安全。在站台候车时，必须站在一米线以外，以免不小心掉下站台或被通过的火车擦伤或直接撞伤。而火车的惯性特别大，发生事故时不容易立即停止，容易导致严重后果。

2. 上车时必须在列车员和站台组织人员的安排下，排队有序上车，不要拥挤上车，以免挤伤，或拥挤掉下站台摔伤。

3. 上车前应该接受安全检查。这是为了避免乘客携带易燃、易爆及有毒物品上车。万一爆炸品及其他危险品被携带上车，火车高速行驶时，会使这些物品震荡、摩擦从而导致爆炸、燃烧等重大事故发生。同时，国家对旅客携带的具有危险性的生活用品也有严格规定。例如，铁道部门规定，对旅客每人次最大携带量的规定为气体或液体打火机5个；安全火柴20小盒；指甲油、定发水、染发水20毫升；酒精、冷烫液100毫升。

4. 尽管车站安检工作很细，还是难免有疏漏的地方。如果发现车上有可疑的易燃、易爆、有毒物品，不要轻易用手去触摸，要远离它，并及时向乘警报告。

5. 不要在车厢里吸烟，这样会影响其他旅客的健康。如果将烟头乱扔还可能引起火灾，而火车速度快，火势不易控制，会造成重大伤亡事故。

6. 火车发生事故的可能性很小，但是一旦发生，后果不堪设想。火车出事前通常没有什么迹象，不过旅客能够感觉得到紧急刹车的现象，这时应该用短短几分钟或几秒钟的时间，使自己的身体处于较为安全的姿势离开门窗或趴下来，抓住牢固物体，以防被撞伤或被抛出车外；身体紧靠在牢固物体上，下巴紧贴胸前，以防头部受伤；如果座位不靠门窗，则应留在原位，保持不动，若接近门窗，就应尽快离开。

7. 如果碰到火车出轨时，不要尝试跳车，否则身体会以全部的冲力撞向路轨，还可能发生其他危险，例如碰到通电流的路轨、飞脱的零件，或掉到火车蓄电池破裂而出的残液上。

8. 火车停下后，应看清周围环境如何，如果环境允许，应在原地等待救援人员的到来。

9. 火车上发生火灾时，一是易造成人员伤亡；二是易造成前后左右迅速蔓延成一条火龙；三是易产生有毒气体。如何进行逃生呢？

(1)利用车内设施逃生。

(2)可以通过各车厢互联通道逃离火场，通道被阻时，可用坚硬的物品将玻璃窗户砸破，逃离火场。

(3)当列车发生火灾时，乘务员应迅速扳下紧急制动闸，使列车停下来，并组织人力迅速将车门和车窗全部打开，帮助未逃离车厢的被困人员向外疏散。

(4)摘挂钩疏散车厢。列车在行驶途中或停车时发生火灾，威胁相邻车厢时，应采取摘挂钩的方法疏散未起火车厢的人员。

五、乘船安全

船舶是水路交通工具，方便、实惠。我国江河水系发达，海岸线漫长，很多地方，特别是我国南方河流通过的水乡之地，青少年学生出行，或学校组织学生外出活动，都离不开水路交通。据统计，发生的水上交通事故也不少。水上交通事故是指船舶、浮动设施在内河通航水域发生的碰撞、触碰、触礁、浪损、搁浅、火灾、爆炸、沉没等引起人身伤亡和财产损失的事件。因此，同学们应该掌握乘船的一些安全常识。

1. 千万不能搭乘"三无船只"，即无船名船号、无船舶证书、无船籍港籍的船只。

2. 对于符合载客条件的船只，在上下船时应注意不争抢、不拥挤。船靠岸有一个过程，应在船只系缆完毕，开门之后方可按顺序上下。上船之后，应了解自己及船上备用救生衣(具)的存放位置。了解救生艇、救生筏的存放位置，要了解和熟悉本船的各个通道、出入口及通往甲板的最近逃生口，以便能在紧急情况下迅速逃生自救。

3. 万一在乘船中发生了事故，不得不弃船跳水逃生时，跳水前应尽量选择较低的位置。要查看水面，避开水面上的漂浮物，应从船的上风向一侧的船舷跳下。跳水的姿势要正确，即左手紧握右侧的救生衣，夹紧并往下拉，入水后也不要松开手，待浮出水面后再放松；右手五指并拢，将鼻口捂住，双脚并拢，身体保持垂

直，头朝上，脚向下跳水，跳水后尽快游离出事船。

4. 海上求生应遵循哪些原则？

一是自身保护，镇定情绪，寻找救生及漂浮工具，扣好救生衣，找出哨笛。漂浮在水中不要轻易游动，除非是为了接近船只或可攀附的漂浮物。在水中采取好的姿势对保存体温很重要，双腿并拢并屈膝至胸部，两肘紧贴身旁，两臂交叉放在救生衣前，并使头部和颈部露出水面。保持清醒，不能入睡，振作精神，坚持的时间越长，获救的可能性越大。

二是要记清出事的准确位置，并想办法呼救。

三是千万不要喝海水，海水含盐量大，喝了以后身体反而失水更快。

四是在求生的过程中尽量节省食物，在没有充足的淡水供应时，更应注意少进食物或尽可能不进食物，以免大量消耗体内水分。

5. 客船发生火灾时，盲目地跟着已失去控制的人乱跑乱撞是不行的，一味等待他人救援也会延误逃生时间，有效的办法是赶快自救或互救逃生。

当你在客船上被大火围困时，利用客船内部的设施可采取以下几种逃生的方法：

(1)利用内梯道、外梯道和舷梯逃生。

(2)利用逃生孔逃生。

(3)利用救生艇和其他救生器材逃生。

(4)利用缆绳逃生。

对不同部位、不同情况下的人员，有哪些不同的客船逃生方法？

(1)当客船在航行时机舱起火，机舱人员可利用尾舱通向甲板的出入孔逃生。船上工作人员应引导船上乘客向客船的前部、尾部和露天甲板疏散，必要时可利用救生绳、救生梯往来救援船只上逃生，也可穿上救生衣跳进水中逃生。如果火势蔓延，封住走道时，来不及逃生者可关闭房门不让烟气、火焰侵入。情况紧急时，也可跳入水中。

(2)当客船前部某一层着火，还未燃烧到机舱时，应采取紧急靠岸或自行搁浅措施，让船体处于相对稳定状态。被火围困的人员应迅速往主甲板、露天甲板疏散，然后借助救生器材向水中和来救援的船只上及岸上逃生。

(3)当客船上某一客舱着火时，舱内人员在逃出后应随手将舱门关上，以防火势蔓延，并提醒相邻客舱内的旅客赶快疏散。若火势已窜出封住内走道时，相邻房间的旅客应关闭靠内走廊房门，从通向左右船舷的舱门逃生。

(4)当船上大火将直通露天的梯道封锁，致使着火层以上楼层的人员无法向下疏散时，被围困的人员可以疏散到顶层，然后向下施放绳缆，沿绳缆向下逃生。总而言之，客船火灾中的逃生不同于陆地火场上逃生，应依据当时客观条件而定，尽量避免和减少不应有的伤亡。

▶第二节　交通事故应急处置

交通事故具有难以预料、突然发生的特点，此时处在危险中的人在瞬间作出的不同反应，将导致截然不同的后果。一旦出现交通危险，如果当事者能够迅速果断地采取应急措施，或躲避开危险，或进行救护、自救，可争取时间，缓解险情，减少事故造成的损失。因此，掌握一些应急常识和现场急救的本领，训练自己应对紧急情况时的心理承受能力和应变能力是十分必要的。

交通事故在我们身边发生以后，该怎么办？首先要保持头脑冷静，控制情绪，切莫惊慌失措，乱喊乱跑，造成现场更加混乱，同时，应发扬人道主义精神，积极采取行动，抢救伤员。

一、应急措施

1. 抢救。如迅速止血，处理休克等。
2. 密切注意周围环境，防止其他危险发生。
3. 保护现场，维护秩序。

二、立即打电话报警

报警时应说明以下几点：
1. 发生事故的地点。
2. 是什么样的事故，如车撞车、车撞物、翻车等。
3. 有无其他连锁事故，如起火、爆炸、建筑物倒塌等。
4. 有多少人受伤。
5. 报警人的姓名。

三、急救措施

1. 应由有医护知识或较熟练的人来进行。
2. 就近寻找合适的场地，临时安置伤员。
3. 包扎伤口。
4. 将有生命危险者迅速送往医院或移交给赶来现场的专职救护人员。
5. 其他帮助。

四、常用抢救步骤和方法

1. 从车行道上把受伤者拖出来，使其离开车行道的方法。如图(1)、图(2)、图(3)所示。

图(1) 图(2) 图(3)

2. 从车内把受伤者拖出来。受伤者在车内无法自行下车时，可按图(4)所示将其从车内拖出。

图(4)

3. 抢救昏迷不醒的受伤者。可能产生昏迷的原因：(1)天气炎热的原因。(2)缺氧。(3)各种原因中毒。(4)暴力刺激大脑。伤者不会讲话是判断昏迷失去知觉的症状。抢救前应检查伤者呼吸，见图(5)。保持侧卧，见图(6)。对失去知觉的伤者，可采用下列措施，见图(7)。

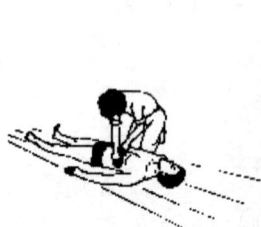

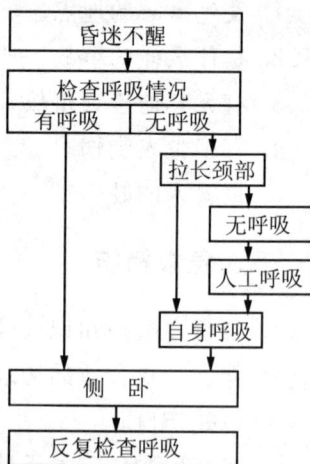

图(5) 图(6) 图(7)

4. 抢救呼吸中断者。呼吸中断后，应立即分秒必争进行抢救！否则会由于缺氧而危及生命。呼吸中断者的症状表现为无呼吸声音和无呼吸运动。抢救方法：按图(8)所示，抬下颌角使呼吸道畅通无阻，这种措施在很多场合下对恢复呼吸起了很大作用。如果受伤者仍不能呼吸，那就要进行口对口的人工呼吸，见图(9)。如果上述人工呼吸不能起作用时，就要检查嘴和咽喉中是否有异物，并设法排除，继续进行人工呼吸。

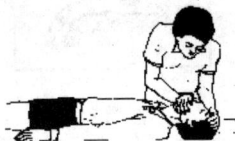
图(8)

图(9)

5. 抢救失血受伤者。如果受伤者失血过多，将会出现危险，如出现休克等症状。处理失血措施可按图(10)所示进行操作。通过外部压力，使伤口流血止住，然后系上绷带，见图(11)。失血过多，往往会产生休克，所以流血止住后，应接着采取一些防止休克的措施。

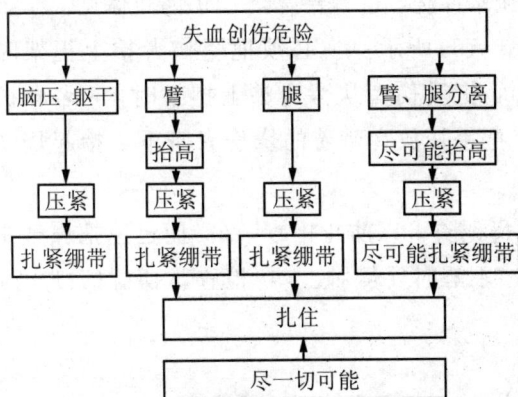
图(10)

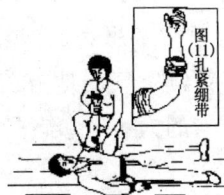
图(11)

6. 抢救休克受伤者。受伤者失血过多就有危险，出现休克，其症状表现为：(1)面色苍白。(2)四肢发凉。(3)额部出汗。(4)口吐白沫。(5)显著焦躁不安。(6)脉搏跳动变得越来越快和虚弱，最后脉搏几乎摸不出来。以上症状有时会部分出现，有时又一起出现。由于休克时间过长，可能致死，所以应及时采取下列措施：

①安置病人到安静的环境，见图(12)。②自我输血：抬起腿部到处于垂直状态，使休克停止，见图(13)。③检查脉搏与呼吸，见图(14)、图(15)。④语言安慰。⑤防止热损耗。⑥呼救，送往医院。

图(12)

图(13)

图（14）

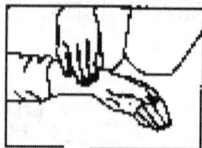

图（15）

7. 如何抢救烧伤者。其症状为：皮肤发红、起泡、感觉疼痛。内部组织受损的烧伤可引起呼吸困难、休克、烧伤性疾病等危险。对于烧伤程度来说，其烧伤面积和深度是有标准的。应采取如下急救措施：(1)迅速扑灭衣服上的火。(2)要脱下烧着的衣服。(3)全身燃烧时，可向其喷冷水。(4)用消过毒的绷带包上伤口。(5)反复检查呼吸和脉搏。(6)防止热损耗，可饮盐水(1杯水中放1匙食盐)。(7)不可使用粉剂、油剂、油膏或油等敷料。(8)脸部烧伤时，不要用水冲洗，也不要盖着。(9)防止休克。

8. 把烧伤者抬到担架上。按图（16）所示：当必须把受伤者抬上担架时，一定要遵循医护工作人员的指导。例如：把受伤者从旁边抬上担架时，3名救护人员的膝盖支撑着受伤者没有伤的部位，把手托放在躺着的烧伤者身下，抬起烧伤者的躯干，在统一指挥下，一起抬上担架。

9. 抢救中毒患者。(1)重视自我预防，以防止中毒。(2)应迅速把煤气中毒的患者送到有新鲜空气的地方。(3)昏迷不醒时要侧卧。(4)检查脉搏。(5)停止呼吸时，应进行适当的人工呼吸。

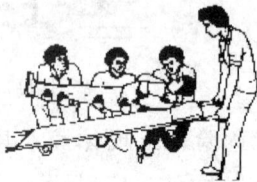

图（16）

图（17）

10. 腐蚀抢救。当肠、胃部分受到了腐蚀时：(1)绝不能刺激其呕吐，只能饮入足量的水，以稀释毒物。(2)报警。(3)把发现的毒物送往医院鉴定。当眼睛受腐蚀时要用水冲洗，见图（17），然后将两眼敷上消过毒的纱布再报警。

11. 安置事故中生病患者。

(1)胸部和腹部突然出现疼痛时，要使病人安静。能就近找到医生处理则最好。

(2)有心脏病或肺病的患者，呼吸困难时可半坐着。没有医生的嘱咐，不要乱服药，严禁吃、喝、抽烟等。

(3)打急救电话。

12. 疼痛处置。分析发生疼痛的一些症状与以上各类病情的症状哪些相似，则可以采取相应措施处理，使其得以缓解。另外，还可借助下列处理方法缓解疼痛。

(1)腹部肌肉紧张时，可在膝盖下垫高些。如图（18）所示。

（2）呼吸困难时，保持坐姿以易呼吸。如图（19）所示。

图（18）　　　　　　　　　　　图（19）

13. 骨折处置。（1）防止休克。（2）不要移动身体的骨折部位。（3）脊柱可能受损时，不要改变受伤者的姿势。（4）确实是骨折，要小心用消毒胶片包扎，并按发生后的状态保持部位静止。

14. 关节损伤（扭伤、脱臼、骨折）处置。（1）不要活动，不要自行复位。（2）不要改变损伤时瞬间的位置、姿势。（3）安放到固定位置后，保持损伤骨节的静止。

15. 头部损伤救护。如果伤员神志清醒，呼吸脉搏正常，损伤不严重时，可进行伤部止血，包扎处理。见图（20）。然后扶伤员靠墙或树旁坐下，找一块垫子将头和肩垫好。若伤员出现昏迷，要保持呼吸道畅通，并密切注意呼吸和脉搏。在救护转移时，护送人员扶置伤者呈半侧卧状，头部用衣物垫好，略加固定，再转移。

图（20）

五、交通事故自救常识

如果你乘坐的汽车发生交通事故，一瞬间，抓住车内固定牢靠的物体趴下，或在座位上尽量低下头，使下巴紧贴前胸，并把双手后伸交叉抱住头部，以避免事故发生时，因猛烈撞击伤害自己的头部和颈部；若遇到翻车或坠车时，迅速蹲下身体，紧紧抓住前排座位的座脚，身体尽量固定在两排座位间，随车翻转。

如果你乘坐的轮船发生紧急情况时，要迅速奔向甲板，如果不得不离开船，一定要穿好救生衣。跳水时尽量选择较低的位置，并且避开水面上的漂浮物，从船的上风舷跳下，如果船左右倾斜，则应从船首或船尾跳下。如果你不会游泳，入水后，应双脚并拢屈到胸前，两肘紧贴身旁，交叉放在救生衣上，使头颈露出水面；如果是在海里，千万不能喝海水，同时尽量节约食物，保存体力。

发生任何一种交通事故，都有可能使你受伤，当你被汽车刮倒、撞倒后，千万不要乱动；如果有创伤出血发生，应立即用洁净的布、手绢或卫生纸等压住伤口包扎止血；如果有骨折，不要盲目移动；当行人、医务人员赶来时，要及时告知自己可能受伤的部位，以免在搬抬过程中使受伤部位再次错位。遇到救助人员，如果意识清醒的话，要首先告诉对方自己的姓名、所在学校、家长姓名、联系电话等。

无论你自我感觉多好，出了交通事故后，一定要及时到医院检查。有的青少年在交通事故中被碰伤了，主观上感觉问题不大，就不去医院了，这是不正确的。因为，一方面人的耐受力不同，有的人即使产生线状裂纹骨折也能坚持住，故认为问题不大；另一方面，事故中有些损伤，如脑血肿，一开始自我感觉反应不大，随着时间的推移，症状会逐渐严重，甚至会因脑疝而死亡。因此，在交通事故中受伤之后，应该及时去医院诊治，以免延误治疗的最佳时机。

▶ 第三节　道路交通标志

道路交通标志连同道路交通标志线，是交通法规的重要组成部分，在道路交通管理中具有重要地位，被人们称为永不下岗的"交通警察"。认识并熟悉交通标志，对广大学生来说，有利于遵守交通规则，规范交通行为，避免安全隐患和事故的发生。

1. 如何识别交通标志

交通标志是用形状、文字、符号和颜色等，按照国家规定的标准制成指示牌，立于相关位置为机动车驾驶员和行人指示有关交通信息，旨在加强交通管理，确保交通安全。交通标志属于安全色标之一，与颜色关系密切，因为交通标志中的颜色具有安全技术的含义，交通标志正是利用颜色的不同特征，表达禁止、警告、指令和提示等不同含义的安全信息。我国在制定交通标志时使用的安全色标准与国际上是一致的，交通标志以红、黄、蓝、绿四种颜色分别表达禁止、警告、指令和提示安全信息。具体情况见下表：

安全色的含义和用途

颜　　色	含　　义	用　　途
红色	禁止	禁止标志、停止信号
	停止	紧急装置：机器、车辆上的紧急停止，手柄或按柄，禁止人们接触的部位
	表示防火	消防器材及其位置
蓝色(须与几何图形同时使用)	指令，必须遵守的规定	指令标志：交通中指引车辆、行人行进方向的指令
黄色	警告注意	警告标志 警戒标志：如危险范围的警戒线、车行道中心隔离线
绿色	提示安全状态通行	提示标志(为了与道路两旁绿色树木区分，交通上的提示标志用蓝色)行人和车辆通行标志安全防护设备及其位置

交通标志分为：指示标志、警告标志、禁令标志、指路标志、旅游区标志、道路施工标志和辅助标志等。具体标志样式见以下图例。

2. 警告标志

规范交通行为，保障生命财产安全，警告标志的颜色一般为黄底、黑边、黑图案，其形状为等边三角形，顶角朝上。它是警告车辆、行人注意容易发生交通事故或危险地点、路段的标志。常见的有以下一些警告标志：

十字交叉
除了基本形十字路口外，还有部分变异的十字路口，如：五路交叉路口、变形十字路口、变形五路交叉路口等。五路以上的路口均按十字路口对待。

T 形交叉
丁字形标志原则上设在与交叉口形状相符的道路上。右侧丁字路口，此标志设在进入丁字路口以前的适当位置。

T 形交叉
丁字形标志原则上设在与交叉口形状相符的道路上。左侧丁字路口，此标志设在进入丁字路口以前的适当位置。

T 形交叉
丁字形标志原则上设在与交叉口形状相符的道路上。此标志设在进入丁字路口以前的适当位置。

Y 形交叉
设在 Y 形路口以前的适当位置。

环形交叉
有的环形交叉路口，由于受线形限制或障碍物阻挡，此标志设在面对来车的路口的正面。

向左急弯路
向左急弯路标志，设在左急转弯的道路前方适当位置。

向右急弯路
向右急弯路标志，设在右急转弯的道路前方适当位置。

反向弯路
此标志设在两个相邻的方向相反的弯路前适当位置。

连续弯路
此标志设在有连续三个以上弯路的道路以前适当位置。

上陡坡
此标志设在纵坡度在7%和市区纵坡度在大于4%的陡坡道路前适当位置。

下陡坡
此标志设在纵坡度在7%和市区纵坡度在大于4%的陡坡道路前适当位置。

两侧变窄
车行道两侧变窄主要指沿道路中心线对称缩窄的道路；此标志设在窄路以前适当位置。

右侧变窄
车行道右侧缩窄。此标志设在窄路以前适当位置。

左侧变窄
车行道左侧缩窄。此标志设在窄路以前适当位置。

窄桥
此标志设在桥面宽度小于路面宽度的窄桥以前适当位置。

双向交通
双向行驶的道路上，采用天然的或人工的隔离措施，把上下行交通完全分离，由于某种原因(施工、桥、隧道)形成无隔离的双向车道时，须设置此标志。

注意行人
一般设在郊外道路上划有人行横道的前方。城市道路上因人行横道线较多，可根据实际需要设置。

注意儿童
此标志设在小学、幼儿园、少年宫、儿童游乐场等儿童频繁出入的场所或通道处。

注意牲畜
此标志设在经常有牲畜活动的路段特别是视线不良的路段以前适当位置。

注意信号灯
此标志设在不易发现前方位信号灯控制的路口前适当位置。

注意落石
此标志设在左侧有落石危险的傍山路段前适当位置。

注意落石
此标志设在右侧有落石危险的傍山路段前适当位置。

注意横风
此标志设在经常有很强的侧风并有必要引起注意的路段前适当位置。

易滑
此标志设在路面的摩擦系数不能满足相应行驶速度下要求紧急刹车距离的路段前适当位置。行驶至此路段必须减速慢行。

傍山险路
此标志设在山区地势险要路段(道路内侧位陡壁、悬崖危险的路段)以前适当位置。

傍山险路
此标志设在山区地势险要路段(道路外侧位陡壁、悬崖危险的路段)以前适当位置。

堤坝路
此标志设在沿水库、湖泊、河流等堤坝路以前适当位置。

堤坝路
此标志设在沿水库、湖泊、河流等堤坝路以前适当位置。

村庄
此标志设在不易发现前方有村庄或小城镇的路段以前适当位置。

隧道
此标志设在进入隧道前的适当位置。

渡口
此标志设在汽车渡口以前适当位置。特别是有的渡口地形较为复杂、道路条件较差，使用此标志能引起驾驶员的谨慎驾驶、注意安全。

驼峰桥
此标志设在前方是拱度较大，不易发现对方来车的路段前适当位置，应靠右侧行驶并应减速慢行。

路面不平
此标志设在路面不平的路段以前适当位置。

过水路面
此标志设在过水路面或漫水桥路段以前适当位置。

有人看守铁路道口
此标志设在不易发现的道口以前适当位置。

无人看守铁路道口
此标志设在道口以前适当位置。

注意非机动车
此标志设在混合行驶的道路并经常有非机动车横穿、出入的地点以前适当位置。

事故易发路段
此标志设在交通事故易发路段以前适当位置。

慢行
此标志设在前方需要减速慢行的路段以前适当位置。

左右绕行
此标志表示有障碍物，应从左右侧绕行，放置在路段前适当位置。

左侧绕行
此标志表示有障碍物，应从左侧绕行，放置在路段前适当位置。

右侧绕行
此标志表示有障碍物，应从右侧绕行，放置在路段前适当位置。

施工
此标志可作为临时标志设在施工路段以前适当位置。

注意危险

斜杠符号

斜杠符号

斜杠符号

此标志设在以上标志不能包括的其他危险路段以前适当位置。

表示距无人看守铁路道口的距离为50m。

表示距无人看守铁路道口的距离为100m。

表示距无人看守铁路道口的距离为150m。

叉形符号

表示多股铁道与道路交叉，设在无人看守铁路道口标志上端。

3. 禁令标志

除个别外，禁令标志的颜色一般为白底、红圈、红杠、黑图案（个别标志除外）。图案压杠。其形状分为圆形和顶角向下的等边三角形。它是禁止或限制车辆、行人交通行为的标志。常见的禁令标志主要有以下一些样式：

禁令标志 一

禁止通行

表示禁止一切车辆和行人通行。此标志设在禁止通行的道路入口处。

禁止驶入

表示禁止车辆驶入。此标志设在禁止驶入的路段入口处。

禁止机动车通行

表示禁止某种机动车通行。此标志设在禁止机动车通行的路段入口处。

禁止载货汽车通行

表示禁止载货机动车通行。此标志设在禁止载货机动车通行的路段入口处。

禁止三轮机动车通行

表示禁止三轮机动车通行。此标志设在禁止三轮机动车通行的路段入口处。

禁止大型客车通行

表示禁止大型客车通行。此标志设在禁止大型客车通行的路段入口处。

禁止小型客车通行

表示禁止小型客车通行。此标志设在禁止小型客车通行的路段入口处。

禁止汽车拖、挂车通行

表示禁止汽车拖、挂车通行。此标志设在禁止汽车拖、挂车通行的路段入口处。

禁止拖拉机通行

表示禁止拖拉机通行。此标志设在禁止拖拉机通行的路段入口处。

禁止农用车通行

表示禁止农用运输车通行。此标志设在禁止农用运输车通行的路段入口处。

禁止二轮摩托车通行

表示禁止二轮摩托车通行。此标志设在禁止二轮摩托车通行的路段入口处。

禁止某两种车通行

表示禁止某两种车通行。此标志设在禁止某两种车通行的路段入口处。

禁止非机动车通行

表示禁止非机动车通行。此标志设在禁止非机动车通行的路段入口处。

禁止畜力车通行

表示禁止畜力车通行。此标志设在禁止畜力车通行的路段入口处。

**禁止人力货运
三轮车通行**

表示禁止人力货运三轮车通行。此标志设在禁止人力货运三轮车通行的路段入口处。

**禁止人力客运
三轮车通行**

表示禁止人力客运三轮车通行。此标志设在禁止人力客运三轮车通行的路段入口处。

禁止人力车通行

表示禁止人力车通行。此标志设在禁止人力车通行的路段入口处。

禁止骑自行车下坡

表示禁止骑自行车下坡通行。此标志设在禁止骑自行车下坡通行的路段入口处。

禁止骑自行车上坡

表示禁止骑自行车上坡通行。此标志设在禁止骑自行车上坡通行的路段入口处。

禁止行人通行

表示禁止行人通行。此标志设在禁止行人通行的路段入口处。

禁止向左转弯
表示前方路口禁止一切车辆向左转弯。此标志设在禁止向左转弯的路口前适当位置。

禁止向右转弯
表示前方路口禁止一切车辆向右转弯。此标志设在禁止向右转弯的路口前适当位置。

禁止直行
表示前方路口禁止一切车辆直行。此标志设在禁止直行的路口前适当位置。

禁止向左、向右转弯
表示前方路口禁止一切车辆向左向右转弯。此标志设在禁止向左、向右转弯的路口前适当位置。

禁令标志　二

禁止直行和向左转弯
表示前方路口禁止一切车辆直行和向左转弯。此标志设在禁止直行和向左转弯的路口前适当位置。

禁止直行和向右转弯
表示前方路口禁止一切车辆直行和向右转弯。此标志设在禁止直行和向右转弯的路口前适当位置。

禁止掉头
表示前方路口禁止一切车辆掉头。此标志设在禁止掉头的路口前适当位置。

禁止超车
表示该标志至前方解除禁止超车标志的路段内，不准机动车超车。此标志设在禁止超车路段的起点。

解除禁止超车
表示禁止超车路段结束。此标志设在禁止超车路段的终点。

禁止车辆临时或长时停放
表示在限定的范围内，禁止一切车辆临时或长时停放。此标志设在禁止车辆停放的地方。禁止车辆停放的时间、车种和范围可用辅助标志说明。

禁止车辆长时停放
禁止车辆长时停放，临时停放不受限制。禁止车辆停放的时间、车种和范围可用辅助标志说明。

禁止鸣喇叭
表示禁止鸣喇叭。此标志设在需要禁止鸣喇叭的地方。禁止鸣喇叭的时间和范围可用辅助标志说明。

限制宽度

表示禁止装载宽度超过标志所示数值的车辆通行。此标志设在最大允许宽度受限制的地方。以图为例：装载宽度不得超过 3m。

限制高度

表示禁止装载高度超过标志所示数值的车辆通行。此标志设在最大允许高度受限制的地方。以图为例：装载高度不得超过 3.5m。

限制质量

表示禁止总质量超过标志所示数值的车辆通行。此标志设在需要限制车辆质量的桥梁两端。以图为例：装载总质量不得超过 10t。

限制轴重

表示禁止轴重超过标志所示数值的车辆通行。此标志设在需要限制车辆轴重的桥梁两端。以图为例：限制车辆轴重不得超过 7t。

限制速度

表示该标志至前方限制速度标志的路段内，机动车行驶速度不得超过标志所示数值。此标志设在需要限制车辆速度的路段的起点。以图为例：限制行驶时速不得超过 40km。

解除限制速度

表示限制速度路段结束。此标志设在限制车辆速度路段的终点。

停车检查

表示机动车必须停车接受检查。此标志设在关卡将近处，以便要求车辆接受检查或缴费等手续。标志中可加注说明检查事项。

停车让行

表示车辆必须在停止线以外停车瞭望，确认安全后，才准许通行。停车让行标志在下列情况下设置：(1)与交通流量较大的干路平交的支路路口；(2)无人看守的铁路道口；(3)其他需要设置的地方。

减速让行

表示车辆应减速让行，告示车辆驾驶员必须慢行或停车，观察干路行车情况，在确保干道车辆优先的前提下，认为安全时方可续行。此标志设在视线良好交叉道路的次要路口。

会车让行

表示车辆会车时，必须停车让对方车先行。设置在会车有困难的狭窄路段的一端或由于某种原因只能开放一条车道作双向通行路段的一端。

4. 指示标志

指示标志的颜色一般为蓝底白图案。其形状为圆形、长方形。它是指示车辆、

行人行进的方向的标志。最常见的指示标志主要有以下一些样式。

指示标志

直行　　　　向左转弯　　　　向右转弯　　　直行和向左转弯　　直行和向右转弯

向左和向右转弯　靠右侧道路行驶　靠左侧道路行驶　　立交直行和　　　立交直行和
　　　　　　　　　　　　　　　　　　　　　　　左转弯行驶　　　右转弯行驶

环岛行驶　　　　单行路　　　　　单行路　　　　　步行　　　　　鸣喇叭
　　　　　　（向左或向右）　　　（直行）

最低限速　　　　干路先行　　　　会车先行　　　　人行横道　　　　右转车道

直行车道　　　　直行和右转　　　分向行驶车道　　公交线路　　　机动车行驶
　　　　　　　　合用车道　　　　　　　　　　　专用车道

机动车车道　　非机动车行驶　　非机动车车道　　允许掉头

5. 指路标志

一般道路标志的颜色为蓝底白图案。高速路为绿底白图案。其形状除地点识别标志外，一般为长方形和正方形。它是传递道路方向、地点、距离信息的标志。常见的道路标志主要有以下一些样式：

（1）一般道路指路标志。它是传递道路方向、距离信息的标志。

地名

著名地名

行政区划分界

道路管理分界

国道编号

省道编号

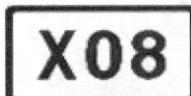
县道编号

交叉路口预告

十字交叉路口

丁字交叉路口

环形交叉路口

互通式立交

分岔处

地点距离

此路不通

火车站

飞机场

停车场

长途汽车站

急救站

客轮码头

名胜古迹

加油站

洗车

轮渡

地铁站

餐饮

汽车修理

路滑慢行

陡坡慢行

多雾路段

软基路段

大型车靠右

注意横风

事故易发点

连续下坡

长隧道

保护动物

避车道

残疾人专用设施

绕行标志

停车场

线形诱导标

（2）高速路指路标志。它是传递道路方向、距离信息的标志。

入口预告

入口预告

入口预告

入口

起点

终点预告

终点提示

终点

下一出口

出口编号预告

出口预告

出口预告（两个出口）

出口

地点方向

地点方向

地点方向

地点方向

地点距离

收费站预告

收费站

紧急电话

电话位置指示

加油站

紧急停车带

服务区预告

停车区预告

停车场预告

停车场

爬坡车道

车距确认

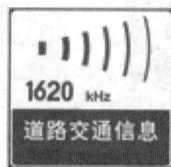

道路交通信息

里程牌

百米牌　　　　　　　　　分流

合流

线形诱导标

（3）道路施工安全标志。它是通告施工区车辆、行人通行方向的标志，主要样式有：

施工路栏

施工路栏

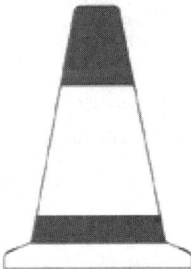
锥形交通标

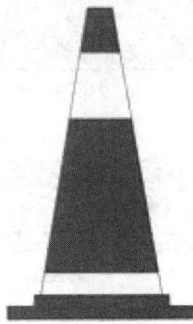
锥形交通标

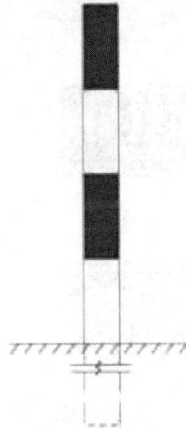
道口标柱

前方施工

前方施工

道路施工

道路封闭

道路封闭

道路封闭

右道封闭

右道封闭

右道封闭

左道封闭

左道封闭

左道封闭

中间封闭

中间封闭

中间封闭

车辆慢行

向左行驶

向右行驶

向左改道

向右改道

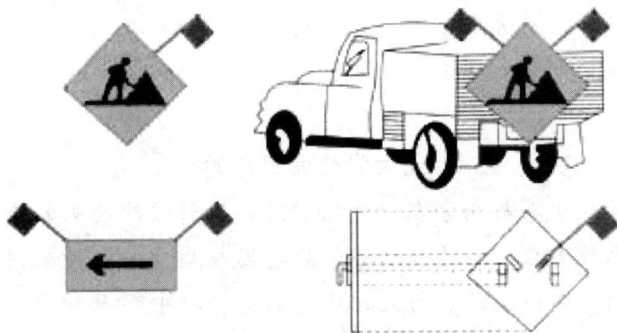

移动性施工标志

▶ 第四节　案例警示

【案例一】　　　　实习路上郑州一女大学生被公交车轧死

据《郑州晚报》报道：20××年某日上午，一起本应可以避免的交通事故却无情地出现在了人们面前：21岁的女大学生小鞠连人带车倒在了30路公交车车轮下，生命永远地停止在去实习的路上。

事故发生于当日7时45分许，正是上班时间，文化路与黄河路交叉口交通异常繁忙。突然，事故发生了。"轧到人了！轧到人了！快停车！"在车上乘客惊恐的呼叫声中，30路公交车司机张某才意识到情况不妙，赶紧急刹车。右前轮下，一名身穿蓝色牛仔服的年轻女子倒在她的自行车旁，一动不动。她的胸前有明显的辗轧痕迹。她随后被紧急送往市第五人民医院抢救。

"我在路口正向右转弯，根本没看到她还在往前走，是车上乘客喊起来我才知道轧到人了。"据司机张某介绍，当时他驾驶着车牌号为豫A67782的30路公交车在文化路上由北向南行驶，走到黄河路和文化路交叉口的时候，他根据信号灯向西转弯，"当时南北方向直行的信号灯是红色的，我看到有一个女的骑着自行车准备径直向南走，我以为她会被交通协管员拦住，就没有太在意继续转弯，也没感觉到车子轧上什么东西。"当他听到乘客呼叫下车查看的时候，发现小鞠和她骑的自行车已经被卷进右前轮和后轮中间了。

记者随后从市第五人民医院了解到，伤者是被当胸轧过，现场的地上虽然没有血迹，但由于体内出血，人已经当场死亡。

事故发生后，交巡警一大队民警迅速封锁了事故现场，并对该起事故展开调查。经过警方调查了解，死者系河南纺织高等专科学校二年级的学生，今年21岁，在文化路纬一路口的一家文化传播公司实习，事故发生当天是她实习的第11天。

现场的交通协管员表示，他发现出事时，死者已经在车下，他也没有注意到事

发时死者有没有闯红灯。

事发一个小时后,记者在事发路口看到,在疾驰的车流中,还时不时地出现闯信号灯的行人,他们的安全让人担心不已。

【案例二】 北大学生命丧车轮

北大数学系学生小李与同学在校外轮滑时,不料被冲过来的重型货车撞倒在轮下,经医院抢救无效身亡。而这起交通事故是因重型货车在撞到内侧车道的一辆中型自卸货车后冲向辅路造成的。为此,小李的父母将中型自卸货车司机田某及该车车主杜某以及中华联合财产保险公司北京分公司告到法院,要求他们赔偿医疗费、交通费、死亡赔偿金等共计 23.4 万余元。

死者小李是上海人,出事时是北大数学学院 05 级的学生。20××年 10 月 21 日凌晨,1 时 50 分当小李和 10 名同学们踩着轮滑鞋离开北大校园前往天安门看升旗,经过海淀区莲花池东路中土大厦附近时,恰巧白某驾驶着重型自卸货车撞到了一辆停在主路最内侧车道检查的中型自卸货车之后,白某的车冲向辅路,将小李撞倒后冲入路边的商店。小李当即被送往医院,但却因抢救无效于当日死亡。事后交管部门认定,中型货车司机田某和重型货车司机白某承担同等责任,小李无责任。

原告代理人认为,事发时小李和同学轮滑去天安门是自发行为。而据事发时媒体报道,事后北京大学数学学院发布了事故通告。通告中称:"这 11 名同学 20 日晚在校内交流中心门前广场练习轮滑,21 日凌晨零点左右,由于意犹未尽,临时起意,决定去天安门。"庭上原告代理人表示,由于事后小李的父母已与重型货车司机白某达成和解,因此此次未将其列入被告。

针对小李父母的起诉,中型货车一方的代理人在庭上表示,当时田某发现车有异常的响动不敢开,才决定将车停在车道内进行初步检查,发现漏油后,他们决定将车开到最外侧车道进行进一步检查。当时他们已经启动车,缓慢往最外侧车道并线行驶,而且他们已经打开了报警闪光灯,还让穿着醒目安全服的装卸工孟某在车后指挥。当孟某发现重型货车快速驶来时,马上挥手示意,但重型货车司机白某却全然不顾仍然撞了过来。他们认为,白某超速行驶而且没有注意到他们的报警示意才是这起事故的主要原因,他们对此不应承担同等的事故责任。同时保险公司表示,他们会在责任范围内承担赔付义务。

>>> **思考与练习**

1. 发生交通事故后应如何自救?
2. 乘坐轮船时要注意哪些安全事项?
3. 发生交通事故后应采取哪些急救措施?

第五章　校园安全

[学习要求]

　　了解校园安全常识，包括了解运动安全、实验安全、劳动安全、实习安全、学校集会安全和游乐安全知识，掌握校园里意外事故隐患的防范方法。

　　随着社会生活水平的不断提高，青少年的校园生活越来越丰富多彩，但是由于忽视安全因素而造成青少年学生疾病、死亡的数目令人触目惊心。学校不再是人们习惯上认为的"安全港湾"。所以，大学生有必要掌握校园的安全常识，提高自救自护能力，防范意外事故发生。

▶ 第一节　实验安全

　　物理、化学等是实验学科，对实验学科的设置能增强教学效果，培养大学生的观察能力和思维能力。实验室已成为学生们学习、研究的重要场所之一。在实验中使用设备、玻璃仪器、电器、药品等都潜伏着很大的危险性，如果稍不注意，会发生割伤、触电、中毒、烫伤、着火和爆炸等意外事故，小则危及个人，大则损害国家财产和危及他人人身安全。因此，安全教育是大学基础实验课的重要内容之一。大学生必须认真学习实验安全指导，养成安全实验的良好习惯。

　　虽然在实验过程中潜伏着各种意外发生的因素，只要实验者思想上重视，具备必要的实验安全知识，认真做好实验前的预习，注意听从老师的指导，在实验过程中严格执行操作规范，在动手做实验前，多想想，怎样做才能安全实验，这样，事故是可以避免的。即使万一发生事故，只要事先掌握了一般救护措施，也会及时妥善处理，而不致酿成严重后果。因此，大学生在做实验前必须掌握一定的实验安全知识。

一、实验安全知识

　　(1)做实验之前，应清楚了解实验的内容、实验规则和容易发生的事故，牢记预防措施。

　　(2)在实验室内做实验时，不允许奔走、跳跃或大声喧哗，这样容易造成意外事故。

　　(3)一定不要单独在实验室内做实验，一旦发生事故，无法使别人知道而做出求救或适当协助。

(4)不可进行未经允许的实验，因为这些实验可能会导致危险的实验结果。

(5)当你所做的实验安全受到质疑时，应立即停止。

(6)当发现做实验用的电线有裸露的地方或插头损坏时，一定不要使用，并及时报告老师。

(7)稀释酸液时，一定要将酸液注入水中，而不能把水注入到酸液中，以免酸液溅出。

(8)点燃酒精灯的火柴不要乱丢弃，应确定火柴确实熄灭后再处理；酒精灯切忌灯对灯点火，以免酒精外溢引发火灾；熄灭酒精灯一定用灯盖。

(9)做比热测定，温度计应先插入冷水中，逐渐加温，而不应直接插入热水中，以防止温度计爆裂而发生事故。

(10)切忌在试管加热时，直接对着人体，尤其是面部对着进行操作，要从侧面观察试管，而不能从管口俯视，而且要与试管保持适当距离。

(11)正确使用生物解剖课上的器具，切忌使用它们开玩笑，以免划伤、刺伤自己或其他同学。

(12)实验结束后，不要把实验用的器具或药品带出实验室，应交给老师，以免发生事故。

二、实验事故处理办法

如果发生实验安全事故，应该冷静处理，掌握以下的处理方法。

(1)实验出现安全事故时，不要惊慌失措，要听从老师的指导。

(2)如果发生触电，应立即关闭电闸，切断电源，用绝缘体把触电者与电线分开；如果触电者心跳、呼吸停止，应立即进行人工呼吸，并立即送往医院治疗。

(3)如果是酒精灯引发的火灾，一定不要用水浇，应立即用毛巾、衣服覆盖扑灭；如果不慎烧及衣服，要压盖灭火或就地打滚儿，不要奔跑。

(4)如果酸液等腐蚀液溅在皮肤上应立即用水冲洗，可减轻灼伤，不要直接擦拭，以免扩大灼伤面积；如果溅入眼睛里，除了立即用水冲洗，还应迅速送医院请医生处理。

(5)如果发生重大事故要及时通知家长。

三、实验室常见危险化学品使用注意事项

(1)乙酸(浓)必须非常小心地操作。可能由于吸入或皮肤吸收而受到伤害。要戴合适的手套和护目镜。在化学通风橱\生物安全柜里使用。

(2)乙腈是非常易挥发和特别易燃的，它是一种刺激物和化学窒息剂，可因吸入、咽下或皮肤吸收而发挥其效应。严重中毒的病人可按氰化物中毒方式处理。操作时要戴合适的手套和安全眼镜。只能在化学通风橱\生物安全柜里使用，远离

热、火花和明火。

(3)氯化铵(NH_4Cl)可因吸入、咽下或皮肤吸收而危害健康。操作时要戴合适的手套和安全眼镜并在通风橱＼生物安全柜里进行。

(4)氢氧化铵(NH_4OH)是氨的水溶液，是腐蚀剂。操作时应极为谨慎。氨会从溶液中散发出来，它是腐蚀性的和有毒的，并易引起爆炸。操作时戴合适的手套并只能在通风橱＼生物安全柜里进行。

(5)硫酸铵$[(NH_4)_2SO_4]$可因吸入、咽下或皮肤吸收而受到伤害。戴合适的手套和安全眼镜。在化学通风橱＼生物安全柜里使用。

(6)硼酸(H_3BO_3)可因吸入、咽下或皮肤吸收而危害健康。操作时戴合适的手套和护目镜。

(7)溴酚蓝可因吸入、咽下或皮肤吸收而危害健康。操作时要戴合适的手套和安全眼镜并在化学通风橱＼生物安全柜内操作。

(8)n-丁醇对黏膜、上呼吸道、皮肤特别是对眼睛有刺激作用。避免吸入蒸发的气体。操作时戴合适的手套和安全眼镜并在化学通风橱＼生物安全柜内进行。n-丁醇也是高度易燃的，远离热、火花和明火。

(9)氯仿($CHCl_3$)对皮肤、眼睛、黏膜和呼吸道有刺激作用。它是一种致癌剂，可损害肝和肾。它也易挥发，避免吸入挥发的气体。操作时戴合适的手套和安全眼镜并始终在化学通风橱＼生物安全柜里进行。

(10)柠檬酸是一种兴奋剂，可因吸入、咽下或皮肤吸收而受危害健康。它对眼睛可形成严重损伤的危险。操作时戴合适的手套和安全护目镜。勿吸入其粉末。

(11)氯化钴($COCl_2$)可因吸入、咽下或皮肤吸收而受到危害。操作时戴合适的手套和安全眼镜。

(12)硫酸铜($CuSO_4$)可因吸入、咽下或皮肤吸收而受到危害。操作时戴合适的手套和安全眼镜。

(13)二乙胺$[NH(C_2H_5)_2]$是腐蚀剂，有毒并极易燃。可因吸入、咽下或皮肤吸收而受到危害。操作时要戴合适的手套和安全眼镜。仅在化学通风橱＼生物安全柜内操作。远离热、火花和明火。

(14)N，N-二甲基甲酰胺$[DMF，HCON(CH_3)_2]$对眼睛、皮肤和黏膜有刺激作用。可通过吸入、咽下或皮肤吸收发挥其毒性效应。经常吸入可引起肝脾损伤。操作时要戴合适的手套和安全眼镜并在化学通风橱＼生物安全柜内进行。

(15)乙醇$[CH_3CH_2OH]$可因吸入、咽下或皮肤吸收而受到危害。操作时戴合适的手套和安全眼镜。

(16)乙酸乙酯：咽下可致命，可因吸入或皮肤吸收而受害。操作时戴合适的手套和安全护目镜。切勿吸入其粉末。在通风良好的地方使用。

(17)氯化铁($FeCl_3$)可因吸入、咽下或皮肤吸收而危害健康。要戴合适的手套和安全眼镜并在化学通风橱\生物安全柜内进行操作。

(18)甲醛(HCOH)有很大的毒性并易挥发，也是一种致癌剂。很容易通过皮肤吸收，对眼睛、黏膜和上呼吸道有刺激和损伤作用。避免吸入其挥发的气雾。要戴合适的手套和安全眼镜。始终在化学通风橱\生物安全柜内进行操作。远离热、火花及明火。

(19)甲酸(HCOOH)毒性强，对黏膜组织、上呼吸道、眼睛和皮肤非常有害。可因吸入、咽下或皮肤吸收而危害健康。戴合适的手套和安全眼镜（或面具）并在化学通风橱\生物安全柜内使用。

(20)玻璃器具：对必须在压力下使用的玻璃制品要特别谨慎。在负压状态下使用玻璃制品，如干燥器、真空井、干燥装置或在氩大气压下工作的反应器等，要适当加以注意。始终要带安全眼镜。

(21)玻璃棉可因吸入而受害并引起皮肤过敏。戴合适的手套和面具。

(22)戊二醛有毒。通过皮肤易吸收并对眼睛、皮肤、黏膜和上呼吸道有刺激或破坏作用。

(23)盐酸(HCl)易挥发并因吸入、咽下或皮肤吸收而受害。对黏膜、上呼吸道和皮肤有很大的伤害作用。戴合适的手套和安全眼镜。在化学通风橱\生物安全柜里使用并格外小心。当大量操作时要戴护目镜。

(24)过氧化氢(H_2O_2)具有腐蚀性、毒性，对皮肤有非常严重的损伤作用。可因吸入、咽下或皮肤吸收而危害健康。戴合适的手套和安全眼镜并只能在化学通风橱、生物安全柜里进行操作。

(25)硫化氢(H_2S)是非常强的毒性气体，能引起呼吸中枢麻痹。对皮肤有刺激和腐蚀性，能引起嗅觉疲劳。不要靠气味去检测其是否存在。操作时要格外小心。盛硫化氢的容器要放置在化学通风橱\生物安全柜里或放在装有通风设备的房间里。戴合适的手套和安全眼镜。它也非常易燃，要远离热、火花和明火。

(26)氯化镁($MgCl_2$)可因吸入、咽下或皮肤吸收而受害。戴合适的手套和安全眼镜。在化学通风橱\生物安全柜里使用。

(27)硫酸镁($MgSO_4$)可因吸入、咽下或皮肤吸收而受害。戴合适的手套和安全眼镜。在化学通风橱\生物安全柜里使用。

(28)甲醇(MeOH 或 H_3COH)是有毒的，能引起眼睛失明。可因吸入、咽下或皮肤吸收而受害。适当的通风是必要的，以便减少与其挥发气体的接触。避免吸入这些挥发的气体。戴合适的手套和安全护目镜。只能在化学通风橱\生物安全柜里使用。

(29)硫酸镍($NiSO_4$)是致癌剂，可引起可遗传的遗传损伤。它是一种皮肤刺激物，可因吸入、咽下或皮肤吸收而受害。戴合适的手套和安全眼镜。在化学通风橱\

生物安全柜里使用，切勿吸入其粉末。

（30）硝酸（HNO_3）易挥发，操作时要格外小心。通过吸入、咽下或皮肤吸收而产生毒性作用。戴合适的手套和安全护目镜。在化学通风橱\生物安全柜里操作。切勿吸入其挥发的气雾。远离热、火花和明火。

高氯酸可因吸入、咽下或皮肤吸收而致病。戴合适的手套和安全眼镜，只能在化学通风橱\生物安全柜里使用。

（31）酚具有很强的毒性和高度腐蚀性，并能引起严重的灼伤。可因吸入、咽下或皮肤吸收而受到危害。戴合适的手套、护目镜和防护服。始终在化学通风橱\生物安全柜里使用。如果皮肤接触到酚，要用大量的水冲洗接触酚的部位，并用肥皂和水洗，切记勿用乙醇洗！

（32）磷酸（H_3PO_4）具有高度腐蚀性，可因吸入、咽下或皮肤吸收而受害。戴合适的手套和安全眼镜。

（33）哌啶，毒性高，对眼睛、皮肤、呼吸道和胃肠道有腐蚀性。它与酸和氧化剂剧烈反应，可因吸入、咽下或皮肤吸收而危害健康。切勿吸入其挥发的气体。远离热、火花和明火。戴合适的手套和安全眼镜。在化学通风橱\生物安全柜里使用。

（34）氯化钾（KCl）可因吸入、咽下或皮肤吸收而受到危害。戴合适的手套和安全眼镜。

（35）氢氧化钾（KOH）/甲醇：毒性可能是很高的。可因吸入、咽下或皮肤吸收而受到危害。其溶液有腐蚀性。操作时要非常小心。要戴合适的手套。

（36）高锰酸钾（$KMnO_4$）是一种刺激剂和很强的氧化物。当与有机物混合时可形成爆炸性的混合物。所有溶液要在化学通风橱\生物安全柜里使用。不要与盐酸混合。

（37）磷酸钾（KH_2PO_4/K_2HPO_4/K_3PO_4）可因吸入、咽下或皮肤吸收而受害。戴合适的手套和安全眼镜。勿吸入其粉末。

（38）硝酸银（$AgNO_3$）是一种很强的氧化剂，要谨慎操作。它可因吸入、咽下或皮肤吸收而损害健康。避免接触皮肤，戴合适的手套和安全眼镜。与其他物质接触可引起爆炸。

（39）磷酸氢二钠（Na_2HPO_4）可因吸入、咽下或皮肤吸收而受害。戴合适的手套和安全眼镜。在化学通风橱\生物安全柜里使用。

（40）氢氧化钠（NaOH）和含有 NaOH 的溶液有很强的毒性和苛性，操作时要格外小心。戴合适的手套和防护面具。

（41）亚硝酸钠（$NaNO_2$）对眼睛、黏膜、上呼吸道和皮肤有刺激作用。可因吸入、咽下或皮肤吸收而受害。戴合适的手套和安全眼镜并始终在化学通风橱\生物安全柜内使用，切勿近酸。

(42)硝酸钠($NaNO_3$)可因吸入、咽下或皮肤吸收而损害健康。戴合适的手套和安全眼镜。在化学通风橱\生物安全柜里使用。

(43)硫酸(H_2SO_4)毒性非常强,对黏膜、上呼吸道、眼睛和皮肤的组织有极大的破坏作用。可引起灼伤,与其他物质(如纸)接触可引起失火。戴合适的手套、安全眼镜和实验工作服,在化学通风橱中使用。

(44)生物·紫外光或紫外线可损伤眼视网膜。切勿用裸眼和没有防护装置的紫外光源。在实验室里常用的紫外光源包括手提式紫外灯和紫外透射仪。只能通过吸收有害波长的滤片或安全玻璃片才能观察。紫外线也是诱变剂和致癌的。为使暴露减少到最低限度,确保紫外光源,要采用适当防护装置。在紫外光下操作时要戴合适的预防性手套。安全柜里使用。

四、常见化学试剂中毒应急处理

(一)二硫化碳中毒的应急处理方法

吞食时,给患者洗胃或用催吐剂催吐。将患者躺下并加保暖,保持通风良好。

(二)甲醛中毒的应急处理方法

吞食时,立刻饮食大量牛奶,接着用洗胃或催吐等方法,使吞食的甲醛排出体外,然后服下泻药。有可能的话,可服用1‰的碳酸铵水溶液。

(三)有机磷中毒的应急处理方法

使患者确保呼吸道畅通,并进行人工呼吸。万一吞食时,用催吐剂催吐,或用自来水洗胃等方法将其除去。沾在皮肤、头发或指甲等地方的有机磷,要彻底把它洗去。

(四)三硝基甲苯中毒的应急处理方法

沾到皮肤时,用肥皂和水,尽量把它彻底洗去。若吞食时,可进行洗胃或用催吐剂催吐,将其大部分排除之后,才服泻药。

(五)苯胺中毒的应急处理方法

如果苯胺沾到皮肤时,用肥皂和水把其洗擦除净。若吞食时,用催吐剂、洗胃及服泻药等方法把它除去。

(六)氯代烃中毒的应急处理方法

把患者转移,远离药品处,并使其躺下、保暖。若吞食时,用自来水充分洗胃,然后饮服于200毫升水中溶解30克硫酸钠制成的溶液。不要喝咖啡之类兴奋剂。吸入氯仿时,把患者的头降低,使其伸出舌头,以确保呼吸道畅通。

(七)草酸中毒的应急处理方法

立刻饮服下列溶液,使其生成草酸钙沉淀:i). 在200毫升水中,溶解30克丁酸钙或其他钙盐制成的溶液;ii). 大量牛奶。可饮食用牛奶打溶的蛋白作镇痛剂。

（八）乙醛、丙酮中毒的应急处理方法

用洗胃或服催吐剂等方法，除去吞食的药品。随后服下泻药。呼吸困难时要输氧。丙酮不会引起严重中毒。

（九）乙二醇中毒的应急处理方法

用洗胃、服催吐剂或泻药等方法，除去吞食的乙二醇。然后，静脉注射 10 毫升10%的葡萄糖酸钙，使其生成草酸钙沉淀。同时，对患者进行人工呼吸。聚乙二醇及丙二醇均为无害物质。

（十）酚类化合物中毒的应急处理方法

1. 吞食的场合：马上给患者饮自来水、牛奶或吞食活性炭，以减缓毒物被吸收的程度。接着反复洗胃或催吐。然后，再饮服 60 毫升蓖麻油及于 200 毫升水中溶解 30 克硫酸钠制成的溶液。不可饮服矿物油或用乙醇洗胃。

2. 烧伤皮肤的场合：先用乙醇擦去酚类物质，然后用肥皂水及水洗涤。脱去沾有酚类物质的衣服。

（十一）乙醇中毒的应急处理方法

用自来水洗胃，除去未吸收的乙醇。然后，一点点地吞服 4 克碳酸氢钠。

（十二）甲醇中毒的应急处理方法

用1～2%的碳酸氢钠溶液充分洗胃。然后，把患者转移到暗房，以抑制二氧化碳的结合能力。为了防止酸中毒，每隔 2～3 小时，经口每次吞服 5～15 克碳酸氢钠。同时为了阻止甲醇的代谢，在 3～4 日内，每隔 2 小时，以平均每公斤体重 0.5 毫升的数量，从口饮服 50% 的乙醇溶液。

（十三）烃类化合物中毒的应急处理方法

把患者转移到空气新鲜的地方。因为如果呕吐物一进入呼吸道，就会发生严重的危险事故，所以，除非平均每公斤体重吞食超过 1 毫升的烃类物质，否则，应尽量避免洗胃或用催吐剂催吐。

（十四）硫酸铜中毒的应急处理方法

将 0.3～1.0 克亚铁氰化钾溶解于一酒杯水中，后饮服。也可饮服适量肥皂水或碳酸钠溶液。

（十五）硝酸银中毒的应急处理方法

将 3～4 茶匙食盐溶解于一酒杯水中饮服。然后，服用催吐剂，或者进行洗胃或饮牛奶。接着用大量水吞服 30 克硫酸镁泻药。

（十六）钡中毒的应急处理方法

将 30 克硫酸钠溶解于 200 毫升水中，然后从口饮服，或用洗胃导管加入胃中。

（十七）铅中毒的应急处理方法

保持患者每分钟排尿量 0.5～1 毫升，至连续 1～2 小时以上。饮服 10% 的右旋醣酐水溶液（按每公斤体重 10～20 毫升计）。或者，以每分钟 1 毫升的速度，静脉

注射 20% 的甘露醇水溶液，至每公斤体重达 10 毫升为止。

(十八)汞中毒的应急处理方法

饮食打溶的蛋白，用水及脱脂奶粉作沉淀剂。立刻饮服二巯基丙醇溶液及于 200 毫升水中溶解 30 克硫酸钠制成的溶液作泻剂。

(十九)砷中毒的应急处理方法

吞食时，使患者立刻呕吐，然后饮食 500 毫升牛奶。再用 2～4 升温水洗胃，每次用 200 毫升。

(二十)二氧化硫中毒的应急处理方法

把患者移到空气新鲜的地方，保持安静。进入眼睛时，用大量水洗涤，并要洗漱咽喉。

(二十一)氰中毒的应急处理方法

不管怎样要立刻处理。每隔两分钟，给患者吸入亚硝酸异戊酯 15～30 秒钟。这样氰基与高铁血红蛋白结合，生成无毒的氰络高铁血红蛋白。接着给其饮服硫代硫酸盐溶液。使其与氰络高铁血红蛋白解离的氰化物相结合，生成硫氰酸盐。1)吸入时把患者移到空气新鲜的地方，使其横卧着。然后，脱去沾有氰化物的衣服，马上进行人工呼吸。2)吞食时用手指摩擦患者的喉头，使之立刻呕吐。绝不要等待洗胃用具到来才处理。因为患者在数分钟内，即有死亡的危险。

(二十二)卤素气中毒的应急处理方法

把患者转移到空气新鲜的地方，保持安静。吸入氯气时，给患者嗅 1:1 的乙醚与乙醇的混合蒸气；若吸入溴气时，则给其嗅稀氨水。

(二十三)氨气中毒的应急处理方法

立刻将患者转移到空气新鲜的地方，然后，给其输氧。进入眼睛时，将患者躺下，用水洗涤角膜至少 5 分钟。其后，再用稀醋酸或稀硼酸溶液洗涤。

(二十四)强碱中毒的应急处理方法

1)吞食时立刻用食道镜观察，直接用 1% 的醋酸水溶液将患部洗至中性。然后，迅速饮服 500 毫升稀的食用醋(1 份食用醋加 4 份水)或鲜橘子汁将其稀释。

2)沾着皮肤时立刻脱去衣服，尽快用水冲洗至皮肤不滑止。接着用经水稀释的醋酸或柠檬汁等进行中和。但是，若沾着生石灰时，则用油之类东西，先除去生石灰。

3)进入眼睛时撑开眼睑，用水连续洗涤 15 分钟。

(二十五)强酸中毒的应急处理方法

1)吞服时立刻饮服 200 毫升氧化镁悬浮液，或者氢氧化铝凝胶、牛奶及水等东西，迅速把毒物稀释。然后，至少再食 10 多个打溶的蛋作缓和剂。因碳酸钠或碳酸氢钠会产生二氧化碳气体，故不要使用。

2)沾着皮肤时用大量水冲洗 15 分钟。如果立刻进行中和，因会产生中和热，而有进一步扩大伤害的危险。因此，经充分水洗后，再用碳酸氢钠之类稀碱液或肥皂液进行洗涤。但是，当沾着草酸时，若用碳酸氢钠中和，因为由碱而产生很强的刺激物，故不宜使用。此外，也可以用镁盐和钙盐中和。

3)进入眼睛时撑开眼睑，用水洗涤 15 分钟。

(二十六)镉(致命剂量 10 毫克)、锑(致命剂量 100 毫克)中毒的应急处理方法

吞食时，使患者呕吐。

(二十七)化学药品吞食时的应急处理方法

患者因吞食药品中毒而发生痉挛或昏迷时，非专业医务人员不可随便进行处理。除此以外的其他情形，则可采取下述方法处理。毫无疑问，进行应急处理的同时，要立刻找医生治疗，并告知其引起中毒的化学药品的种类、数量、中毒情况(包括吞食、吸入或沾到皮肤等)以及发生时间等有关情况。

1)为了降低胃中药品的浓度，缓延毒物被人体吸收的速度并保护胃黏膜，可饮食下述任一种东西：如牛奶、打溶的蛋、面粉、淀粉或土豆泥的悬浮液以及水等。

2)如果一时弄不到上述的东西，可于 500 毫升蒸馏水中，加入约 50 克活性炭。用前再添加 400 毫升蒸馏水，并把它充分摇动润湿，然后，给患者分次少量吞服。一般 10～15 克活性炭，大约可吸收 1 克毒物。

3)用手指或匙子的柄摩擦患者的喉头或舌根，使其呕吐。若用这种方法还不能催吐时，可于半酒杯水中，加入 15 毫升吐根糖浆(催吐剂之一)，或在 80 毫升热水中，溶解一茶匙食盐，给予饮服(但吞食酸、碱之类腐蚀性药品或烃类液体时，因有胃穿孔或胃中的食物一旦吐出而进入气管的危险，因而，遇到此类情况不可催吐)。绝大部分毒物于四小时内，即从胃转移到肠。

4)用毛巾之类东西，盖上患者身体进行保温，避免从外部升温取暖。(注：把两份活性炭、一份氧化镁和一份丹宁酸混合均匀而成的东西，称为万能解毒剂。用时可将 2～3 茶匙此药剂，加入一酒杯水做成糊状，即可服用)。

五、实验室废弃物处置方法

(一)目的

保证实验室废弃物能被有效、安全地处置，防止浪费或对环境造成二次污染。

(二)适用范围

适用于实验室检测过程中产生的废弃物。

(三)管理制度

1. 对一般实验室废弃物的管理规定

(1)一般废弃物如废纸等，应每日及时清理。

(2)对下列废液不能互相混合：过氧化物与有机物；氰化物、硫化物、次氯酸盐与酸；盐酸、氢氟酸等挥发性酸与不挥发性酸；浓硫酸、磺酸、羟基酸、聚磷酸

等酸类与其他的酸；铵盐、挥发性胺与碱。

(3)对硫醇、胺等会发出臭味的废液和会发生氰、磷化氢等有毒气体的废液，以及易燃性大的二硫化碳、乙醚之类废液，要把它加以适当的处理，防止泄漏，并应尽快进行处理。

(4)含有过氧化物、硝化甘油之类爆炸性物质的废液，要谨慎地操作，并应尽快处理。

(5)沾附有害物质的滤纸、包药纸、棉纸、废活性炭及塑料容器等东西，不要丢入垃圾箱内。要分类收集，加以焚烧或其他适当的处理。

(6)处理废液时，为了节约处理所用的药品，可将废铬酸混合液用于分解有机物，以及将废酸、废碱互相中和。要积极考虑废液的利用。

2. 对一些无机废弃物的处置管理规定

(1)对含汞废液，因其毒性大，经微生物等的作用后，会变成毒性更大的有机汞。因此，处理时必须做到充分安全，可用硫化物共沉淀法、活性炭吸附法或离子交换树脂法处理。

(2)对含有重金属的废液，要用氢氧化物共沉淀法或硫化物共沉淀法把重金属离子转变成难溶于水的氢氧化物或硫化物等的盐类，然后进行共沉淀而除去。

(3)对含氧化剂、还原剂的废液，原则上应将含氧化剂、还原剂的废液分别收集。但当把它们混合没有危险性时，也可以把它们收集在一起。

(4)对酸、碱、盐类废液，原则上应将其分别收集。但如果没有妨碍，可将其互相中和，或用其处理其他的废液。对其稀溶液，用大量水把它稀释到1％以下的浓度后，即可排放。

3. 对一些有机废弃物的处置管理规定

(1)对可燃性有机废弃物，用焚烧法处理。

(2)对难于燃烧的有机废弃物或可燃性有机废弃物的低浓度溶液，可采用溶剂萃取法、吸附法及氧化分解法处理。

(3)对易被生物分解的有机废弃物，经大量水冲稀后，可排放。

4. 废液废物处理方法如下

(1)无机酸类。废无机酸先收集于陶瓷或塑料桶中，然后用碳酸钠或氢氧化钙的水溶液中和，或用废碱中和至 pH6.5～7.5，中和后用大量水冲稀排放。

(2)氢氧化钠、氨水。用稀废酸中和至 pH6.5～7.5后，再用大量水冲稀排放。

(3)含砷废液。加入氧化钙，调节并控制 pH 为 8，生成砷酸钙和亚砷酸钙。也可将废液调 pH 至 10 以上，然后加入适量的硫化钠，与砷反应生成难溶、低毒的硫化物沉淀。

(4)含铬废液。铬酸洗液如失效变绿，可浓缩冷却后加高锰酸钾粉末氧化，用砂芯漏斗滤去二氧化锰沉淀后再用。失效的废铬酸洗液或其他含铬废液可用废铁屑还原残留的六价铬为三价铬，再用废碱液或石灰中和使生成低毒的氢氧化铬沉淀。

(5)汞

①金属汞。若实验室中有金属汞散失，必须立即用滴管、毛笔或在硝酸汞的酸性溶液中浸过的薄铜片收集起来用水覆盖。散落过汞的地面应撒上硫黄粉或喷上20％的三氯化铁水溶液，干后再清扫干净。

②含汞废液。含汞盐的废液可先调节 pH8～10，再加入过量硫化钠使生成硫化汞，然后加入硫酸亚铁，生成的硫化铁能吸附悬浮于水中的硫化汞微粒进行共沉淀，清液可排放弃去。

(6)含铅、镉等重金属废液。用消石灰将废液调 pH 至 8～10，使废液中的铅、镉等重金属离子生成金属氢氧化物沉淀。

(7)含氰废液。把含氰废液倒入废酸缸中是极其危险的，氰化物遇酸产生极毒的氰化氢气体，瞬时可使人丧命。含氰废液应先加入氢氧化钠使 pH 值为 10 以上，再加入过量的 3％KMnO₄ 溶液，使 CN-被氧化分解。若 CN-含量过高，可以加入过量的次氯酸钙和氢氧化钠溶液进行破坏。另外，氰化物在碱性介质中与亚铁盐作用可生成亚铁氰酸盐而被破坏。

(8)含氟废液。加入石灰使生成氟化钙沉淀废渣的形式处理。

(9)含酚废液。含酚废液可加入次氯酸钠或漂白粉使酚氧化成无毒化合物。

(10)有机溶剂。有机溶剂应先收集到回收瓶中，然后用无水氯化钙或无水硫酸钠等脱水剂进行脱水处理，再蒸馏回收使用。

(11)综合废水处理。互不作用的废液混合后可用铁粉处理。调节 pH 为 3～4，加入铁粉，搅拌半小时，用碱调 pH 至 9 左右，继续搅拌 10 分钟，加入高分子混凝剂进行沉淀。清液可排放。

5. 对最终不可排放的固体、液体废弃物的处理

由各检测人员收集到固定地点存放，由综合办公室负责联系，送交有处理资质的处理公司(工厂)处理

6. 废渣废物处理方法

金属汞：若不小心将金属汞散失在实验室里(如打碎压力计、温度计)，必须立即用滴管、毛笔或在硝酸汞的酸性溶液中浸过的薄铜片收集起来用水覆盖。散落过汞的地面应撒上硫磺粉或喷洒药品，如 1％～1.5％碘化钾溶液、20％三氯化铁溶液使汞生成不挥发的难溶盐，干后扫除。

三氧化二砷：将剩余的三氧化二砷加入 2mol/L 的盐酸溶液中处理，反应生成无毒的三氯化砷。

二氯化汞：将 5mol/L 的硫酸溶液加入剩余的二氯化汞(或溶液)中，生成硫酸汞和盐酸(注意在化学通风橱中进行)。待反应完后，在反应后的溶液中加入铁，生成硫酸铁和汞，将汞回收即可。

氰化钾：加过量的氢氧化钠溶液处理后，废液倒入废试剂瓶中后集中处理。

废弃的菌种培养基：应经高温 121℃ 消毒后，放入专用袋中统一处理。

▶ 第二节　实习安全

大学生实习安全不同于其他方面的安全，它是培养知识技能人才的摇篮。学生在学校学习中要进行实习，即动手操作的训练，因此，就存在着一个安全问题，可以说在实习教学中安全问题是个首要问题。"事故出于违章"，事故同样出于大意。

一、实习事故发生的原因

在很多事故中，都可以得出源于违章和疏忽大意的结论。在实习教学中亦然。例如，有的同学在通电状态下用验电笔检查线路，竟使验电笔同时接触两相线，造成短路，将验电笔打断。又如在电子实习焊接过程中，由于有的同学使用烙铁不当，使烙铁烫着导线造成短路，致使电流过大使导线冒烟着火，导致实习中断。从以上事例中我们可以看出，学生的安全由于事故的发生而受到威胁，造成这些事故的原因大多又是违反安全操作规则或是疏忽大意，也可以说是主观因素造成的。事故的发生有时是由客观因素造成的，例如线路的老化，致使线路不能承受最大的工作电流，造成绝缘损坏、短路、着火等；还有因元器件本身质量的问题而造成的事故等。无论是主观因素还是客观因素所造成的事故，我们都应尽量避免。这就要求我们从各个方面避免事故的发生，让学生在一个安全的氛围中实习。关于实习教学中的安全问题应该注意以下几个方面。

(1)每个实习组或实习队进行编组时，要注意男、女混合编组，尽量避免由女教师、女学生单独编组。禁止一人单独进行野外实习。

(2)对于由客观因素所造成的安全隐患，要求实习指导教师在授课过程中给予指出，并让学生知道如何发现，如何解决。杜绝事故的发生，做到"防患于未然"。

(3)针对各个系的具体情况，对每个系制定不同的安全检查制度，并实施安检员制度。让班级里觉悟高、有管理能力的同学作为安检员，做到及时发现隐患，预防事故的发生。

(4)不论在任何单位实习，都要服从该单位的领导，虚心向技术人员、工人师傅学习，不得违反各项规章制度。严格按照操作规程操作，防止损坏仪表及机械设施，防止发生人身伤亡事故。

(5)让学生从主观上认识安全问题。由主观因素引起的安全问题，主要是学生违章操作、疏忽大意以及学生活泼好动等原因造成的。这就要求实习指导教师要让学生从主观上认识安全问题。首先，实习操作中，学生应遵守安全操作规则，了解违反安全操作规程可能出现的安全问题。其次，学生应改掉疏忽大意的习惯。平时养成良好的劳动习惯，为今后走上工作岗位打下坚实的基础。再次，对于学生活泼好动，在实习中利用实习工具打闹等情况，应在实习操作前就明确禁止，真正做到安全文明实习。

二、劳动技术课安全

学习车工时，女同学必须把长发盘进工作帽内，戴好防护镜，清除铁屑等不要用手直接进行触摸；学习缝纫技巧时，一定注意手指放置位置，以免手指被刺伤或扎伤；学习编织时，同学之间应保持一定安全距离，以免刺伤他人。

三、实验园劳动安全

在实验园劳动时，劳动前和劳动结束后应该有秩序地领取和收齐劳动工具，如铲、锄等；一定不要哄抢，以免伤着其他同学；劳动过程中遵守劳动纪律；认真听老师讲解各种工具的使用方法，注意各种工具的放置、携带的位置和姿势，以免伤及其他同学；喷洒农药前，一定要专心听指导老师讲授所使用农药的功效及对人体的危害，以及喷洒的方法和注意事项，操作时一定按要求进行。

四、实习、劳动事故处理

如果发生实习事故，应按以下方法进行处理。

(1)当在实习、劳动过程中被划伤时，应迅速用干净的手帕、纸巾包住伤口，止住流血，并立即送往医院；如果被铁钉扎伤，还应到医院打破伤风针。

(2)在实习过程中，发生事故一定要冷静，尽快通知老师，听从老师安排。

(3)在实习、劳动过程中，不慎从高处或从楼梯上滚落扭伤关节、碰伤骨头时，千万不要随意移动，应保持着地姿势，并拨打急救电话。

(4)在实习过程中发现同学触电的情况，要迅速切断电源，千万不要用手去拉触电者，应设法用绝缘体挑开电线。如果发现触电者昏迷，应及时做人工呼吸，并送医院进行救治。

(5)在实习过程中，如果手指扎入车床，或头发、衣角卷入车床，应立即关闭车床；如果发生断指、断臂的情况，应紧急包扎受伤处上部肢体止血，并应迅速捡拾断指、断臂清洗后浸入生理盐水(切记不可浸入酒精或消毒液中)，其他同学应立即送其到医院救治。

实习安全需要全体师生的共同努力，教师在教学及指导过程中应及时地发现并处理安全隐患，且需要学生积极配合。这样，才能杜绝一切事故的发生，使安全更上一个台阶。只有树立了"安全为天"、"安全第一"的意识，从思想上真正地认识到安全的重要性，才能保证实习的安全性。让安全观念在学生的思想上深深扎根，才能确保安全，这既是实习教学的首要前提，也是我们的根本目的。

▶ 第三节　运动安全

根据资料表明，经常从事体育锻炼的人比伏案工作者平均多活 12 年，各器官生理功能的差别可达 15 年。由于运动时促使心肌加强收缩，因而改善了血液循环；经常参加运动的人可使肺活量得到改善，从而使血液的含氧量增加；运动能使胃肠道分泌和蠕动增强，从而促进食欲，形成良性循环；由于运动改善了心肺功能，增加了血液的含氧量，也就调节了神经系统的功能。适当运动后所产生的轻度疲劳感，可解除神经紧张和心理焦虑，有利于人的睡眠；运动能改善肌肉和关节的血液循环，强壮骨骼，发达肌肉，使人体健美，动作灵活轻巧。

但是，我们在追求健康运动的同时，也不能放松对危险的防范。因此，青少年在运动前一定要了解相关注意事项，知晓各项运动的准备要领，掌握各项运动和旅游中的安全注意事项及事故防范方法。

一、运动前须知

1. 注意饮食：避免于太饱或空腹时做运动。特别谨记要吃早餐，以免体力不支。

2. 游泳前不要喝过多饮料，以免因呕吐而哽噎。

3. 注意装备：穿着舒适和厚薄适中的运动衣服和鞋袜。选择尺码适合、鞋面柔软、鞋底可防滑和减低震荡的运动鞋。

4. 带备足够的饮品以作补充。

5. 注意天气的转变，以免着凉或中暑。

6. 热身及伸展运动：5～10 分钟的热身及伸展运动，可减低受伤的机会。

7. 运动后的伸展运动：运动后应做缓和的静止前运动及重复伸展运动，使身体逐渐回复静止的状态。

8. 场地设备必须符合各项运动项目之规则，没有龟裂、不平整、松动、生锈等现象。

9. 规定有使用及管理办法，使用者与管理者均能确实遵守与执行。

二、运动注意事项

1. 了解自己的体质，选择合适的运动，量力而为，不要勉强做过分剧烈的运动。

2. 患有急性病征，如发烧或剧痛，就不要勉强做运动。

3. 慢性病患者，如高血压、糖尿病、心脏病、关节炎等，请先向医护人员查询。

4. 运动时，如有头晕、气喘、心悸、作呕、作闷或痛楚增加等情况，应立即停止，需要时应及早求诊。

5. 从事较长时间的运动如远足，要不时补充水分，不要等到口渴才喝水。保持自然呼吸，并要有适当的休息，不要令自己气喘如牛。

6. 应持之以恒，每周做 3 次以上的运动，每次做 20～30 分钟，可达到理想的锻炼效果。

7. 与朋友一起运动，结伴同行，既增加乐趣，又可互相鼓励和照顾。

三、运动创伤的处理方法

1. 遇到扭伤或创伤，要立即停止正在进行的运动，以免加深患处伤势。

2. 保持冷静，并找安全的地方休息。

3. 若运动时抽筋，可将肌肉轻轻拉直，以减轻痛楚。

4. 扭伤的正确处理，包括保护（Protection）、休息（Rest）、冰敷（Icing）及用弹性带稳固地轻轻压迫包扎（Compression），把受伤部位托高（Elevation），可减慢肿胀（简称 PRICE）。切忌大力按摩，致使伤情恶化。

5. 若受伤后感到剧痛，急速肿胀，有严重瘀伤、关节不能活动或变形，均有可能是骨折，应尽快求诊。

四、了解各项运动的性质

1. 接触性运动

例如：篮球、足球、橄榄球、拳击、柔道、摔跤等，进行这几类运动的人必须是肌肉发达、反应灵敏、体型高大，对于参加者的健康体能状况要求较高。

2. 耐力性运动

例如：游泳、划船、骑脚踏车、网球、中长距离的竞赛等。这几类运动选手互相碰撞接触的机会较少，但须具备较佳的心肺耐力，因此心肺系统有问题的人不适合参加。

3. 高技巧性运动

例如：射箭、高尔夫球、保龄球，以及田径赛中的跳高、推铅球、掷标枪等，这几类运动比较安全，也比较不需要持续性的剧烈运动。

五、运动前应有足够的准备活动

运动前做好准备活动有助于提升体温，使循环系统及肌肉关节等慢慢进入到适合运动的状态，进而有效预防运动伤害。

1. 一般性的准备活动：以提高呼吸及循环系统的机能，以及提高体温为目的，以慢跑、徒手体操和柔软操为主。

2. 特殊性的准备活动：以所从事运动之主要肌群的热身为目的，以伸展操以及和主要运动项目有关的运动为主。

六、运动禁忌

1. 忌在强光下锻炼

中午前后，烈日当空，气温最高。除游泳外，忌在此时锻炼，谨防中暑。夏季阳光中紫外线特别强烈，人体皮肤长时间被日光照射，可发生Ⅰ～Ⅱ度灼伤。紫外线还可以透过皮肤、骨头，辐射到脑膜、视网膜，使大脑和眼球受损伤。

2. 忌锻炼时间过长

一次锻炼时间不宜过长，以 20～30 分钟为宜，以免出汗过多，体温上升过高而引起中暑。如果一次锻炼时间较长，可在中间安排 1～2 次休息。

3. 剧烈运动时和运动后不可大量饮水

剧烈运动时，体内盐分随大量的汗液排出体外，饮水过多会使血液的渗透压降低，破坏体内水盐代谢平衡，影响人体正常生理功能，甚至还会发生肌肉痉挛现象。由于运动时，需要增加心跳、呼吸的频率来增加血液和氧气，以满足运动需要。而大量饮水会使胃部膨胀充盈，妨碍膈肌活动，影响呼吸；血液的循环流量增加，加重了心脏负担，不仅不利于运动，还会伤害心脏。此外，大量饮水会使胃酸浓度降低，影响食物消化。

但并不是绝对的不能饮水。在长距离或长时间运动中，身体大量出汗，如果不及时补充适当水分，就要大量消耗体液，破坏身体的内环境平衡，进而因细胞内渗透压的严重失调而造成中枢神经活动的不可逆变化。一般来说，失水达体重的 5% 就会明显影响身体活动。此时相当于机体中等程度的脱水。

我们知道，汗液的主要成分是水，还有钠、钾、氯、镁、钙、磷等矿物质。当健身者大量出汗后，随着水分的丧失，也失去很多盐分，体内的电解质因此而失去平衡，因此运动前后要喝电解质饮料。电解质饮料，又称矿物质饮料，最普通的是盐开水。饮料中除了水外，还包括钠、钾、氯、镁、钙、磷等矿物质。此外还要适量添加含糖物质，以矫正口味，补充机体的能量消耗。钙、磷盐参与体内能量的发生和利用过程。要按 1：15 的比例添加。电解质饮料可以维持体内电解质的平衡和细胞内外渗透压的均等，有利于因锻炼大量出汗引起体内电解质的丢失的补充与恢复，促进体力的尽快恢复。运动补水应遵循"少数量，多次数"的原则。

4. 忌锻炼后立即洗冷水澡

因为夏季锻炼体内的热量增加快，皮肤的毛细血管也大量扩张以利于身体散热。突然过冷刺激会使体表已开放的毛孔突然关闭，造成身体内脏器官紊乱，大脑体温调节失常，以致生病。

5. 忌锻炼后大量喝冷饮

体育锻炼可使大量血液涌向肌肉和体表，而消化系统则处于相对贫血状态。大量的冷饮不仅降低了胃的温度，而且也冲淡了胃液，轻则可引起消化不良，重则会导致急性胃炎。

6. 忌锻炼后以体温烘衣

夏季运动汗液分泌较多，衣服几乎全部湿透，有些年轻人自恃体格健壮，常懒于更换汗衣，极易引起风湿病或关节炎。

只有在安全的情况下运动，才能真正享受到运动的乐趣。

▶第四节 学校集会安全

学校经常举行大型聚会，比如运动会、开学典礼、联欢会等各种集会活动，这类活动通常在礼堂、广场、操场等容纳众多人的地方举行，人员高度集中，参加的人数多，规模大。这很容易由于火灾、房屋坍塌、互相拥挤践踏等，引发烧伤、跌伤或挤压甚至群死群伤的特大事故，对学生造成的伤害面比较广。因此，大学生在参加学校集会活动时，一定要有安全意识，在活动过程中，如果出现意外情况，切不可慌乱，要冷静应对，以保护自己的人身安全。

参加学校集会活动应该掌握以下安全常识和救助办法。

1. 每个学生都应该有安全防范意识，在集会活动中，要服从指挥，不要拥挤，按顺序进出场。

2. 一旦发生骚动，要远离混乱的中心，千万不要被好奇心驱使，去看热闹。

3. 突发火灾时，一定要保持冷静，不要乱跑，要服从指挥，有秩序地从现场迅速撤离。（火灾逃生方法详见第三章）

4. 如果发现自己在混乱的人群中，应设法靠近并抓住墙壁或其他固定物；若被拥挤得站立不住，应蹲在墙壁或固定物旁，用双手在颈后抱紧，双腿向胸部弯曲，使身体成球状，保护身体最易受伤的部位。

▶第五节 游乐安全

青少年的业余生活是非常丰富的，有许多游戏和玩乐的方式。当青少年学生沉浸在游乐气氛中的时候，容易把安全置之脑后。因此，应充分认识游乐过程中存在的不安全因素，养成注意安全的自觉性和自我保护能力。

1. 在学校课间活动时，不要在狭窄的教室和狭窄的楼道内拥挤、打闹和猛跑，以免使自己摔伤或撞伤他人。

2. 不要在楼梯扶手上向下滑动，或做其他危险动作，以免发生安全事故。

3. 进出教室或楼门时，要轻推轻关，以免力量过大，伤到自己或他人。

4. 上下楼梯时，要看清楼梯台阶，注意力要集中，走好走稳，以免失足跌下楼梯摔伤和碰伤。

5. 在做游戏或玩耍时，不要靠近危险的地方如高压线、工地等；不要盲目模仿电影和电视里的动作或游戏方式，以免发生危险。

6. 禁止在道路上踢球。在路上踢球是极其危险的，当车辆正常行驶时，车与行人的最短安全距离是 1.5 米，司机必须在 1.5 米外发现踢球人，才能保证刹车的安全，因此在马路上玩耍是非常危险的。

7. 做登高游戏时一定要注意安全，在游戏过程中切忌追打嬉戏，千万要注意安全。

8. 在游戏或玩耍时，不要在口中含着其他异物，以防吞咽而发生危险。

9. 不制作和使用有攻击性的玩具或类似的东西，不做不安全的动作，以免在玩的过程中发生危险，伤及他人。

10. 在与小动物玩耍时，应保持一定的安全距离，不要亲吻它们；与小动物玩完后，要立即洗手，以防病菌传染。

11. 如果被小动物咬伤或抓伤，应尽力把瘀血挤出，用清水清洗，并立即到医院或防疫部门处理伤口，以预防狂犬病、破伤风等病毒感染。

12. 不迷恋电子游戏机，因为非常容易上瘾，会对青少年的身心健康产生很大危害，容易出现视力下降、疲劳、失眠、多动、爱挑衅等症状。所以，在玩电子游戏一段时间后应休息。最好有家长看管。

▶ 第六节　核安全

广义的核安全是指涉及核材料及放射性核素相关的安全问题，目前包括放射性物质管理、前端核资源开采利用设施安全、核电站安全运行、乏燃料后处理设施安全及全过程的防核扩散等议题。

狭义的核安全是指在核设施的设计、建造、运行和退役期间，为保护人员、社会和环境免受可能的放射性危害所采取的技术和组织上的措施的综合。该措施包括：确保核设施的正常运行，预防事故的发生，限制可能的事故后果。

社会议题的核安全主要是指防核扩散及核裁军等。

迄今为止，全世界已经发生了近 20 次核事故，较为严重的有：1986 年 4 月 26 日，苏联切尔诺贝利核电站发生大爆炸，其放射性云团直抵西欧，造成约八千人死于辐射导致的各种疾病；2011 年 3 月 13 日，福岛核电站发生泄漏，至少已确认遭核辐射的人数为 22 人，大片海域遭受严重污染。核事故造成了严重的生命财产损失和严重的核污染，对往后数十年甚至更长时间的居民产生核辐射影响。

常用的核辐射防御措施：

1. 躲避为先。发生核事故时，要尽量远离放射源，周边居民要在第一时间撤离，距离防护是第一位的，避免在污染地区逗留。

2. 注意屏蔽。可利用附近的铅板、钢板或墙壁挡住或降低照射强度。

3. 避免外出。及时进入建筑物内，关闭门窗和通风系统，避开门窗等。应留在室内密闭的空间中。

4. 遮挡五官。当进入被放射性物质污染严重的地区，应用毛巾等捂住口鼻。外出可戴上口罩、帽子、眼睛、手套、靴子、雨衣等，减少放射性物质的污染。撤离到安全区内，应将受污染的衣物按要求进行处理。

5. 立即淋浴。考虑可能受到放射性污染的人应立即洗澡，用冲淋浴的方式清除污染。

6. 服用稳定性碘。核电站平时会给附近居民发放应急物品，如碘制剂，一旦发生泄漏，应在医生指导下及时服用。

▶第七节　学生伤害事故

学生伤害事故是指在学校实施的教学活动或者学校组织的校外活动中，以及在学校负有管理责任的校舍、场地，其他教育教学设施、生活设施内发生的，造成在校学生人身损害后果的事故。

一、意外事故防范

1. 防范高空坠物

高空坠落的物体具有很大的势能，在下落的过程中，其速度不断加快，如果击中行人，将造成人身伤害。现在，高层建筑越来越多，高空坠物伤人的事件时有发生。因此，大学生应该掌握防范高空坠物的必要知识，以避免事故发生。

(1)远离施工工地，以防建筑工地的坠落物。

(2)小心高楼的玻璃或其他饰物，因为刮大风时这些东西可能发生脱落，成为高空坠物。

(3)注意广告牌，刮大风时会导致广告牌倒塌坠落，容易伤人。

(4)注意楼房高层居民在阳台上的花盆，由于操作不当或大风引起坠落形成高空坠物。

2. 高压线路安全

恶劣的气候条件或人为施工不当，是造成高压线路事故的原因。事故一旦发

生，后果不堪设想。大学生必须掌握必要的防范知识，保障其人身安全。

（1）在进行体育锻炼、走路时，要远离高压线，以防发生危险。

（2）遇到高压线路事故现场，不要接近或挪动电线。高压线对人有吸力，一旦被其吸住，瞬间即可造成人员伤亡。在紧急情况下，一定要用干燥的长木棍来移动折断的电线。

（3）在起重装卸、吊运物品的下面，严禁站立、通行。

二、发生学生伤害事故，学校应当依法承担相应责任的情形

1. 学校的校舍、场地、其他公共设施以及学校提供给学生使用的学习用具、教育教学和生活设施、设备不符合国家规定的标准，或者有明显不安全因素的；

2. 学校的安全保卫、消防、设施设备管理等安全管理制度有明显疏漏，或者管理混乱，存在重大安全隐患，而未及时采取措施的；

3. 学校向学生提供的药品、食品、饮用水等不符合国家或者行业的有关标准、要求的；

4. 学校组织学生参加教育教学活动或者校外活动，未对学生进行相应安全教育，并未及时采取措施的；

5. 学校组织学生参加教育教学活动或者校外活动，未对学生进行相应的安全教育，并未在可遇见的范围内采取必要的安全措施的；

6. 学校违反有关规定，组织或者安排未成年学生从事不宜未成年人参加的劳动、体育活动或者采取其他活动的；

7. 学生有特殊体质或者特定疾病，不宜参加某种教育教学活动，学校知道或者应当知道，但未予以必要注意的；

8. 学生在学校期间突发疾病或者受到伤害，学校发现，但未根据实际情况及时采取相应措施，导致不良后果加重的；

9. 学校教师或者其他工作人员体罚或者变相体罚学生，或者在履行职责过程中违反工作要求、操作规程、职业道德或者其他有关规定的；

10. 学校教师或者其他工作人员在负有组织、管理未成年学生的职责期间，发现学生行为具有危险性，但未进行必要的管理、告诫或者制止的；

11. 对未成年学生擅自离校等与学生人身安全直接相关的信息，学校发现或者知道，但未及时告知未成年学生的监护人，导致未成年学生因脱离监护人的保护而发生伤害的；

12. 学校有未依法履行职责的其他情形。

三、发生学生伤害事故，学校不承担法律责任的情形

因下列情形之一造成的学生伤害事故，学校已履行了相应职责，行为并无不当

的，不承担法律责任：

1. 地震、雷击、台风、洪水等不可抗拒的自然因素造成的；

2. 来自学校外部的突发性、偶发性侵害造成的；

3. 学生有特异体质、特定疾病或者异常心理状态，学校不知道或者难以知道的；

4. 学生自杀、自伤的；

5. 在对抗性或者具有风险性的体育竞赛活动中发生意外伤害的；

6. 其他意外因素造成的。

▶ 第八节　案例警示

【案例一】　　　　**高空物体下落意外伤害致人死亡案**

一天中午时分，某大学操场上，大一学生李某等五位同学正在打篮球，只听"哗"的一声巨响，在学校围墙外正施工的高空吊车上散落下十几根毛竹，其中一根正击中李某的头部，李某当即不省人事。其他同学立即跑去向班主任报告，班主任及闻讯的校领导立刻赶到现场，叫了一辆出租车，将满头是血的李某送往附近一家医院抢救。但由于伤势过重，李某不治身亡。

本案的责任应当由学校和学生之外的第三人承担，即校外施工单位承担。事故发生在校园内，危险源来自校园外部的建筑施工现场。学生在自由活动时间玩耍，没有做什么惹是生非的事，学生受伤纯粹是祸从天降。所以学生是无辜的受害者。学校对事故的发生不存在管理不当的问题，并且得知学生受伤后，学校及时采取救济措施，善后处理及时，所以学校无任何过错。致害人施工单位与学校操场仅一墙之隔，按照学校与建筑施工单位协商的规定，施工单位在中午(学生课间休息活动期间)不得施工。但工地某工人擅自操作，又不严格遵守操作规程，造成毛竹散落，砸死学生，施工人员违规操作施工，负有不可推卸的责任。同时，房建工地管理制度不严，工地发现某工人违规操作没有及时制止，应承担主要责任。

【案例二】　　　**穿越昌平沟崖自然风景区大山时被滚落石头砸中死亡**

20××年5月13日，北京山野俱乐部的越野登山小组一行38人(32名队员和6名教练)来到沟崖，在进行简单装备后便开始了穿越。据昌平沟崖自然风景区一负责人介绍，伤者名叫李伟(音)，曾经多次来到沟崖进行越野体验，"此次发现他们时，他们已经越过了景区规定的安全线，上到了离沟崖玉虚观四五里处，属于参观禁区"。他说，根据李伟的队友描述，李伟是在爬山过程中被前面行进队员踩落的

散石砸中的，"他在躲闪石头的过程中又撞到了其他石头，把左肩胛骨砸坏了。"为了尽快把伤者送到医院抢救，队员们轮番接力将伤者抬至山下。但由于山路崎岖，耽误时间过长，等到昌平急救中心的人员赶到时，伤者已经停止了呼吸。

【案例三】　　　　　　　　大学生实习摔倒成为植物人

从青海医学院毕业的青年小王揣着一颗火热的心，走进了县中医院实习。医院安排他协助外科、内科主管医生进行换药、写病历、开处方等工作。虽然医院规定实习期间不发工资，但向来好学上进的小王仍为能将4年所学的知识充分运用于临床实践而欣喜了好几天。

某天下午，医院通知全体人员进行卫生大清扫，小王早早来到办公室，和别的同志一起打扫完内科医生办公室后，又与其他4名医生前往医生值班室准备擦洗。该值班室位于医院住院部二楼阴面，小王拿着一条毛巾站在办公桌上刚打开窗户准备擦玻璃时，不慎从窗口摔出，重重地跌落在楼外的水泥地上。

经医护人员的积极抢救和精心治疗，小王的命总算保住了，但因脑组织挫伤、脑干受损成为植物人。当这一噩耗传到小王父母耳中时，小王的母亲一下子瘫倒在地上。当他们跌跌撞撞赶到医院，看到昔日活泼、聪明、机灵的儿子瞬间如同木头人一样悄无声息地躺在白色病榻上时，泪水纷飞。无望的父母只好让小王出院，临出院他们还欠医院 58 500 元医药费。出院后又花去医药费 3 538.33 元。

面对昂贵的治疗费和一贫如洗的家庭情况，小王的父亲多次找县中医院要求支付儿子的医疗费，并要求兑现工伤福利待遇，却遭拒绝。县中医院不但拒不支付剩余医疗费，还拒不承认与小王存在劳动关系，不承认是工伤。为给儿子讨个说法，小王的父母在多次找县中医院解决无果的情况下，最终选择了法律途径——劳动争议仲裁。

小王的父母依法代理小王向青海省海东地区劳动争议仲裁委员会申请仲裁，要求仲裁庭依法认定申请人小王为工伤，并支付全额医疗费、护理费、工伤福利待遇等 655 380 元。县中医院辩称：申请人在被申请方单位实习期间，因打扫卫生不慎从二楼窗台上掉下摔伤，是一般的民事损害，不属于工伤。事故发生时申请人小王也不属于被申请方单位的职工，所以与小王也没有劳动关系，要求仲裁庭驳回申请人的申请。

海东地区劳动争议仲裁委员会受理该案后，经委托海东地区劳动鉴定委员会进行伤残等级鉴定为伤残一级。仲裁庭审理后认为，申请人小王经县中医院同意后安排到外科、内科协助换药、处理一般外伤和协助主管医生书写病历、开处方等工作。根据被申请人县中医院单位内部管理规定和考勤制度，申请人小王虽未发工资但根据双方实际存在的关系，申请人与被诉方存在事实劳动关系。出事时，被申请人单位安排申请人打扫卫生擦内科医生值班室玻璃时，申请人从二楼窗台掉下摔伤，属工作中的意外事故，符合工伤条件，应认定为工伤。被申请人应依法全额支付医药费及工伤福利待遇，以切实保障劳动者的合法权益。

仲裁庭据有关法律法规，依法裁决被申请人县中医院为申请人全额支付医药费184 292.42元；一次性支付伙食补助费1 260元、工伤津贴9 510元、伤残抚慰金205 416元、一次性伤残补助金22 824元、轮椅费8 000元（更换10次）及工资7 608元，合计人民币438 910.42元，并要求被申请人一次性付清。县中医院认为小王不属于工伤，应该属于民事损害，一纸诉状告上法庭，请求法院撤销仲裁庭的裁决，按民事损害给予判决。

县法院受理后，经征得双方当事人同意，委托海东地区劳动和社会保障局对小王是否属于工伤给予答复。海东地区劳动和社会保障局做出东劳社字92号复函，答复为：小王经医院安排，在规定的工作区域和工作时间受伤，属意外事故，并非小王本人蓄意或故意所为，应认定为工伤。据此，县法院经两次开庭审理，宣判驳回原告县中医院的诉讼请求。县中医院仍不服，向海东地区中级人民法院提出上诉，请求二审法院撤销一审判决。

海东地区中级人民法院依法公开开庭进行了审理，认为小王在医院实习时，双方虽未订立书面劳动合同，但却是双方真实的意思表示。小王先后在该院外科、内科实际实习8个月，完成了协助主管医生书写病历和开处方、处理一般外伤、换药等辅助性医疗工作。根据劳动和社会保障部的相关解释，双方当事人之间已形成事实上的劳动关系。行政机关在县中医院不否认小王在"工作时间、工作场所，因工作原因受到伤害"的事实和存在劳动关系的基础上，认定小王受到的伤害为工伤并无不当。虽然我国法律目前还没有大专院校学生在实习期间受到意外伤害按工伤认定处理的明文规定，但这种认定符合国务院2003年4月27日公布的《工伤保险条例》中规定的广义的工伤范围，同时也符合健全劳动保险、保障机制的要求。海东地区劳动争议鉴定委员会对小王的劳动能力已鉴定为一级伤残。据此，仲裁机关依法裁定小王享受各种工伤待遇正确。一审法院驳回县中医院的诉讼请求正确，故海东地区中级人民法院当庭宣判维持原判。

一起大学生在实习期间发生意外伤残该如何认定的纠纷，在法院终于落下了帷幕，小王由此获得了43万余元的高额赔偿，但留给人们的不仅是安慰，还是一种思考。

小王在医学院毕业后，主动到医院来加强自身锻炼，不能否认他在医院8个月的工作及与医院实际存在的一种事实上的劳动关系，医院方按自行的规定没给小王

发劳动报酬，本身就是一种违法行为，不能以此来推卸责任。我国虽未明确规定大学生在实习期间发生意外应该如何认定，但在法制不断健全的今天，该案的判决无疑是一个判例，它维护了一个劳动者应有的合法权益。

【案例四】　　　　　　　　　历史上的核事故

1957年9月29日：苏联乌拉尔山中的秘密核工厂"车里雅宾斯克65号"一个装有核废料的仓库发生大爆炸，迫使苏联当局紧急撤走当地11 000名居民。

1957年10月7日：英国东北岸的温德斯凯尔一个核反应堆发生火灾，这次事故产生的放射性物质污染了英国全境，至少有39人患癌症死亡。

1961年1月3日：美国爱荷华州一座实验室里的核反应堆发生爆炸，当场炸死3名工人。

1966年1月17日：帕利马雷斯氢弹事故。

在西班牙海岸上空进行加油时，美国一架B-52轰炸机与KC-135加油机发生相撞。撞击之后，加油机彻底毁坏，B-52轰炸机惨遭解体，所携带的4枚氢弹"逃离"破裂的机身。其中两枚氢弹的"非核武器"撞地时发生爆炸，致使约合2平方公里的区域被放射性钚污染。搜寻人员在地中海发现了其中一个装置。

1967年夏天：苏联"车里雅宾斯克65号"用于储存核废料的"卡拉察湖"干枯，结果风将许多放射性微粒子吹往各地，当局不得不撤走了9 000名居民。

1968年1月21日：图勒核事故。

由于舱内起火，美国一架B-52轰炸机的机组人员被迫作出弃机决定，在此之前，他们本可以进行紧急迫降。B-52轰炸机最后撞上格陵兰图勒空军基地附近的海冰，所携带的核武器破裂，致使放射性污染物大面积扩散。

1970年12月18日：加卡平地核事故。

在巴纳贝利核实验过程中，美国内华达州加卡平地地下一万吨级当量核装置发生爆炸，实验之后，封闭表面轴的插栓失灵，导致放射性残骸泄漏到空气中。现场的6名工作人员受到核辐射。

1971年11月9日：美国明尼苏达州"北方州电力公司"的一座核反应堆的废水储存设施发生超库存事件，结果导致5 000加仑放射性废水流入密西西比河，其中一些水甚至流入圣保罗的城市饮水系统。

1979年3月28日：美国三里岛核反应堆因为机械故障和人为的失误而使冷却水和放射性颗粒外逸，但没有人员伤亡报告。

1979年8月7日：美国田纳西州浓缩铀外泄，结果导致1 000人受伤。

1985年8月10日：K-431核潜艇事故。

在符拉迪沃斯托克补充燃料过程中，E-2级K-431核潜艇发生爆炸，放射性气体云进入空中。10名水兵在这起核事故中丧命，另有49人遭受放射性损伤。

1986年1月6日：美国俄克拉荷马一座核电站因错误加热发生爆炸，结果造成一名工人死亡，100人住院。

1986年4月26日：苏联切尔诺贝利核电站发生大爆炸，其放射性云团直抵西欧，造成约八千人死于辐射导致的各种疾病。

4月26日凌晨，位于苏联乌克兰加盟共和国首府基辅以北130公里处的切尔诺贝利核电站发生猛烈爆炸，反应堆机房的建筑遭到毁坏，同时发生了火灾，反应堆内的放射物质大量外泄，周围环境受到严重污染，造成了核电史上迄今为止最严重的事故。

4月25日，切尔诺贝利核电站第4号反应堆的工作人员违反操作规程连续切断反应堆的电源，使主要冷却系统停止工作。于是堆芯温度迅速升高，造成氢气过浓，以至26日凌晨发生猛烈爆炸，爆炸引起机房起火，浓烟使人呼吸困难，放射性物质不断外溢。核电站所在地区有2.5万居民，这些居民从26日晨开始疏散，疏散共用了34个小时。

影响：

核电站发生事故后，大量放射尘埃污染到北欧、东西欧部分国家，瑞典、丹麦、芬兰以及欧洲共同体于4月29日向苏联提出强烈抗议。据苏联官方公布，这起事故造成的直接经济损失达20亿卢布（约合29亿美元），如果把苏联在旅游、外贸和农业方面的损失合在一起，可能达到数千亿美元。同时，在核事故的危害下有33人死亡，300多人因受到严重辐射先后被送入医院抢救，有更多的人受到不同程度的辐射污染。为了防止进一步的辐射，苏联将28万多人疏散到了辐射区以外。

关于切尔诺贝利核泄漏相关的一组数字。

10倍：绿色和平组织称切尔诺贝利核泄漏危害被低估10倍；

800年：专家称消除切尔诺贝利核泄事故漏后遗症需800年；

9.3万人：20年前的切尔诺贝利核电站事故造成致癌死亡人数约为9.3万人左右；

27万人：27万人因切尔诺贝利核泄漏事故患上癌症，其中致死9.3万人；

34万人：核泄漏事故发生后，苏联立即疏散了11万多人，随后数年，又从污染严重地区搬迁了23万人，前后共疏散34万余人；

20亿人：建立在白俄罗斯国家科学院研究成果上的报告说，全球共有20亿人口受切尔诺贝利事故影响。

1993年4月6日：托木斯克-7核爆炸。

这起发生在西伯利亚托木斯克的核事故是硝酸清洗容器时发生爆炸导致的。爆炸致使托木斯克-7的回收处理设施释放出一个放射性气体云。

1999年9月30日：东海村核事故。

发生在东京东北部东海村铀回收处理设施的核事故是日本历史上最为严重的核灾难。事故发生时，工人们正在混合液体铀。

2011 年 3 月 13 日：福岛县政府 13 日发布消息称，新确认有 19 名从福岛第一核电站方圆 3 公里撤离的人员遭到核辐射，已确认遭核辐射的人数由此上升至 22 人。

（搜狐健康）

>>> **思考与练习**

1. 发生实验事故应如何处理？
2. 运动注意事项有哪些？
3. 参加学校集会活动应掌握哪些安全常识和救助办法？

第六章　个人行为安全

[学习要求]

　　了解当前青少年个人行为安全面临的形势，熟悉如何防诈骗、防盗窃、防抢劫、防性侵害、防非法传销的基本知识，掌握拒绝"黄赌毒"的常识。

　　大学生是祖国的未来，他们的个人行为直接影响着他们的健康成长。近些年来社会上的一些不法分子利用青少年的单纯和善良把黑手伸向校园，伸向青少年学生。校园侵害、校园抢劫、绑架学生的案件时有发生，更有甚者将"黄赌毒"等毒瘤传向青少年。因此，必须教育青少年，使他们明辨是非，端正个人行为，同时掌握必要的防御知识，防止一切不良行为对自己的侵害。

▶第一节　防诈骗知识

　　近年来，利用电话、短信等方式进行虚假信息诈骗犯罪十分猖獗，我校已有部分学生被骗，损失惨重，且多数手机持有者均收到过犯罪嫌疑人发来或打来的各种虚假信息被诱上钩。

　　犯罪嫌疑人从非法渠道获取了一些人的个人信息，利用手机、小灵通、固定电话、互联网、银行卡等作为作案工具，编造虚假信息实施诈骗，有些同学往往被迷惑而被骗取钱财。其实，绝大多数诈骗犯罪都是可以预防和避免的。现将犯罪分子常用诈骗形式公布如下，望广大师生提高警惕，免遭侵害。

一、常见的二十种诈骗方式及骗术揭秘

　　诈骗犯罪，是指以虚构事实或者隐瞒真相的欺骗方法，骗取数额较大的公私财物的行为。其突出特点就是使用欺骗的方法取得公私财物。在犯罪形式上，犯罪分子多以编造假情况或隐瞒事实真相，而使受害者陷于一种错误认识，信以为真，仿佛"自愿地"将财物交给犯罪人，但实际上，这只是受害人被犯罪分子制造的假象所迷惑而受骗上当的结果，并非真正同意。当前，诈骗活动形式多样，作案手段不断翻新。法律链接：《中华人民共和国刑法》第 266 条：诈骗罪是指以非法占有为目的，用虚构事实或者隐瞒真相的方法，骗取数额较大的公私财物的行为。

　　骗术一："电信欠费"诈骗

　　"您名下登记有一部电话已欠费 3 000 元，我们怀疑您的银行账户已被盗用，我们将向您提供一个安全账户……"

骗术揭秘：犯罪分子冒充电信局工作人员拨打你的电话，告诉你身份信息被他人冒用，所申领的电话已欠费。随后由一名自称是公安局的工作人员接听电话，称你名下登记的电话和银行账户涉嫌洗钱、诈骗等活动，为确保不受损失，须将本人存款转移至一个"安全账户"，并且频频催促你赶紧通过电话或就近转账。

骗术二："汽车退税"诈骗

"我是×××税务局（财政局、车管所），现在国家下调了购车附加税率（购房契税），向你退还税金。"

骗术揭秘：犯罪分子冒充税务、财政、车管所工作人员拨打你的电话，称"国家已经下调购房契税、购车附加税率，要退还税金"，让你提供银行卡号直接通过银行 ATM 机转账获取税款。随后，又授意当事人在银行自动取款机上通过转账方式交纳费用、领取退税，利用当事人不熟悉银行自动取款、转账业务的弱点，骗走银行卡上全部或部分资金。

骗术三："网络购物"诈骗

"我已汇了两次钱，但仍然没收到我网上订购的衣服。"

骗术揭秘：犯罪嫌疑人以"超低价"或"海关查没品"为诱饵诱骗消费者，而且价格都低得出奇，一般都低于市场价 50%。当消费者汇了第一笔款后，骗子会来电声称，要么商品不零售，要求批量购买；要么货已运到，要求汇款人再汇余款、风险金、押金或税款等之类的费用，否则消费者收不到货，也不会退货。一些消费者迫于第一笔款已汇，只好抱着侥幸心理继续再汇。建议您如果是对方要求您先用现金汇款才发货的交易，最好不要轻信。

骗术四："电话响一声"诈骗

不分白天黑夜，电话响一声，等你回拨上钩。

骗术揭秘：电话吸费诈骗是新型的诈骗形式，嫌疑人通过境外运营商注册一特殊的服务号码，如声讯电话号码，使用工具拨打事主电话接通后自动挂断，如事主回电话，电话将被直接接到特殊声讯号码上，强行吸收事主话费，一次少则数十元，多则几百元。

骗术五："刷卡消费"诈骗

"尊敬的××银行用户：您好！你的银行的信用卡于﹡月﹡日在﹡﹡商场消费（透支）××元，请确认。如有疑问，请拨打银行客服电话×××。"

骗术揭秘：当你电话"垂询"时，几名同伙便分别扮演"银行"、"警方"、"银联管理中心"设下圈套，并"忠告"你把钱转移到"安全账户"内。所谓"安全账户"就是犯罪分子事先用假身份证开设的诈骗账户。

骗术六："猜猜我是谁"诈骗

"喂，猜猜我是谁？我是你老朋友啊！贵人多忘事呀，连我都记不得了？那改日再联系。"

　　骗术揭秘：如今，"猜猜我是谁"诈骗手法已经升级，它已经发展到能叫出你的名字："某某，猜猜我是谁"。犯罪分子先拨通你的电话，让"猜猜我是谁"，受害人往往碍于情面联想猜测对方身份，犯罪分子顺势答应，并称近期要来看望受害人，为下一步诈骗做好铺垫。次日再编造来的途中出车祸、嫖娼、吸毒被抓被发现等谎言向受害人借钱，让受害者汇钱到指定账户。

　　骗术七："冒充领导"诈骗

　　"小张呀！听出我是谁了吗？我出差急需用钱，你给我打到＊＊＊账号上吧！等我回去后还你。"

　　骗术揭秘：不法分子通过电话询问、上网查询等手段，收集基层企、事业单位主要领导及其下属的姓名、手机号码等有关资料，利用"任意显号"软件，冒充某领导给你打电话，谎称在某地出差突然生病，或其他借口急需钱用。让你马上打一定数量的款到对方提供的账户上救急，事后归还。如果你汇了款，那么你就被骗了。

　　骗术八："绑架勒索"诈骗

　　"你儿子现在在我手里，一个小时之内，汇5万元到＊＊＊账号，不许报警，不许挂电话，否则你儿子就没命了……爸爸救我！"

　　骗术揭秘：犯罪嫌疑人通过非法途径获取事主孩子或亲友的电话、姓名等信息，因此，在电话中有时能明确说出事主孩子电话或姓名，以强化事主对此事的相信程度，使事主在恐慌失措中上当受骗。当您接到此类电话时，不要慌张，要通过拨打孩子的电话或与其同学、朋友、学校联系等其他方式，证实情况。

　　骗术九："汇钱救急"诈骗

　　"我是＊＊市交警支队，你儿子出车祸了，现正在医院抢救，请汇5 000元医药费到医院的账户……"

　　骗术揭秘：犯罪嫌疑人以孩子上学或工作离家较远等时机，直接拨打家长电话，谎称孩子在外受意外伤害、突发急病要求汇款为名进行诈骗。此时家长一定要稳定情绪，并及时与孩子相熟同学、老师取得联系，防止上当受骗。

　　骗术十："股市、彩票走势预测"诈骗

　　"电脑预测彩票中奖号码、推荐代炒股票保证盈利，不赚不收费。"

　　骗术揭秘：犯罪分子打着"投资公司"的幌子，以代理股票投资的名义在电视、互联网上打广告，利用你的投机心理，声称能够预测电脑彩票的中奖号码，或指导投资股票盈利，代管股票投资等方式诱骗上当，如果你有兴趣，他就会花言巧语劝你入会，并收取会员费、服务费或"投资操盘费"，骗到钱款后立即"人间蒸发"。

　　骗术十一："低价购物"诈骗

　　"丰田佳美2. 0～2万，宝马4万全国送车上门，包过户上牌。"

　　骗术揭秘：你的手机会接到短信，有多种二手车出售，价格极其便宜，同时留有联系电话，当你感觉便宜想买，打电话联系后，对方会一步步套你，给你一个银

行账号，让你先付定金；你付完定金后，再让你付过户费，然后……这样你的钱就一笔一笔让对方骗走了。

骗术十二："QQ 好友"诈骗

"我是你朋友，借点钱急用，不信你打开视频瞧瞧我是谁。"

事先录制 QQ 视频，诈骗 QQ 好友钱款。事先通过盗号软件和强制视频软件盗取 QQ 号码使用人的密码，并录制对方的视频影像，随后登录盗取的 QQ 号码与其好友聊天，并将所录制的 QQ 号码所有人视频播放给其好友观看，以骗其信任，最后以急需用钱为名向其好友借钱，从而诈骗钱款。

骗术十三："引诱汇款"诈骗

"请把钱直接汇到＊＊银行账号就可以了，户名＊＊＊。"

骗术揭秘：犯罪分子大批群发短信，称"我自己的银行卡消磁了，把钱直接汇到我同事的账户，账号＊＊＊"，碰巧你正打算汇款，收到此类汇款诈骗信息后，直接把钱汇到犯罪分子的银行账号上。

骗术十四："虚假中奖"诈骗

"恭喜您，《非常 6＋1》栏目正面向所有飞信用户举行砸金蛋抽奖活动，您有幸被抽中成为我们的幸运用户……"

骗术揭秘：你的手机会接到一个陌生电话或短信，自称是某某单位（往往是某团体或公司），说你在某个活动中中奖，奖金高达数百万。如你信以为真，那么对方会一步步套你，给你一个银行账号，让你先缴手续费＊＊＊元；等你缴完手续费后再让你缴税等，金额从小到大。有的被害人为能"兑现"这笔数百万的奖金，甚至会被骗上百万元。

骗术十五："刮刮卡"诈骗

地上捡的、信封邮的"刮刮卡"，随便一刮就中奖。

骗术揭秘：你会收到或捡到一个装有一张刮刮卡的信封，当你刮开兑奖区，会发现你中了特等奖，资金数百万元，如你信以为真，与卡上的"办奖单位"联系，准备兑现奖金，那么你开始受骗了。

骗术十六："话费充值"诈骗

"'一号通'充值卡，买 200（元）送 200（元），买一送一！"

骗术揭秘：犯罪分子申请建立与电信公司合作的通话服务平台，业内简称"服务器"，并私自制作充值卡，而充值的钱都会被充到这个平台，犯罪团伙在售卡之前都会将充值卡卡号登记，售出的卡号都会在第一时间通知代理方，而代理方会根据充值卡售出的时间，分批将话费收回，转入银行私人账户里。这个时间大概是两到三天，所有买卡充值的人，无论是谁都会在两三天内因欠费而停机。

骗术十七："无抵押贷款"诈骗

"免费提供长期贷款，无担保，立等可办。电话＊＊＊。"

骗术揭秘：犯罪分子通过手机信息或者报纸、网站发布信息，称能够提供免担保贷款，如果你与之联系，他会声称贷款必须先付保证金或者部分利息，并要求你办理一张银行卡，先打一笔"企业验资款"在账户上，证明还款能力，然后开通电话查询功能供他查询。而实际上犯罪分子利用新办银行卡的初始密码就把钱转走了。

骗术十八："招聘陷阱"诈骗

"您好，＊＊公司招专、兼职男女员工，要求体貌端，年龄 45 岁以下，工资当天结算。咨询电话＊＊＊＊＊＊＊。"

骗术揭秘：犯罪分子以招聘业务员为名，发布虚假广告信息，事主一旦与其联系，便以收取"介绍费"、"培训费"、"服装费"为由实施诈骗。

骗术十九："法院传票"诈骗

"你好，这里是＊＊市中级人民法院，你有传票未收取，特此电话通知，请及时处理。你的银行账户将被冻结……"

骗术揭秘：犯罪嫌疑人以邮局、法院等为名，称有法院传票给被害人，传票理由为信用卡欠费，再将电话转至所谓的"公安局"，称被害人信息被盗用，账户涉嫌洗黑钱，最后诱使被害人将钱转入"安全账户"。

骗术二十："冒充黑社会"诈骗

"我是黑社会，受人之托，要你身体的某个部位，要想消灾，汇笔钱到＊＊＊账号上。"

骗术揭秘：犯罪分子随机拨打你的手机，自称是＊＊黑社会组织成员，受别人委托，要砍掉你的胳膊、腿、手脚，或者对你妻子、孩子进行伤害。想要避祸免灾，必须将钱款（少则千元、多则万元以上）存入指定的银行账号。

二、防止诈骗的终极秘诀

保卫处提示广大师生，防止上当受骗。工作生活中，注意做到"三不一要"：不轻信：不要轻信来历不明的电话和手机短信，不管不法分子使用什么花言巧语，都不要轻易相信，要及时挂掉电话，不回复手机短信，不给不法分子进一步布设圈套的机会。不透露：巩固自己的心理防线，不要因贪小利而受不法分子或违法短信的诱惑。无论什么情况，都不向对方透露自己及家人的身份信息、存款、银行卡等情况。不转账：学习了解银行卡常识，保证自己银行卡内资金安全，绝不向陌生人汇款、转账。要及时报案：万一上当受骗或听到亲戚朋友被骗，请立即向公安机关报案，并提供骗子的账号和联系电话等详细情况，以便公安机关开展侦查破案。

三、关于防止财物诈骗的几个法律提示

《中华人民共和国居民身份证法》第 15 条：任何组织或者个人不得扣押居民身份证。但是，公安机关依照《中华人民共和国刑事诉讼法》执行监视居住强制措施的

情形除外。《中华人民共和国个人所得税法》第三条第五款：特许权使用费所得，利息、股息、红利所得，财产租赁所得，财产转让所得，偶然所得和其他所得，适用比例税率，税率为百分之二十。《中华人民共和国反不正当竞争法》第十三条：经营者不得从事下列有奖销售：（三）抽奖式的有奖销售，最高奖的金额超过五千元。特别提示：按照一般规律，因中奖所产生的手续费、公证费、税金均从中奖所得中扣除。

四、已经上当受骗了怎么办？

一、保存好相关证据（如联系方式、地址、购物记录等与受骗相关的所有信息）；二、及时向学校保卫部门、辖区派出所报案。

▶第二节　防盗窃知识

盗窃，是指一种以非法占有为目的，秘密窃取国家、集体或他人财物的行为。它是一种最常见的并为人民群众、师生员工最为深恶痛绝的违法犯罪行为。盗窃案在高校发生的各类案件中是最多的，大约占90％以上。因而预防和打击高校的盗窃案件。提高防盗意识，了解校园内盗窃犯罪的基本情况、规律和特点，掌握防盗的基本常识、方法和技能，是很有必要的。

一、高校盗窃案件的行窃方式

（1）"顺手牵羊"：是指作案分子趁主人不备将放在桌上、床上、走廊、阳台等处的钱物信手拈来而占为己有。

（2）"乘虚而入"：是指作案分子趁主人不在，房门抽屉未锁之机入室行窃。这类盗窃手段要比"顺手牵羊"者毒辣，其胃口也比"顺手牵羊"者更大，不管是现金、存折、信用卡或者是贵重物品，只要一让他看到，就会统统被盗走。

（3）"窗外钓鱼"：是指作案人用竹竿等工具在窗外将被害人的衣服钓走。有的甚至把纱窗弄坏，钓走被害人放在桌上、床上的衣物。因此，住在一楼或其他楼层靠近走廊窗户的同学，如果缺乏警惕很容易受害。

（4）"翻窗入室"：是指作案人翻越没有牢固防范设施的窗户、气窗等入室行窃。入室窃得所要钱物后，常又堂而皇之地从大门离去，因此窃贼有时不易被发现。

（5）"撬门扭锁"：是指作案分子使用各种工具撬开门锁而入室行窃。这种犯罪分子手段毒辣，入室后还继续撬抽屉或籍子上的锁。翻箱倒柜，从而盗走现金、各种有价证券和各类贵重物品。采用这种方式的犯罪分子基本上都是外盗。

（6）"熟人作案"——是指作案分子用失主随手乱丢的钥匙，趁失主不在宿舍时打开失主的锁，包括门锁、抽屉锁、籍子上的锁，从而盗走现金和贵重物品等。这类作案人大都是与失主比较熟悉的人。

二、防盗的基本方法

(1)离开宿舍或教室时，哪怕是很短的时间，都必须锁好门，关好窗，千万不要怕麻烦。一定要养成随手关灯、随手关门、随手关窗的习惯，以防盗窃犯罪人乘虚而入。

(2)学生宿舍不要留宿外来人员。大学生应该文明礼貌、热情好客，但不能讲义气、讲感情而不讲原则、不讲纪律。如果违反学校学生宿舍管理规定，随便留宿不知底细的人，就等于引狼入室而将会后悔莫及。

(3)发现形迹可疑的人应加强警惕、多加注意。作案人到教室和宿舍行窃时，往往要找各种借口，如找什么人或推销什么商品等，见管理松懈、进出自由、房门大开，便来回走动、窃测张望、伺机行事，摸清情况、瞅准机会后就撬门扭锁大肆盗窃。遇到这种可疑人员，同学们应主动上前询问，如果来人确有正当理由一般都能说清楚。如果来人说不出正当理由又说不清学校的基本情况，疑点较多，其神色必然慌张，则需要进一步盘问，必要时还可以请他出示身份证、学生证、工作证等身份证明。经核实身份无误又未发现带有盗窃证据的，可交值班人员记录其姓名、证件号码、进出时间后请其离去。如果发现来人携有可能作案工具或赃物等证据时，可一方面派人与其交谈以拖延时间，另一方面打电话给学校保卫部门尽快来人做调查处理。

(4)注意保管好自己的钥匙，包括教室、宿舍、箱包、抽屉等处的各种钥匙，不能随便借给他人或乱丢乱放，以防"不速之客"复制或伺机行窃。如钥匙丢失，应及时更换新锁。

三、几种特殊易盗物品的防盗措施

(1)现金——现金是一切盗窃分子图谋的首选对象。最好的保管现金办法是将其存入银行。尤其是数额较大时，更应及时存入银行并加密码。密码应选择容易记忆且又不易解密的数字，千万不要选用自己的出生日期做密码。这是因为，一旦存折、信用卡丢失很容易被熟悉的冒领。同时如身份证与存折、信用卡一同丢失时，也很容易被人冒领。特别要注意的是，存折、信用卡等不要与自己的身份证、学生证等证件放在一起。在银行存取款或在自动取款机取款时要注意密码的保密。发现存折、信用卡丢失后，应立即到所存银行挂失。

(2)各类有价证券卡——如校园一卡通、各种储值卡等。这些有价证券卡应当妥善保管，最好是放在自己贴身的衣袋内，袋口应配有钮扣或拉链。所用密码一定要注意保密。在参加体育锻炼或沐浴时，应将各类有价证卡锁在自己的箱子里，并保管好自己的钥匙，一定不要怕麻烦。

(3)贵重物品——如黄金饰品、手表、笔记本电脑、平板电脑、数码相机、高

档智能手机、高档衣物等，暂不使用时，最好锁在抽屉或籍(柜)子里，不能随便放在教室、自修室、图书馆等公共场所，以防被顺手牵羊、乘虚而入者盗走。门锁钥匙不要随便乱放或丢失。价值较高的贵重物品、衣服上最好有意地做上一些特殊记号，以便被偷走后的查找。

(4)自行车——自行车被盗是社会的一大公害。校园内也不例外。买自行车时一定要到有关部门办理落户手续。购买别人的二手车时一定要购买证照齐全的。自行车要安装防盗车锁，并按规定停放。养成随停随锁的习惯。骑车去公共场所，最好花钱将车停放在存车处。如停放时间较长，最好加固防盗设施，如将车锁固定在物体上。

四、发生盗窃案件的应对方法

一旦发生盗窃案件，同学们一定要冷静应对。

(1)立即报告学校保卫部门，同时封锁和保护现场，不准任何人进入。不得翻动现场的物品，切不可急急忙忙地去查看自己的物品是否丢失。否则，不利于公安人员准确分析、正确判断侦察范围和收集罪证。

(2)发现嫌疑人，应立即组织同学进行堵截，力争捉拿。

(3)配合调查，实事求是地客观回答公安部门和保卫人员提出的问题。积极主动地提供线索，不得隐瞒情况不报。学校保卫部门和公安机关有义务、有责任为提供情况的同学保密。

五、怎样防止宿舍被盗?

(1)最后离开寝室的同学一定要锁门，要养成随手关门、锁门的好习惯。

(2)遵守学校宿舍管理规定，不擅自留宿非本宿舍人员。

(3)对形迹可疑的陌生人应格外提高警惕，并立即报告所住公寓楼值班室。外来人员有的是兜售物品的商贩，如果是房门大开没有人，往往会顺手牵羊偷走衣物、现金、贵重物品等。还有人打扮成学生模样，在宿舍里到处乱窜，一有机会就下手盗窃。

(4)妥善保管好自己的钥匙，不要随便借给别人。

(5)大额现金一定要及时存入银行，贵重物品不用时最好寄存于公寓楼值班室，或锁在抽屉、柜子里。放假离校时应将贵重物品随身带走或托可靠的人保管，不可留在宿舍。

特别提示：校园发生的贵重物品失窃案，100%都是因为当事人未按学校规定将贵重物品进行寄存或妥善保管而导致的失窃。因此，特别提醒大家，大量现金一定要存入银行或学校财务处，贵重物品一定要寄存于学生公寓楼值班室或自行上锁妥善保管。

六、怎样防止在图书馆等公共场所被盗

(1)人离开图书馆等公共场所时把贵重物品随身带走，或交可靠的同学照管，以免被犯罪分子乘机窃走。

(2)尽量不要在书包内存放大量现金和与学习无关的贵重物品，以减少别人的注意力。

七、外出时如何防止钱物被盗

(1)同学外出采购、游玩尽量不要携带大量现金和贵重物品，如必需带的钱款较多，最好分散放置在内衣袋里，外衣只放少量现金以便购买车票或零星物品时使用。

(2)现在大多银行均实行通存通兑，而且银行的储蓄网点也很多。如确需较大金额的现金，可采用先存后取的办法，亦可采用ATM卡进行支付。

(3)外出时，不要把钱夹放在身后的裤袋里，乘公共汽车不要把钱或贵重物品置于包的底部或边缘，以免被割窃走。在挤车或拥挤时，包应放在身前，不管是吃饭购物或拍照时，包不能离身，至少不能脱离视线，以免疏忽被人拎走。

(4)在人多杂乱的地点不要翻点现金，以免被扒手盯上。同时也不要因不放心而不时摸放钱包的的地方，这样同样会引起狡猾的扒手的注意。

(5)乘出租车时，下车时要注意清点自己随身携带的物品，以免因与同学聊天或急于办事而把物品丢在车上。另外，在乘出租车、小公共汽车时最好先记一下乘坐汽车的车号，万一发生问题也便于查找。

(6)不要以为自己精明敏锐，年轻力壮，从来未被扒窃而麻痹大意。

八、乘车船时怎样防止丢失钱物

(1)时刻提高警惕，不要因旅途劳累疲乏而忽视了对自己钱物的保管。

(2)尽量把物品集中放在可以经常照看得到的地方，使物品随时在你的视线内，不要乱堆乱放；也不要将行李交给不熟悉的人看管。

(3)要事先准备好零用钱，将暂时不用的钱和贵重物品清点好，放在身上或其他可靠的地方(如身上穿着的内衣口袋里)。

(4)不要当众频繁地打开钱包，以免暴露给他人。

(5)有条件时可用链条锁将行李锁在行李架上。

(6)一旦发现钱物被盗，要及时与乘警或乘务员联系，争取破案，追回丢失或被盗的钱物。

九、您的手机保管好了吗？

近日，在校内接连发生手机丢失、被盗的案件，保卫处在查处这些案件的时候，发现一个共同的特点：大多数的同学的防范意识薄弱，对自己的手机保管不善，随手乱放；有的同学在寝室里将手机充电，离开寝室，到邻寝或去厕所，又不锁门，等回来发现手机没了；有的同学在上课时摆弄手机后，随手放在课桌里，下课时不及时收好离去，等再想起找的时候，手机没有了；有的同学在上自习的时候，随手将手机放在桌子上，自己趴在桌子上睡着了，等醒来时发现手机没有了；还有的同学在食堂吃饭的时候，又是随手将手机放在餐桌上，饭后将手机忘在食堂，等再去找的时候手机不见了。类似这样的问题经常发生，所以保卫处提醒同学们，要提高自己的防范意识，保管好自己的物品，只要自己注意，就会大大减少发生这样的事情。

十、如何防止教室失窃案件

教室失窃案件，不仅使失窃的同学蒙受直接的经济损失，而且影响同学们的情绪，扰乱了同学们正常的学习和生活秩序。从事发的时间上看，盗窃分子主要利用午饭和晚饭的时间进行偷窃，因为相对而言，在这两个时间段上，教室里的人较少，流动性较大，在不固定的教室里同学彼此很难有认识的，因此，即使是有目击者看到了盗窃分子的作案过程，在当时也不会意识到他正在偷窃。从失窃的物品上看，失窃的多为现金、手机、较名贵的钢笔、教辅资料、图书等。从失主的性别来看，失主多为女同学。这是因为女同学绝大多数人都带有书包，因此有些同学或图方便，或为占座位就将书包放在教室中，这就给盗窃分子留下了可乘之机。

为了防患于未然，不使同学们蒙受损失，我们提醒同学们要做到以下几点：

(1)提高防范意识。不管是失窃的，还是没有失窃的，都应该从中吸取教训，提高自身的防范意识。

(2)不要将现金、手机、饭卡、单放机、贵重学习用品和书籍留在教室，尤其是不固定的教室，要随身携带，不给盗窃分子创造任何机会。

(3)有固定教室的班级，有条件锁门的，下课后最后离开教室的同学要锁好门，也可以指定专人负责开门、锁门这项工作。

(4)由于这些年高校扩招，学生增多，教室不够，因此，出现了占座上自习的现象。在此，提醒各位同学，不要用价格较高的书籍占座，以免失窃。

(5)亡羊补牢，犹未晚矣。只要同学们切实地提高自己的防盗自保意识，盗窃分子的行为就不会得逞。

十一、如何安全使用银行卡

目前，利用窃取客户银行卡信息及密码，盗取钱款的案件时有发生。为避免损失，特提醒广大师生使用银行卡应注意如下事项：

(1)银行卡设置的密码一般不宜使用出生日期、家庭电话、手机号码等容易被人破译的数字；

(2)在购物消费或取款时不要随意将银行卡交给他人，按密码时注意保护个人信息；

(3)不要将银行卡密码告诉或泄露给别人，一旦泄露应及时更换密码；

(4)银行卡与居民身份证应分开存放；

(5)银行卡被 ATM 机吞卡时应及时与银行联系，谨防犯罪分子利用银行名义骗取银行卡信息和密码；

(6)银行卡被 ATM 上操作时，谨防他人偷窥密码，操作完毕后不要忘记将银行卡取出，同时交易或查询单据要妥善保管；

(7)存、取款时发现 ATM 机等机体上的有不明装置，请立即拨打"110"报警电话；

(8)经常核对个人银行卡中的金额，适时更改银行卡密码，一旦发生银行卡被窃或遗失，应立即与该银行卡的银行联系并办理挂失手续，尽可能的避免个人损失。

第三节　防抢劫知识

抢劫，是指以非法占有为目的，以暴力胁迫或者其他方法施行将公私财物据为己有的一种犯罪行为。抢夺，则是指以非法占有为目的、乘人不备公然夺取他人的财物的一种犯罪行为。这两类犯罪行为都会侵害他人的人身权利，且容易转化为凶杀、伤害、强奸等恶性案件，比盗窃犯罪更具有社会危害性。

一、遭受抢劫时该怎么办?

要保持精神镇定和心理上的平静，克服畏惧、恐慌情绪，冷静分析自己所处的环境，对比双方的力量，针对不同的情况采取不同的对策。

(1)首先要想到尽力反抗。只要具备反抗的能力或时机有利，就应及时发动进攻，制服或使作案人丧失继续作案的心理和能力。

(2)尽量抗衡。可借助有利地形，利用身边的砖头、木棒等足以自卫的武器与作案人相持，使作案人短时间内无法近身，以引来援助者并给作案人造成心理上的压力。

(3)无法与作案人抗衡时，可看准时机向有人、有灯光或宿舍区奔跑。

(4)要与作案人巧妙周旋。当已处于作案人的控制之下无法反抗时，可按作案人的要求交出部分财物，采用语言反抗法，理直气壮地对作案人进行说服教育，晓以利害，造成作案人心理上的恐慌，切不可一味求饶。要保持镇定，或与作案人说笑，采用幽默的方式，表明自己已交出全部财物，并无反抗的意图，使作案人放松警惕，看准时机反抗或逃脱控制。

(5)采用间接反抗法。即趁其不注意时在作案人身上留下暗记，如在其衣服上擦点泥土、血迹；在其口袋中装点有标记的小物件；在作案人得逞后悄悄尾随其后，注意作案人的逃跑去向等。

(6)要注意观察作案人。尽量准确地记下其特征，如身高、年龄、体态、发型、衣着、胡须、疤痕、语言、行为等。

(7)及时报案。作案人得逞后，有可能继续寻找下一个抢劫目标，更有甚者在附近的商店、餐厅挥霍。学校一般都有较有严密的防范机制，如能及时报案，准确描述作案人特征，有利于有关部门及时组织力量布控，抓获作案人。在校外被抢者，要及时到就近派出所报案。

(8)无论在什么情况下，只要有可能，就要大声呼救，或故意高声与作案人说话。

二、如何预防和处置突然发生的抢夺案件？

(一)预防抢夺案件的发生，必须注意：

1. 外出不要携带过多显现的现金和贵重物品；

2. 不要炫耀或显露现金或贵重物品；

3. 现金或贵重物品最好贴身携带，不要置于手提包或挎包内；

4. 尽量避免在午休、深夜或人少的时候单独外出；

5. 不要单独滞留或行走在偏僻、阴暗处及治安复杂区域；

6. 发现有人尾随或窥视，不要紧张，露出胆怯神态，可回头多盯对方几眼，或哼首歌曲，并改变原定路线，朝有人、有灯的地方走。

(二)当抢夺案件发生时，应保持镇定，及时做出反应

1. 抢夺犯作案后急于逃跑，利用这种心理，应大声呼叫，并追赶作案人，迫使作案人放弃所抢的财物。若无能力制服作案人，可保持距离紧追不舍并大声呼救，引来援助者。

2. 追赶不及，应看清作案者的逃跑方向和有关衣着、发型、动作等特征，及时就近到人多的地方请求帮助，并及时向校保卫部门或治保人员报案。

(三)怎样预防抢劫？

抢劫是犯罪分子以暴力、胁迫或其他方法强行抢走财物的行为。具有危害性大，骚扰性强，威胁学校师生的身心健康及生命安全。在校园内抢劫具有以下的特点：一是作案时间为休息时间或行人稀少、夜深人静之时。二是作案地点多见于偏僻、阴暗、人少的地带，一般为树林中、小山上。远离宿舍的实验楼附近或无灯的人行道，正在兴建的建筑物附近。三是携带贵重物品，单身行走的，独自无伴的，谈恋爱滞留于阴暗无人地带的大学生极易成为作案目标。四是校园附近无业流动人员作案突出。

学生平时对贵重财物不要张扬。一是不向外炫耀自己的贵重物品、存折和各类卡号、多余的现金。二是不要独自外出，特别是晚上。三是不要独自在偏远、阴暗的林间小道、山路上行走，不到行人稀少，环境阴暗、偏僻的地方，避开无人之地。四是尽量避免在外滞留或晚归。五是穿戴适宜，不要显露过于胆怯害怕的神情。

(四)旅途中遇到坏人抢劫怎么办？

1. 当你单独行走，有人跟踪时，要留意坏人对已下手的可能。要遇惊不慌，立即改变方向，尽量朝人多的或有公路的地方走去，晚上朝有灯光的地方走去。

2. 如果遇到抢劫时，要胆大心细，机智勇敢，想办法发动群众力量与坏人做斗争。如果你只有一人，则要冷静，损失不大时，以保证生命安全为原则。尽量记住犯罪分子身体特征(身高、外貌、衣服等)，及时向公安部门报告。

▶第四节　防性侵害知识

一、发生在校园中的性侵害形式有哪些？

(1)暴力式侵害。主要是指侵害主体采取暴力手段、语言恫吓或利用凶器，进行威胁，对女同学实施性侵害的行为。暴力侵害的主体比较复杂，以社会上的犯罪分子混入校园进行强奸为目的，混入女生宿舍或校园内偏僻处伺机作案；也有的是以抢劫、盗窃为目的，见有机可乘或因受害人处置不当而发展为强奸犯罪；还有的是因恋爱破裂或单相思，走向极端，发展成为暴力强奸。这种方式对被侵害对象造成很大伤害，甚至导致人身伤亡。

(2)流氓滋扰式侵害。主要是指社会上的流氓结伙闯入校园，寻衅滋事，或是某些品行不端正人员在变态心理的驱使下，对女同学进行的各种性骚扰。这些人对女同学的侵害方式，多为用下流语言调戏，以推拉撞摸占便宜，往身上扔烟头，做下流动作等。如在夜间，女同学孤立无援，或处置不当等情况下，也可能发展为暴力强奸或轮奸。

(3)胁迫式侵害。主要是指某些心术不正者，或是利用受害人有求于己的处境，或是抓住受害人的个人隐私、某些错误等把柄，进行要挟、胁迫，使其就范。

(4)诱惑性侵害。利用受害人追求享受、贪图钱财，或者意志薄弱，作风轻浮，制造各种机会引诱受害人，进行性侵害，被害人大多数性观念混乱，择友不当，贪图钱物和享受而被侵害。

(5)社交性强奸。这种犯罪行为的主体多是受害人的相识者。因同事、同学、师生、老乡、邻居等关系与受害者本有社会交往，却利用机会或创造机会把正常的社交引向性犯罪。受害人身心受到伤害后，往往还出于各种顾虑不敢揭发。

二、容易遭受性骚扰性侵害的时间和场所

(1)夏天，是女性容易遭受性侵害的季节。夏天天气炎热，女生夜生活时间延长，外出机会增多。夏天校园内绿树成荫，罪犯作案后容易藏身或逃脱。同时，由于夏季气温比较高，女生衣着单薄，裸露部分较多，因而对异性的刺激增多。

(2)夜晚，是女性容易遭受性侵害的时间。这是因为夜间光线暗，犯罪分子作案时不容易被人发现。所以，在夜间女性应尽量减少外出。

(3)公共场所和僻静处所，是女生容易遭受性侵害的地方。这是因为，公共场所如教室、礼堂、舞池、溜冰场、游泳池、车站、码头、影院、宿舍、实验室等场所人多拥挤时，不法分子乘机袭击女生；僻静之处如公园假山、树林深处、狭道小巷、楼顶晒台、没有路灯的街道楼边，尚未交付使用的新建筑内，下班后的电梯内，无人居住的小屋、陋室、茅棚等。若女生进入这些地方，由于人员稀少，极易遭受性侵害。

三、哪些女大学生容易受性侵害？

(1)经常出入社会公共场所，装扮入时，行为不羁的女生；

(2)性格懦弱，胆小怕事的女生；

(3)作风轻浮，胡乱交友的女生；

(4)独处于学生教室、寝室、实验室、运动场或其他隐藏场所的女生；

(5)怀有不光彩的隐私，容易被他人要挟的女生；

(6)贪图钱财，贪图享受，缺乏观察识别能力的女生；

(7)意志薄弱，难拒性诱惑以及精神空虚，无视法纪的女生；

(8)夏季衣着单薄，裸露部分较多，曲线毕露的女生；

(9)夜晚长时间、独自在校外活动的女生。

四、女大学生如何防止遭遇性侵害？

(1)加强自我防范意识，增强法律观念，做到知法、守法、用法；

(2)不要轻易相信结识、轻易相信朋友，更不要单独跟随新认识的人去陌生的地方；

(3)培养坚强的意志品质和观察事物的能力，识别是非曲直，不要被花言巧语所蒙蔽；

(4)住宿、出行尽量结伴，时间、场所要正确选择，特别是约会要选择安全的环境；

(5)正确处理与异性交往的尺度，不要接受超过一般的馈赠，对过分的举动要明确表明自己的反对态度。

五、女大学生在遭遇性侵害时该如何处理?

(1)遇到性侵害时，首先要保持清醒的头脑，保持镇静，临危不惧。大义凛然、临危不乱的态度可以对罪犯起到震慑作用，使犯罪分子在心理上感到胆怯。

(2)遇到性侵害时要有坚持反抗到底的信心，软磨硬泡，拖延时间，顽强抵抗。根据周围的环境选择摆脱、反抗、求教的办法。

(3)寻求适当机会和方式逃脱。例如可先假装同意，使犯罪分子放松警惕，然后趁他脱衣，使尽全力将他推倒，及时逃跑，并在逃跑时继续呼救。或者出其不意，猛击其要害部位，使其丧失侵害能力，趁机逃脱。您如果穿的是高跟皮鞋，还可以以此作为武器，当犯罪分子将您推倒在地时，您可用鞋尖猛击其头部或要害部位，再趁机逃跑。

(4)采取积极的防卫措施，利用身边的器物或日常生活用具防卫。当发生性侵害时，要想一想自己身上有无可以用作防卫的工具，如指甲钳、发夹等，观察周围的环境有没有可以利用的器物，当受到侵害时，用其击打犯罪分子，使其丧失侵害行为的能力，趁机逃跑。

(5)遭遇陌生人侵害时，要努力记住犯罪分子的体貌特征，保护好现场及物证，及时报案。

六、女大学生出行应注意哪些安全问题?

(1)夜间行走要保持警惕。要走灯光明亮、往来行人较多的大道。对于路边黑暗处要有戒备，最好结伴而行，不要单独行走。如果走校外陌生道路，要选择有路灯和行人较多的路线。

(2)女性外出时，最好结伴而行，遇有陌生男人问路，不要带路;向陌生男人问路，不要让他带路。

(3)不要穿过分暴露的衣衫和裙子，防止产生性诱感，短裙过膝，上衣要包肩、不低胸、不露腰;不要穿行动不便的高跟鞋。

(4)不要搭乘陌生人的机动车、人力车或自行车，防止落入坏人圈套。

(5)遇到不怀好意的男人挑逗，要及时责斥，表现出自己应有的自信与刚强;如果碰上坏人，首先要高声呼救，假使四周无人，切莫慌张，要保持冷静，利用随

身携带的物品，或就地取材进行自卫反抗，还可采取周旋、拖延时间的办法等待救援。

（6）一旦不幸遭受侵害，不要丧失信心，要振作精神，鼓起勇气同犯罪分子作斗争。要尽量记住犯罪分子的外貌特征，如面貌、体型、语言、服饰以及特殊标记等；要及时向公安机关报告，并提供证据和线索，协助公安保卫部门侦查破案。

七、失身以后怎么办

失身是指女子在婚前或婚后被坏人强奸、诱奸以及其他原因与丈夫之外的男子发生性关系。在女大学生中，因受各种性伤害而失身者不少，后果也比较严重。正确认识和处理好失身问题，对于维护女学生的身心健康，保障她们的安全，帮助她们健康成长具有重要意义。

（1）分清原因，正确对待。如果你是因受性攻击，例如被犯罪分子强奸、奸污，那么你是无辜的受害者，你周围的人和社会舆论会对你表示同情，并且会给你以温暖和帮助，你不必因此而烦恼；如果你是被坏人欺骗，一时受骗上当，你应当吸取受骗的教训，使自己更成熟起来，增加抵御能力，今后不再上当；如果由于自己行为轻率，在恋爱中失去控制，或者经不起性诱惑而有性越轨行为，改正了就行，不必为此抱恨终生。

（2）振作精神，勇敢生活。失身固然是一种不幸，但这已是历史，要面对现实，面向未来，坚定勇敢地生活。首先要在思想上破除"女子从一而终"的封建道德观念，克服一朝失身、终生完结的思想，解除精神枷锁；同时也要克服无所谓的思想，防止破罐破摔。要看到五彩缤纷的人生生活，把失身的痛苦转化为追求真理、创造业绩的动力。如果你能做到这一点，不仅能在心灵上得到补偿，而且会受到人们的尊敬，给自己创造美好的未来。

（3）站在人生高度，理解人生曲折。大学生活，固然是人生美好时期，但还只是人生的开始。生活的道路是漫长的，某次曲折、错误，只不过是人生长河中的一朵浪花。对于有志者来说，应当是一次锻炼和考验的机会，我们要在挫折和错误中吸取教训，在克服困难中前进，这样，就会使我们更加成熟、坚强。

（4）性犯罪"私了"不得。"私了"就是"私下了结"，与"公了"相对，即不通过法律程序，在当事人之间，或者在他人参与下，相互协商，达成和解。性犯罪是不能"私了"的，这是由性犯罪的特点和我国社会主义法制所决定的。

一是性犯罪是一种严重侵犯他人人身权利，破坏社会秩序，对社会造成严重危害的犯罪，不能"私了"。实施性犯罪的主体一般来说心狠手毒，不会为受害人的心慈手软、菩萨心肠所打动，不给他们一点教训，很难使他们改恶从善。如果在他们的花言巧语诱惑下"私了"，有朝一日他会倒打一把，抓住你的把柄，以揭露隐私进行要挟，对你再次实施性攻击；或者因逃避了法律制裁，自以为得计，更加无法无天，转向攻击他人。应当懂得这样一个道理：对犯罪分子的姑息宽容，便是对人民的残忍。

二是惩治犯罪是司法机关的职责，不可能"私了"。性犯罪作为严重刑事犯罪，只能由国家司法机关通过正常法律程序作出处理，任何公民或其他社会组织都无权代替。

▶ 第五节　防滋扰知识

滋扰，从广义的角度讲，是指外部人员无视国家法律和社会公德而寻衅滋事、结伙斗殴、扰乱社会秩序等行为。从狭义的角度讲，滋扰主要是指对校园秩序的破坏扰乱，对大学生无端挑衅、侵犯乃至伤害的行为。滋扰是一个涉及学生、家庭、社会等诸多方面的复杂因素交错的社会问题，大学生必须提高警惕，尽力预防和制止外部滋扰，以保证学校教学、科研和生活正常有序地进行。

一、受外部滋扰的常见形式

(1)校内外的不法青少年通过多种途径与少数大学生进行交往，如发生矛盾或纠葛，便有目的地入校寻衅滋事、伺机报复等。

(2)有的社会不法青年，在游泳、沐浴、购物、看电影、参加舞会、观看比赛、甚至走路等偶然场合，与大学生矛盾，有时进而酿成冲突。

(3)有的不法青年，专门尾随女同学或有目的地到学生宿舍、教室等处污辱、搔扰、调戏女生，甚至对女同学动手动脚，致使女大学生受到种种伤害。

(4)青少年犯罪团伙邀约到校园内斗殴滋事，从而使围观或路过的大学生无端遭殃。

(5)外来人员或某些法纪观念淡薄的教职工子女与学生争抢活动场地、喧宾夺主，从而引发矛盾和冲突。

(6)一些游手好闲的青少年，把学校变为玩乐场所，在校园内游逛，或故意怪叫漫骂、吵吵嚷嚷，或有意扰乱秩序，以搅得鸡犬不宁为乐，显得旁若无人、不可一世，似乎"老子天下第一"。大学生作为学校的主人，与这类人员发生正面冲突的可能性很大。

(7)有的不法青年，喜欢在师生休息的时候不停拨拔打电话，或者无聊地谈天说地，或者口吐污言秽语，以搅得人不能入睡为乐，这就是电话滋扰。

(8)少数无赖之徒，千方百计地打听女性大学生的姓名，然后不停地给其写信，不是低级庸俗的谈情说爱和造谣中伤，就是莫明其妙的恐吓和威胁，甚至敲诈勒索，从而造成被害人在精神上非常痛苦，这即是信件滋扰。

滋事者大多是一些有劣迹、行为不轨的青少年。这些人行动的目的和动机往往

比较短浅，只顾满足眼前欲望而不顾后果，容易受偶然的动机和本能所支配，他们自制力差，微不足道的精神刺激即可使之陷入暴怒和冲动之中。有些则结成团伙，蛮横无理、为所欲为、称霸一方。入校滋扰者，有的事先有明确的目的，有的并无确定目标。无论是哪种形式，受滋扰的对象往往都是大学生。一些地处城郊接合部或周围居民点密集的院校，受滋扰的程度可能会更厉害一些。

二、如何处理男女求爱的滋扰？

在学生中求爱的滋扰主要来自两方面：一是单恋者的纠缠，一方有情，另一方无意，有情者积极进攻，穷追不舍；二是原来有恋爱关系，因某种原因，一方提出终止，另一方无法接受，因而苦苦纠缠。为摆脱这种求爱滋扰，应做到：

（1）态度明朗。如果你并无恋爱打算，对于那种单恋的追求者，应明确拒绝；如果是正在恋爱中或曾经恋爱过的对象，你要冷静考虑，如果没有希望，就要明确告诉对方，让其打消念头。若是态度暧昧，模棱两可的话，对对方来说增加了幻想，因而也会给你带来更多的麻烦。

（2）遵守恋爱道德，讲究文明礼貌。在拒绝对方的要求时，要讲道理，耐心说服；要尊重对方人格，不可挖苦嘲笑，更不能在别人面前揭露对方隐私。

（3）要正常相处，节制往来。恋爱不成，但仍是同学、好朋友，不可结怨，更不能成为仇人、敌人。在交往中，最好要节制不必要的往来，以免对方产生"物是人非"的伤感，让对方尽快消除心理上的伤害。

（4）遇到困难，要依靠组织。如果你认为制止不了对方的纠缠，或者发现对方可能采取报复行为等，要及时向老师和领导汇报，依靠组织妥善处理，防止发生意外事件。

三、应当怎样对待外部滋扰

寻衅滋事是典型的流氓活动。在校园内故意起哄、强要强夺、无理取闹、追逐女学生或女教师等流氓行为，不仅直接危害师生员工的人身和财产安全，而且还会破坏整个校园的正常秩序。对此，除学校有关职能部门和社会的公安机关等组织力量防范和打击外，师生遇有流氓滋事，都有义务进行抵制和制止。只要有人挺身而出，发动周围的师生共同制止，流氓即使人多势众也不能不有所收敛。一般情况下，在校园内遇有流氓滋事，一方面要敢于出面制止或将流氓分子扭送有关部门，或及时向学校保卫部门报案，或打"110"电话报警，以便及时抓获犯罪嫌疑人，予以惩办；另一方面，要加强自身的修养，冷静处置，不因小事而招惹是非，积极慎重地同外部滋扰这一丑恶现象作斗争是义不容辞的责任。具体地说，学校师生在遇到流氓滋事时，应注意把握以下几点。

（1）提高警惕，做好准备，正确看待，慎重处置。面对违法青少年挑起的流氓滋扰，千万不要惊慌，而要正确对待。要问清缘由、弄清是非，既不畏慎退缩、避而远之，也不随便动手，一味蛮干，而应晓之以理，以礼待人，妥善处置。

（2）充分依靠组织和集体的力量，积极干预和制违法犯罪行为。如发现流氓滋扰事件，要及时向教师或学校有关部门报告，一旦出现公开侮辱、殴打自己的同学等类恶性事件，要敢于见义勇为，挺身而出，积极地加以揭露和制止。要注意团结和发动周围的群众，以对滋事者形成压力，迫使其终止违法犯罪行为，那些成群结伙，凶狠残忍的滋事者，总想趁乱一哄而上，为非作歹，只有依靠群众，依靠集体的力量才能有效地制止其违法行为。一是对滋事者形成群起而攻之的局面，几个滋事者是不足为惧的，是完全能够被制服的。

（3）注意策略，讲究效果，避免纠缠，防止事态扩大。在许多场合，滋事者显得愚昧而盲目、固执而无赖，有时仅有挑逗性的言语和动作，叫人可气可恼而又抓不到有效证据。遇到这种情况，一定要冷静，注意讲究策略和方法，一方面及时报告并协助有关部门进行处理；另一方面采取正面对其劝告的方法，注意避免纠缠，目的就是避免事态扩大和免得把自己与无赖之徒置于等同地位。

（4）自觉运用法律武器保护他人和保护自己。面对流氓滋扰事件，既要坚持以说理为主，不要轻易动手，同时又要注意留心观察、掌握证据。比如，有哪些人在场，谁先动手，持何凶器，滋事者有哪些重要特征，案件大致的经过是怎样的，现场状况如何，滋事者使用何种器械、有何证件，毁坏的衣物和设施是什么，地面留有什么痕迹，等等。这些证据，对查处流氓滋事者是很有帮助的。

大学生除积极防范和制止发生在校园内的滋扰事件外，更应加强自身修养，不断提高自己的综合素质，严格要求自己，决不能染上流氓恶习而使自己站到滋事者的行列中去。

▶第六节　发生暴力性侵害时的紧急自我救济方式

一、正当防卫的概念

《中华人民共和国刑法》第二十条规定，为了使国家、公共利益、本人或者他人的人身、财产和其他权利免受正在进行的不法侵害，而采取的制止不法侵害的行为，对不法侵害人造成损害的，属于正当防卫，不负刑事责任。正当防卫明显超过必要限度造成重大损害的，应当负刑事责任，但是应当减轻或者免除处罚。

二、正当防卫的条件

根据《中华人民共和国刑法》的规定，只有同时具备下列五个要件才能构成正当防卫：

条件一：必须是为了使国家、公共利益，本人或者他人的人身、财产权利和其他权利免受不法侵害而实施的。这种不法侵害可能是针对国家、集体的，也可能是针对自然人的；可能是对本人的，也可能是针对他人的；可能是侵害人身权利，也可能是侵害财产或其他权利，只要是为了保护合法权益免受不法侵害而实施的行为，即符合本要件。条件二：必须有不法侵害行为发生。所谓"不法侵害"，指对某种权利或利益的侵害为法律所明文禁止，既包括犯罪行为，也包括其违法的侵害行为。条件三：必须是正在进行的不法侵害。正当防卫的目的是为了制止不法侵害，避免危害结果发生，因此，不法侵害必须是正在进行的，而不是尚未开始，或者已实施完毕，或者实施者确已自动停止。否则，就是防卫不适时，应当承担刑事责任。条件四：必须是针对不法侵害者本人实行。即正当防卫行为不能对没有实施不法侵害行为的第三者（包括不法侵害者的家属）造成损害。条件五：不能明显超过必要限度造成重大损害。

三、正当防卫中的"无限防卫权"

所谓无限防卫权，是指公民在某些情况下所实施的正当防卫行为，没有必要限度的要求，对其防卫行为的任何后果均不负刑事责任。无限防卫权是公民在特定情况下可采取无强度限制的防卫行为的权利。

四、正当防卫的法律责任

《中华人民共和国刑法》第二十条规定：为了使国家、公共利益、本人或者他人的人身、财产和其他权利免受正在进行的不法侵害，而采取的制止不法侵害的行为，对不法侵害人造成损害的，属于正当防卫，不负刑事责任。正当防卫明显超过必要限度造成重大损害的，应当负刑事责任，但是应当减轻或者免除处罚。

《中华人民共和国刑法》第二十条第三款规定："对正在进行的行凶、杀人、抢劫、强奸、绑架以及其他严重危及人身安全的暴力犯罪，采取防卫行为，造成不法侵害人伤亡的，不属防卫过当，不负刑事责任。"

▶第七节　防传销知识

一、传销的概念及在我国发展的情况

传销自 1990 年传入我国大陆，至今经历了三个阶段。

第一阶段为自由发展阶段：90 年代初至 1995 年。1990 年 11 月，雅芳（中国）公司作为最早进入中国从事传销经营的外资企业在广州成立，传销作为一种新的营销方式开始在中国大陆出现。这一时期，由于对传销的特殊性研究不够，国家未对

传销做出任何界定，因此工商部门尚未将其纳入需要核准的经营方式，只作为一般的营销方式进行管理，属于企业自主经营的范畴。截至1995年12月底，全国共有从事传销经营的企业163家，参加人员约40万～50万人。

第二阶段为限制发展阶段：1995年至1998年4月。由于传销的自由发展，一时鱼龙混杂，泥沙俱下，各种违法违规、损害消费者权益的现象大量出现，严重干扰了我国的经济秩序。为此，1995年9月国务院办公厅下发了《关于停止发展多层次传销企业的通知》，按照国务院办公厅的《通知》要求，工商部门对多层次传销企业进行了全面清理，先后取缔擅自开展多层次传销企业114家，查处非法传销案件128起。在整顿的基础上，1996年6月5日，国家工商行政管理局批准了41家传销公司及13家分支机构和3家直销公司，传销开始正式纳入行政执法部门视线，企业需要经过法定程序批准后，才能开展经营活动。在此基础上，1997年1月，国家工商行政管理局颁布《传销管理办法》，传销进入了规范和限制发展阶段。

第三阶段为全面禁止阶段：1998年4月至今。从1997年底至1998年初，传销明显暴露出自身的问题。由于其具有组织上的封闭性、交易上的隐蔽性和传销人员的分散性等特点，加之我国正处于社会主义市场经济的初级阶段，市场发育程度低，有关管理法规不够完善，管理手段滞后，群众消费心理尚不成熟，一些不法分子利用传销，打着"快速致富"的旗号，诱骗群众参与传销，利用虚假宣传、组成封闭人际网络，收取高额入门费等手段敛取钱财，还有一些人利用传销从事迷信、帮会、价格欺诈、推销假冒伪劣商品等违法犯罪活动。一些不法企业和个人甚至利用传销，打着"特许加盟经营"、"网络销售"、"市场营销"、"连锁经营"等旗号，从事金字塔欺诈活动。这些违法犯罪活动，不仅干扰了正常的经济秩序，严重损害人民群众的利益，还严重背离了社会主义精神文明建设的要求，影响我国的社会稳定和和谐。针对上述情况，1998年4月，国务院发出了《关于禁止传销经营活动的通知》，明确指出，传销经营不符合我国现阶段的国情，已造成严重危害，对传销经营活动必须坚决予以禁止。2005年8月23日国务院令第444号公布了《禁止传销条例》，2009年2月28号全国人大常委会通过了《刑法修正案（七）》，增设了"组织、领导传销活动罪"，规定："组织、领导以推销商品、提供服务等经营活动为名，要求参加者以缴纳费用或者购买商品、服务等方式获得加入资格，并按照一定顺序组成层级，直接或者间接以发展人员的数量作为计酬或者返利依据，引诱、胁迫参加者继续发展他人参加，骗取财物，扰乱经济社会秩序的传销活动的，处五年以下有期徒刑或者拘役，并处罚金；情节严重的，处五年以上有期徒刑，并处罚金。"

二、传销和直销

2005年8月23日，国务院以第443号令和444号令发布了《直销管理条例》和《禁止传销条例》，并分别于当年12月1日和11月1日起施行。这是我国政府根据

中国国情和形势发展需要，首次对传销和直销问题进行立法，从而结束了中国长期以来规范直销、打击传销无法可依的局面。这两个条例，对什么是传销、什么是直销进行了界定，解决了长期以来社会公众在理论上和实践中的困惑，对区别合法与非法，提高公众识别和抵御传销欺诈的能力提供了有力帮助，也为行政执法机关打击传销、规范直销提供了法律武器。

(一)传销的概念和类型(或者表现形式)

国外对传销的界定虽然在立法上有所差异，如一些国家未对直销进行立法，只是通过民法、消费者权益保护法律的原则进行规范，但对于金字塔欺诈都通过立法加以打击，对其本质的认识也基本一致，即金字塔欺诈不是一种经营行为，已经构成欺诈犯罪活动，必须予以坚决禁止。比如，美国联邦贸易委员会认为，金字塔欺诈是指加入者缴纳一定数额的费用获得介绍资格，并通过继续介绍他人加入获取报酬，这些报酬与销售产品跟最终消费者无关。英国1973年《公平交易法案》第11章规定，禁止通过招募人员加入(猎头)而获取报酬。这与我们通称的"拉人头"传销活动如出一辙。国外禁止的金字塔欺诈，内容主要包括两部分：一是我们通称的"拉人头"行为，概括说就是，参加者缴纳一定数量的费用后取得加入资格，并可以通过介绍他人加入获得报酬，其报酬的多少取决于发展人员的数量；二是一些国家将收取高额入门费的行为也放在金字塔欺诈法律中调整，一些国家通过其他法律调整，如美国就将这种行为纳入《媒介销售法》调整。

《禁止传销条例》第二条规定：传销，是指组织者或者经营者发展人员，通过对被发展人员以其直接或者间接发展的人员数量或者销售业绩为依据计算和给付报酬，或者要求被发展人员以交纳一定费用为条件取得加入资格等方式牟取非法利益，扰乱经济秩序，影响社会稳定的行为。传销的类型主要表现为"拉人头"传销、骗取入门费传销、"团队计酬"传销。

《禁止传销条例》第七条列举了传销的三种类型或表现形式：

第一种传销类型或表现形式：即"拉人头"传销，是指"组织者或者经营者通过发展人员，要求被发展人员发展其他人员加入，对发展的人员以其直接或者间接滚动发展的人员数量为依据计算和给付报酬(包括物质奖励和其他经济利益)，牟取非法利益的"。在国际上则被称为"金字塔欺诈"，各国普遍将其列入犯罪行为予以禁止。

第二种传销类型或表现形式：即"骗取入门费"传销，是指"组织者或者经营者通过发展人员，要求被发展人员交纳费用或者以认购商品等方式变相交纳费用，取得加入或者发展其他人员加入的资格，牟取非法利益的"。

第三种传销类型或表现形式：即"团队计酬"传销，是指"组织者或者经营者通过发展人员，要求被发展人员发展其他人员加入，形成上下线关系，并以下线的销售业绩为依据计算和给付上线报酬，牟取非法利益的"。在西方国家，也被称为"多层次直销"，绝大多数国家予以限制，在有的市场经济发达国家虽然没有禁止，但是采取了其他特殊的监管政策。

《禁止传销条例》规定的这三种形式，只要具备了其中的一种，就构成传销行为。下面，举两个例子看它属于哪一种形式的传销？

【案例一】　　　　　　李满意传销案

当事人李满意(女，46岁)，受他人蒙骗由武汉来到山东滨州，被"洗脑"后、交纳2 900元加入了组织。而后，以在滨州赚钱容易为诱饵，将其外甥王燕、王军骗到滨州，蛊惑他俩交钱加入了组织。王燕又把自己12岁的儿子发展为下线。王燕等3人将9 000元交给李满意，李当天将款汇到其上线江中秋的银行账户上，获得提成奖1 425元。

案例分析：这是一起"骗取入门费"和"拉人头"两种形式交织的传销案件。"骗取入门费"的基本方式有两种：一种是让加入者直接交纳一定数额的现金取得资格，另一种是让加入者高价购买一份产品取得资格，其产品质次价高，是用来掩人耳目的道具。

【案例二】　　　　　武汉新田保健品传销案

20××年3月，山东省德州市工商局查获了武汉新田保健品案。此案中，凡是参加者需要交纳2440元购买一套新田公司的"紫苏油"，才能取得加入该组织的资格。该组织的人员共分为会员、推广员、培训员、代理员和代理商五个等级。根据每个人的业绩，由低到高逐级晋升，发展2名下线为"会员"，发展3～9名下线为"推广员"，发展10～64名下线为"培训员"，发展65～392名下线为"代理员"，发展392名以上的为"代理商"。报酬包括销售提成和奖励金。销售提成又包括直接销售提成和对下线销售额的提成，推销一套"紫苏油"，会员按照售价的15％提取报酬，推广员按20％提取，代理员按42％提取，代理商按52％提取；处于上线位置的推广员、培训员、代理员、代理商分别从下线成员的推销额中再按5％、10％、12％提成，发展一名下线，会员、推广员、培训员还可按4％、3％、2％得到奖励金。

案例分析：这个案例，是一起"拉人头"、"骗取入门费"和"团队计酬"三种形式交织在一起的典型传销案件。第一，组织者将传销的人员分为会员、推广员、培训员、代理员、代理商五个等级，等级晋升以发展下线会员的数量来确定，且每发展一名下线还能得到资金奖励，因此，参加人员为了不断提升自己的级别和获得更多的资金奖励，会不断将他人拉入，作为自己的下线，明显属于"拉人头"；第二，参加者要购买一套保健品，取得"会员"资格加入传销组织，才可以继续发展下线并从中获得提成，属于"骗取入门费"；第三，上线位置的人员获得的奖励除本身推销商品所得的提成外，还可以获得发展下线的人数及下线经营额一定比例的提取，下线人员越多、经营额越高，他们获得提成越多，属于"团队计酬"。传销的三种形式，

被此案件的组织者使用得淋漓尽致。

在近几年公安、工商机关查处的传销案件不少是两种以上形式同时存在的"复合式传销",有的还与无证照经营、非法集资、偷税漏税、制售假劣商品等其他违法行为交织共生。目前,"拉人头式"的传销占到整个传销活动的 90% 以上。

(二)直销的概念和特点

2001 年 12 月 11 日,中国正式成为 WTO 成员,在加入世贸议定书中,我国政府承诺"入世"三年内取消"无固定地点批发和零售服务"的限制。2005 年 8 月 23 日,温家宝总理签署国务院第 443 号令颁布《直销管理条例》。《直销管理条例》对直销行为的明确界定,保证了"无固定地点销售"的有序开放。"无固定地点销售"的经营概念,是一种包含多种经营形式的经营活动。从国际上看,大致包括以下几种形式:邮购、目录购货、电话行销、电子购物、自动售货、会员服务、访问销售等购物的方式。其核心是离开固定的营销场所(away from fixed location),不是一般所理解的没有固定场所的销售(without fixed location)。在这种经营活动中,商业场所主要承载的功能可能不是销售,而是物流、配送、服务、退货等,但其仍然以有形的方式存在。《直销管理条例》规定:直销,是指直销企业招募直销员,由直销员在固定营业场所之外直接向最终消费者推销产品的经销方式。其所界定销行为,只是"无固定地点销售"的一种,即"访问销售"行为。以"访问销售"作为开放"无固定地点销售"的有益尝试和探索,既是履行"入世"承诺的需要,又是保证开放市场健康发展的重要举措。

《直销管理条例》第三条规定:直销,是指直销企业招募直销员,由直销员在固定营业场所之外直接向最终消费者推销产品的经销方式。直销企业,是指依照本条例规定经批准采取直销方式销售产品的企业。直销员,是指在固定营业场所之外将产品直接推销给消费者的人员。

由此定义可以看出,直销作为一种经销方式,具有四个特点:

第一、实施直销方式的主体,只能是直销企业及其招募的直销员;

第二、实施直销方式的地点,是在固定的营业场所之外;

第三、实施直销方式的对象,只能是终端消费者;

第四、实施直销方式的产品,是有形的物化的产品,不包括虚拟的产品和服务。

如果不具备上述特点,就不是直销,很可能是传销。

三、对传销与直销的比较分析

直销和传销有其共同或者类似的特点。传销和直销都是市场经济的产物,都是追求利益最大化的结果,其采用的方式和手段都比较先进。一是都是通过扩大网络,增加网络组织人员数量,来获取更大利益。传销以直接或间接发展人员的方式发展下线；直销按规定招募直销员并有严格的限制条件。二是都是在固定经营场所之外，直接面向消费者推销。传销和直销都用了逆向营销学理论。就是说，一般产品从厂家出来，应该是走代理商、批发商、销售商然后被购入消费者手里；而传销和直销不会有代理商、批发商、销售商等中间环节，而是直接进入消费者。但是，不能因为有这些共同的特点，就把传销当作直销，就认为传销合法。

直销和传销有着本质的区别，主要表现在以下几个方面：

(一)主体不同

直销企业是依照《直销管理条例》的规定批准成立，有着严格的成立条件和内部管理制度，如：投资者具有良好的商业信誉，在提出申请前连续 5 年没有重大违法经营记录；实缴注册资本不低于人民币 8 000 万元；要设立保证金专门账户凭证，保证金金额要保持在直销企业上月直销产品销售收入的 15％水平，账户余额最低为 2 000 万元人民币，最高不超过 1 亿元人民币；直销企业应建立完备的信息报备和披露制度，披露直销员总数、直销员计酬和奖励制度、直销产品目录和零售价格、产品质量和标准说明书等重要信息，接受相关部门的检查和社会监督。

而传销是非法的，其主体可以是企业，也可以是个人，无资金限制，隐蔽和欺骗性强，更不会向社会公开相关信息，逃避相关部门检查。

(二)目的不同

直销的目的是推销商品，通过减少中间环节，降低附加成本，增加竞争力。直销是一种合法的经营活动。其通过减少固定营业场所的投入，节约销售成本；通过人员为媒介口碑相传减少广告投入，通过人际间的信用关系增强产品可信度；通过个性化的销售，提高产品售前、售中、售后的价值和服务；由于流通环节减少，便于产销衔接，以销定产，避免产品积压。

而传销的目的是骗取钱财，推销商品只是一个幌子，可以有商品也可以无商品，购买商品已成为获取加入传销资格的一种形式。传销通过"拉人头"、收取"入门费"等手段，不能给社会增加价值；团队计酬只能加大产品的成本，不符合直销减少环节、节约成本的基本理念，从而出现了组织者大肆骗取钱财，骨干分子层层瓜分渔利，参加者大多血本无归的现象。虽然手法不同，但与诈骗、非法集资等犯罪活动如出一辙，其危害程度有过之而无不及。传销商品(包括入会费等)是一律不准退货(费)的。

(三)组织形式不同

直销和传销虽然都是以增加成员数量来扩大组织，但也有质的区别。直销是建立在推销合同基础上的企业与直销员关系，直销企业通过签订推销合同招募直销员，并对直销员进行业务培训和考试，培训中不得收取任何费用，合格者发给直销员证，并且直销员自签订推销合同之日起 60 日内可以随时解除推销合同。

而传销是建立在利益锁链基础上的等级关系。传销人员之间存在着严格的等级

区分，不同的等级享有不同的待遇，组织者与被发展人员之间利益共存、休戚相关。传销也有培训，但培训的目的并不是为了考试发证，而是为了取得更大的欺骗。通过培训洗脑，把非法传销理解成合理化，从而欺骗更多的被发展对象加入到传销行列中，主动成为传销的宣传对象。被发展对象一旦加入传销组织，由于利益锁链关系，他将被组织者或组织者的组织者监视，就会失去自由，使人深陷泥潭、欲罢不能。

（四）计酬方式不同

直销采取的计酬方式是个人计酬，直销企业支付给直销员的报酬只能按照直销员本人直接向消费者销售产品的收入计算，报酬总额（包括佣金、奖金、各种形式的奖励以及其他经济利益等）不得超过直销员本人直接向消费者销售产品收入的30％。在直销企业中无论参与者加入先后，在收益上表现为"多劳多得"，直销员报酬由直销企业支付。

而传销采取的计酬方式是团队计酬，主要有两种方式：一种是传销人员以其直接或者间接滚动发展的人员数量为依据计算和给付报酬（包括物质奖励和其他经济利益），另一种是以直接或间接滚动发展对象的销售业绩为依据计算和给付报酬。传销的销售人员结构往往呈现为"金字塔"式，其收益数额由加入的先后顺序决定，在收益上多表现为"坐吃分羹"、"不劳而获"，传销人员的报酬直接或间接来自发展人员。

（五）结果不同

直销是一种合法的经营活动，它拉近了经营者与消费者的距离，经营者和消费者同时得益，具有公开性、便利性和保障性。直销有利于节省流通费用，有利于节省广告宣传等开支，有利于解决产需之间的矛盾，有利于开发新产品，有利于提高产品质量、解决劳动就业，是一种应该提倡的营销方式。

而传销是一种非法行为，它扰乱经济秩序，影响社会稳定，是国家明令禁止的营销方式，具有隐蔽性、欺骗性和危害性的特点。传销的结果往往导致被发展对象家破人亡、妻离子散、朋疏戚远，它让多数人的钱集中在少数人手中，从而拉开了贫富悬殊的差距，造成两极分化。所以，不能将直销与传销混为一谈，直销是合法的，传销是非法的。

可以这样把握直销与传销的区别：直销不收"入门费"；不发展"下线"；不采取"团队计酬"方式；产品能够实现市场流通；购货权益有保障；设有服务网点。反之，就有可能是传销。

四、当前传销活动的新动向及趋势

当前，传销活动方式花样繁多，作案手法不断翻新，作案方式的科技化、智能化程度不断提高，传销违法犯罪依然猖獗，传销大要案件频发，蔓延发展势头不减，其隐蔽性、欺诈性更强。就云南省情况分析，今年以来，红河、曲靖两地的涉传案件有所上升，昆明、版纳、楚雄、玉溪、普洱、保山和大理等州、市仍然不同程度地存在传销，特别是群众对昆明市区的传销举报投诉较多，全省劝返、遣送参与传销人员任务重，传销犯罪形势依然严峻，发现难，取证难，查处、打击和取缔难度大。

当前传销活动呈现出的新特点主要表现在以下五个方面：

(1)传销案件呈高发态势，大要案件频发。2009年全国工商、公安机关查处传销案件各两千余起。大要案件频发，查获的某些传销大案涉案金额都在10亿元以上。

(2)参与传销人员构成复杂化。不仅下岗失业人员、农民工、退伍军人，还包括大学生、少数民族群众，都有人受骗参加传销。去年以来，已出现了多起新疆、西藏、青海等地少数民族群众被诱骗到广西、安徽、陕西等地参与传销的情况，给处置、维稳工作带来很大难度。

(3)传销地域更加广阔。除原有传销发生集中的地区之外，全国各地都出现不同程度的传销违法犯罪活动，特别是一些地区的城乡接合部和广大农村更为突出。

(4)传销手段花样翻新快，手法更加复杂、隐蔽，欺骗性更强。以"高科技"、"纯资本运作"等名义从事传销的现象愈发突出，有些传销组织甚至开始用金融衍生品名义进行传销，欺骗迷惑性更强；利用互联网及网上支付平台快速发展传销人员，迅速聚敛和转移涉案资金的现象进一步加剧。

(5)传销引发的社会问题时有发生。一些传销组织在"洗脑"课程中，宣称不能相信政府，不能相信媒体宣传，甚至进行反面宣传；传销人员暴力抗法时有发生，一些地区发生多起传销人员伤害公安、工商执法人员的恶性事件；群体性上访等事件时有发生，不稳定因素随时存在，以往查处的传销大要案件的群访仍然没有停止。

五、传销组织诱骗他人加入传销的步骤

根据工商、公安机关打击传销执法办案掌握的情况，当前传销组织特别是"拉人头"式传销组织诱骗他人加入传销的方法步骤主要有以下五个方面：

第一步，编造诱人借口。传销组织常用的借口有：介绍工作、加盟连锁、合伙做生意、招聘兼职、消费联盟、新型市场营销、合法直销、快速致富、网络倍增，等等。其中，被同学、亲友以"介绍工作且能挣大钱"为借口骗去传销的，占60%以上。

第二步，寻找"邀约"对象。传销组织将诱骗他人到异地参加传销称为"邀约"。"邀约"对传销组织的发展起着至关重要的作用，只有邀约到新人，才能不断壮大其组织网络，骗到更多的钱财。为此，他们通常采取"杀熟"手段，通过电话、信函等

形式，诱骗父母、儿女、兄弟姐妹等亲戚和同学、同事、同乡等熟人，以及各种场合、各个时期结交的朋友上钩。

第三步，"热情"接待新人。传销组织要求对新来人员做到"三热"：热烈欢迎，热情款待，热心帮助，称"三热"为"沟通"。主要表现为：按照提供的车次航班准时接站，带到住所时会遇到排队鼓掌欢迎的高级礼遇，并一齐帮你提包、安顿住下。不过，居住条件较差，大都是城中村或城郊接合部的民房或烂尾楼，而且是睡地铺，一般3～5个人一间，开伙房间也只有一个煤气灶、一袋米面、一堆白菜或土豆什么的。你如果产生怀疑或是觉得寒碜，就会有人告诉你："创业阶段要艰苦，只有吃人间苦、受人间罪，才能改变自己的一生，将来开宝马、住别墅"。他们还会以"这里的治安不好、小偷很多"为由，代你保管身份证和现金。传销组织一般是将10个人编为一个"家庭"，有一个"家长"（上线）负责组织管理，热情服务，使你找到久违的亲情温暖，感受到一种找到组织和家的感觉。

第四步，实施精神"洗脑"。新人安顿好后，传销组织立即通过聚会、一对一交流引诱、家庭式授课、演讲等方式对新人进行分散或集中培训，又称为"洗脑"。"上课"时间一般在清晨、晚上和节假日，目的是逃避执法机关的检查和打击。"上课"的地方，通常没有推销的商品，也没有像样的桌椅，只有一些小凳子和马扎，不够就站着，屋外有人放哨。"集中上课"时，主持人先指挥大家高唱励志歌曲，使气氛活跃起来，接着带领大家鼓掌、喊口号。口号也是激励人心的，像"我要汽车，我要洋房！""放下面子赚票子！""今天睡地板，明天做老板，成功就在眼前！"等。在极度兴奋的情景下，主持人开始请"老师"讲课。大多是让所谓的"成功人士"现身说法，介绍如何赚钱。这些"成功人士"不过是经传销组织包装用来营造发财梦的骗子，通常具有极好的演讲天赋。他告诉新来的人员，只要交钱加入组织、成为会员，就有资格发展下线、逐步升级，发展下线越多，拿到的奖金和提成就越多，几个月后就会成为像他一样的"成功人士"，每个月都有几万甚至十几万的收入。这对渴望成功、快速致富的年轻人来说，当然极具煽动性和诱惑力。特别是他们将传销行为用"专卖"、"代理"、"科学营销"等现代词汇加以包装，把骗钱上升为"事业"去追求，极易使参与者失去理智和基本的判断。像这样的"洗脑"，天天搞，反复灌输，加之与社会隔绝，就会逐渐使人深信不疑，直至达到痴迷、疯狂、着魔的状态。所以，即使是有知识、高智商的大学生、研究生，也会被"忽悠"得丧失理智和判断能力。接下去，是传授发展下线的技巧。包括如何确定"邀约"对象，如何把他们约到目的地，以及如何消除自己骗人后的内疚感等。如："有人说'邀约'是欺骗，不能这样理解。骗有两种，一种是恶意的，一种是善意的，你把亲戚朋友骗来给他一个发财的机会，这是一种善意的的欺骗，等他们挣到大钱后会感谢你的。"

第五步，实施"邀约"骗人。在传销组织的监督、鼓吹和教唆下，新加入的人员终于冲破道德防线，踏上骗人的道路。他们从列出的"邀约"对象中筛选目标，然后按照培训学到的技巧要领，逐一打电话或写信，邀请他们过来"发财"。至此，被骗者就变成了骗人者，受害者就变成了害人者。

六、传销组织发展新人(下线)的方法

工商执法人员在打击传销工作中，收缴了大量传销人员的听课笔记，从中可以清晰地看出传销活动的"经济邪教"本质和传销组织采用的骗人伎俩。

1. 邀约准备

一是要求提供潜在发展对象详细的个人信息，主要内容包括：姓名、地址、性别、年龄、关系、性格、文化程度、优点、缺点、爱好、责任心、挣钱欲望、工作简历、收入、家庭情况、是否做过传销。二是对这些个人信息进行分类，越多越好，即分出父系类亲戚；母系类亲戚；邻居类；儿时的伙伴；同学、朋友、亲人和战友；爱人的亲戚和邻居；娱乐场所的朋友；社会上认识的人；同事(以前、现在)打工时居住的房东以及邻居。三是列出哪些适合邀约，哪些不适合邀约。比如适合邀约的对象是：想挣大钱的人；大起大落的人；对产品感兴趣的人；壮志未酬的人；乐于助人或有责任心的人；对新兴事物感兴趣的人；想要改变自己的人。不适合邀约的对象是：未满18岁的人；热恋中的人或结婚三个月内的人；没有责任心的人或做人不成功的人；刚升职或刚投资的人；上当受过骗的人；赌一把的人或三心二意的人。

2. 邀约三部曲

当前，传销组织引骗人员参与、从事传销的邀约方式主要有书信邀约、面对面邀约和电话邀约三种。

书信邀约：首先关心他和他的家人，嘘寒问暖，并简单介绍自己，留下联系方式。

面对面邀约：语言要文明，举止要大方，衣着要整洁，谈吐大度像一个老板的样子。

电话邀约：这是传销组织最喜欢使用的一种邀约方式。他们主要采用拨打感情电话、吸引电话、消极电话等方式进行联系。

感情电话——不管你出来的时间长与短，也不管是对你的什么人，都不要忽视感情电话，把他和你的感情拉近，谈你们以前相处的快乐，关心他和他家人的身体及一切情况，让他感觉远在他乡的亲人想着他，充分让他相信你，同时了解他目前的状况，80%说他，20%说自己，并抓住他的弱点，知己知彼，百战百胜。

吸引电话——打电话之前先想好完整的"技巧"框架(设定一个赚钱的生意)，告诉对方这边如何如何好，生意如何如何好做，吸引对方。

消极电话——消极他的工作，不能消极他的人格，把他的工作或生意，分析给他听，说得他工作或生意确实不能做了，让他心服口服，让他感觉自己的现状很委

屈,有大材小用、怀才不遇的感觉,同时多提高他的人格,把你这边说得多么多么好,多么有利于他的发展。吸引他主动来时,不能马上答应他,做到欲擒故纵。在以上三点感情电话、吸引电话、消极电话做到以后,可以马上让他过来,不能让他在家多待一天,给他一个明确时间,让他有个时间观念和紧迫感。

3. 邀约注意事项

所设技巧(生意)要宽阔,适合很多人,为他以后发展考虑;所设技巧适合本人,要让他的家人和朋友也相信他有这个能力;对自己所设技巧了如指掌,掌握各个细节,做到对答如流;打电话时语气坚决、肯定、高兴;对自己所设技巧要永远保持正确,不能更换;打电话时注意自己与自己配合或旁线、友线配合;打电话时不能同时多方联系(相互有联系的人要单线联系);打电话时要注意场所、地点、时间和环境;一次打电话不来时,不要天天打电话给他,以免烦他或引起怀疑;打电话时要尊重他,对他说话文明,谈吐文雅;邀约各种性格的人要注意技巧:对内向的人要试探邀约,可以露一点口风。对中性的人要谨慎,听对方的语气,分析对方现在的心理,制造些神秘感。对外向的人要压一压,吊吊他的胃口。

4. 迎接新人

准备阶段:首先让寝室的所有人都了解新人的情况,提前准备好寝室的配合工作;提前选择好接站的人,最好找一个他不认识的人和你一起去接新人;准备好见面时的语气、态度,关心对方,心中有数。

接站:要对新人热情、嘘寒问暖,让对方舒心。避免对方过多的提问,必要时打断对方的提问。有必要的前提下,可以在新人高兴时请求新人定下停留时间:3～5天;还要在新人未到寝室之前,提醒对方跟家里打平安电话,一定要用对方自己的电话打,对方在打平安电话的时候,可以接过对方电话跟他家里所几句,替对方和自己找个未来几天不接电话的理由;如果对方身上有现金(一般为千元以上),叫对方拿到银行里存起来,输密码的时候不要在他身边看他。

寝室引导:在进入寝室之前,先引导新人睡地铺,说现在是创业时期住得不好,请谅解,住寝室的人数可多说1～2人;新人到寝室后的1～2天,寝室亲和力最重要。例如倒洗脚水,洗衣服,嘘寒问暖,倒茶水,帮打饭夹菜,热情关心,和对方拉家常,占用对方的大脑,不要正面回答对方问题,和他谈人生、谈理想、谈未来等,制造些神秘感,显示挣钱的信心,让对方产生挣钱的欲望,不要让对方过多提问题,和对方讲笑话、打扑克牌、下棋等,玩疲劳战术。

5. 课堂引导

第一天带新人上课堂:如关系到位的,可以在上课堂前适当解释一点,一般的关系最好不解释。到了课堂门口之前可以适当引导,如上去开个会,有很多老板和你握手,但你想握就握,不握手也可以,在进入课堂时一定要让新人走前面,你走后面。上课堂之前,先让新人上个厕所,不能让新人喝过多的水、吃过多的早餐,引导新人说话要自然、真诚。不要太早进入课堂，按时间的顺序进行。第一天的新人：提前 1～5 分钟进入课堂，坐第二排；第二天的新人：提前 5～10 分钟进入课堂，坐第一排；第三天的新人：提前 5～10 分钟进入课堂，心态不好的坐第一排位置，心态好需带问题到课堂的，坐第三排位置；第四天以后的新人：提前 10～20 分钟进入课堂，坐第三排或第三排以后的位置。新人与新人之间要隔开坐，坐下后如还没有开课，先小声聊一会儿话，开课后，自己的凳子往后移 10 公分，用余光看新人的表情，新人看你时，你不要理新人，你只看黑板，提高兴奋度，专心配合老师讲课，如举手、鼓掌等，制造神秘感。带新人切忌面无表情以及在课堂打瞌睡，如新人中途退出课堂，自己要跟进，拉近感情。要 24 小时跟进新人的状态，每天带出问题，及时反映问题，灵活控制好新人的电话，不能让新人乱打电话和私自离开你的身边，避免破坏气氛，避免新人暴露情况，每天串网沟通时要给别人介绍新人是第几天以及和本人的联系。

带人四要素：提高自己的兴奋度，给新人制造神秘感；带出问题，及时反映问题，带回寝室和带出去"串门"；必须做到三天之内不能正面回答新人提的行业问题以及和新人解说行业上的知识问题，引导新人看黑板，做到三天行业哑巴；必须做到 24 小时跟进新人。

6. 沟通方式

第一天：在课堂里沟通第一天的新人，必须以技巧为主。新人如果感觉是被骗来的，你就说你也是被骗来的，骗你来是给你一个发财的机会，你可以先考察考察。向他讲解自己第一天来考察时的感觉和自己的心理感受，表示自己完全理解他，了解他现在的心情（心态），说话时用眼睛看着新人，随时注意新人的面部表情，请求新人留下来考察 3～5 天时间，沟通时间不要过长。

第二天：与新人沟通主要是发现他对这个行业是否感兴趣。感觉新人的心情不好就用用技巧，总之与他沟通的时候一定要表现出很理解他，说他比你强多了，你来时的第二天不如他的心态好，说话过程中试探情况，问他几个问题，他不懂的就引导他看黑板，让新人看黑板找问题。

第三天：与新人沟通主要是解决问题。可以开门见山地问他问题，如未能解答问题，就按黑板上所讲的给他解释，根据他的问题来给他讲解，如还未能理解的再引导新人进行考察。

第四天以后：激励他上线。如问的问题未能回答完整，再引导他为亲朋好友考虑，看自己能挣到钱的同时，亲朋好友也能挣钱。所问的问题都能回答的话，就重点和新人讲解"市场倍增学"，引导他可以考虑加入了。

七、传销的危害性

从多年来打击传销的实践看，传销已经从一种经营方式的违法活动逐渐发展成

为有组织、有预谋、以专"拉人头"为主要形式的诈骗活动，是危害社会的一颗"毒瘤"，成为和谐社会建设的巨大隐患。

（1）传销破坏了社会主义市场经济秩序，尤其是破坏了金融秩序。

与传销相伴而生的还有很多违法行为，如偷税漏税、制售假冒伪劣商品、非法集资、集资诈骗、侵害消费者权益等，传销利用"几何倍增"的原理发展网络，涉及人员多、地域广、金额大。江西的"红花国人"传销案，涉及除西藏以外的30个省市区。山东聊城公安机关破获的"全国第一传销大案"——"3·01"传销大案，形成了广州天冀、天津天狮、贵州洪跃等多个独立传销组织，委托博士生刘某研制了名为"小财神"的传销网络系统操作程序，以传销广州天冀公司的"蝶贝蕾"化妆品为名，以高额回报为诱饵，诱骗全国15个省市、50多万人参与，涉案金额20亿元人民币（抓获A级、B级头目60多人）。北京市查处的"亿霖木业"传销案，在不到两年时间里就非法敛财16.8亿元。传销以拉人头、交纳入门费、团队计酬等非法手段敛取不义之财，不会增加社会财富，只会使少数人暴富，使弱势群体雪上加霜，加速贫富分化。山东省淄博市公安机关破获的"4·08"传销大案，涉及人员达16万人，传销头目杨某，原是理发店的小老板，通过传销将80元一份的化妆品卖到2 900元，一年时间就非法敛财3 100万元，等等。

（2）传销破坏社会的道德基础和诚信体系，动摇社会和谐稳定的基石。

血缘、地缘和业缘关系是社会关系的重要基础，由此产生的亲情、乡情和友情是社会和谐稳定的润滑剂。而传销组织正是利用这非常珍贵的亲情、乡情、友情，教唆引诱参与者以"善良的谎言"将亲朋好友骗来。骗局败露以后，这些传销的参与者无脸见人、无钱还债、无家可归、无业可就，失去正常人的人生观、价值观、伦理观，矫正起来非常困难。同时，传销还直接导致人与人、人与社会之间信任度的丧失，许多好端端的家庭被传销拆散，夫妻相背，父子反目，邻里不和，朋友成仇，有的甚至妻离子散、家破人亡。从经济学角度讲，亲友、邻里之间的信任关系，是一种可靠的"信用资源"，而传销正是利用这一资源进行欺诈，如果任其发展，不仅会动摇市场经济赖以发展的基础，而且会引发整个社会的诚信危机。

（3）传销组织者对参与者实行严密的精神、人身、财务控制，具有理念的邪教性和组织的严密性。

他们编造快速致富的谎言，利用团队激励机制对参与者反复进行"洗脑"，控制人的精神；利用家庭式管理和收存身份证、钱款等方式，控制人身自由和财产。他们以秘密单线联系的方式发展组织，组织者幕后操纵，异地遥控指挥，居住地与培训场所分离，骗到钱后立即通过银行划走，并统一传授对抗执法机关检查的方法和口径。传销组织者在传销组织内部一呼百应，有的传销参与者受传销组织者的蛊惑，公然暴力抗法。2006年，在河北邢台发生了严重的暴力抗法事件，公安、工商人员有47人被打伤，其中14人重伤。2007年，吉林四平市130多名传销分子参与暴力抗法，工商局副局长脾脏被打得破裂，公安局经济犯罪侦查支队队长鼻骨被打得骨折。2006年，山东省潍坊、枣庄等地，也先后出现多起传销分子暴力抗法事件，打伤多名工商、公安执法人员，掀翻、砸坏警车。

（4）传销引发了大量扰乱社会治安案件以及刑事犯罪案件。

传销活动大都异地进行，占到95%以上。传销组织为加强对参与人员的人身控制，一般24小时派人轮流盯梢、监视，对稍有不从或反抗者，即施加暴力，迫其就范；对于举报者，更是变本加厉进行报复。传销集中发生的地区，不仅会引起流动人口的猛增和房价菜价的上涨，影响当地居民的正常生活秩序，而且会引起社会治安状况的恶化。有的上下线之间矛盾冲突不断，有的形成帮会组织，相互争夺地盘、大打出手，有的甚至偷盗、抢劫、杀人，走上犯罪道路。2003年，湖北籍一名传销参与者的亲属到潍坊寻找亲人，被传销组织者以各种借口拒之门外。一气之下，这名亲属混入传销窝点，将事先准备好的"毒鼠强"投入传销团伙的食物中，造成多人中毒，幸抢救及时，未酿成恶性事件。2004年，山东德州市曾发生"东北网"和"浙江网"为争夺下线发生集体殴斗的事件。2006年6月5日，《齐鲁晚报》报道，6名因传销受骗的男青年为寻求报复，纠集在一起抢劫其他传销人员。短短一个月就抢劫手机、小灵通近40部，并砍伤、捅伤3人。2007年，广东肇庆发生一起骇人听闻的灭门劫杀案，一家6口被杀。据警方介绍，犯罪嫌疑人邓某2006年因参加传销经济窘困，为谋取钱财而向熟人下手，将曾经资助过自己的恩人黄某及其家人全部杀死，劫走存折、现金、手机等逃离现场，在银行提取被害人存款3.6万人民币。还有一些不法分子利用传销进行邪教、帮会、流氓等活动，严重扰乱了社会治安秩序，影响了社会和谐稳定。

（5）由于参加传销的多是农民、失业下岗工人、待业学生，他们希望通过传销摆脱命运，一旦败露，血本无归，就会成为"传销难民"，极易引发群体性事件。

2007年，近2 000名新疆阿克苏的群众被骗在广西参与传销，3 800元一份产品，要求每人买21份。交钱后，上线卷钱走了。他们派了200多名代表进京请愿，要求政府帮他们讨还血汗钱。山东省也发生过省外传销分子120多人到省政府门前聚集，堵塞大门的群访事件，他们上访的目的也是讨要钱财。正像一个参加传销的底层人员在回答记者提问时所总结的那样："什么都没有（得到），只得到了一个教训！"

（6）传销具有很强的传播性，极易复制。

传销的组织者、策划者在获得暴利后，或者是遭到打击时，带领下线重起炉灶，另立山头，重新骗人。例如，山东省聊城警方破获的"3·01"大案，有4名在逃A、B级头目跑到广州改头换面，以销售"露娜卡诗"化妆品为名，继续从事传销活动，又发展1 600多人，非法经营额达480多万元，被警方抓获。可见，每一个参与人员，都是传销违法活动的潜在"火种"，如同裂变的癌细胞，扩散迅速，快速复制，而且不断变异。这种不断做大的结果，往往是人多势众，以财谋政。像这种

金字塔欺诈性的拉人头传销活动，在美国、日本、英国都是刑事打击的对象。日本 1979 年立了一个《无限连锁链防治法》，其立法背景就是 1965 年在日本熊本市出现了一个叫"天下一家会"的组织，号称投资 2 080 日元，吸收 4 个子会员，即可获得 102.4 万日元的回报。到 1970 年，会员达到 43 万人，并有多家分会，全盛时期会员达到 180 万人，吸收资金 300 亿日元。这种组织结构的违法性引起了日本政府的重视，于是立法予以打击。

综上所述，传销是一种"社会毒瘤"、"经济邪教"。为了社会稳定、家庭幸福、人际和谐，必须坚决铲除掉。

八、参与、从事传销应承担的法律责任

(一)《禁传条例》第四章，对传销的责任人规定了相应的法律责任。大致分为四类：

(1)组织策划传销的，由工商行政管理部门没收非法财物，没收违法所得，处 50 万元以上 200 万元以下的罚款；构成犯罪的，依法追究刑事责任。

(2)介绍、诱骗、胁迫他人参加传销的，由工商行政管理部门责令停止违法行为，没收非法财物，没收违法所得，处 10 万元以上 50 万元以下的罚款；构成犯罪的，依法追究刑事责任。

(3)被人诱骗参加传销的，由工商行政管理部门责令停止违法行为，可以处 2 000 元以下的罚款。

在对上述传销行为进行处罚时，可以依法责令停业整顿或吊销营业执照。

(4)为传销行为提供经营场所、培训场所、货源、保管、仓储等便利条件的，由工商行政管理部门责令停止违法行为，没收违法所得，处 5 万元以上 50 万元以下的罚款。为传销行为提供互联网信息服务的，由工商行政管理部门责令停止违法行为，并通知有关部门依照《互联网信息服务管理办法》予以处罚。

(二)2009 年 2 月 28 日，十一届全国人大常委会第七次会议通过《刑法修正案》(七)增设了"组织、领导传销活动罪"，规定："组织、领导以推销商品、提供服务等经营活动为名，要求参加者以缴纳费用或者购买商品、服务等方式获得加入资格，并按照一定顺序组成层级，直接或者间接以发展人员的数量作为计酬或者返利依据，引诱、胁迫参加者继续发展他人参加，骗取财物，扰乱经济社会秩序的传销活动的，处五年以下有期徒刑或者拘役，并处罚金；情节严重的，处五年以上有期徒刑，并处罚金。"

(三)最高人民检察院、公安部出台了《关于公安机关管辖的刑事案件立案追诉标准的规定(二)》，规定："组织、领导以推销商品、提供服务等经营活动为名，要求参加者以缴纳费用或者购买商品、服务等方式获得加入资格，并按照一定顺序组成层级，直接或者间接以发展人员的数量作为计酬或者返利依据，引诱、胁迫参加者

继续发展他人参加，骗取财物，扰乱经济社会秩序的传销活动，涉嫌组织、领导的传销活动人员在 30 人以上且层级在三级以上的，对组织者、领导者，应予立案追诉。"

九、大学生应怎样防范传销

（一）为什么会有大学生屡屡身陷传销呢

（1）"发财就是成功"的观念扭曲了大学生的价值观和就业观；

（2）对社会的不适应症导致大学生痴迷传销；

（3）大学生法制观念的缺失。许多大学生因求职心切而轻易相信传销组织鼓吹的所谓家庭温暖、团队创业、先苦后甜等花言巧语，经受不住"几何倍增"式高额回报的虚假诱惑，在传销组织的培训、讲座、演讲等形式的"洗脑"活动中陷入泥沼不能自拔，受到拘禁、虐待，被逼迫向家人、朋友、同学骗钱。

（二）大学生在面对传销活动时应保持的心态

打击、防范传销，严防传销进校园，是各级各类学校全体师生的共同责任，抓好防止传销进校园宣传教育工作是从源头上管好把住传销向学校渗透的保障，高度警惕、防范、拒绝广大师生被骗参与传销是促进高校和谐稳定发展的前提。因此，在打击、防范传销工作中，大学生应树立的正确态度是：坚决抵制、积极举报，并做好家人和亲友的宣传防范工作。具体要求应做到以下几点：

1. 常怀敬畏之心，坚守道德底线。诚信是立身之本。从政不害人、从商不坑人，应当是我们为人处世的基本原则。再苦再穷，也不能去做伤天害理的事情，不能去搞传销骗人。要树立正确的价值观、就业观、致富观，戒除急功近利、投机暴富的心态，立足个人实际，诚信做人，诚实劳动，合法经营，勤劳致富。一旦被骗误入传销陷阱，要设法摆脱，千万不能为了挽回自己的损失，置良知、道德于不顾，成为传销组织的帮凶，否则，必将受到法律的严惩。

2. 加强法律学习，提高抵制能力。要加强法律知识的学习，特别是加强对国家禁止传销、规范直销的相关法规规章的学习，认清传销的严重危害和经济邪教本质，提高防范、抵制传销的能力。当有人特别是亲朋好友向你邀约加入所谓加盟连锁、网络倍增、新型营销等高额回报活动时，一定要提高警惕，不轻信天上掉馅饼的好事，不要妄想天下有免费的午餐，妄图通过走什么捷径来实现自己的金钱梦，切忌急功近利。面对传销人员巧言令色的宣传时，要通过自己的理性判断，运用法律知识来维权。拿不准时，主动向工商、公安等机关咨询。千万不要碍于情面，抱着试试看的心理盲目加入。否则，一旦陷入泥潭，后果难以设想。大学生还要克服浮躁心态。当今社会贫富分化，这在大学生中也有直接的反映，在校大学生中既有开宝马奔驰上学的，也有为下一顿伙食发愁的，而陷入传销的在校大学生往往家庭经济都很一般甚至很差，他们急于摆脱现状，导致心态比较浮躁。贫富差别的社会现实，同学们必须正确面对，自觉接受就业指导，合理冷静择业，坚决远离传销。

3. 误入传销陷阱，想方设法自救。一旦陷入圈套，要保持理智，自己保管身份证和钱财，并与传销分子斗智斗勇。要记住传销组织的活动规律和传销窝点的具体位置，想方设法与家人取得联系，或利用外出上课、上街购物、吃饭等机会逃离魔窟，向社区的门卫、保安、村干部和周围群众求救，或拨打"110"或"12315"，向公安、工商机关举报、求救，千万不要做出跳楼、自残等傻事。

4. 履行公民义务，积极举报传销。同学之间，要珍惜情谊，相互提醒，相互关心。要教育帮助自己的家人和同学、朋友识别和抵制传销。家里有房屋出租的，要提醒家人不能租给传销人员。发现涉嫌传销的行为、线索，要及时向公安、工商机关举报，积极参与打击经济邪教的正义斗争。

党的十七大报告指出，社会和谐是社会主义的本质属性，要努力构建社会主义和谐社会。我们开展的防止传销进校园活动，就是贯彻落实党的十七大精神、切实维护社会主义市场经济秩序和建设稳定和谐社会的一项重要工作。打击传销离不开学校、老师和同学们的共同积极参与，标本兼治更需要学校、老师和同学们的协助配合，同学们，拒绝传销，从我做起！让我们携起手来，坚决打击传销，为维护社会主义市场经济秩序，为经济建设又好又快发展，为促进社会稳定和谐而共同努力。

十、诱骗学生参与、从事传销的案件

打击传销的情况来看，大学生被传销组织诱骗参与、从事传销上当受骗的情况时有发生，工级工商、公安机关进行了严肃查处和严厉打击，这里向大家通报一些典型案例。

案例一：成都某大学学生被骗参与传销案。王某，女性，成都某大学学生。20××年7月放暑假时，被同学以游玩的名义骗至安徽，误入传销陷阱，经"暴富"理论"洗脑"，认为上学无用，这里的生活比学校生活有意思多了，不打算继续完成学业。以自己生病住院为由骗取家中给钱加入传销组织，并按要求联络其他同学加入。安徽工商机关接到该生家长举报后，认真组织，细心排查，于7月28日找到王某并对她进行了教育。王某由于受传销组织"洗脑"较深，开始不听劝解，抵触情绪很大，采取不配合态度，通过工商人员耐心细致的说服教育，才逐渐醒悟，方知上当受骗，在家人陪同下返乡。

案例二：山东某医专女大学生慈某被骗参与传销案。20××年1月刚放寒假，正要返家的山东某医专女大学生慈某接到了同学李某从河北保定发来的短信，邀请她到保定玩，并承诺几天后两人一起回老家山东。由于两人以前是同宿舍的高中同学，而且多年未见，小慈便痛快地答应下来，在未征得家人同意的前提下，只身一人带着行李来到保定。没有想到在出站口，李某来电话说自己有事来不了，自称是李某同事的一男一女把小慈带到了一处出租屋内。之后，慈某行李、钱、身份证和手机都被人拿走，又被强行带到另一个房间听课，屋内黑压压地聚集着六七十人，有一个人正在授课，介绍日本的一种化妆品。小慈被带到了人群的最前排，身边全是监视她的人，等她想回头观察周围的环境时，却被周围的人狠狠地训斥了一番。最令人气愤的是，他们还强迫小慈回答问题、呼喊口号，当小慈表现出不愿配合的态度时，恶狠狠的拳头便砸下来，令小慈痛苦不堪。随后，小慈失去了人身自由，连上厕所都有三四个人跟着，无法脱身。具备一定法律常识的她意识到自己陷入传销陷阱了。河北工商、公安机关根据举报线索，密切配合，对传销窝点进行突击检查，成功地将小慈解救了出来，帮助其找回身份证等个人物品，并给她买好返程的车票，将她送上了火车。由于传销头目非常狡猾，对执法人员行动已有所察觉，此次行动只抓获一般传销人员二十几名，现场收缴部分用于传销授课的物品，工商机关对这部分传销人员进行了教育遣返。

案例三：重庆查处诱骗学生参与传销案。20××年10月以来，只有初中文化的河南农民秦永军在广西说服正在陕西西安某高校就读的辛某某、唐某某加入传销组织，后辛的同班女友赵某某也在男友鼓动下加入进来。4人带领30余名组员从广西将传销网络迁到重庆渝北区、合川市、巴南区，以"三无"产品"欧丽曼"化妆品为媒介，组成了"欧丽曼"传销团队。随后，他们在重庆市渝北区打着所谓"欧丽曼(香港)亚太有限公司"的幌子，以高额回报为诱饵邀人入伙，再通过同学之间、朋友之间、亲属之间发展下线，形成多层次传销网络。主要聚集在车城郊接合部民房内，生活条件十分窘迫。传销人员中，80%是在校或刚毕业的大学生，分别来自湖北、河南、江西、山东、云南、四川、河北等地院校。在传销组织的控制下，有的明知上当受骗，却不得不按照"上线"的要求发展人员；有的明知违法，为挽回损失，仍去骗自己的亲朋好友；有的为了生存，甚至铤而走险，走上违法犯罪的道路。根据举报，工商、公安执法人员一举捣毁了位于重庆渝北区的一个传销窝点，解救出53名参与传销的湖北大学生，并联系在渝的湖北省公安厅、教育厅工作组，将受骗学生护送返鄂。随后，渝北区打击传销专项行动全面展开。重庆市工商机关与市、区公安等部门联合行动，通过"发动群众、摸清情况；公布电话、扩大线索；集中力量、分头行动；发现一起、查处一起"等方式，开展拉网式清查。共捣毁传销窝点143个，审查涉嫌传销人员456人，抓获传销组织者5人，暂扣传销款38万余元。后经审理，重庆市渝北区法院以非法经营罪判处"欧丽曼"传销案的"传销老大"秦永军有期徒刑5年，处罚金6万元；辛某某有期徒刑5年6个月，处罚金14万余元；赵某某有期徒刑3年，处罚金14万余元。

案例四：山东省工商局查处的大学生被骗参与传销案。20××年6月，山东省工商行政管理局接到国家工商行政管理总局批转的举报信后，迅速行动，一举查获了山东泰安的一个传销日本"爱博美娜"化妆品的非法组织。该组织以诱骗青少年为主，对其进行精神和暴力双重控制，每骗到一个新成员，团伙头目就收掉其身上的

手机、财物和身份证件，派人跟踪和监视，限制人身自由，反复"洗脑"灌输"成功"理念，然后鼓动其加入或向家里骗钱加入，逼迫其发展下线，并不断骗取朋友、同学加入。其具体做法为：每人须缴纳 2 900 元购买一套所谓的"化妆品"，取得加入资格并可发展他人加入，每发展一个下线可得 300 元的"奖励"，除从直接发展的下线人员获得"奖励"外，还可从下线发展的人员获得间接"奖励"。在整个运作中，根本没有产品，实际上就是"拉人头"诈骗，属于传销行为。山东省工商行政管理机关与公安部门密切配合，对该组织进行了严厉打击，并积极解救被骗的青少年。经查：已捣毁传销窝点 2 个，解救被骗大学生 10 余名，查获用于传销和变相传销的存折等一批物品，将 5 名传销骨干分子依法移送公安机关处理。

案例五：山东省蓬莱市工商局查获的大学生参与传销案。20××年 5 月 15 日，一个全部为大学生参与的传销团伙刚抵达山东省蓬莱不久后，就被蓬莱市工商机关一举查获。这些大学生是由一名来自江西南昌某大学的大学生邓某，以提供实习机会、招聘正华国际业务员的名义诱骗而来。要求每人交纳 2 900 元保证金发展下线，推销既无厂名厂址、又无生产日期、批准文号的美白系列化妆品。邓某通过同学发展同学，甚至在高校就业信息网站发布招聘信息诱骗学生。一名叫做张某的女大学生就是通过重庆一家高校的就业信息找到邓某宣称的这家企业。这批传销人员涉及山东青岛、泰安、重庆等地约 10 多名在校学生。他们之间大都是同学关系，多数正处于实习期间，通过同学关系链发展新成员。山东省蓬莱市工商机关向他们印发了《禁止传销条例》和《直销监管条例》，现场进行了法规教育，并将其送往车站遣返回乡。

案例六：辽宁省工商、公安机关解救身陷丹东传销魔窟的北京某科技学院大学生小罗和女友案。20××年 7 月 25 日，辽宁省工商机关会同公安机关将身陷丹东传销魔窟的北京某科技学院大学生小罗和女友成功解救。经查：当年 6 月初，北京某科技学院 2004 级学生小罗和女友被同学以石家庄某公司有勤工俭学工作，能挣到钱为由"劝"到石家庄。小罗和女友带着发财致富的美好梦想来到石家庄某公司，并按公司的要求交了 3 100 元"入门费"。随后，公司每天都安排他和同伴们听"老师"上培训课，如何用所谓"善意的谎言"拉亲戚、同学、朋友、同乡加入公司，以使自己在公司的地位不断上升，从而挣到更多的钱。小罗这才明白，自己勤工俭学的这家公司实际上是个传销组织。7 月 8 日，公司带着包括小罗在内的 100 多人来到丹东市"发展业务"。7 月 23 日，小罗利用监控人不注意的机会，向工商总局投诉了自己被骗入传销组织的经过。7 月 25 日，国家工商总局打击传销办公室部署辽宁省工商局和丹东市工商局调查处理。7 月 26 日清晨，丹东市工商执法人员会同辖区公安民警突击查处了正在上课的传销课堂。现场解救了小罗等参与传销的人员 42 名，其中有 5 名大学生，分别来自小罗所在的北京某科技学院、成都某体育学院和山东某大学，3 名高中生分别来自新疆、甘肃和江西。经了解，罗某所在的北京某科技学院共有 20 多人参与此次传销。这些大中专学生，都是经同学"介绍"来勤工俭学的，而给他们讲课的"老师"却是一名来自黑龙江的女初中生。据这些学生讲，他们随身带的学生证等证件、钱物都被"上线"收走了，一些人连吃饭、睡觉都成了问题。传销组织对他们疯狂地"洗脑"，灌输一夜暴富的秘诀。

案例七：河南省开封市工商机关查获的"人际网络直销"案。20××年 8 月 26 日，河南省开封市工商机关在查处一传销课堂时，一名 18 岁左右的少女杜某拼命冲到执法人员面前，紧紧抓住执法人员的胳膊，请求将她送回家。经查，这名少女是西安某大学的大三学生。6 月份学校放暑假时，她表哥以为她找工作之名将其骗至开封，每天让她参加所谓的"人际网络直销"课堂，强行让她交了 2 900 元购买了一套"露娜—卡诗"化妆品，并将她的手机、身份证和剩余钱物骗走扣留，要求她发展下线。杜某不愿意从事这种骗人的勾当，要求回家，但传销分子要求她至少发展 2 名下线才能回家。为了防止她逃跑和报警，传销分子限制了她的人身自由，专门派两个人负责看管。她一心想逃走但一直没有机会。开封市工商执法人员捣毁了该传销课堂、住处，帮助她取回了被扣的行李、手机、身份证等物品，并为其购买了当天返校的车票，由专人将其送上火车。

案例八：广东省东莞市打传办受理传销举报案。20××年 5 月 11 日，广东省东莞市打传办接天津一名大学生（江西某学院毕业）举报：反映东莞市内有一个传销窝点，窝点内参与传销人员全部为大学生，他本人不久前才脱离该传销窝点，现已返乡。5 月 14 日，根据举报线索，工商、公安、检察等部门对位于一居民楼内的三个传销窝点展开联合清查行动，现场查获传销参与人员人 32 名，笔记本和通讯录多本。经查，该传销组织在网上收集大学生求职信息，通过"电话面试"，打着知名企业招聘的名义邀请大学生来东莞"应聘"，然后将初来的大学生带入传销窝点，采取限制人身自由的方式强行对其"洗脑"，骗取大学生交纳 3 800 元购买劣质手表一块成为该组织成员，取得发展下线从而获取报酬的资格。查获的 32 名传销人员均具有大专或本科学历，2006 届和 2007 届毕业生占 90% 以上，涉及黑龙江、辽宁、陕西、河北、河南、山东、重庆、湖南、江西、云南 10 个省、市，其中不乏毕业于一些知名院校的学生。这些参与人员"中毒"较深，拒不配合调查，结成了较为牢固的"攻守同盟"，指认方向分散，无法确定骨干分子。经过执法人员的耐心教育、反复劝说，其中 4 名参与人员幡然悔悟，工商执法人员按其要求将其送往汽车站或火车站，由其自行返乡或投靠亲友；对于其他 28 名大学生进行遣散。

案例九：广西桂林王某、周某某、刘某某利用互联网引骗学生参与传销案。2006 年 2 月以来，广西桂林王某、周某某、刘某某通过互联网网站，以推销远程教育网络为名，诱骗大专院校在校师生从事传销活动。凡用 500 元购买一份该网站的网络产品，即成为该网站的注册用户，同时取得了推荐、发展顾客的资格，以后每直接推荐、发展一个顾客可获得 100 元，间接推荐、发展累计达到三个顾客可获

分红100元，依此类推。6月23日，桂林市工商机关联合公安机关，迅速出击，一举将该传销组织彻底摧毁。截至案发，该案共涉及桂林某专科学校等三个大中院校在校师生100余人。王某、周某某、刘某某被移交公安机关追究刑事责任。

　　案例十：江苏南京铠鼎公司诱骗学生传销案。根据群众举报，20××年2月19日，江苏省工商局、南京市工商局对南京铠鼎商贸有限公司（以下简称铠鼎公司）涉嫌传销行为进行立案调查。2月22日，南京市公安局以涉嫌非法经营罪对传销组织者王某某、梁某某予以刑事拘留；3月7日南京市检察院正式批准逮捕。经过调查审理发现，铠鼎公司名义上是南京某大学学生梁某某开办的，实际为王某某所控制。自2005年开始，王某某借在南京推销IP电话卡期间，了解到一些大学生急于打工赚钱，遂与推销IP卡过程中结识的大学生梁某打着"南京大学生创业联合会"（未经登记注册）的幌子，发展在校大学生传销电话卡。为了便于欺骗学生，进一步扩大传销网络，2006年9月18日，王某某与其一起从事传销的大学生梁某某等人一起，登记注册成立了铠鼎公司，打着以创鑫俱乐部发展会员、销售会员"KING卡"和项目合作等名义，收取150～1 000元不等的"入门费"，发展人员从事传销活动。先后在南京多所高校发展在校学生从事传销活动。至案发时，公司先后骗取"入门费"等费用535 024元，涉及在校大学生800余人。江苏省工商局、南京市工商局依法对铠鼎公司的传销行为做出罚款、吊销营业执照的处罚。其后，南京市中级人民法院以非法经营罪判处王某某有期徒刑5年，梁某某有期徒刑3年。大家知道吗？这个主犯之一的梁某某，案发前是南京某大学金属材料三年级学生，本已获得本科硕士连读的机会，面对学校领导和老师的劝说，梁某某执迷不悟，骗人不停，这位河北某市高考理科状元甚至用退学等表示自己"专注于事业的决心"，最后终于害人又害己，银铛入狱。还有北京某高校一大学毕业生，被朋友骗入传销组织以后，不仅没设法逃离传销，反而成为一个小头目，以后自立门户，先后发展了1 000多人，当起了"传销老大"，后被公安机关抓获，被人民法院判处有期徒刑2年6个月。记者到监狱采访时，他说："非常后悔，我是家里的独生子，我愧对父母，我向受害人的家属表示深深的歉意"。

第七章　急救技能和常识

[学习要求]

了解普通急救常识和具体救生方法，学会运用人工呼吸和胸外心脏挤压术的基本要领，熟悉出血与止血的处理、外伤的包扎、烧伤、溺水、扭伤、中风和休克等急救知识，掌握中暑急救、冻伤急救、蜇咬伤急救、中风急救等基本技巧。

传统观念认为，救生是医生、护士和急救员的事。其实，救生是公民生活中不可或缺的基本技能。据专家介绍，有25％的死亡不是因为绝症或疾病致死，而是由于在意外事故造成的伤害中丧失了现场及时抢救的最佳时机而致死。在西方发达国家，急救知识的普及率相当高，急救员占整个人群的比例是1∶5。因此，在青少年中大力普及救生知识，提高自救互救意识可以降低死亡、伤残率，在救护他人的同时，也能及时制止他人对自己不正当的救护，提高生命质量。培养和训练更多的急救能手，有利于提高我国的整体救生水平。

大学生是一个免疫能力相对较高的群体。但由于大学生远离家庭环境，过的是密集的集体生活，现代大学生社会活动又较活跃，所以一些传染病还是会在大学生中流行。一旦患传染病，将对大学的生活和学习造成非常大的影响。所以认识传染病、有效预防传染病是现代大学生文明、进步的体现，既有益个人又有益于社会。

传染病是由病毒、细菌、衣原体等病原体引起的，具有传染性并导致不同程度流行的疾病。传染病还具免疫性，即人体在入侵病原体的影响下，主动积极地发挥对抗性防御反应，消灭病原体，破坏和排泄其毒性产物。少数传染病一次患病后，以后几乎不再患病，称"持久免疫"或"终身免疫"。但多数传染病随机体免疫能力下降可以再度感染。

传染病流行过程有三个基本环节：传染源，是指病人、病原携带者、受染动物；传播途径，如空气、水、饮食、接触、虫媒等；易感人群，是指免疫水平较低者。预防传染病是针对传染病流行的三个基本环节进行的，即控制传染源、切断传播途径、保护易感人群。

▶第一节　大学生常见疾病

（一）流行性感冒

流感特点是突然发病、迅速蔓延、发病率高、流行过程短。传染源是病人，自潜伏期末即可传染，病初2～3日传染性最强。传播途径主要是通过飞沫，病毒存

在于病人的呼吸道分泌物中，通过说话、咳嗽或喷嚏散播至空气中，易感者吸入后即会感染。人群对流感病毒普遍易感，与年龄、性别、职业无关。

本病潜伏期1～3天。症状主要有急起高热、畏寒、头痛、乏力、全身酸痛等。高热持续2～3天后渐退，全身症状逐步好转，但出现鼻塞、流涕、咽痛、干咳等上呼吸道症状。少数人有鼻出血、食欲不振、恶心等症状。严重者可并发病毒性肺炎。流感患者应及早卧床休息，多饮水、防止继发感染。高热与全身酸痛者可用解热镇痛药，或用物理降温及输液。中药感冒退热冲剂、板兰根冲剂在发病最初1～2天使用，可减轻症状。有继发细菌感染者应使用抗菌素治疗。

（二）食物中毒

细菌性食物中毒是由沙门氏菌等多种细菌中的一种所引起，吃了被细菌及其毒素污染的食物后，引发以胃肠道损害为主的急性传染病。发病与被污染食物有明确关系，容易集体发病。

传染源为病人、感染的家禽和家畜、带菌的正常人等。带菌的粪便通过直接或间接途径污染水，如通过苍蝇或蟑螂污染食物、水或生活用具，再经口而引起中毒。流行特征是突然发病、潜伏期短、发病前进食同一污染食物，常集体发病、发病高峰在7～11月。潜伏期从1小时到数天不等。主要以胃肠道症状为主，如恶心、呕吐、腹痛和腹泻。大便常为水样、量多，每天可数次至数十次，故可引起脱水，严重者可因此而休克。患者常伴有发热、畏寒等。呕吐物中、粪便中均可检查出致病细菌。

患病后应去医院进行对症治疗和抗菌药物治疗。例如，输入生理盐水或口服补盐液治疗。轻者可不用抗菌药物或口服抗菌药物，严重者可静脉用抗菌药物。注意饮食、饮水卫生和食品加工管理；不喝生水；肉、禽、乳、蛋类的处理、加工、贮存应严防污染，食用时应煮熟；冰箱中的熟食及吃过的食物应重新煮过杀菌；吃海鲜及水产品应注意新鲜和烧熟。

（三）痢疾

细菌性痢疾简称菌痢，是由痢疾杆菌引起的常见急性肠道传染病。细菌主要侵犯结肠黏膜，引起肠黏膜的炎症反应，可引起肠黏膜细胞的变性、坏死，坏死脱落后可形成小而浅的溃疡。严重的中毒性菌痢，由细菌毒素引起的全身中毒症状严重，可导致重要器官功能衰竭。

传染源是病人和带菌者。病人及带菌者的粪便中含大量痢疾杆菌，粪便直接或间接污染食物、饮水和手等经口进入肠道而感染。潜伏期数小时至7天，多数为1～2天。主要临床表现为畏寒、发热、腹痛、腹泻、脓血便和先急后重。腹泻每天可10～20次，大便量少，呈糊状或脓血便。

一旦确诊为菌痢，应进行隔离、卧床休息。饮食用流汁或半流汁为宜，忌食多渣多油或有刺激性食物。有脱水者应口服或静脉补充生理盐水或葡萄糖盐水。及时、合理使用抗菌药物。早期发现病人及带菌者，应及时隔离、彻底治疗。加强饮食、饮水卫生，消灭苍蝇，养成饭前便后洗手的习惯。熟食和瓜果不要在冰箱中放置过久，取出后先加热消毒再食用。不要吃生菜和不洁瓜果。口服大蒜、黄连有一定预防作用。

（四）艾滋病（AIDS）

艾滋病是由人类免疫缺陷病毒引起的。该病毒侵入体内后，引起免疫细胞数量及功能下降，破坏人体免疫系统，从而引起各种感染和全身衰竭。传染源是艾滋病病人和艾滋病病毒携带者。艾滋病病毒主要存在于病人和无症状的病毒携带者的血液、精液中，在唾液、泪液、尿液、乳液、阴道中也有少量病毒存在。传播途径有以下三条：一是性接触传播，是主要途径，包括同性和异性之间的性接触。二是血液传播。主要是输入了含有病毒的血液、血制品；使用消毒不严的注射器和手术器械；静脉注射吸毒；使用病人用过的美容刀具、针具、剃刀等器械时划破皮肤黏膜。三是母婴传播，包括胎盘的宫内感染、分娩时的产道感染及哺乳期的吸吮乳汁感染。各种人种对艾滋病普遍易感。

感染了艾滋病病毒后，约80%的人不出现临床症状，但可传染给他人。10%～20%的患者经过2～10年(平均5年)的潜伏期后出现临床症状。主要表现是机会性感染和罕见恶性肿瘤。常见症状是发热、出汗、乏力、咳嗽、关节肌肉痛、淋巴结肿大、咽痛、恶心、呕吐、头痛、腹泄等。常见肿瘤是卡波济氏肉瘤。病人及病毒携带者血液中抗艾滋病病毒抗体(抗 HIV 抗体)阳性，此抗体是确诊艾滋病的主要依据。艾滋病患者存活的机会极少。

针对艾滋病治疗的研究表明，目前国内外各种方法都不能彻底治愈，但可降低死亡率。例如，美籍华人何大一首创的"鸡尾酒式混合疗法"，可使发病时间延迟数年而成为全球的风云人物。但这种疗法费用昂贵，不是一般人能承担的。由于艾滋病无特效疗法，故重点是加强预防。预防要点是：杜绝同性恋和异性乱交、洁身自好；非必要时尽量不输血及血制品；坚决禁毒；加强注射器等医疗器械的消毒；加强宾馆、饭店卫生管理。由于该病毒对70%酒精、0.1%次氯酸钠及加热100℃均敏感，易被灭活，故对疑有感染者使用过的生活用品可用以上方法消毒。

世界上目前一些国家的卫生机构正在研制艾滋病疫苗，在不远的将来，一定会有抗艾滋病感染的疫苗诞生，为人类健康作出贡献。

（五）肺结核

肺结核是由结核杆菌引起的一种缓慢发病的慢性呼吸道传染病。结核杆菌可引起肺部组织产生炎症、坏死和液化，也可产生结核结节。当机体免疫力提高特别是经有效治疗后病变可吸收好转，也可纤维化，坏死组织可钙化。当机体免疫力下降时，病灶坏死液化加重、结核菌在肺内或全身播散、钙化灶重新活动。

结核病人咳嗽排菌是传播主要来源。一些乳牛也是传染源。传播途径主要是病

人与健康人之间的经空气传播，患者咳嗽排出的结核菌悬浮在飞沫中，当人吸入后可引起感染。咳出的痰干燥后结核菌随尘埃飞扬，亦可造成吸入感染。生活贫困、居住拥挤、营养不良是经济落后社会中人群结核病高发原因。青春后期和成人早期发病率较高，尤其是刚从农村或山区进入大城市生活的人群。

患者有全身中毒症状和呼吸系统症状。全身症状主要有：长期低热，午后及傍晚开始，次晨降为正常。可伴有乏力、夜间盗汗。呼吸系统症状有：咳嗽、咳痰、咯血、胸痛和气急。患肺结核病须进行长期、正规的抗结核治疗，且有复发可能，故应该重在预防。预防措施有：卡介苗接种，我国规定出生后即开始注射卡介苗，以后每隔 5 年作结核菌素复查，阴性者加种，直到 15 岁为止，进大学时也应进行复查。加强对结核病人的管理，病人咳嗽时应以手帕或纸掩口，不随地吐痰，或吐在纸里烧掉。大学生应注意养成良好卫生的生活和学习习惯，注意营养和休息，加强体育锻炼，提高自身的免疫能力。

（六）病毒性肝炎

病毒性肝炎是由多种肝炎病毒引起的常见传染病。按所致的病毒不同。肝炎分为甲型、乙型、丙型、丁型和戊型 5 种。其中甲型和乙型肝发病率较高。病毒性肝炎具有传染性强、传播途径复杂、流行面广、发病率较高的特点，所以危害较大。主要引起肝脏损害。

传染源是肝炎病人或未发病的"病毒携带者"。甲型和戊肝炎主要经消化道传播，病人或带病毒者的粪便中含有大量病毒，可直接或间接地污染食物和水，再经口进入体内。苍蝇叮咬食物也是传播途径之一。乙型、丙型和丁型肝炎通过非消化道途经传播，其中血液传播是最主要途径，如通过注射、针刺、使用血液及血制品等。唾液、精液等分泌物也是重要传播途径。几乎所有的人对各型肝炎都容易感染。大学生中以甲型及乙型肝炎多见。甲肝病毒感染后人体对此病有一定免疫力。

人体感染了肝炎病毒后，部分人并不发病。例如，乙型肝炎病毒感染后，很大部分人成为"健康的病毒携带者"，可以再传染给他人。在中国人中，这种健康的病毒携带者约占总人口的 10％。

发病者也都有长短不一的潜伏期，甲型肝炎病毒感染后在 2～8 周发病，乙型肝炎在 1～6 个月发病。发病后有乏力、食欲不振、恶心、呕吐、厌油腻、肝肿大、肝功能异常。部分病人出现黄疸，其中以甲型肝炎多见。肝炎病程约 2～4 个月，大多数人顺利恢复。少数变为慢性，其中以乙型肝炎多见。极少数是重症肝炎。

治疗原则以适当休息、合理营养为主，适当辅以药物治疗及支持疗法。但目前尚无特效药物。饮食中注意多食高维生素、易消化吸收的食物。

甲型肝炎的预防要点是加强饮食卫生、饮水卫生、不食用易受粪便污染的食物和水，如毛蜡是易受甲肝病毒污染的水产品，吃毛蜡后甲肝感染率可高达 14％～16％。在公共聚餐时要用分食制或使用公筷、公勺。急性发病时需要住院治疗或在家中隔离至少 30 天。与病人接触后 7～14 天内可注射丙种球蛋白预防，服用板兰根等中药冲剂可能有一定预防作用。注射甲肝疫苗能预防甲肝，效果较好，目前已广泛使用，特别是幼儿园和学校。

乙型肝炎由于是通过血液传播，故加强血液及血制品的安全性、尽量减少血制品使用、加强医疗器械消毒很重要。同时注射时应做到一人一械一针，不共用剃须刀片，预防理发器械划破皮肤，进餐最好采用分食制。乙肝疫苗注射有较好的预防作用。

(七)支气管哮喘

是一种由多种因素引起的变态反应性呼吸道疾病。主要病因为遗传因素和环境因素。哮喘患者亲属中患病率高于群体患病率，亲缘关系越近，患病率越高；在一个家系中，患病人数越多，病情越严重，其亲属患病率越高。环境因素也称为激发因素，包括以下原因：吸入物，如吸入尘蜡、花粉、动物毛屑及一些化学品等；细菌、病毒、支原体等感染；进食某些食物，最常见的是鱼、虾、蟹、蛋类、牛奶等高蛋白食物；气候变化，在秋冬季和寒冷季节多见；精神紧张、激动等；运动诱发哮喘，称运动性哮喘。

以上因素诱发体内变态反应或称过敏反应，引起支气管炎症和支气管平滑肌痉挛，气道变窄，使肺通气困难，引起哮喘症状。但此种改变早期是可逆的。

典型的支气管哮喘，发作前有先兆症状如打喷嚏、流涕、咳嗽、胸闷等，如不及时处理，可因支气管狭窄加重而出现哮喘。发作时有呼吸困难、张口呼吸，严重者被迫取坐位或呈端坐休息、干咳或咯白色泡沫痰，甚至出现紫癜。但一般可自行缓解或用平喘药后缓解。确定引起哮喘的环境因素，加以避免，是预防的主要措施。也可进行脱敏治疗。不能确定环境因素的，平时生活应注意环境卫生，避免吸入灰尘，注意床上用品卫生，不养动物，防止上呼吸道感染。尽量少吃鱼、虾、蟹，特别是海鲜。气候变化时注意保温。运动前后应补充水分。一旦发病，应用糖皮质激素抑制病态反应、消除炎症，效果较好。另外应用支气管扩张药物解除支气管痉挛。

(八)急性肠胃炎

引起急性肠胃炎的原因主要有理化因素和生物因素，理化因素有过冷、过热的食物和饮料、浓茶、咖啡、烈酒、粗糙的食物，部分消炎镇痛药，这些因素可刺激胃黏膜，引起胃黏膜充血、水肿、糜烂和出血。生物因素是指细菌及其毒素，最常见的是沙门氏菌和金黄色葡萄球菌，常在进食了被细菌污染的食物后发生胃炎，并常同时合并肠炎即称急性肠胃炎。

多数人起病较急。主要表现为上腹饱胀、隐痛、食欲减退、恶心、呕吐。如果是进食了细菌污染的食物，常伴有急性肠炎症状，如腹泻、腹痛、发热。严重呕吐、腹泻者可发生脱水和电解质紊乱。注意饮食卫生，不吃过冷过热的食物，不吃

不卫生的食物和水，不吃未经加热消毒的隔夜饭菜和冰箱中拿出的熟食，进食时应细嚼慢咽，消灭苍蝇和蟑螂。避免不必要进服用或长期服用消炎止痛药。一旦发病，应卧床休息，进食清淡流质食物，不能进食时可静脉补液，必要时应禁食1～2餐，细菌感染者应给予抗菌素治疗。

(九)急性阑尾炎

阑尾是附于盲肠末端的一个蚯蚓状盲管，长约6～8cm，直径约0.5～0.7cm。阑尾由于解剖特点的关系，很容易发生血供障碍和管腔狭窄，加上阑尾极易被粪石、异物梗阻。当胃肠道功能紊乱时(如饮食不节、受寒、便秘、腹泻、精神刺激等)，加重了阻塞和血供障碍，细菌侵入阑尾壁内形成阑尾炎。

急性阑尾炎的主要临床表现有三个方面。一是腹痛，转移性右下腹疼痛是急性阑尾炎的特点，大部分病人发病开始时自觉上腹部或脐周疼痛，几小时至十几小时后疼痛转移到右下腹。二是胃肠道症状，早期多有轻度恶心、呕吐，常伴有便秘和腹泄。三是有发热，体温一般在37.5℃～38℃之间。

体检时典型的体征是右下腹部麦氏点附近有压痛。麦氏点位于右髂前上棘与脐的连线中2/3与外1/3交界处。血液常规检查常有白细胞总数和中性粒细胞增加。阑尾切除术是急性阑尾炎最有效、最彻底的治疗方法。对于阑尾已形成包块或已形成脓肿者，保守治疗主要采取中西医结合方法，中药以清热解毒、消肿化瘀为主，西药治疗以抗菌素为主。

(十)胃炎

(1)胃炎的种类

急性胃炎是指各种原因引起的胃黏膜的一种急性炎症反应。引起急性胃炎的原因很多，有化学原因、物理原因、融物原因和毒素原因等。急性胃炎患者常有上腹疼痛、恶心、嗳气、呕吐和食欲减退等。其临床表现常轻重不等，但病均急骤，大都有比较明显的致病因素，如暴饮暴食、大量饮酒或误食不洁食物、受凉、服用药物等。由药物和应激因素引起的胃炎，常仅表现为呕血和黑便，一般为少量，呈间歇性，可自止，但也可发生大出血。另有一些患者临床上无症状，仅在胃镜下观察有急性胃炎的胃黏膜炎症改变。

慢性胃炎是由于长期受到有害刺激、反复摩擦损伤、饮食无规律以及心理因素等引起的慢性胃黏膜病变。临床上分为慢性胃窦炎和慢性胃体炎。病理上可分为浅表性胃炎、萎缩性胃炎和肥厚性胃炎三种。慢性胃炎病程迁延，一般无明显症状和体征，仅见饭后饱胀、反酸、嗳气、无规律腹痛、消化不良等。确诊需要做胃镜。

(2)胃炎的预防与控制

1.忌饮食无规律：以饮食规律，勿过饥过饱，少食多餐为原则。尤其是年老体弱，胃肠功能减退者，每日以4～5餐为佳，每次以六七成饱为好。食物中注意糖、脂肪、蛋白质的比例，注意维生素等身体必需营养素的含量。

2. 忌烟酒辛辣刺激食物：急、慢性胃炎患者，一定要戒除烟酒，以免加重病情，甚至造成恶性病变。辣椒、芥末、胡椒、浓茶、咖啡、可可等食品或饮料，对胃黏膜有刺激作用，能使黏膜充血，加重炎症，也应戒除。

3. 忌过冷、热、硬食物：过凉的食物和饮料，食入后可以导致胃痉挛，胃内黏膜血管收缩，不利于炎症消退；过热的食品和饮料，食入后会直接烫伤或刺激胃内黏膜。胃炎病人的食物应软硬适度，过于坚硬粗糙的食品、粗纤维的蔬菜、用油煎炸或烧烤的食品，食用后可加重胃的机械消化负担，使胃黏膜受到摩擦而损伤，加重黏膜的炎性病变。

4. 忌不洁饮食：胃炎患者要特别注意饮食卫生，尤其是夏季，生吃瓜果要洗净，不要吃变质食品。因为被污染变质的食品中含有大量的细菌和细菌毒素，对胃黏膜有直接破坏作用。放在冰箱内的食物，一定要烧熟煮透后再吃，如发现变质，要坚决扔掉，禁止食用。

5. 情绪与胃炎的关系密切。抑郁、紧张等不良情绪能引发或加重胃炎。故患者一定要保持愉悦的心情。

6. 注意胃部的防寒保暖。

7. 一些药物有刺激损伤胃黏膜的作用，应尽量避免使用，如阿司匹林、去痛片、消炎痛、强的松、利血平、复方降压片等。

8. 出境前若发现有胃部不适症状，应早期治疗，并在医生指导下服药。

▶第二节　日常生活中常见疾病症状

(一)发热

正常人的体温是相对恒定的，而体温的相对恒定是在体温调节中枢的控制下，机体产热和散热过程保持动态平衡的结果。我国正常人体口腔（舌下）温度在 36.7℃～37.3℃之间，腋窝温度较口腔温度略低 0.2℃～0.4℃。在一昼夜之中，人体体温可呈现周期性波动，清晨 2～6 时体温最低，午后 1～6 时最高，但波动幅度一般不超过 1℃。各种原因引起体温中枢功能紊乱，产热与散热不平衡，致使体温超过正常范围，称为发热。发热属全身性反应，按照发热的高低可分为低热（37.4℃～38℃）、中等度热（38℃～39℃）、高热（39℃～41℃）和超高热（41℃以上）。大多数情况下，发热是人体防御疾病的反应。

发热的病因大致分为感染性与非感染性两大类。其中以感染性发热多见，各种病原体（如病毒、细菌、支原体等）引起的急性或慢性感染，由于病原体的代谢产物或其毒素作用于白细胞而产生致热源，从而导致发热。非感染性发热主要由以下原因引起：无菌性坏死物质吸收，如组织机械外伤、内出血、手术后、癌、白血病等；变态反应，如风湿热、结缔组织疾病等；体温调节中枢功能失常，如中暑、机

械性脑损伤等。

(二)头痛

头痛是许多疾病常见症状之一。病变部位可以在颅内，如脑肿瘤、脑膜炎刺激硬脑膜及神经。病变也可在颅外，如皮肤、筋膜、肌肉等有痛觉神经，在受到扩张、牵拉、挤压、动脉扩张、炎症等，均可产生头痛。

各种不同病因引起的头痛特点各有不同。

(1)动脉血管扩张其特点是跳动性疼痛，即与脉搏跳动相一致。

(2)偏头痛多见于青年女性，在先兆期有全身不适，眼冒火星，头晕，手足发麻。发作期限于一侧眼眶、额部的剧烈跳痛，有时弥散到全头部，可伴有恶心呕吐，一般睡眠后缓解，每次发作持续数小时或数天。

(3)感染发热后头痛，常集中在前额和后枕部，也可弥散于全头部，如病毒性感冒。

(4)高血压头痛为持续性、紧张感、跳痛或胀痛，常位于前额、后枕部，当摇头、用力时加重，常有头晕。

(5)刺激神经末梢产生的头痛头部各器官及组织有病变时，由于病灶、细菌和毒素常可刺激局部痛觉感受器，而引起头痛，如中耳炎、鼻窦炎、眼屈光不正可引起头部隐痛和钝痛。

(三)腹痛

腹痛可由于腹腔内脏器功能性失常或器质性病变引起，也可由腹膜外器官和病变引起。例如腹腔内空腔脏器的平滑肌强烈收缩或腔内压力增高，或其壁膨胀或伸张；实体脏器肿大，如肝肿大，致使包膜受牵张或周围组织发生炎症；化学性或其他物质刺激腹膜壁层；脏器血管痉挛或阻塞，使局部缺血；腹壁软组织病变引起的疼痛；腹腔外其他内脏器官病变发生的牵涉痛；一些内分泌疾病及过敏等，也常引起不同程度的腹痛。

腹痛分为急性腹痛和慢性腹痛。

(1)急性腹痛：急性炎症引起急性腹痛，起病急，有发热。如急性胃炎疼痛在上腹部，胆囊为疼痛在右上腹，阑尾炎疼痛在右下腹。另外，急性胃肠穿孔、空腔脏器阻塞或扭转、内脏破裂等，均可引起急性腹痛。

(2)慢性腹痛：胃、十二指肠溃疡和慢性炎症是最常见的原因。溃疡病时，疼痛在上腹部，呈节律性和周期性；慢性胃炎的疼痛伴有食欲减退、恶心、呕吐。慢性肝炎可有右上腹部或右季肋部隐痛。妇科疾病如慢性盆腔炎、输卵管炎等，多有下腹部痛。

(3)腹痛伴发热可能是腹腔脏器急性炎症，如阑尾炎、胆囊炎等。腹痛伴呕吐，可见于急性胃肠炎、胆囊炎。腹痛伴腹泄，见于食物中毒、肠炎、肠结核等。腹痛伴血便，见于急慢性痢疾、肠肿瘤、结肠炎；如解黑便，可能是胃、十二指肠溃疡出血。尿路结石时，腹痛可伴血尿。腹痛伴黄疸，可见于肝炎、胆囊炎、胆石症。

（四）咳嗽与咳痰

咳嗽是一种保护性反射动作，呼吸道内的分泌物和从外界吸入的异物，可借咳嗽反射而排出体外。引起咳嗽的原因很多，从咽部至小支气管受到刺激时，均可引起咳嗽。如咽、喉、气管、支气管和肺部刺激性气体吸入、异物、炎症、肿瘤、出血等，均可引起咳嗽，其中最常见的是炎症和刺激性气体引起的咳嗽。

咳痰是因为呼吸道内有分泌物，借助于支气管黏膜纤毛上皮细胞的纤毛运动、支气管肌肉的收缩以及咳嗽时气流从肺内快速冲出，将呼吸道内的分泌物排向口腔。正常情况下支气管内分泌少量黏液，使支气管黏膜保持湿润。当咽、喉、气管、支气管或肺发生炎症时，分泌物增多，分泌物与从毛细血管内渗出的浆液混合而成痰，痰中常含有细菌、病毒等微生物。

咳嗽而无痰或少痰，称为干性咳嗽，常见于急性咽喉炎、支气管炎的初期；咳嗽伴有痰液称为湿性咳嗽，常见于肺炎、慢性咽炎、慢性支气管炎、严重肺结核。急性骤然发生的咳嗽，多由于急性上呼吸道炎症及气管或支气管内异物吸入引起；长期慢性咳嗽，多见于呼吸道的慢性病，如慢性支气管炎、支气管哮喘和肺结核。

咳嗽伴发热，常表示呼吸器官有急性或活动性感染，如肺炎、流行性感冒、活动性肺结核、支气管炎等。咳嗽伴胸痛，可见于胸膜炎、大叶性肺炎、肺癌等。咳出的痰如呈无色或灰白色黏液样，可见于正常人或呼吸道有轻微炎症者。如痰为黄绿色脓性痰，表示呼吸道有化脓性感染。痰为红色或棕红色，表示痰内有血液或血红蛋白，见于肺结核、支气管炎、肺癌等。

（五）腹泻

引起腹泻的病因主要有以下：细菌性食物中毒；急性胃肠道传染病，如霍乱、菌痢等；慢性肠道感染性疾病，如慢性菌痢、肠结核、慢性阿米巴病等；肠道变态反应性病变，如进食鱼、虾、菠萝等引起的过敏反应；饮食不当，进食过多生冷或油腻的食品；另外，慢性胃炎、慢性胰腺炎、非特异性肠炎等也是引起腹泻的原因。

腹泻的机理主要是各种致病原因引起肠管运动增加和分泌功能亢进，以及消化与吸收功能障碍，致使肠内容物迅速通过肠管，水分及营养物质不能充分吸收，粪便稀薄，大便频繁。

腹泻时肠内的病原菌、毒素或刺激性物质可随粪便排出体外，对机体可起保护性作用。但持续的剧烈腹泄可使机体丧失大量水分、电解质、营养物质等，而造成脱水、电解质紊乱、酸碱平衡失调，甚至营养不良。腹泻的病因不同，大便性状也可不同。如大便稀薄或水样，伴有未消化的食物残渣，多见于食物中毒、小肠炎症等；大便带脓血、黏液，则以细菌性或阿米巴性痢疾为多见；大便呈血水或洗肉水样，可能为嗜盐菌感染或急性坏死性肠炎；大便呈米泔水样，常见于霍乱或副霍

乱等。

腹泻伴腹痛是较常见的临床表现，见于菌痢、肠炎、食物中毒、肠道变态反应等。腹泻伴呕吐，常见于食物中毒、急性肠胃炎。腹泻伴发热，常见于菌痢。腹泻先急后重，常见于菌痢、结肠癌等。

▶ 第三节 出血与止血

血液是维持人体内脏器官正常工作的重要物质。人体血液的重量占整个体重的80%，当失血量达到总血量的20%时，就会出现休克；当失血量超过40%时，就会危及生命。因此，止血是抢救外伤的重要环节，是挽救生命的关键措施。青少年在日常生活中因为不小心弄伤身体的某个部位而导致出血是常有的事，遇到这种情况时，首先应保持冷静，再根据情况采取不同的急救措施。

一、出血的种类

人体出血分内出血和外出血。内出血须由医护人员救治，外出血在送往医院前可由自己自行采取措施止血或由他人帮助进行止血。外出血主要常见于刀割伤、刺伤、枪弹伤和辗擦伤等，有以下三种情况：

（1）微血管出血：血液从创面或创口四周渗出，出血量少，色红，找不到明显出血点，危险性小，一般居家受伤多属于这种情况。

（2）静脉出血：受伤处有暗红色血，缓慢不断地自伤口流出，其后由于局部血管收缩，流血逐渐减慢，危险性也较小，大量出血的现象不多见。

（3）动脉出血：血色鲜红。出血来自伤口近心脏的一端，呈搏动性喷出，出血量多，速度快，危险性大。

二、外出血的一般处理

血液从伤口流出体外，称为外出血。一般情况下，青少年常见的多是割伤手脚之类的小意外，流血量一般不多，按下面的方法去做，如没有感染，伤口很快就会愈合；如伤口很大且深，在稳定伤势后，还应迅速送往医院救治。

需要提醒的是：接触别人的体液有一定危险性，如果帮助他人包扎伤口最好先戴上一次性橡胶手套，以保证个人安全，避免感染；处理伤口前要先洗手。

（1）消毒可以采用下面任何一种方法

①用家中或学校找得到的消毒药水，如滴露或沙威隆，按比例用蒸馏水或冷开水稀释，冲洗伤口，大小伤口均适用。

②如伤口较小可用清水或肥皂水清洗伤口。

③一般的手脚伤口，用棉签或消毒棉球蘸碘酒抹净、消毒。

④沾上污物的伤口，一定要注意严格消毒。

（2）止血

①指压止血法：当伤口较小、出血不多时，让伤者坐在合适的地方并抬高伤肢，可用清洁的手指或消毒敷料盖住伤口，用手压在敷料上，施以适量压力，协助止血。还可在出血动脉的近端，用拇指或其余手指压在骨面上，予以止血。但因手指容易疲劳，不能持久，所以只能作为临时止血，必须尽快换用其他方法。不同部位出血及压迫方法见下图。

A. 指压颞浅动脉止血   B. 指压颌外动脉止血

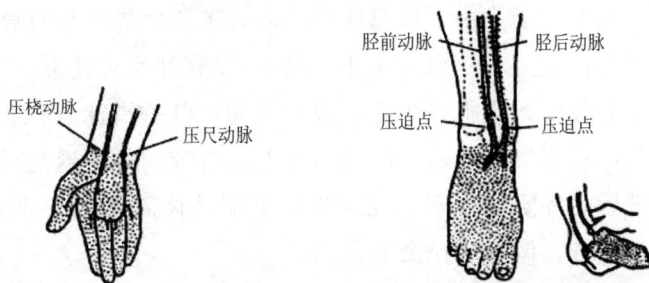

C. 指压桡动脉、尺动脉止血   D. 指压胫前动脉、胫后动脉止血

②加压包扎止血法：当体表动脉或静脉出血，创面较大，用手指压迫不易止血时，可在伤口上盖无菌纱布或干棉垫、棉花、毛巾、衣服等折叠成相应大小的垫，置于无菌敷料上面，然后再用绷带、三角巾等紧紧加压包扎，以停止出血为度。如伤口在四肢可抬高肢体。有时创伤发生在肢体可曲部位，可利用加压曲肢止血（见下图）。这种方法用于小动脉以及静脉或毛细血管的出血。但遇有骨折或伤口中有异物时，禁用此法，以免加重损伤。

A. 加压包扎   B. 加压加垫曲肢

③堵塞止血法：将消毒或清洁的棉球、纱布等塞于伤口处，能达到止血目的。此法常用于鼻腔、牙齿等部位的止血。

④止血带止血法：当四肢大出血，创面大或不整齐，用加压包扎不能止血时，

可选择用止血带止血。止血带最好为有弹性橡皮带，如现场不易取得，可就地选用布制止血带（用有一定强度的布料、衣服撕成1~2cm宽的布条），或用三角巾绷带等代用，不可使用铅丝、电线等。在上止血带前，于出血处近心端，垫以毛巾、衣服、布料等，然后在尽可能靠近伤口情况下，一手捏住止血管短端，另一手持止血带长端，将止血带适当拉长（有弹性时）压在短端，绕伤肢二周，至伤口无出血时打结。如若用三角巾及布条等无弹性物，以勒紧伤口无出血为度打结。

上止血带的止血效果较好，但若使用不当，会增加病人痛苦，甚至造成肢体坏死，故而必须掌握方法，应注意：

①止血带不能过紧，以正好能止住伤口动脉出血为度，也不能过松，以免只压住静脉，而未能压住动脉，反而使止血带下端肢体充血。

②上好止血带后，必须在止血带上清楚写上止血带的时间，若不能在止血带上标明时，也应用可靠方法（如在患者衣服上）注明。

③要嘱咐护送人员，于途中上肢每隔半小时，下肢每隔1小时放松止血带1次，若放后出血已止即不再扎上，若出血未止，隔3~5分钟后再扎上。

④上好止血带的肢体，应很好固定，减少晃动，冬季需注意保暖，选择最近的途径和最快的工具，将伤员迅速送到医院，使上止血带的时间越短越好。

⑤上好止血带后，要定时观察，发现伤口下端肢体肿胀或变青紫等异常情况，要及时放松止血带检查，调整其松紧度。

三、几种常见出血的急救

(1)鼻出血的急救

青少年大多有过鼻出血的经历，鼻出血是一种常见现象。一方面因为鼻子里的血管丰富且浅表曲折；另一方面也因为鼻腔是呼吸道的门户，容易受病菌的侵袭。鼻子出血常见的原因有局部损伤、炎症、溃疡、肿瘤和静脉曲张等。当气压发生变化，如登山、潜水或乘飞机时也会引起鼻出血，因此青少年应学会自救或他救。

急救措施：

①让病人坐在椅子上头后仰，医者用拇、食两指紧捏鼻翼5~15分钟，令病人张口呼吸。或让病人用冷水冲洗鼻腔或把浸湿的毛巾、冰块（用手巾包住）敷于前额和鼻部，每隔5~10分钟更换一次，很快就可以止住鼻血。

②若是小孩遇有鼻出血，应立即用手捏住其双侧鼻翼片刻，并张口呼吸。坐下或半卧，用冷毛巾外敷鼻根部及额部，稍候片刻，用清洁棉花团，塞入出血的鼻孔内，再继续捏住双侧鼻翼，稍后即能止血。

③高血压引起的鼻出血，可危及生命，须慎重处理。先让患者侧卧把头垫高，捏着鼻子用嘴呼吸，同时在鼻根部冷敷。止不住血时，可用棉花或纱布塞进鼻孔，

同时在鼻外加压，就会止住流血。然后迅速送往医院救治。

　　同时应注意：如经处置后，仍流血不止，应快速去医院。经常有鼻出血的人，应到医院进行必要的检查。

　　(2)割破手指的处理

　　手指割破是青少年日常生活中常见的事，多为刀、玻璃等带刃的或有锋利边角的物品切割致伤。这种伤口创缘较整齐，但由于手部血管很丰富，割破后往往出血较多。自救或他救时应注意以下几点：

　　①首先应迅速止血，用手使劲捏住受伤手指根部的两侧，几分钟后伤口可自动停止出血。

　　②清洁伤口，可用凉开水冲洗或直接在自来水下冲洗，有污垢的伤口应用棉花或海绵蘸肥皂液将污物洗去。

　　③小而浅的伤口可涂些红药水，也可将"创可贴"贴于伤口处；如伤口仍有渗血，可外敷云南白药、墨鱼粉等，再用干净纱布或手绢包扎。如无上述条件，可将身边树条剥皮，用树皮将伤口包扎，既能止血，又可抗感染。

　　④伤后一周内尽量保持伤口清洁干燥。为防止感染，做完作业或家务后应将手洗净，并在伤口处涂些碘酒消毒。

▶ 第四节　外伤的包扎

　　伤口是细菌侵入人体的门户，如果伤口被细菌污染，就可能引起化脓或并发破伤风、败血症等，严重损害健康，甚至危及生命。所以，在急救现场如果没有条件做清洁伤口手术，一定要先进行包扎，因为及时妥善的包扎，可以达到压迫止血、减少感染、保护伤口、减少疼痛的目的。

　　当外伤止血、伤口破溃、骨折时均须进行包扎。一般是利用纱布、棉垫覆盖伤口，再以绷带缠绕，这样可以起到固定纱垫和夹板、止血、防止污染伤口、支持关节和肢体、限制骨折端移动的重要作用。

　　常用于包扎的物品有绷带卷和三角绷带，质地最好是棉质、弹性网或特殊纸类。在紧急情况下，毛巾、围巾、领带、长裤都可以临时替代绷带作包扎用。

　　包扎的一般原则：包扎时病人应坐下或躺下。包扎应松紧适度，起到固定纱垫、止血，防移动而不影响血液循环为好。包扎四肢应露出手指和脚趾，以便经常检查皮肤的颜色，以防止包扎过紧影响血流。包扎的目的是止血，绷带的结应打在有棉垫的一侧；包扎是为了固定肢体，绷带的结则打在未受伤的一侧。包扎四肢关节处，要在自然凹陷处加入足够的填料，以防止关节强直。外伤包扎时，动作要轻巧、迅速、准确，做到包住伤口、严密牢固、松紧适宜。包扎时一般使

用绷带。绷带通常分硬绷带和软绷带两大类。硬绷带是在布制的绷带上撒以石膏粉，干涸而成石膏绷带。

几种常见外伤的包扎方法。

1. 环形螺旋包扎法。先环形缠绕肢体两周，而后做螺旋形包扎，最后用胶布固定。

环形螺旋包扎法

2. 八字形包扎法。主要用于关节部位。从关节正中开始向关节上下方向扩大包扎。

(1)将一块大于伤口面积的纱布或干净的布放在伤口上，绷带端部稍斜一点。按照图示开始缠绕，注意不要让纱布松动。

(2)绷带按照由脚尖至脚腕再到脚尖的"8"字形缠绕，再包扎好。

(3)剪断绷带，预留出一段长度后用别针别上即可。

3. 面部十字形包扎。将三角巾叠成宽约 10 厘米的长带，兜住下颌，一端绕过头顶到对侧颞部，与另一端绞成十字形，横向包扎于头部。

头部帽式包扎法

耳部风帽包扎法

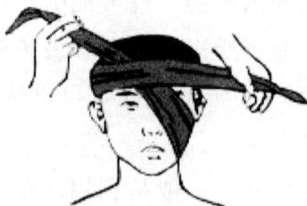

单眼带式包扎法

三角巾双眼包扎法

4. 上肢三角巾包扎法　主要用于前臂受伤。用三角巾将伤肢悬吊在颈上。

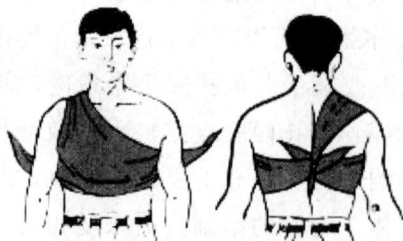

三角巾胸部包扎法

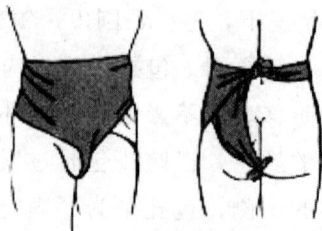

三角巾腹部包扎法

注意事项：

1. 急救人员必须面向伤员，取适宜位置。

2. 必须先在创面覆盖消毒纱布，然后使用绷带。

3. 打好绷带的要领是，不要过紧，也不能过松。不然会引起血液循环不良或松得固定不住纱布。如果没经验，打好绷带后，看看身体远端有没有变凉，有没有浮肿等情况。

4. 打结时，不要在伤口上方，也不要在身体背后，免得睡觉时压住不舒服。

5. 在没有绷带而必须急救的情况下，可用毛巾、手帕、床单（撕成窄条）、长筒尼龙袜子等代替绷带包扎。

6. 包扎时左手拿绷带头，右手拿绷带卷，以绷带外面贴近包扎部位。

7. 包扎时应由伤口低处向上，通常是由左向右，从下到上进行缠绕。

为了保持肢体的功能位置，一般包扎手臂时要弯着手臂绑，包扎腿部时，腿要直着绑。

▶ 第五节　骨折的急救

骨的完整性遭到破坏的损伤，叫做骨折。骨折可分为闭合性骨折与开放性骨折两种。前者皮肤完整，治疗较易；后者皮肤破裂，骨折端与外界相通，容易发生感染，治疗较难。运动中发生的骨折多为闭合性骨折，是严重的损伤之一。骨骼是人体的支架，是肌肉拉动的杠杆，也是内脏器官、血管和神经的护甲。青少年在生活中一旦发生骨折应就地检查，紧急处理，迅速进行现场自救或他救，以减轻痛苦，保证生命安全，减少并发症的发生。

急救时主要采取以下措施：

骨折时，用夹板、绷带把折断的部位固定，使伤部不再活动，称为临时固定。这是骨折的急救方法，其目的是为了减轻疼痛，避免再操作和便于转送。对开放性骨折、出现大出血者，应根据具体情况，采用压迫、加压包扎或止血带等方法，及时进行止血。如有休克，应先抗休克，后处理骨折；如有伤口出血，应先止血，包扎伤口，再固定骨折。

一、临时固定的注意事项

第一，固定前不要无故移动伤肢。为了暴露伤口，可剪开衣服，不要脱，以免因不必要的移动而增加伤员的痛苦和伤情。对于大腿、小腿和脊柱骨折，应就地固定。第二，固定时不要试图整复，如果畸形很厉害，可顺伤肢长轴方向稍加牵引。第三，夹板的长度和宽度，要与骨折的肢体相称，其长度必须超过骨折部的上、下两个关节。如果没有夹板，可就地取材（如树枝、木棍、球棒等）或把伤肢固定在伤

员的躯干或健肢上。夹板与皮肤之间应使用软物，如棉垫、纱布等。第四，固定的松紧要合适、牢靠。过松则失去固定的作用，过紧会压迫神经和血管。四肢骨折固定时，应露出指（趾）尖，以便观察血液循环情况。如发现指（趾）尖苍白、发凉、麻木、疼痛、浮肿和呈青紫色征象时，应松开夹板，重新固定。

二、各部分骨折的临时固定法

第一，上肢骨折。锁骨骨折时，用两个棉垫分别置于双侧腋下，将两条三角巾折成宽带，分别绕过伤员两肩前面，在背后作结，形成肩环。再用一条三角巾折成宽带，在背后穿过两环，拉捆作结。最后用小悬臂带将两侧上肢挂起。肱骨骨折时，用一块长短合适的夹板，放在伤臂的外侧，再用两条绷带将骨折的上下部绑好，然后用小悬臂带将前臂挂在胸前，不要托肘，最后用绷带把上臂固定于胸廓。前臂骨折时，用两块长短合适的夹板，放在前臂的上侧和背侧，再用两条绷带固定，然后用大悬臂带挂起。手部骨折时，让伤员手握纱布棉花团或绷带卷，然后用夹板和绷带固定手及前臂，最后用悬臂带吊起。

第二，下肢骨折。股骨骨折时，用三角巾 5～8 条，折成宽带，分段放好，取长夹板两块，分别置于伤肢的外侧和内侧，外侧夹板自腋下至足部，内侧夹板自腹股沟至足部。放好后用上述宽带固定夹板，在外侧作结。髌骨骨折时，伤员取半卧位，一助手以双手托着伤肢大腿，急救者缓慢地将其小腿伸直，在腿后放一夹板，其长度自大腿至中跟，夹板与伤肢之间垫上软物，然后用三条三角巾折成宽带，于膝上、膝下和踝部固定。小腿骨骨折时，用两块夹板，一块在外侧自大腿中部至足部，另一块在内侧，自腹股沟至足部。然后用宽带 4～5 条分段固定。足部骨折时，将鞋脱去，在小腿后面放一直角形夹板，用棉垫垫好，然后用宽带固定膝下、踝上及足部。

第三，脊柱骨折。如疑有胸腰椎骨折，应尽量避免骨折处移动，更不能让伤员坐起或站起，以免引起或加重脊髓损伤。准备好硬板担架（床板或门板），由四人抬伤员上担架。抬时，三个人并排站在伤员一侧，跪下一条腿，将手分别摆在伤员的颈、肩、腰、臀、腿及足部，由一人发口令，同时抬起；对侧第四人帮助抬腰臀部，并将担架迅速放在伤员下面，同时轻轻放下。放下时应使伤员俯卧在担架上，胸部稍垫高，固定不动。颈柱骨折时，应由三人搬运，其中一人管头部的牵拉固定，使头部与身体成直线位置不摇动，将伤员仰放在硬板床上，在颈上垫一小垫，不要用枕头，头颈两侧用沙袋或衣服垫好，防止头部左右摇动。

在发生骨折伤害后，正确的固定方法是挽救生命、保全肢体的重要环节。包扎和固定伤肢要快、稳、准、轻。在实施力所能及的急救措施后，应设法尽快与医疗机构取得联系，以求获得进一步妥善的治疗。

▶第六节　烧伤的急救

烧伤也称灼伤，是日常生活常见的损伤，它包括热力烧伤如开水、热蒸汽、火焰、热稀饭、热金属；化学性质烧伤如强酸强碱；电烧伤如触电、雷电击；物理性和放射性（放射线如 X 射线、γ 射线等引起的机体组织灼伤）。

常见烧伤原因有以下几种：热力烧伤如开水、热蒸汽、火焰、热稀饭、热金属；化学性质烧伤如强酸强碱；电烧伤如触电、雷电击；物理性和放射性烧伤如激光、核能等。

急救方法：

一、火烧伤急救

火场烧伤处理的当务之急是尽快消除皮肤受热。

1. 用清水或自来水充分冷却烧伤部位。

2. 用消毒纱布或干净布等包裹伤面。

3. 伤员发生休克时，可用针刺或使用止痛药止痛；对呼吸道烧伤者，注意疏通呼吸道，防止异物堵塞。

4. 伤员口渴时可饮少量淡盐水；紧急处理后可使用抗生素药物，预防感染。

二、蒸汽、沸水烫伤

首先不要惊慌，也不要急于脱掉贴身单薄的诸如汗衫、丝袜之类的衣服，应迅即用冷水冲洗。等冷却后才可小心地剪开衣袖、裤袜，将湿衣服、裤袜脱去，以免撕破烫伤后形成的水泡。肢体可浸于冷水中以减轻疼痛，然后进行创面包扎。选用的包扎物要清洁，避免污染和再损伤。切勿涂有色药物及油类，以免妨碍对创面的观察。

三、化学物品烧伤急救

当受到酸、碱、磷等化学物品烧伤时，最简单、最有效的处理办法是，用大量清洁冷水冲洗烧伤部位，一方面可冲洗掉化学物品；另一方面可使伤者局部毛细血管收缩，减少对化学物品的吸收。

四、电烧伤急救

触电后，电流出入处发生烧伤，局部肌肉痉挛，且多为Ⅲ度烧伤。

1. 迅速关闭电源，使伤者脱离电源。

2. 将伤员转移至通风处，松开衣服。当伤者呼吸停止时，施行人工呼吸；心

脏停止跳动时，施行胸外按压；并可注射可拉明等呼吸兴奋剂，促使自动恢复呼吸。

3. 同时进行全身及胸部降温。

4. 清除呼吸道分泌物。

5. 对伤口用消毒纱布包裹，出血时用止血带、止血药等包扎处理。

6. 重度灼伤要求在8小时内送到救治单位，减少途中颠簸，否则在休克期以后（伤后48小时）再送。转运途中要输液，并采取抗休克措施。

▶ 第七节　溺水的急救

溺水，又叫淹溺。人沉入水中后，一般只有4～6分钟就可能因呼吸和心跳停止而死亡。轻者，落水时间短，口唇四肢末端易青紫、面肿、四肢发硬、呼吸浅表，吸入水量2ml/kg时出现轻度缺氧现象；重者，如吸水量在10ml/kg以上者，1分钟内即出现低血氧症。落水时间长，面色青紫，口鼻腔充满血性泡沫或泥沙，四肢冰冷，昏睡不醒，瞳孔散大，呼吸停止。所以青少年当遇到因游泳、落水等意外而溺水者时，千万不要惊慌，应立即采取措施进行抢救。

一、自救

落水后要镇静不慌。举手挣扎时，会使人下沉。应仰卧，头向后，口鼻向上露出水面。呼气要浅，吸气要深，这样可勉强浮起，等人来救，腿抽筋尽快呼救，并仰泳浮上水面，好转后，应速上岸。

二、援救

急救者应游到溺水者后方，用左手从其左臂和上半身中间握对方的右手，或拖住溺水者的头，用仰泳方式将其拖到岸边。急救者要防溺水者抱住不放，影响急救。万一被抱住，急救者应松手下沉，先与溺水者脱离，然后再救。或向后推溺水者的脸，紧捏其鼻，使其松手，接着再救。

急救者不会水时应立即用绳索、竹竿、木板或救生圈，使溺水者握住后拖上岸来。现场无任何救生材料，应即时高声呼叫他人。

三、急救措施

1. 保持呼吸道通畅。立即清除口、鼻内的泥沙、呕吐物等。松解衣领、纽扣、乳罩、内衣、腰带、背带等，但注意保暖，必要时将舌头用手巾、纱布包裹拉出，保持呼吸道通畅。

2. 控水（倒水）。①急救者一腿跪在地，另一腿屈膝，将溺水者腹部横放在其大腿上，使其头下垂，接着按压其背部，使胃内积水倒出。②急救者从后抱起溺水者的腰部，使其背向上，头向下，也能使水倒出来。

3. 人工呼吸与胸外心脏挤压和吸氧。在运输中也不能停顿，坚持数小时至更长，判定好转或死亡，才能停止。

4. 用手导引人中、涌泉等穴。

5. 有条件时，肌肉注射 0.1% 肾上腺素 1ml，可拉明 0.25g，必要时可反复使用。

6. 溺水者苏醒后要禁食，用抗生素防感染。

7. 注意保暖。

用以上几种方法抢救落水者的同时，应始终注意患者的保暖。冷天应利用一切可以保暖的物品，使患者免受风寒，以减少患者发生并发症。

8. 及时送往医院。对一切落水者，均应在抢救的同时，迅速与附近医疗单位联系，应尽快将患者送往医院继续治疗。

▶ 第八节　中暑的急救

一、主因

人的体温维持在 37℃ 左右为正常。当高气温、高湿度、通风不良，致使环境气温过高时，使体内大量失水、失盐、积聚大量余热，并出现机体代谢紊乱现象称为中暑。体弱多病，过度疲劳，睡眠不足，饥饿和患有心脏、肾、肝疾病等是发病的诱因。尤其是在夏季，在烈日下和高温环境里，由于高温不断作用于人体，体内散热困难，易引起头晕眼花、体温升高、恶心和呕吐等，这是中暑的先兆。严重的会威胁健康和生命。遇到这种情况应迅速进行急救。

二、急救方法

1. 发现有人中暑迅速离开高温现场到阴凉处。

2. 松开衣服，吹风，用凉水洗澡。

3. 喝淡盐水、饮料、绿豆汤等。

4. 口服人丹、十滴水，往太阳穴擦清凉油。

5. 使患者平卧，用冷水、冰水或用白酒擦头、腋下、大腿根等部，并吹风。

6. 用手导引人中、合谷、十宣等穴位。

7. 及时观察病人的体温、脉搏、呼吸，当肛温降至 38℃ 左右时，应停止降温，以防虚脱。

8. 有条件者，静脉滴注 5% 葡萄糖盐水 1 000ml，肌肉注射氯丙嗪 25mg。

9. 重度中暑的病人应及时送医院救治。

三、预防

1. 夏季露天劳动时尽量安排在早晚，延长中午休息，并戴草帽，开领卷袖劳动。

2. 充分供应凉开水、饮料，并加少量盐，以补充体内盐分。

3. 禁止过度劳累，保证充足睡眠，室内应有良好通风。

4. 积极治疗各种原发病，增加抵抗力，减少中暑诱发因素。准备人丹、十滴水、藿香正气水、清凉油等备用。

▶第九节　冻伤的急救

冻伤是人体遭受低温侵袭后发生的损伤。冻伤的发生除了与寒冷有关，还与潮湿、局部血液循环不良和抗寒能力下降有关。一般将冻伤分为冻疮、局部冻伤和冻僵三种。冻伤是一种累积型伤害，全身冻伤时非常危险，几乎所有的病人都会出现发呆、嗜睡的症状。如果让病人睡下去，体温便渐渐降低，直至冻死。

急救措施：

1. 发现皮肤有轻微冻伤时，应尽快采取措施对患处进行保暖，比如将受冻的手放在腋下升温，或将脚放在同伴的胃部等处取暖，或慢慢地用与体温一样的温水浸泡患部，使之升温，恢复正常温度。

2. 属于局部冻伤，可用手、干毛巾或辣椒泡酒，对患部进行擦拭，直到发热。

3. 发现被冻僵的患者应尽快用大衣、棉被等物品包裹并送到温暖的地方，让患者服用姜汤等热饮料进行恢复。

4. 属于全身冻伤，体温降到 20℃ 以下就很危险。此时患者一定不要睡觉，应强打精神并进行一些活动，以保持体温不下降，否则可能会出现生命危险。

5. 当全身冻伤者出现脉搏、呼吸变慢的时候，应保证呼吸道畅通，并进行人工呼吸和心脏按摩。要逐渐使身体恢复至正常体温，然后快速送往医院救治。

同时还应注意：

1. 对局部冻伤进行救治时，禁止把患部直接泡入热水中或用火烤患部，这样反而会使冻伤加重。

2. 按摩会引起感染，最好不要做按摩。

3. 用茄子秸或辣椒秸煮水，洗容易冻伤的部位，或用生姜涂擦局部皮肤，有预防冻伤的作用。

▶第十节 扭伤的急救

扭伤是指由于关节过猛地扭转、撕裂附着在关节外面的关节囊、韧带造成的伤害。扭伤最常见于踝关节、手腕及下腰部。发生在下腰部的扭伤，就是平常说的闪腰岔气。扭伤的常见表现是痛、肿及皮肤青紫、关节不能转动。

急救措施：

扭伤发生 48 小时内应使用冰袋，之后冷热交替。在仍然疼痛的时候尽量避免使用扭伤的肌肉。当疼痛减缓后，开始缓慢地做一些适度的恢复性运动。

一般来讲，如果自己活动时，扭伤部位虽然疼痛，但并不剧烈，大多是软组织损伤，可以自己医治。如果自己活动时有剧痛，不能站立和挪步，疼在骨头上，扭伤时有声响，伤后迅速肿胀等，是骨折的表现，应马上到医院诊治。踝关节扭伤后48 小时内，应用冰敷抬高压迫予以紧急处理。病患处可先用弹性绷带或充气式固定器加以压迫，防止进一步肿胀，同时将下肢抬高增加静脉血回流以防肿胀。此时更是冰敷的最佳时机，将冰块包上毛巾或者在夏季可以用冰凉的山泉水沾湿毛巾就是最简单的冰敷用具。冰敷的目的在防止内出血持续。根据具体情况掌握冷敷频率，登山活动可以按照每小时敷 20 分钟进行，但须避免冻伤。要正确使用热敷和冷敷。热敷和冷敷都是物理疗法，作用却截然不同。血遇热而活，遇寒则凝，所以在受伤早期宜冷敷，以减少局部血肿；在出血停止以后再热敷，可加速消散伤处周围的瘀血。一般而言，在受伤 24～48 小时后使用热敷。

1. 在运动中扭伤手指，应立即停止运动。首先是冷敷，最好用冰。但一般没有准备，可用水代替。将手指泡在水中冷敷 15 分钟左右，然后用冷湿布包敷。再用胶布把手指固定。如果一周后肿痛继续，可能是发生了骨折，一定要去医院诊治。

2. 如踝关节扭伤，首先是要静养。用枕头把小腿垫高。可用茶水或酒调敷七厘散，敷伤处，外加包扎。也可以在关节周围包一层厚棉花，外用绷带包扎，这样可以减轻肿胀。如果是踝关节扭伤而无医务人员在场处理，可以不脱鞋袜，在鞋上直接扎一"∞"字形绷带。

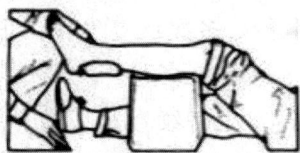

抬高、冷敷

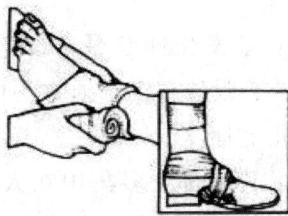

直接扎一"∞"字形绷带

3. 腰部扭伤也要静养。应在局部作冷敷,尽量采取舒服体位,或者侧卧,或者仰平卧屈曲,膝下垫上毛毯之类的物品。止痛后,最好是找医生来家治疗。

同时应注意:

1. 当天,每3~4小时进行15分钟冷敷(可以缓解肿胀)。请注意不能直接用冰块接触皮肤。

2. 至少让受损肌肉休息一天。

3. 保持拉伤的肌肉处于抬高的位置可以缩短症状持续时间。

总的来说,当发生运动伤害时,最好要马上处理。处理的原则有五项,简称为PRICE:

保护(Protection);

休息(Rest);

冰敷(Icing);

压迫(Compression);

抬高(Elevation)。

保护的目的是不要引发再次伤害。休息是为了减少疼痛、出血、肿胀并防止伤势恶化。压迫及抬高也都有上述的效果。冰敷还能够有止痛的功能。挫伤、瘀青、轻度肌肉拉伤、韧带扭伤,经由上面几种方式处理,以及适当的复健治疗,都能够在短时间内恢复健康。严重的肌肉拉伤(断裂)、韧带扭伤(断裂)、骨折,则必须由专科医师手术治疗。

▶第十一节　中风的急救

中风又称脑卒中。

一般分为两类即出血性脑中风,如脑溢血、蛛网膜下腔出血;缺血性脑中风,如脑动脉血栓形成、脑栓塞。中风病大多由情绪波动、忧思恼怒、饮酒、精神过度紧张、疲劳等因素诱发所致。在中风发生之前常可出现一些典型或不典型的症状,即中风预兆。

一、常见的预兆

1. 眩晕:呈发作性眩晕,自觉天旋地转,伴有吹风样耳鸣,听力暂时丧失,并有恶心呕吐、眼球震颤,通常历时数秒或几十秒,多次反复发作,可一日数次,也可几周或几个月发作一次。

2. 头痛:疼痛部位多集中在太阳穴处,突然发生持续数秒或数分钟,发作时常有一阵胸闷、心悸。有些人则表现为整个头部疼痛或额枕部明显疼痛,伴有视力模糊、神志恍惚等。

3. 视力障碍：迅即发生视物不清、复视，一侧偏盲或短时间阵发性视觉丧失，又在瞬间恢复正常。

4. 麻木：在面部、唇部、舌部、手足部或上下肢，发生局部或全部、范围逐渐扩大的间歇性麻木，甚至短时间内失去痛觉或冷热感觉，但很快又恢复正常。

5. 瘫痪：单侧肢体短暂无力，活动肢体时感到力不从心、走路不稳似醉酒样、肢体动作不协调，或突然失去控制数分钟，同时伴有肢体感觉减退和麻木。

6. 猝然倒地：在急速转头或上肢反复活动时突然出现四肢无力而跌倒，但无意识障碍，神志清醒，可立即自行站立起来。

7. 记忆丧失：突然发生逆行性遗忘，无法回想起近日或近 10 日内的事物。

8. 失语：说话含糊不清，想说又说不出来，或声音嘶哑，同时伴有吞咽困难。

9. 疼痛：多在闲坐或睡眠时发作，一侧手足的肌肉发生间歇性抽筋或疼痛。

10. 定向丧失：短暂的定向不清，包括时间、地点、人物不能正常辨认，有的则不认识字或不能进行简单的计算。

11. 精神异常：出现情绪不稳定，易怒或异常兴奋、精神紧张，有的表现为神志恍惚、手足无措。

一旦出现上述中风预兆，提示中风即将在近期内发生，尤其是原有高血压、动脉粥样硬化、心脏病、糖尿病的患者，更应提高警惕积极采取预防措施：

(1)离开施工现场、公路上、火炉旁、深水边等危险境地，以防中风跌倒后发生其他意外事故。

(2)完全卧床休息，调节心境，保持冷静，避免情绪激动。坚持按医嘱服用相应药物，定时测血压及时调整用药剂量。

(3)避免中风时摔倒，有中风预兆的人应尽量不坐高处如椅子，不上高处。

二、中风后病人的急救措施

(1)病人去枕或低枕平卧，头侧向一边，保持呼吸道通畅，避免将呕吐物误吸入呼吸道，造成窒息。切忌用毛巾等物堵住口腔，妨碍呼吸。

(2)摔倒在地的病人，可移至宽敞通风的地方，便于急救。上半身稍垫高一些，保持安静，检查有无外伤，出血可给予包扎。

(3)尽量不要移动病人的头部和上身，如须移动，应由 1 人托住头部，与身体保持水平的位置。

(4)拨打"120"、"999"电话呼救，请急救人员前来急救。

(5)吸氧，血压显著升高但神志清醒者，可给予口服降血压药物。

(6)守候在病人身旁，一旦发现呕吐物阻塞呼吸道，采取各种措施使呼吸道畅通，可用手掏取。呼吸停止时进行口对口人工呼吸。

(7)脑中风应送医院进行 CT 检查，区分脑中风的类型，针对病因进一步治疗。

▶第十二节 蜇咬伤的急救

随着亲近大自然理念的回归，人与动物的直接接触越来越多。特别是近年来，旅游的升温和家庭饲养宠物热情的高涨，都更加有必要提醒人们正视来自动物蜇咬的危险。因为，虽然这种蜇咬伤看起来并不严重，但在伤口深或被动物口腔中的毒液或细菌感染的情况下，极易引发破伤风、中毒等急症，如不及早采取措施就会危及生命，所以决不能轻视动物蜇咬伤的救治。

蜇咬伤一般是指被马蜂、蜈蚣、蝎子或猫、鼠、狗、蛇等动物的蜇咬所造成的伤害，多发生在天气转暖后的季节中。被一般的蚊虫等叮咬不会对人的健康造成威胁，但对于一些特殊的蜇咬伤，如被蝎子、蜈蚣、毒蛇、狗等蜇咬后，必须提高警惕。蜇咬在生活中很常见，有些蜇咬伤如不及时救治，则会危及生命健康，所以青少年应掌握一些蜇咬伤的基本急救常识，以防不测。

1. 毒蛇咬伤

世界已知毒蛇约500余种。分布在我国的毒蛇目前已知有49种，分布较广。被毒蛇咬伤后一般在局部留有牙痕、疼痛和肿胀，还可见出血及淋巴结肿大，其全身性症状因蛇毒性质而不同。蛇毒一般在3～5分钟即被吸收，实施急救首要的是及早防止毒素扩散和吸收，尽可能地减少局部损害。

（1）减少活动。被毒蛇咬伤后切忌奔跑，应就地包扎、吸吮、冲洗伤口，随后速到医院治疗，防止毒液的蔓延和扩散。

（2）捆扎伤肢。为防止毒素扩散，须阻止静脉血和淋巴液回流，并让被咬伤的部位低于心脏。在咬伤肢体近侧约5～10厘米处用绳子或橡胶带等绑扎，然后用手挤压伤口周围或口吸（口腔黏膜破溃者忌吸），将毒液排出体外。

（3）冲洗伤口。先用消毒液或肥皂水、清水冲洗伤口，再用生理盐水、0.1%高锰酸钾或净水反复冲洗伤口。

（4）局部降温。为减缓毒素吸收速度，降低毒素中酶的活力，可先将伤肢浸于4～7℃的冷水中3～4小时，然后改用冰袋，敷在患处。

（5）排毒。咬伤后应尽快排毒，咬伤不超过24小时者，以牙痕为中心切开伤口成"＋"或"＋＋"形，使毒液流出，也可用吸奶器或拔火罐吸吮毒液。

需要注意的是：切口不宜过深，以免损伤血管。若有蛇牙残留，宜立即取出。切开或吸吮应及早进行，否则效果不明显。

（6）及时用药。常用的解毒抗毒药有上海蛇药、南通蛇药等，还可用半枝莲60克、白花蛇舌草60克、七叶一枝花9克、紫花地丁60克水煎内服外敷。还可用激素、利尿剂及支持疗法，有辅助治疗作用。

2. 狗、猫咬伤

一旦被狗、猫咬伤，重要的是做好现场救护工作。凡是狗、猫咬伤，不管是疯狗、病猫还是正常的狗、猫（据文献报告，有相当多的一部分正常的狗、猫的唾液中带有狂犬病病毒），千万不要急着去医院找医生诊治，而是应该立即、就地、彻底冲洗伤口。万一找不到水源，甚至可以用人尿代替清水冲洗，随后再设法找水源。

冲洗伤口一是要快。分秒必争，以最快速度把沾染在伤口上的狂犬病毒冲洗掉。因为时间一长病毒就进入人体组织，沿着神经侵犯中枢神经，置人于死地。二是要彻底。由于狗、猫咬的伤口往往外口小，里面深，这就要求冲洗时尽量把伤口扩大，让其充分暴露，并用力挤压伤口周围软组织，而且冲洗的水量要大，水流要急，最好是对着自来水水龙头急水冲洗。三是伤口不可包扎。除了个别伤口大，又伤及血管需要止血外，一般不上任何药物，也不要包扎，因为狂犬病病毒是厌氧的，在缺乏氧气的情况下，狂犬病病毒会大量生长。

伤口反复冲洗后，再送医院作进一步伤口冲洗处理（牢记到医院后伤口还要认真冲洗），接着应接种预防狂犬病疫苗。这里特别要指出的是，千万千万不可在被狗、猫咬伤后，伤口不作任何处理，错上加错的是不仅伤口不冲洗，而且涂上红药水包上纱布，这样更有害。切忌长途跋涉赶到大医院求治，而是应该立即、就地、彻底冲洗伤口，在 24 小时内注射狂犬疫苗。

3. 蜂蜇伤

蜜蜂和黄蜂尾部毒囊中的毒液通过尾端一枚连接毒囊的蜇针刺入皮肤进入人体。蜂毒液中含有蚁酸、组织胺样物质、透明质酸酶、磷脂酶 A、神经毒素等，除引起刺伤局部反应外，还可引起神经、溶血、出血等全身症状。人被蜂刺伤后，伤势轻者只表现局部红肿、疼痛，多无全身症状，数小时后即自行消退。多处受刺严重者，可出现如头晕、恶心、呕吐等，严重者可出现休克、昏迷或死亡。处理方法有以下几点：

（1）仔细检查伤处，若皮内留有毒刺，应先将它拔除。

（2）若被蜜蜂蜇伤，因蜜蜂毒液是酸性的，故可选用肥皂水或 3％氨水、5％碳酸氢钠液、食盐水等洗敷伤口。若被黄蜂蜇伤，要用食醋洗敷，也可将鲜马齿苋洗净挤汁涂于伤口。

（3）若有南通蛇药（季德胜蛇药），可将药片用温水溶化后涂于伤口周围；或用紫金锭或六神丸等药研末湿敷患处，有解毒、止痛、消肿之功效。

（4）民间单验方可选用：

①将大蒜或生姜捣烂或取汁涂敷患处。

②将鲜茄子切开，涂擦患处；或加白糖适量，一并捣烂涂敷。

③鲜紫花地丁、半边莲、蒲公英、野菊花、韭菜等一同或单种捣烂敷患处。

(5)若有过敏反应，轻者可日服息斯敏1片，每日1次；或扑尔敏4毫克，每日3次。症状严重者应尽快送医院救治。

4.蜈蚣咬伤

蜈蚣俗称"百脚虫"，体内有毒腺，能分泌酸性毒液。蜈蚣越大，毒性也越大，被小蜈蚣咬伤时仅有局部红肿和剧痛；被大蜈蚣咬伤则会出现头痛、发热、眩晕、恶心、呕吐，甚至抽搐及昏迷等全身症状。

处理方法是：

(1)立即用肥皂水或3％氨水、5％～10％碳酸氢钠溶液冲洗伤口。蜈蚣咬伤的痕迹是一对小孔，毒液就是顺小孔流入的，所以一定要用碱性水反复冲洗，忌用碘酊或酸性药物冲洗或涂擦伤口。

(2)雄黄、甘草各等份研成粉末后，用茶油调匀涂患处。或用季德胜蛇药调成糊状，涂擦在伤口周围。或用雄鸡口内的涎沫(将雄鸡倒提，唾液即可流出)，抹涂于伤口。或取新鲜蒲公英、扁豆叶、七叶一枝花、半边莲、鱼腥草、马齿苋、鲜芋尖、番薯等任何一种，捣烂，外敷患处，有止痛、止痒、消肿的作用。

(3)疼痛剧烈者，可适当服些止痛片；有过敏症状者，可口服扑尔敏4毫克，每日3次，或息斯敏每日1片。经上述处理后，如果患处肿痛不消退，症状加剧，或全身症状严重者，应及时送医院治疗。

5.蝎子蜇伤

蝎子称全虫。其尾端为囊状，有毒腺而成钩形毒刺，它的毒液无色透明，内含毒性蛋白，其主要成分是神经毒素、溶血毒素、出血毒素及能使心脏、血管收缩的毒素等。蝎子是昼伏夜出，多在石下，阴雨时常进入室内。我国东北地区的毒蝎其毒力不次于眼镜毒蛇，不慎被蜇后，如抢救不及时，常在4天内死亡。

蝎子蜇伤的急救：

(1)局部处理同蜂蜇，还可用冷水冷敷。

(2)用明矾研细，醋调外敷。

(3)雄黄、枯矾粉末各等份，用茶水调成糊状外敷。

(4)蛇毒、薄荷叶、大青叶捣烂外敷。

(5)用布带在伤口上部3～4厘米处扎紧，每隔10～15分钟放松1～2分钟。

(6)可切开伤口用1∶5000高锰酸钾溶液冲洗。

(7)严重者边处理局部，边联系送医院。争取及早用抗蝎子毒血清、脱敏、镇静、抗休克治疗。

6.蚂蟥咬伤

蚂蟥生活在水中，我国南方多于北方。在稻田、池塘、湖沼等处劳动、玩耍、游泳、洗澡会被蚂蟥咬伤，蚂蟥头部有一吸盘，当遇到人体的皮肤黏膜处如阴道、肛门、尿道之处，即钻进去吸血，同时分泌一种抗凝物质，阻碍血液凝固。它吸血时很难自动放弃。

蚂蟥咬伤的急救：

1. 发现蚂蟥叮咬，不要强行拉它，以防拉断而吸盘仍留于创口，加重伤情。

2. 采用以下办法使它自动脱离伤口。

(1)用食醋、酒精或饱和盐水把棉球浸湿放在蚂蟥的头部。

(2)用手拍打或针刺，或烟油刺激其头部，使其自动脱开皮肤。

(3)如喉、鼻腔、消化道、泌尿道被咬时，可用1％～2％丁卡因溶液，或2％～4％得多卡因溶液涂于蚂蟥头部使其麻醉，然后用镊子轻轻取下。

(4)有出血可用2％麻黄素溶液浸湿棉球压迫止血。

(5)伤口用盐水冲洗，无菌纱布包扎。肌肉注射破伤风抗毒素。

(6)如果病情不严重，即在当地急救处理，如创伤严重急速送往医院治疗。

▶第十三节　休克的急救

休克是较重的创伤、出血、剧痛和细菌感染时出现的一种全身性严重致命反应，如不能正确急救即有生命危险。

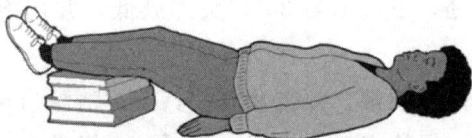

迄今医学界解释休克的理论为"微循环障碍所致"。微循环是指血管口径小于200微米以内的网状毛细血管。维持微循环正常流通有三个条件：第一是全身血管内有充足血量；第二是心脏每次搏出足够的血量；第三是微小的动脉收缩力正常。不论哪一个环节出现问题都会发生致命休克。

一、休克的种类及成因

低血容量性休克——常因大量出血或丢失大量体液而发生，如外伤或内脏大量出血、急剧呕吐、腹泻等，都会使毛细血管极度收缩、扩张或出现缺血和瘀血。

感染性休克——由病毒、细菌感染引起，如休克性肺炎、中毒性痢疾、败血症、暴发性流脑等。

心源性休克——因心脏排血量急剧减少所致，如急性心肌梗死、严重的心律失常、急性心力衰竭及急性心肌炎等。

过敏性休克——因人体对某种药物或物质过敏引起，如青霉素、抗毒血清等。可造成瞬间死亡。

神经性休克——由强烈精神刺激、剧烈疼痛、脊髓麻醉意外等而发病。

创伤性休克——常由骨折、严重的撕裂伤、挤压伤、烧伤等引起。

二、休克的临床表现

休克在临床上通常分为早期（又称代偿期和兴奋期）和晚期（又称失代偿期和抑制期）。

（1）早期：即休克开始时，病人有短时间的精神兴奋，后出现呻吟、烦躁不安、表情紧张、面色发白、脉搏快但有力、呼吸浅而急促，血压可正常或略增，但脉压变小，四肢凉而多汗。这些症状可历时几分钟到几十分钟，若不注意观察，不及时抢救，可使休克转向晚期。

（2）晚期：典型的是极端口渴、表情淡漠、反应迟钝、问话不答、眼球下陷、皮肤及口唇苍白，出冷汗，脉细速而微弱，浅表静脉不充盈，呼吸浅快或不规则，体温低于正常，血压不断下降，脉压小，尿量减少，瞳孔散大，意识不清，甚至进入昏迷状态。

三、休克的预防和急救

1. 若为严重的创伤时，应立即止血、止痛、包扎、固定。

2. 平卧于空气流通处，下肢抬高30°，头部放低，并用冷水打湿毛巾敷头，以利静脉血液回流。

3. 保持呼吸通畅，松解腰带、领带及衣扣，及时清除口鼻中呕吐物。

4. 方便时立即吸氧，保持安静，止痛，保暖，少搬动。

5. 意识清楚时，给热茶、姜糖水。

6. 运送途中要平稳，少搬动，头低脚高，保暖。

7. 疼痛时，肌肉注射杜冷丁50mg或强痛定50mg，吸氧，补液；过敏所致者立即停用致敏药，平卧，头低足高，肌肉注射肾上腺素1mg，或异丙嗪50mg，或地塞米松10mg，就地抢救；心源性休克者原则上不能搬动，应吸氧，胸外按压心脏，速请医生；感染性休克者安静平卧，头低足高，尽快送急救站、医院治疗。

8. 抗休克裤广泛使用于创伤出血性休克的急救转运。头、胸外伤引起的休克慎用。心脏压迫和张力性气胸禁忌使用。

9. 尽快消除病因。外科疾病引起的休克抢治时，不能墨守"先抢救后手术"的常规，例如：控制内脏大出血，修补脏器穿孔，切除坏死肠管，整复肠扭转，引流体腔大量脓汁等都应及时处理。补充足够的体液容量，输血、输液是根本的急救措施。

▶ 第十四节　人工呼吸

人如触电、溺水、中毒或癫痫发作时，呼吸可能停止，但如及时进行人工呼吸，予以抢救，很可能挽回生命。人工呼吸就是人为地帮助伤患者进行被动呼吸活动，达到气体交换，促使患者恢复自动呼吸的救治目的。

一、做人工呼吸须具备五个条件

(1)患者呼吸道畅通，空气容易入出。

(2)解开患者衣扣，防止胸部受压，使其肺部伸缩自如。

(3)操作适当，不能造成肋骨损伤。

(4)每次压挤胸或背时，不能少于1/2的正常气体交换量。

(5)必须保持足够时间，只要病人还有一线希望，就不可随意放弃人工呼吸。

二、进行人工呼吸前应注意事项

(1)清除病人口、鼻内的泥、痰、呕吐物等，如有假牙亦应取出，以免假牙脱落坠入气管。

(2)解开病人衣领、内衣、胸罩，以免胸廓受压。

(3)仰卧人工呼吸时必须拉出患者舌头，以免舌头后缩阻塞呼吸。

(4)检查患者胸、背部有无外伤和骨折，女性有无身孕，如有，应选择适当姿势，防止造成新的伤害。

(5)除房屋倒塌或患者处于有毒气体环境外，一般应就地做人工呼吸，尽量少搬动。

三、人工呼吸的常用方法

(1)口对口吹气法：病人应置于仰卧位，急救者跪在患者身旁(或取合适姿势)，先用一手捏患者的下巴，把下巴提起，另一只手捏患者的鼻子，不使其漏气。进行人工呼吸者，在进行前先深吸一口气，然后将嘴贴紧病人的嘴，吹气入口；同时观察病人胸部是否高起；吹完气后嘴即离开，让病人把肺内的气"呼"出。最初吹的5～10口气要快些，以后则不必过快，只要看到患者高起的胸部下落，表示肺内的气体已排出，接着吹下一口气，就可以了。如此往复不止地操作，直到病人恢复自动呼吸或真正确诊死亡为止。每次吹气用力不可过大，以免患者肺泡破裂；也不可过小，以免进气不足，达不到救治的目的。

口对口人工呼吸（单人）

（2）口对鼻吹气法：碰到伤病患者牙关紧闭，张不开口，无法进行口对口人工呼吸时，可采用口对鼻吹气法。口对鼻吹气法与口对口吹气法相同，但必须将病人的嘴巴用手捏紧，防止气从口内排出。在进行此法时，要先将患者鼻内污物清除，以防阻塞气道。用此法吹气时，应比口对口吹气法用力大些，时间长些。

无论用口对口吹气法还是用口对鼻吹气法，最好都用纱布或手帕将病人口、鼻隔一下（但不能影响通气）。吹气次数每分钟成人不少于 14～16 次，儿童不少于 20 次，婴儿不少于 30 次。

（3）俯卧压背法：此法古老，但仍在普遍使用。由于病人俯卧，舌头易向口外坠出，救治者不必另花时间拉舌头，可赢得更多更快的抢救时间。此法简单易行，在救治触电、溺水时常用。此法虽进气量不及口对口或口对鼻大，但比以后几种人工呼吸法效果好。其操作方法是：

①将患者胸、腹部贴地（或平板等），腹部稍垫高些，头偏向一侧，两臂伸过头或一臂枕在头下，使胸部扩大。

②救治者两腿跪地面向患者头部，骑在患者腰臀上，把两手平放在患者背部肩胛下角的脊椎骨两旁（两拇指均靠近患者脊椎骨，其余四指稍开微弯），手掌根紧贴患者背部，用力向下压挤。

③救治者在压挤患者背部时应俯身向前，慢慢用力下压，用力方向是向下向前推压，这时患者肺内空气已压出（即呼气），然后慢慢放手松回，使空气进入患者肺内（即吸气），如此反复便形成呼吸。每分钟可做 14～16 次。

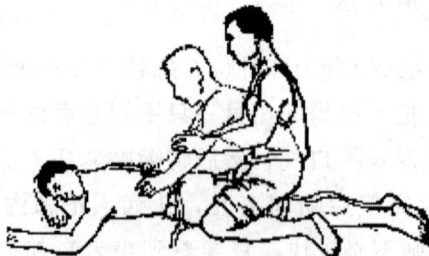

俯卧压背法（单人）

（4）仰卧压胸法：此法不适于牙关紧闭舌向后坠的患者，对溺水、胸部创伤、肋骨骨折患者也不宜采用。此法的优点是：便于观察病人表情，气体交换量较俯卧法为大。在进行人工呼吸前应先将病人舌头拉出（最好设法固定，以防后缩阻喉）。

其操作方法如下：

仰卧压胸法（单人）

①患者取仰卧位，背部稍垫高些，使胸部凸起。

②救治者双膝跪在患者大腿两旁，将双手平放于患者乳房稍下部位（相当于第六、七对肋骨处），双大拇指向内，靠近患者胸骨下端，其余四指微弯向外，手掌根贴紧患者胸廓肋骨上，用力压挤其胸。

③挤压方向、压启方法同俯卧压背法。

用此法做人工呼吸时，救治者两臂伸直，依靠体重和臂力推压患者胸廓，使其胸腔缩小，迫使气体由其肺内排出（即呼气），在此位置停2秒钟；然后再将双手松开，身体向后，略停3秒钟，使患者胸扩张，空气进入其肺内（即吸气），如此反复压启，每分钟14～16次，直到患者恢复正常呼吸为止。

（5）仰卧伸臂压胸法：如伤员下肢或腰臀部负伤，无法用仰卧压胸法时，可采用此方法。此方法仍将患者仰卧（姿势同仰卧压胸法），救治者双膝跪在患者头顶端，将患者置其胸前，握紧患者双腕，将其手臂向上与躯体呈直角，再向外拉与地平，维持2秒钟，使其胸廓扩张，引气入肺（即吸气）；接着再将患者两臂收回，使之屈肘放于胸廓的前外侧，对着肋骨施加压力，持续2秒钟，使其胸廓缩小，挤气出肺（即呼气）。如此反复，直至患者恢复自动呼吸为止。此法仍为每分钟14～16次。

仰卧伸臂压胸法

▶第十五节　案例警示

【案例一】　　　　自己止血　赢得重生的机会

王钦是一个登山爱好者，曾经一次意外险些夺走他的性命。当时，他由于在登山时不慎踩在一块松动的石头上，脚下一滑，滚落到山路的一个拐弯处，左手臂开

放性骨折,鲜血不停地流出。他忍着钻心的疼痛,先用手机报警,在等待救护的时候,果断地用自己的鞋带扎紧受伤手臂的上端。为减少出血量,他还尽力设法将手臂抬得高一些,直到救护的医生到来。急救医生说幸亏他为自己进行了及时止血,否则会因为失血太多导致昏迷,甚至还可能有生命危险。

【案例二】 　　　　　　　　**寒流袭击　多人伤亡**

据尼泊尔国家气象局报告,自 2003 年 12 月 29 日开始,寒流不断袭击尼泊尔全国各地。原本气温较高的尼泊尔南部德赖平原地区的温度骤然下降7℃～8℃,当地 70 多人因没有御寒准备而被冻死。据报道,被冻死的人绝大多数为小孩和体弱多病的老人。

【案例三】 　　**医生用汽车碎片当夹板　为车祸伤者固定断骨**

20××年 12 月 11 日,在京石高速公路上发生一起车祸。两辆车相撞,5 人受伤。一位路过此处的医生在及时报警后立即对伤者实行了必要抢救。据医生回忆说:当时我先给路边的两位伤者进行包扎和止血处理。他们主要是头部和面部有伤,出血较多,可当时我身边除了两卷绷带外,没有其他医疗器材。只好就地取材,用毛巾和纸巾逐个为他们包扎和止血。还有一人是下肢骨折,必须要用夹板固定,实在找不到固定用的材料,我只好找了一块汽车上被撞掉的硬质残片当夹板用。

目击的群众还证实,这位医生还为一位深度昏迷的伤者进行了人工呼吸和心脏按压抢救。

【案例四】 　　**登山游客危机时刻伸援手　猝死老人死里逃生渡难关**

刚刚退休的高级工程师李非易有登山锻炼的习惯。每到周末,他都会准时到香山,开始他的登山活动。这一天,他刚刚爬到一半,就感到胸闷、呼吸急促,短短的几分钟后竟失去了知觉,一头栽倒在路上。随后,一个中学生到此发现昏倒在地的老李,就着急地大声呼救。不一会儿,一中年男子跑上来,一边大口喘气,一边迅速为老人进行检查,并立即为老人进行人工呼吸。大约十多分钟后,急救人员赶到,在医生的急救下,老人恢复了心跳和呼吸,并被转送到医院进行进一步的治疗。不过,急救医生说幸亏有热心游客的及时救助,否则猝死的老人就难逃过这个"鬼门关"了。

▶第十六节　触电的急救

触电是由于电流通过人体所引起,一般是直接接触电源所致,也可能是雷击所致。电流小、接触电源时间短时，病人一般神志清醒，可有心慌、四肢麻木、头晕、乏力及轻微心律失常。如电流大，接触时间长，病人可昏迷，面色苍白、发紫，甚至呼吸、心跳停止。

一旦发现有人触电，若病人还与电源接触着时，应首先迅速切断电源，或用干燥的木棒竹竿等不导电的东西拨开电线，不要用手去拉触电者。如触电较轻、病人清醒，应就地平卧1~2小时，观察有无异常变化，特别是心跳的变化。如触电者呼吸、心跳已停止，必须在现场立即进行人工呼吸及胸外心脏按摩。

人工呼吸：口对口人工呼吸法的效果较好。操作时，先迅速将病人领扣和皮带解开，病人仰卧，救护人跪在一旁，一只手捏住病人的鼻孔，另一手托住他的下领，打开口腔，并用掌根轻压环状软骨，以间接压迫食道，防止吹气时气体进入胃内。救护者先深吸气一口，然后对准患者的口部吹入，将气体吹入病人的呼吸道，吹气完毕将捏鼻子的手松开，用一手挤压胸部帮助病人呼气。每分钟反复有节律地进行16~20次，注意吹气时不要漏气太多，吹的气量要多。

胸外心脏按摩：如患者心跳停止，要立即进行胸外心脏按摩。方法是把病人平放，仰卧在地上或硬木床上（软床可垫一块木板）。救护者将一手掌根放在病人胸骨下段两乳之间，另一手掌根叠放在该手的手背上，伸直肘关节，双手掌根部适度有力，有节奏地带有一定冲击性地向下压，使胸骨下陷3~4cm，使心脏间接受挤压而排出血液，然后迅速放松（手不离开病人胸部皮肤），解除压力使胸骨复原，此时静脉血液又回流到心脏。如此一压一松，反复有节律地进行，造成人工的心脏收缩、舒张。挤压时用力要均匀，轻重适度。成人每分钟60~80次，小儿80~100次。

▶第十七节　溺水的急救

溺水常由于游泳未掌握技术或发生肌肉痉挛，也可因冷水或吸水时的刺激引起反射性的咽喉痉挛，使空气不能进出肺，而引起窒息。时间稍长即可引起死亡。溺水者身体发给（青紫），面部肿胀，口鼻充满泡沫，肢体冰冷，昏迷，因胃内积水而上腹部膨大，甚至呼吸、心跳停止。

首先应尽快清除口、鼻中的泥沙、杂草或分泌物，如口腔紧闭，可将下领推向前方，便口张开；解开衣扣、腰带，迅速倒水。倒水时，可将病人俯卧，腹部垫高，或把病人放在抢救者的大腿上，挤压背部，以倒出肺、胃内的水。如果是小孩，可倒提双脚，使积水倒出。神志清醒者经救后可给予漱口、喝热茶等，让病人安静入睡。

如病人呼吸、心跳已停止，不可过分强调倒水，以免延误抢救的时间，即使倒出的水量不多，也应立即进行有效的人工呼吸和胸外心脏按摩。在就地抢救的同时，应迅速请医生前来处理。

▶第十八节　一氧化碳中毒的急救

在日常生活中，煤炉产生的气体中含有大量一氧化碳，燃烧不完全时产生得更多；煤气泄漏也会在空气中存在大量一氧化碳。如果门窗紧闭、通风不良，就会因过量吸入一氧化碳而产生中毒。

一氧化碳在体内与血红蛋白的亲和力非常大，形成稳定的碳氧血红蛋白，使血红蛋白不能携带氧，造成机体缺氧，特别是脑和心，缺氧时间一长，可造成死亡。

轻度中毒时患者有头痛、乏力、活动时呼吸困难。中度中毒时有严重头痛、恶心、呕吐、乏力、头晕、视力模糊、呼吸困难、晕厥等。重度中毒时皮肤黏膜呈樱桃红色、神志模糊、步态不稳、晕倒、呼吸和心率加快、昏迷。危重者可因呼吸循环抑制而死亡。

立即将中毒者搬到室外空气流通的地方，使病人吸入新鲜空气，排出一氧化碳，同时注意保暖，保持呼吸道通畅。症状轻的，可喝些热浓茶。症状严重，恶心呕吐明显、神志不清或昏迷者，应及时送医院急救。护送途中要尽可能清除病人口中的呕吐物及分泌物，取出假牙，并将病人的头偏向一侧，以免呕吐物阻塞呼吸道引起窒息和吸入性肺炎。如果病人呼吸、心跳均停止，应立即进行人工呼吸和胸外心脏按摩，在送到医院之前，必须坚持抢救。

▶第十九节　晕厥的急救

晕厥是由于一时性脑缺血引起的意识障碍，发生和恢复都较快。强烈的情绪激动、剧烈疼痛、恐惧、闷热、长期卧床病人或久蹲坐后突然站立等，都易发生晕厥。另外，清晨或午睡后，夜间小便时会发生排尿性晕厥。发作时，病人突然感到头晕、恶心、心慌、无力，然后眼前发黑，随之摔倒在地，出现短暂意识障碍。病人四肢凉冷，脉搏缓慢，肌肉松弛，呼吸缓慢，血压可下降。另有一类较少见的晕厥为"心源性晕厥"，这类病人有明显的心脏病史，晕厥常由于严重的心律失常引起，后果较严重，常威胁生命。

一旦发现有人晕倒，应立即让病人平卧，或取头低脚高位。但肥胖者不可取头低脚高位，以免影响呼吸。然后解开其衣领、腰带等，使其呼吸顺畅；注意保暖，针刺或手指掐揉人中、合谷穴等。经上述救护后，一般病人都能较快恢复。神志清醒后可喝一些热茶。如果是心源性晕厥，心跳突然停止时，应就地迅速作胸外心脏按摩，并注意病人的呼吸情况。同时应设法尽快送医院抢救，或请医生来处理。

▶第二十节 失眠的处理

睡眠对人类健康十分重要，适当的睡眠是人体所必需。正常成人每天睡 6～8 小时为宜，失眠则表现入睡困难、睡眠中易醒，不能保证适当的睡眠时间，而导致头晕，头疼，周身无力，精神不振等症状。出境劳务人员日常工作量大，部分人员还从事高空作业，因此，保证良好的睡眠尤其重要。

预防克服失眠的要点

(一)找出失眠的原因，如果是因为疾病引起，应及早积极治疗。

(二)生活规律，养成良好的睡眠习惯，有条件的午睡 20～30 分钟为宜。

(三)适度参加文体活动，增强体质，有个好心情，保持乐观情绪，增强适应外界的能力。

(四)失眠的人在睡觉前常因为害怕失眠而心理恐惧，造成精神压力，从而形成恶性循环。这种情况应调整心态，解除因害怕失眠造成的恐惧心理，必要时在医生的知道下正确服用安眠药。

(五)克服焦虑、担忧、恐惧等不良心理，情绪放松。睡前可用温热水洗脚，睡前半小时结束紧张劳作，避免喝茶，喝咖啡，吸烟及使用易兴奋的食品。

(六)保证睡眠时间更重要的是在于睡眠质量。深沉、酣甜的睡眠才能有效地解除疲劳和改善脑力，而睡眠过多有损健康。尤其是午睡时间更不宜过长。

(七)睡眠姿势一般身体略弯曲，头南脚北为宜。这样对心脏、肝脏、人体生物电等均有良好作用。

▶第二十一节 酒精中毒的急救

酒精的化学名称叫乙醇，对中枢神经系统先兴奋后抑制。严重时，可引起呼吸中枢的抑制甚至麻痹，而且对肝脏也有毒性。一旦酒醉，先出现兴奋现象：红光满面、爱说话、语无伦次，行走不稳以致摔倒；呕吐、昏睡、颜面苍白、血压下降，最后陷入昏迷，极严重的甚至可造成死亡。

(一)酒精中毒的各种表现及急救处理措施

(1)轻度中毒者(兴奋期)表现为：眼部充血、颜面潮红或苍白，精神愉快，言语增多，粗鲁无礼或安静入睡。

处理方法：停止饮酒，安静休息，保暖，饮浓茶或咖啡，用花露水敷脸。在热毛巾上滴数滴花露水，敷在醉酒者的脸上，对醒酒、止吐效果很好。几小时后就可恢复常态。

(2)中度中毒者(共济失调期)表现为：动作笨拙、步履不稳、言语含混、语无

伦次。

处理方法：应喝些醋水或白开水，然后用手指或筷子等刺激咽部，引发呕吐，以使胃内食物及酒吐出，减少体内对酒精的吸收。用清水灌口。用湿毛巾分别敷在醉酒者后脑和前胸，并不断用清水冲入口中，直至酒醉者清醒。必要时送医院洗胃，然后让其静卧，并要注意保暖。

(3)重度中毒者(昏迷期)表现为：呕吐、流涎、哭笑无常、躁动不安或昏睡不醒、皮肤湿冷、口唇发紫、心跳加快，呼吸慢而有鼾声，甚至抽搐、昏迷。

处理方法：这时要急送医院治疗。让中毒者侧卧或俯卧姿势，以免呕吐物误入呼吸道。如有急救包，立即给予纳洛酮静脉注射 0.4 毫克。

(4)极严重中毒者(衰竭期)表现为：呼吸中枢麻痹致呼吸微弱，循环抑制而衰竭，误吸呕吐物窒息导致呼吸、心跳停止甚至死亡。

处理方法：即呼"120"送医院抢救，必要时现场为醉酒者实施口对口心肺复苏抢救。

(二)醉酒者的基本急救措施

(1)浸冷水。当酒醉者不省人事时，可取两条毛巾，浸上冷水，一条敷在后脑上，一条敷在胸膈上，并不断地用清水灌入口中，可使酒醉者渐渐苏醒。

(2)敷花露水。在热毛巾上滴数滴花露水，敷在酒醉者的脸上，此法对醒酒止呕吐有奇效。

(3)多喝茶。沏上些绿茶(浓一些为好)，晾温后多喝一些。由于茶叶中所含的单宁酸能分解酒精，酒精中毒的程度就能减轻。

(三)醉酒的急救注意事项

(1)轻度洒醉的人，经过急救，睡几个小时后，就会恢复常态。如果过度兴奋中已陷入昏迷，就应请医生处理。

(2)空腹喝酒还能引起低血糖症。此时应喝点糖开水，禁忌喝醋。要注意保缓和卧床休息。如出现抽搐、痉挛时，要防止咬破舌头。

(3)让病人保持头侧位，呕吐时让病人头低位，防止呕吐物误吸。

(4)必须有家属或同学在床旁 24 小时陪伴，严防出现跌落等意外情况。

(5)让病人卧床休息，适当限制病人活动，以免发生外伤。

>>> **思考与练习**

1. 运动中不慎摔倒出现骨折怎样进行急救？

2. 如果出现扭伤能进行按摩吗？是热敷好还是冷敷好？

3. 游泳时遇有溺水者应怎样救治？

4. 中风会出现哪些症状，应注意哪些事项？

5. 如何做人工呼吸，应注意哪些事项？

第八章　防自然灾害

[学习要求]

了解地震、风灾、洪涝水灾、雷击、泥石流等自然灾害的成因，熟悉各种自然灾害的基本特征，掌握防范上述自然灾害的基本常识和自救互救措施。

大自然是人类赖以生存的家园，自然灾害却始终威胁着人类的生存。自然灾害具有突发性强、来势凶猛、受害面大的特点。灾害一旦发生往往容易伤人夺命，给人类带来的灾难是非常严重的，甚至带有毁灭性。根据联合国的不完全统计，自然灾害造成的死亡人数比牺牲于战争和暴力之下的人数高出好几倍。虽然在过去的 30 年里，自然灾害造成的死亡人数下降到每年 80 万人，但是，受自然灾害影响的人数以及经济损失始终处在稳步上升中。我国幅员辽阔，自然条件复杂，是世界上受自然灾害影响最严重的国家之一，平均每年损失 500 亿～600 亿元，死亡 1 万～2 万人。在各种自然灾害中，70% 以上是气象灾害，而我国气象灾害种类多、强度大、频率高，产生的危害严重。在与自然灾害的斗争中，我国人民积累了很多经验。预警是防灾减灾的关键环节，也是应急处置、快速反应的基础。为增强预警能力，最近，中国气象局对台风、暴雨、雪灾等 11 种突发气象灾害要求发布预警信号，总体上分为四级，按照灾害的严重性和紧急程度，颜色依次为蓝色、黄色、橙色和红色，分别代表一般、较重、严重和特别严重。青少年在日常学习和生活中要避免伤害，必须要了解各种自然灾害的成灾原因、性质、伤人特点，掌握必要的防范和救护知识，熟悉灾害中的自救与互救措施，可以最大限度地战胜灾害，减少生命和财产损失。

▶第一节　地　震

一、地震的成因

地震是指地球内部缓慢积累的能量突然释放，或由于人为原因引起地球表层的震动。人为活动也会诱发地震。地震发源于地下某一点，该点称为震源。地面上离震源最近的一点称为震中，它是受到震动最早的部位。按照震级大小，我国对地震进行了分类：微震，震级小于 3 级的地震；弱震，震级等于或大于 3 级、小于 4.5 级的地震；中强震，震级大于等于 4.5 级、小于 6 级的地震；强震，震级等于或大于 6 级的地震。人们还把震级等于或大于 7 级的地震称为大震。我国规定 4～5 级

地震为有感地震，6 级以上均为破坏性地震。

二、地震的危害

地震是一种常见的自然现象，它的发生是极其频繁的，全球每年发生地震约 500 万次。由于地震的直接作用，如地震波引起的强烈震动、地震断层的错动和地面变形等，会引起建筑物破坏，也会对社会生活和生产有较大的影响。地震会致使交通、通信、供水、排水、供电、供气、输油等生命线工程造成破坏；还会造成滚石、山崩、滑坡、地面裂缝、地面鼓包、地基沉陷、沙土液化、喷沙冒水等地面破坏现象。此外，地震会引发火灾、水灾、有毒物质泄漏、放射性污染和疫病流行等灾害。

虽然地震是几秒到几十秒的事，但突发性强，毁灭性大。最大的危害是造成人员的伤亡。20 世纪全球发生的破坏性地震中，我国占 1/3，死亡人数占 1/2。20 世纪以来，全世界因地震死亡的人数达 100 多万人，占各种自然灾害死亡总数的 54%，平均每年所造成的经济损失高达几十亿美元。我国较近发生的地震中，唐山大地震、邢台大地震、汶川大地震、玉树地震等都造成了严重的生命财产损失。

三、防范与应急

我国为地震多发地带。青少年了解地震征兆可以有效避震，减少人员伤亡。这些征兆主要有：井水位突然上升或下降，大气中出现异味，飞鸟家禽惊慌，电线之间有火花，室内有蓝光等。地震发生前，某些人也会有异常感觉，特别是老人、儿童、患病者可能更为明显。

要有效避免地震对人员造成的伤害，还要做好家庭防震准备，震时有效自我保护，震后积极自救和救他人。

（1）做好家庭防震准备

第一，要制订家庭防震计划。检查室内在地震时可能造成破坏或伤害的隐患。有针对性地制订出解决办法，消除不利于防震的隐患，制订应急避震措施。

第二，要了解住房的环境。观察住房周围有没有容易倒塌的建筑物，或者是否地处岸边、陡坎或不稳定的边坡地带，防止地震次生灾害。

第二，检查或加固住房，强化室内防震措施。妥善存放家中的危险品，防止引起地震次生灾害。准备必要的震后急用物品，如水、食品、衣物、药品等。

（2）地震发生时的自我保护

地震的致死因素主要是房顶塌落和灰尘呛闷，所以自救的防范目标应针对落顶和呛闷采取措施，宁可受伤不要丧命。震时，如果在瞬间之内又不能离开房屋，最好就近迅速找相对安全的地方避震，震后迅速撤离，是应急避震较好的办法。

室内避震：为方便于他人救助，室内的避震位置宜"近水不近火，靠外不靠内"。

居住在平房的，震时正好在屋内或房屋附近，屋外又是空旷区，附近又无高大建筑物，应当充分利用十几秒钟的时间跑出室外，如果来不及，要以比桌、床高度低的姿势，躲在桌子、床铺的旁边或紧挨墙沿下或坚固的家具旁，趴在地上，保护好头部。

居住在楼房的，要针对天花板的塌落位置迅速躲靠在支撑力大而自身稳固性好的物体旁边，如铁皮柜、暖气、大器械旁边，但只能靠近支撑物，不能钻进去。也可躲进跨度较小的房间。如厨房、卫生间等。切记，不要上阳台，不要使用电梯，千万不要跳窗或跳楼。当闻到有毒气体时，应用衣物捂住口鼻；正在用火时，要立即关掉煤气或电源后迅速躲避；在车站、商店、地铁、剧院、教室等公共场所，切忌拥向出口，防止摔倒、踩伤、挤伤，要把双手交叉放在胸前，保护自己。用肩和背承受外部压力。要保持镇静，就地蹲在桌、椅下避震。

户外避震：地震发生时屋内人员应双手交叉放在头上，最好用合适的物件罩在头上，跑到空旷的地方去。注意避开高大建筑物、狭窄巷道、围墙，尽量远离高压线、高烟囱及石化、化学、煤气等有毒的工厂或设施；正在行驶的车辆应紧急停在开阔处；过桥时紧紧抓住护栏，待震后向桥头转移；如果正在停车场，千万不要留在车内，以免落下来的天花板压扁汽车，造成伤害，要以卧姿躲在车旁，掉落的天花板压在车上，不致直接撞击人身，可能形成一块"生存空间"，增加存活机会。山区居民还应注意山崩、滚石、滑坡、泥石流的威胁。

（3）震后自救互救

唐山地震自救互救出的人员达 45 万，不同地区约 $40\%\sim80\%$ 靠自救互救。所以在地震灾害救援中，自救互救极其重要。

震后自救：

地震时如被埋压在废墟下，首先要保持呼吸畅通；避开身体上方容易引起掉落的物体；扩大和稳定生存空间，用砖块、木棍等支撑残垣断壁，以防余震，然后设法脱离险境。如果找不到脱离险境的通道，应尽量保存体力，用石块敲击能发出声响的物体，向外发出呼救信号，等待救援人员到来。如果被埋在废墟下的时间比较长，就要想办法维持自己的生命，尽量寻找食品和饮用水，必要时自己的尿液也能起到解渴作用。

震后互救：

震后几小时内的人员互救是成活率最高的时刻。震后救人，力求时间快、目标准、方法得当。互救队伍不断壮大，先救近处的人，先救容易救的人，先救青壮年和医务人员，先救"生"后救"人"。确定废墟中有人员埋压后，判断其埋压位置，向废墟中喊话或敲击等方法传递营救信号。营救过程中，要特别注意被困人员的安全。使用的工具不要伤及埋压人员，不要破坏了埋压人员所处空间周围的支撑条

件，引起新的垮塌，应尽快与埋压人员的封闭空间沟通，使新鲜空气流入，尘土太大则应喷水降尘，以免埋压者窒息。一时难以救出，可设法输送饮用水、食品和药品，以维持其生命。

施救和护理。先将被埋压人员的头部从废墟中暴露出来，清除口鼻内的尘土，以保证其呼吸畅通，对于伤害严重不能自行离开埋压处的人员，应该设法小心地清除其身上和周围的埋压物，再将被埋压人员抬出废墟，切忌强拉硬拖。

▶ 第二节　风　灾

一、风灾的成因

大风是指副热带气旋侵袭所造成的平均风力达 6 级（风速 3.8～10.8 米/秒）或以上的强风。台风是生成于热带海洋上破坏性很强的猛烈低压涡旋，国际上统称热带气旋，按其中心附近的最大风力，沿用国内现行规定分为四种：热带低压，指中心附近的最大风力小于 8 级（风速小于 17.2 米/每秒）；热带风暴，指中心附近的最大风力达 8～9 级（风速 17.2～24.4 米/秒）；强热带风暴，指中心附近的最大风力达 10～11 级（风速 24.5～32.6 米/每秒）；台风，指中心附近最大风力 12 级或以上（风速 32.7 米/秒或以上）。台风作为一种强烈旋转的空气涡旋，在北半球作逆时针旋转，在南半球作顺时针旋转，常常带来狂风暴雨和强烈的风暴潮，是一种极其严重的自然灾害。我国东南沿海是风灾最为严重的地域。

二、风灾的危害

我国是受台风危害最严重的国家之一。台风的致灾特点表现为突发性强、强度大、群发性显著，往往 1～2 个小时或 1～2 天内造成大的灾害。

（1）暴雨灾害

在台风经过的地区，常可出现较大范围和过于集中的暴雨、大暴雨，甚至特大暴雨，往往造成山洪暴发，江河陡涨，甚至导致河堤溃决，水库垮坝；公路、铁路、桥梁被冲毁；农田被淹，农作物倒伏，酿成灾难。因此，台风所到之处，强暴雨引起的洪涝，将会给人民的生命财产造成巨大损失。

（2）狂风灾害

由于台风中心气压很低，台风环流圈内的气压梯度较大，在台风中心附近，风力相当强劲。在我国登陆的台风、热带风暴和强热带风暴，风力均在 8～12 级以上。最大风速有时可达 70 米/秒左右。台风中心附近的狂风及其引起的巨浪，对海上和沿海的各种生产设施、建筑物及海上船只产生极其严重的破坏作用。南方风力强劲，可以把行人与物资卷入高空，造成人员坠落摔伤、砸伤、擦伤，还可以因为建筑物、广告牌、电杆电线倒塌、坝崩堤垮、大浪翻船等，对人造成外伤、土埋、电击、烧伤、淹溺、窒息等伤亡事故。

(3)风暴潮灾害

登陆台风如遇上农历每月初三或十八前后两次天文大潮期，巨浪和风暴潮严重毁坏海堤，则会造成更加严重的灾害。

三、防范与应急

风灾(台风)是一种极端天气现象，要采取措施积极应对，加以防护，尽量减少灾害造成的人员伤亡和财产损失。

(1)加固堤防和各种危险建筑设施，特别是在台风季节到来之前，应全面检查安全设施，消除各种隐患，保证平安度过台风期。

(2)积极开展植树造林，兴修水利，改善生态环境及气象条件，增强综合抗风灾(台风)能力。大面积种植防风林，以减轻台风的破坏力。

(3)加强风灾(台风)的监测和预报，力争早知早防，减少损失。

(4)台风季节，要注意收听气象广播，收看电视天气预报，做好防范工作。及时加固危房，防止屋塌伤人。接到风灾(台风)警报后，及时采取有效的应急措施，遇有6级以上风力时应停止高空作业，必要时躲进避风港或避难所。房屋要紧闭门窗，阳台、晒台上的花盆等物品最好搬进室内，防止摔到屋外，伤及行人。检查室外天线、空调机架、晒衣架等，必要时进行加固处理，防止坠落伤人。台风来临时，尽量不要出行或进行户外活动。

▶第三节　洪涝水灾

一、洪涝水灾的成因

洪涝水灾包括洪灾和水灾两种情况。由于暴雨、冰雹消融造成江河湖泊流量剧增，水位猛涨，超过江湖主漕两岸地面或滩地，泛滥溢满或冲决堤坝，从而对生态环境、经济建设和人民生命财产造成严重灾害，称为洪灾；由于降雨在低洼地面蓄积，难以宣泄引起的危害，称为涝灾。洪灾涝灾两者实际上很难截然分开，并经常同时出现，因而合称为洪涝水灾。

洪水是形成洪水灾害的直接原因。只有当洪水自然变异，强度达到一定标准时，才可能出现灾害。同时，只有当洪水发生在有人类活动的地方才能成灾。

二、洪涝水灾的危害

我国是洪涝灾害多发的国家，全国有2/3的国土不同程度地受到洪水威胁，受

威胁最大地区往往是长江、黄河、淮河等七大江河中下游地区，这些地区其水源丰富、土地平坦又常常是经济发达地区，集中了全国的 1/2 人口、3/4 的工农业产值。洪水灾害的危害主要有以下几个方面。

（1）洪水来势凶猛，突发性强，可造成人员直接淹水身亡。

（2）基本卫生设施遭受破坏，受灾地区生活条件恶劣，饮水和环境卫生得不到保障，随着人群流动，增加接触传播机会，极易造成肠道传染病流行。年老、体弱多病者或原有慢性病者病情会加重或旧病复发，由于灾害带来的精神创伤及心理压力，也易引发精神心理性疾病（如忧郁、焦虑等）。

（3）抗洪人员在恶劣的环境下紧张地抢险作业，抵抗力下降，极易发生中暑、感冒、腹泻、急性结膜炎、皮肤病等多种疾病。

（4）由于生态环境的改变，影响生物群落结构的生态平衡，蚊蝇鼠类及病菌大量繁衍迁移，往往可造成一些自然疫源性疾病的流行。

三、防范与应急

（1）坚持预防为主的方针，提高全民的水患意识，制订防洪规划，搞好综合治理，提高防灾抗灾能力。

（2）加强堤防建设、河道整治以及水库工程建设是避免洪涝灾害的直接措施，长期持久地推行水土保持，可以从根本上减少发生洪涝灾害的机会。

（3）切实做好泄洪区的合理规划，建立防汛抢险的应急体系，可以有效地减轻洪涝灾害的损失。

（4）掌握洪涝灾害发生发展的规律，注意灾害先兆征象，根据灾域、季节、气候、雨量、水位变化、泄洪能力等情况，及时发布洪涝灾害的警报。

四、洪涝水灾中的自救与逃生

（1）洪水来临，如无须转移，要做好房屋进水的预防措施。为防止洪水涌入屋内，首先要堵住大门下面所有空隙。最好在门槛外侧放上塞满沙子、泥土、碎石的沙袋。如果洪水不断上涨，应储备一些食物、饮用水、保暖衣物以及烧开水的用具。

（2）提高个人防护能力。遭遇洪水侵袭，需要转移时，如果时间充裕，应按照预定路线，有组织地向山坡、高地等处转移；在受到洪水包围的情况下，要尽可能利用船只、木排等，做水上转移。任何入水能浮的东西，如床板、箱子及柜、门板等，都可用来制作逃生木筏。收集食品、发信号用具（如哨子、手电筒、旗帜、鲜艳的床单）、划桨等是必不可少的。在离开房屋漂浮之前，为了增强体力，要吃些含较多热量的食物并喝些热饮料。在离开家门之前，还要把煤气阀、电源总开关等关掉。

（3）洪水来得太快，已经来不及转移时，要尽可能逃向高处，登上坚固建筑的屋顶、大树、山丘、高坡等，做暂时避险，等待援救。不要单身游水转移。万一被洪水卷走，要尽可能抓住木板、树干等悬浮物，尽量使身体不致下沉，等待援救。

（4）要注意经过浸泡之后的房屋、大树、堤岸容易发生倒塌或滑坡。要防止因洪涝水灾而形成的山体滑坡、滚石、泥石流对人的伤害。同时，要警惕和防范有毒蛇虫的咬伤以及倒塌电线的电击。

（5）洪水过后，要根据医生要求，服用预防流行病的药物，做好卫生防疫工作，避免发生传染。

▶ 第四节　雷　击

一、雷击的成因

雷电是生活中常见的天气现象，它是一种产生于雷雨之中的携带不同电荷的云与云之间或云与大地之间的放电现象。由于大气运动、摩擦，从而使云带电，一定条件下带正负电荷的云层之间与带电的云和大地之间产生放电。据研究统计，在地球上任一时刻平均有 2 000 多个雷暴正在进行着，平均每秒有 100 次闪电，每个闪电强度可高达 10 亿伏。

二、雷击的危害

雷电能产生强烈的闪光、霹雳，落到地面上，能够击毁建筑，损毁电缆、电气、电子设备，杀伤人畜，引发火灾等。如果雷击电流直接通过人体，后果十分严重。我国是雷电灾害频发的国家，据统计，我国每年遭雷击伤亡人数较大，仅 2003 年我国就发生雷电灾害 7 625 例，包括电气电力设备损坏、森林大火、加油站爆炸、人畜伤亡事故等，全国伤亡人数总计 719 人，其中受伤 328 人，死亡 391 人，直接经济损失达 5 亿元以上。

雷电的危害方式为直击雷、感应雷、球形雷三种，最常见的是直击雷和感应雷。直击雷就是直接打击到物体上的雷电；感应雷即通过雷击目标旁边的金属物等导电体感应，间接打击物体；球形雷则像火球一样，会穿过门窗飘进室内。雷电袭击人体的形式依进入人体的路径可以区分为：直接雷击、接触雷击、旁侧闪击、跨步电击四种。

三、防范与应急

雷击对人的伤害比较严重，人一旦遭遇雷击非死即伤。通常的伤害是：灼伤和神经系统损伤，往往导致耳鼓膜破裂、爆震性耳聋、白内障、失明、肢体瘫痪或坏

死，甚至呼吸心跳停止、休克、死亡等。雷灾频繁发生，造成惨重损失的主要原因是公众防灾意识薄弱，防雷措施不到位。只要树立防雷意识，掌握正确的避雷方法，在充分利用传统的避雷针、避雷带、避雷网和现代的各种电子避雷器的情况下，是可以预防和减少雷击事故的。

（1）室内避雷

①保持屋内干燥，房屋漏雨时，要及时进行修理。打雷时，闪电频繁，最好到地下室或房子正中的房间避一避。

②关闭电视机。不要靠近打开的门窗，远离可能导电的物体，比如管道、金属门框等；在雷雨期间不要洗浴，水容易导电；对于闪电，墙壁并非总能确保安全。关好门窗，防止雷电直击室内或者防止球形雷飘进室内。

③遇有雷雨天气时，尽量不要拨打、接听电话，或使用其他电器，应拔掉电源和电话线及电视天线等可能将雷电引入的金属导线。在电源线上安装电源避雷器、在电话线上安装电话避雷器。

④晾晒衣服、被褥等用的铁丝不要拉到窗户、门口，以防铁丝引雷致人死亡。

（2）室外避雷

①人体应尽量降低自己站立的高度，以免作为凸出尖端而被闪电直击。当在户外看见闪电，几秒钟内就听到雷声时，头、颈、手处有蚂蚁行走感，头发竖起，说明正处于近雷暴的危险环境，应停止行走，两脚并拢并选择低洼处立即下蹲，这样可以减少遭雷击的危险。

②人体与地面的接触面要尽量缩小，以防止"跨步电压"造成的伤害，所谓跨步电压是雷击点附近，两点间的电位差，若人的两脚分开大，分别接触相距较远的两点，则两脚间便形成较大的电位差，有强电流通过人体使人受伤害。

③不要到孤立大树下和无避雷装置的高大建筑体附近逗留，不要在孤立的草棚、凉亭和房屋下避雨久留；不可手持金属体高举头顶。随身所带的金属物品、金属饰品如发卡、项链等，应该暂时放在5米以外的地方，等雷电活动停止后再拾回。不要触摸或者靠近防雷接地线、自来水管、用电器的接地线、大树树干等可能因雷击而带电的物体，以防接触电击者接触雷击和旁侧闪击。

④雷暴天气时在户外不能接听和拨打手机，应将手机及时关闭，因为手机的电磁波也会引雷对人造成伤害。雷暴天气出门最好穿胶鞋，以起到绝缘的作用。

⑤雷暴天气时不宜在水面或水陆交界处作业，如钓鱼、洗衣等。如果感到头发开始竖立，或听到滚滚雷声，很可能会遭到雷击，因此赶快蹲下来，弓身向前，两脚并拢，双手放在膝盖上，不要平躺，要尽量使自己变小，将同地面的接触降到最低。

⑥不宜进行户外球类、游泳等运动。雷雨天在室外、野外进行球类活动，容易造成群死群伤，这已经被许多雷击灾害实例所证明。

⑦不宜快速开摩托车、骑自行车。人乘坐在车内一般不会遭遇雷电袭击，因为汽车是一个封闭的金属体，具有很好的防雷电功能。但是乘车遭遇打雷时最好不要出来，不要将头和手伸出车外。不管在车内车外，都要尽量保持干燥不被淋湿，因为潮湿状态易遭雷击。

▶第五节　泥石流

一、泥石流的成因

泥石流是介于流水与滑坡之间的一种地质作用。典型的泥石流由悬浮着粗大固体碎屑物并富含粉沙及黏土的黏稠泥浆组成。在适当的地质条件下，大量的水体浸透山坡或沟床中的固体堆积物质，使其稳定性降低，饱含水分的固体堆积物质在自身重力作用下发生运动，就形成了泥石流。泥石流是一种灾害性的地质现象。泥石流经常突然暴发，来势凶猛，可携带巨大的石块，并以高速前进，具有强大的能量，因而破坏性极大。泥石流所到之处，一切尽被摧毁。

泥石流是一股泥石洪流，在瞬间暴发，多发生在峡谷地区和地震、火山多发区。世界上有 50 多个国家存在泥石流的潜在威胁。由于生态环境日益遭到破坏，进入 20 世纪后全球泥石流暴发频率急剧增加，发生逾百次。

我国幅员辽阔，山地占国土面积的 2/3 以上，普遍具备泥石流发育的基本条件，是世界上泥石流最发育的少数国家之一。但山地的地质结构复杂，地形高低悬殊，气候多样，泥石流的发生、发展受到诸种自然条件与其组合状况的制约和人为因素的影响，反映在空间分布上和发生特点上，都具有一定的规律性。

二、泥石流的危害

进入 21 世纪后，由于生态环境日益遭到严重破坏，全球泥石流暴发频率迅速增加。

(1)泥石流主要危害城镇、村庄，使乡村和城镇房屋倒塌，设施被毁，严重时造成村毁人亡的灾难。会引起人体各部位的外伤、骨折、挤压伤、掩埋乃至窒息死亡等。

(2)泥石流对铁路、公路、水利设施、矿山等会造成危害，掩埋车站、厂房、路段、桥梁、渠道等，阻碍与破坏交通和通信。

(3)危害农田林地与各种水利工程。

三、防范与应急

(1)减轻泥石流灾害应以防护、避让为主。

(2)保持警惕，及时转移。

(3)采取正确的逃生方法。

泥石流是流动的，冲击和搬运能力很大。所以，当处于泥石流区时，不能沿沟向下或向上跑，而应向两侧山坡上跑，离开沟道、河谷地带，但注意不要在土质松软、土体不稳定的斜坡停留，以免斜坡失稳下滑，应在基底稳固又较为平缓的地方。另外，因泥石流不同于一般洪水，其流动中沿途切除一切障碍，所以上树逃生不可取。应避开河（沟）道弯曲的凹岸或地方狭小高度又低的凸岸，因为泥石流有很强的掏刷能力及直进性，所以这些地方很危险。

▶ 第六节　案例警示

【案例一】　　　　　避震不当造成伤害

1976年唐山地震前，唐山第二中学教工张义成问13岁的儿子："如果地震来了怎么办？"儿子回答："我躲进大衣柜里，就不怕砸死了！"张义成听后也没有作认真思考。7月28日凌晨3点多，大地震发生了，张义成被晃醒，高喊："地震了！"边喊边下床往外跑，还未跑出寝室，房上的东西就哗啦掉下来，张义成被困在写字台旁不能动弹。儿子被喊醒后，当真往大衣柜处跑去，刚到大衣柜前，衣柜晃倒，压在他身上，他喊了几声，就再也没有声音了。衣柜稳定性差，不是避震的正确场所。而且，也不应躲进封闭的空间里，一旦钻进桌椅床柜后便立刻丧失了机动性，视野被阻挡、四肢被束缚，很容易遭受连带性的伤害，不仅会错过逃生机会，也为被救带来不便。

【案例二】　　　　　汶川地震

2008年5月12日14时28分04秒，四川汶川、北川等地，8级强震猝然袭来，大地颤抖，山河移位，满目疮痍，生离死别……西南处，国有殇。这是新中国成立以来破坏性最强、波及范围最大的一次地震。此次地震重创约50万平方公里的中国大地！为表达全国各族人民对四川汶川大地震遇难同胞的深切哀悼，国务院决定，2008年5月19日至21日为全国哀悼日。自2009年起，每年5月12日为全国防灾减灾日。

据民政部报告，截至2008年9月25日12时，四川汶川地震已确认69 227人遇难，374 643人受伤，失踪17 923人。

据总参谋部报告，截至9月25日12时，抢险救灾人员已累计解救和转移1 486 407人。

据卫生部报告，截至9月22日12时，因地震受伤住院治疗累计96 544人（不包括灾区病员人数），已出院 93 518 人，仍有 352 人住院，其中四川转外省市伤员仍住院 153 人，共救治伤病员 4 273 551 人次。

（百度百科）

【案例三】　　　　　　　**风灾非常凶猛**

据统计，中国是风灾多发地之一，而且风灾并不仅限于东南沿海。1995 年 6 月 26 日晚，中原重镇郑州风云突变，9 级大风夹杂沙土、碎石、枝叶劈头盖脸从天而降，能见度只有十几米。脸盆粗细的大树在风的怒吼声中不停摇晃，被树砸断的高压线发出刺眼的白光。狂风过处，一块块巨幅广告牌纷纷从楼顶上刮落坠地。这场大风以每小时 120 公里的速度自北向南呼啸而过，晚 11 时消失在驻马店地区。郑州市区测得最大风力有 10 级，虽未裹雷挟雨，但给人们留下了难忘的惊惧和警示。

【案例四】　　　　　**民政部通报我国洪涝灾情十分严重**

据民政部、国家防办、农业部共同核定，截至 2006 年 6 月 25 日，我国共有 17 个省、自治区、直辖市和新疆生产建设兵团，1.1 亿人（次）不同程度遭受洪涝灾害。死亡 596 人，紧急转移安置 142.7 万人；倒塌房屋 59 万间，损坏房屋 167 万间；农作物受灾 730 多万公顷，成灾 386 万公顷，绝收 88 万公顷，水灾造成各类直接经济损失达 260 亿元。其中陕西、福建、四川、重庆、江西、湖南、广西、湖北、贵州 9 个省、自治区和直辖市的灾情较为严重。（摘自：《浙江日报》）

【案例五】　　　　**聚众赌博酿惨剧，树下避雨遭雷击**

浙江台州临海市杜桥镇 30 名农民于 2004 年 6 月 26 日下午突遭雷击。截至 6 月 28 日，已有 17 人死亡和 13 人击伤，酿成这次悲剧的一个重要原因是村民防雷意识缺乏。事故发生地有 5 棵高大的水杉树，当时村民在树下搭起了一个临时雨棚，雨棚里聚集了 30 多人。此次雷击属于直击雷，周围没有比水杉更高的建筑物，大树正好将雷电引入。由于当时地面有积水，村民又都赤脚穿着拖鞋，人体成了"良好"的导电通道。

35 岁的金姓男子显然是幸运儿，记者见到他时，他正在病床上挂吊瓶。他说："当时我们正在一起玩一种叫倒筒的牌，还有很多围观者。天色阴沉下来，开始落雨了，但大家都没有退却的意思。一声炸雷后，我就倒下了，当时浑身麻木，没有一点儿知觉，只有脑子还能活动，当时的感觉就是马上就会死去。"金姓男子还说："我们当时正玩到兴头上，只管谁输谁赢，我们确实也不知道打雷不能在树下的道理。"

【案例六】 舟曲泥石流

甘南藏族自治州舟曲县的地形是"两山加一河"的地形，县城就位于河谷地带。

2010年8月7日22时许，舟曲县突发强降雨，持续40多分钟，暴雨引发北山两条沟系特大山洪泥石流。县城北面的罗家峪、三眼峪泥石流下泄，由北向南冲向县城，造成沿河房屋被冲毁，泥石流阻断白龙江形成堰塞湖。北山上突发洪水，不到几分钟的时间就把沿着排洪沟两边的3个村庄的数百间房屋冲毁。

2010年8月8日下午，舟曲县城里最靠近北山的村子月圆村（受灾最为严重的村庄）基本上找不到完整的房屋。而在排洪沟的两侧，大部分的房屋要么被冲毁，要么被泡在水中，舟曲县城关一小在经过泥石流之后，只剩下了一栋教学楼，其余的教室和操场全部被冲毁；而城关镇政府的办公楼则被完全夷为平地。

泥石流灾害经过的是当地最为繁华、人口最为密集的区域。据舟曲灾区指挥部消息，截至21日，舟曲"8·8"特大泥石流灾害中遇难1 434人，失踪331人，累计门诊人数2 062人。

（百度百科）

第九章　心理健康知识

　　2005 年 5 月 7 日晚 9 时 10 分左右，北京大学理科二号楼一男子从九层的阳台坠楼，落在楼底天井的西北角。而在 15 天前，北大一女生从同一座楼上跳楼身亡⋯⋯

　　有调查显示，超过 25％的被访者曾有过自杀念头。调查还显示，大学生犯罪案例的增加也让人触目惊心，绝大多数犯罪行为也并非人们想象中的高智商犯罪，恰恰是存在着敏感孤独等心理问题的人群才会出现的暴力犯罪。学生的心理健康问题是学校安全问题中的重要安全隐患，近年来许多大学校园都发生过类似的因心理问题而引发的恶性事件。大学，是人生中非常重要的时期，将奠定人一生发展的基础。当代大学生经历着学习压力、生存压力、经济压力、就业压力与社会竞争的冲突，因此他们的成长与发展、他们的身心健康受外界环境的影响越来越大。之所以危机四伏，是因为大学生身心都处于剧烈变化与压力期。如果自我控制不力则易引发问题行为甚至步入偏差，自伤、自杀甚至违法犯罪。

▶第一节　青春风雨中

　　大学生涯对每一位大学生来说，都是一个无法忘却的人生体验。在这里，不管他们愿意与否，他们都要开始独立地面对真实的生活，都要自主地解决自己的人生难题。但从心理学观点来分析，高职学生是心理和生理发展中的特殊群体，他们往往多数是中考和高考的失意者，在痛苦的反思之后，有人开始调整目标、重塑生活，以积极的心态去迎接新的生活；有的人则选择了逃避与自暴自弃，以消极的心理与行为去对抗生活。积极的接纳与奋进是美好人生的起点，而消极的对抗则有可能一事无成。因此，在大学阶段，树立良好的心理健康关系着每一位学子的成长。

一、心理健康新观念

　　理论研究与实践证明，人是生理、心理与社会层面的统一。人不仅仅是一个生物体，而且是有着复杂的心理活动、生活在一定的社会环境中的完整的人。世界卫生组织（WHO）提出，健康是一种生理、心理与社会适应都臻于完满的状态，而不仅是没有疾病和摆脱虚弱的状态。并进一步指出健康的新概念：一是有充沛的精力，能从容不迫地担负日常工作和生活，而不感到疲劳和紧张；二是积极乐观，勇于承担责任，心胸开阔；三是精神饱满，情绪稳定，善于休息，睡眠良好；四是自我控制能力强，善于排除干扰；五是应变能力强，能适应外界环境的各种变化；六

是体重得当，身材匀称；七是牙齿清洁，无空洞，无痛感，无出血现象；八是头发有光泽，无头屑；九是反应敏锐，眼睛明亮，眼睑不发炎；十是肌肉和皮肤富有弹性，步伐轻松自如。因此，健康是生理健康与心理健康的统一，二者是相互联系，密不可分的。当人的生理产生疾病时，其心理也必然受到影响，会产生情绪低落、烦躁不安、容易发怒，从而导致心理不适；同样，长期的心情抑郁、精神负担重、焦虑的人也易产生身体不适。因此，健全的心理与健康的身体是相互依赖、相互促进的。

从广义上讲，心理健康是一种持续高效而满意的心理状态；从狭义上讲，心理健康是知、情、意、行的统一，是人格完善协调，社会适应良好。因为心理健康标准的复杂性，迄今为止，关于心理健康还没有一个统一的概念，如马斯洛和心理学家密特尔曼提出心理健康的十条标准：（1）是否有充分的安全感；（2）是否对自己有较充分的了解，并能恰当地评价自己的能力；（3）自己的生活和理想是否切合实际；（4）能否与周围环境保持良好的接触；（5）能否保持自身人格的完整与和谐；（6）是否具备从经验中学习的能力；（7）能否保持适当和良好的人际关系；（8）能否适度地表达与控制自己的情绪；（9）能否在集体允许的前提下，有限度地发挥自己的个性；（10）能否在社会规范的范围内，适度地满足个人的基本需求。我国心理学家郑日昌则认为心理健康包括：（1）正视现实；（2）了解自己；（3）善与人处；（4）情绪乐观；（5）自尊自制；（6）乐于工作。

一般而言，判断个体心理健康与否，主要源于四个方面：

1. 经验标准。即当事人按照自己的主观感受来判断自己的健康，研究者凭借自己的经验对当事人的心理健康进行判定；重在关注当事人的主观心理感受，由于个体先天的遗传及后天的环境不同，经验标准更强调其个别差异。同样的生活事件，当事双方由于自我认知不同，自我体验不同，自我评价也不尽相同。

2. 社会适应标准。以社会中大多数人的常态为参照标准，观察当事人是否适应常态而进行其心理是否健康的判断。例如：大学生根据生理、心理与社会发展应当具有独立生活与处理生活中面临的事务的能力，而如果有的大学生生活能力低下，不能打理自己的日常生活，这便需要引起重视。

3. 统计学标准。依据对大量正常心理特征的测量取得一个常模，把当事人的心理与常模进行比较。这个标准更多地应用于心理学研究之中，一般而言，我们都要将个体的心理测验结果与常模对照，来判断其心理健康状况。

4. 自身行为标准。每个人在以往生活中形成的稳定的行为模式，即正常标准。事实上，心理健康与否，其界限是相对的，企图找到绝对标准是不现实的，大学生心理健康标准的掌握也同样存在这样的问题。如何把握标准？我们认为应掌握三个标准，即相对性、整体协调性和发展性。我们在研究大学生整体心理健康时，应将目光投向发展的健康观，即更多的大学生在发展中面临的许多人生课题，心理危机与心理困难也都是在发展的大背景下产生的。有的心理困惑属于某一群体所特有的，比如多重压力之下的大学生，他们的人生期望、职业抱负、学业期待引发的学业压力、就业压力、情感压力等都需要应付。有些心理问题具有阶段性，当个体心理成熟后会自愈。

人的心理健康是指一种持续的、积极的心理状态。个体在这种状态下，能够与环境有良好的适应能力，其生命具有活力，能充分发挥其身心潜能，就可被视为心理健康。据此，人的心理健康水平大体可分为三个等级：一是一般常态心理，表现为心情经常愉快，适应能力强，善于与别人相处，能较好地完成与同龄人发展水平相适应的活动，具有调节情绪的能力；二是轻度失调心理，表现出不具有同龄人所应有的愉快，与他人相处略感困难，生活自理能力较差，经主动调节或通过专业人员帮助后可恢复常态；三是严重病态心理，表现为严重的适应失调，不能维持正常的生活和工作，如不及时治疗可能恶化成为精神病。

二、大学生心理健康的标准

大学生的普遍年龄一般在 18～25 岁，从心理学的观点来看，正处于青年中期。大学生的心理具有青年中期的许多特点，但作为一个特殊群体，大学生又不能完全等同于社会上的青年。心理是否健康一般采用量表测量，其标准不是固定不变的。心理健康标准随着时代变迁、文化背景变化而变化。根据我国大学生的实际情况，评判大学生的心理健康水平应从以下几个标准给予着重考虑。

一是智力正常。智力，是人的观察力、注意力、记忆力、想象力、思维力、创造力及实践活动能力等的综合，包括在经验中学习或理解的能力、获得和保持知识的能力、迅速而成功地对新情境作出反应的能力、运用推理有效地解决问题的能力等。这是大学生学习、生活与工作的基本心理条件，也是适应周围环境变化所必需的心理保证，因此，衡量大学生的智力是否正常，关键在于其是否正常地、充分地发挥了自我效能，即有强烈的求知欲，乐于学习，能够积极参与学习活动。

二是情绪健康。其标志是情绪稳定和心情愉快。包括的内容有：愉快情绪多于负面情绪、乐观开朗、富有朝气，对生活充满希望；情绪较稳定，善于控制与调节自己的情绪，既能克制又能合理宣泄自己的情绪，情绪的表达既符合社会的要求又符合自身的需要，在不同的时间和场合有恰如其分的情绪表达；情绪反应与环境相适应。反应的强度与引起这种情境相符合。

三是意志健全。意志是人在完成一种有目的的活动时进行的选择、决定与执行的心理过程。意志健全者在行动的自觉性、果断性、顽强性和自制力等方面都表现出较高的水平。意志健全的大学生在各种活动中都有自觉的目的性，能适时地作出决定并运用切实有准备的方式解决所遇到的问题，在困难和挫折面前，能采取合理的反应方式，能在行动中控制情绪和言而有信，而不是行动盲目、畏惧困难、顽固

执拗。

四是人格完整。人格是个体比较稳定的心理特征的总和。人格完整就是指有健全统一的人格，个人的所想、所说、所做都是协调一致的。人格完整包括人格结构的各要素完整统一；具有正确的自我意识，不产生自我同一性混乱，以积极进取的人生观作为人格的核心，并以此为中心把自己的需要、目标和行动统一起来。

五是自我评价正确。正确的自我评价是大学生心理健康的重要条件，大学生在进行自我观察、自我认定、自我判断和自我评价时，能做到自知，恰如其分地认识自己，摆正自己的位置，既不以自己在某些方面高于别人而自傲，也不以某些方面低于别人而自卑，面对挫折与困境，能够自我悦纳，喜欢自己，接受自己，自尊、自强、自制、自爱适度，正视现实，积极进取。

六是人际关系和谐。良好而深厚的人际关系，是事业成功与生活幸福的前提。其表现为：乐于与人交往，既有广泛而深厚的人际关系，又有知心朋友；在交往中保持独立而完整的人格，有自知之明，不卑不亢；能客观评价别人和自己，善于取人之长补己之短，宽以待人，乐于助人，积极的交往态度多于消极态度，交往动机端正。

七是社会适应正常。个体应与客观现实环境保持良好秩序，既要进行客观观察以取得正确认识，以有效的办法应付环境中的各种困难，不退缩；又要根据环境的特点和自我意识的情况努力进行协调，或改变环境适应个体需要，或改造自我适应环境。

八是心理行为符合大学生的年龄特征。大学生是处于特定年龄阶段的特殊群体，大学生应具有和年龄、角色相适应的心理行为特征。

正确理解大学生心理健康的标准应重视以下几个方面：一是标准的相对性。事实上，大学生心理健康与不健康也并无明显界限，而是一个连续化的过程，如将正常比做白色，将不正常比做黑色，那么在白色与黑色之间存在着一个巨大的缓冲区域——灰色区，世间大多数人都散落在这一区域内。这说明，对多数大学生而言，在人生的发展过程中面临心理问题是正常的，不必大惊小怪，应积极加以矫正。与此同时，个体灰色区域也是存在的，大学生应提高自我保健意识，及时进行自我调整。人的健康状态的活动是一个发展的问题，当一个人产生了某种心理障碍并不意味着永远保持或行将加重。在心理上形成心理冲突是非常正常的，而且是可以自行解决的。二是整体协调性。把握心理健康的标准，应以心理活动为本考察其内外关系的整体协调性。从心理过程看，健康的人的心理活动是一个完整统一的协调体，这种整体协调保证了个体在反映客观世界的过程中的高度准确性和有效性。事实表明，认识是健康心理结构的起点，意志行为是人格面貌的归宿，情感是认识与意志之间的中介因素。从心理结构的几个方面看，一旦它们不能符合规律地进行协调运作时，就可能产生一系列的心理困扰或问题。从个性角度看，每个人都有自己长期形成的稳定的个性心理，一个人的个性在没有明显的剧烈的外部因素影响下是不会轻易发生变化的。从个体与群体的关系看，每个人在其现实性上可划分成不同的群体，不同群体间的心理健康标准是有差异的。三是发展性。事实上，不健康的心理可能是人的发展中不可避免的发展性问题，随着个体的心理成长而逐渐调整趋于健康。

心理健康的标准是一种理想尺度，它一方面为人们提供了衡量心理是否健康的标准；另一方面也为人们指出了提高心理健康水平的努力方向。如果每个人在自己现有基础上能够做不同程度的努力，都可追求自身心理发展的更高层次，从而不断发挥自身的潜能。大学生心理健康的基本标准，是他们能够进行有效的学习和生活。如果正常的学习和生活都难以维持，就应该及时予以调整。

三、大学生健康心理的培养

(一)掌握一定的心理卫生知识

大学生已经开始走向成熟，自我意识已基本建立，对他们来说，最重要的教育是自我教育。因此，每个大学生都应增强心理卫生意识，了解心理卫生的知识，而不应使自己在这方面存在盲点。了解了心理卫生知识，就等于拿到了通往健康心理的钥匙，在必要时就可以进行自我调节。

(二)建立合理的生活秩序

许多大学生是头一次离家独自生活，一时间似乎得到了许多的"自由"。不过，如果滥用这种"自由"，或随心所欲，或负担过重，不顾自己的身体状况和生理节奏，都会导致精神损伤。因此，尽快地建立合理的生活秩序乃当务之急。这需要注意以下几点：

1. 学习负担适量

大学生的主要任务是学习，很多心理活动都与学习有关。研究表明，个体在适度的压力和焦虑情绪之下，可以提高思考力和机敏度。因此，大学生的学习应有一定的压力，这种压力对心理健康发展及学业的完成是必要的，但不能过分加重负担。许多新生入学，容易出现两种倾向：一是觉得苦读中学这么多年，好不容易进了大学，可以好好轻松一下。而大学相对中学来说，有更多的自由，也比较轻松，没有老师、家长的过多的干涉与束缚，于是终日玩乐，不思进取，高呼"60分万岁"，任自己大学时光荒废过去；二是不太适应大学的学习方式，同时周围又强手云集，以前在本地区的那种优势已不复存在，而家乡的父老乡亲又给予自己重望，于是压力很大，产生高度焦虑，这种状况又导致在学习上疲于被动应付，进而严重影响其自信心。这两种不良倾向，最终都可能导致学业上的挫折，带来苦恼及自我否认等心理问题。

2. 生活节奏合理，有张有弛

大学校园生活是丰富多彩的，这为合理安排生活节奏，积极参加多种多样的文体活动提供了十分有利的外在条件。这样既可调剂紧张的学习生活，又可以开阔视野、广交朋友，发现自己在各方面的潜力，增加与他人相处的经验，从而经常体验到愉悦。这种平稳的积极状态，能使大学生充分发挥其潜在能量，增强自信，使自己的生活有节奏感，劳逸结合，提高学习效率，得到最佳的适应。

3. 注意保护大脑

大脑是心理活动的最重要的物质基础。大脑受到损伤，心理健康就无从谈起。过度的疲劳、紧张，或长时间的高度兴奋、强烈刺激，都会引起脑力衰竭。而脑力衰竭，恢复起来就比较困难。因此，大学生应千万注意不要图一时之快、逞一时之强，忽视用脑卫生。

(三)保持健康的情绪

情绪对于心理健康来说，是至关重要的。几乎每一种心理疾病都有其情绪上的表现。稳定而良好的情绪状态，使人心情开朗，轻松安定，精力充沛，对生活充满乐趣与信心。相反，如果一个人情绪波动不稳，患得患失，喜怒无常，处于不良的情绪状态中，而自己又不会调节和控制，就会导致心理失衡和心理危机，甚至精神错乱。大学生情感丰富而冲动，就更应学会保持健康的情绪。

(四)建立良好的人际关系，学会去爱

建立良好而真诚的人际关系，是非常重要的心理保健的途径。大学生都是同龄人，共同点较多，人际关系比社会上单纯。和谐的人际关系，可以增加自信和理解，减少心理上的不适感，实现心理平衡。健康的心理是需要丰富的营养的，最重要的营养就是爱。爱不是抽象的，它有着十分丰富的内涵。除了大家通常意义上的男女爱情之外，诸如眷恋、关怀、惦念、安慰、鼓励、帮助、支持、理解等，都可归为爱的范畴，而这些都可以从良好的人际关系中得到，反过来，又可以使人际关系更为和谐。大学生的友谊往往是深刻而持久的，它可以成为大学生感情的寄托，可以增加归属感。而且，去关心他人，理解他人，又能促使自己拥有博大的胸怀，从而大大增加生活、学习、工作的信心和力量，最大限度地减少心理应激和心理危机感。这是人们维护和保持心理健康的最基本、最重要的因素之一。一个孤芳自赏、离群索居、生活在群体之外的人，是不可能做到心理健康的。

在交往过程中应该意识到，现实生活中的每个人都不可能是完美无缺的，在个性、行为习惯、价值观念和情绪状态等各个方面都可能会有各自的优点与不足。因此，对他人要有一种宽容的态度，不要期望过高。对他人期望过高，往往会产生失望感，其结果是使自己的心理平衡受到干扰，对自己造成更大的不良影响。

(五)树立符合实际的奋斗目标

每个人都有成功的欲望，大学生的这种成功欲望更为强烈。但客观地讲，每个人的能力都有一定的限度，都具有优势和劣势两个方面。一个心理健康的人，应该能对自己的能力作出客观的评价，并依此付诸社会实践。做到这一点，对于保护个体少受挫折及充分发挥才能等都是非常重要的。因此，不对自己过分苛求，把奋斗目标确定在自己能力所及的范围以内，使自己通过艰苦努力，能最终实现目标。成功的体验，对于维持心理健康是极为重要的。

与此相反，如果不自量力，仅凭良好的愿望和热情，盲目地制订宏伟目标，结果往往是目标落空，在个人心理上蒙受打击，产生挫折体验，不仅白白耗费了精力，也给自信心和心境造成不良影响，而且还会影响到今后的进一步发展。

此外，树立切实的目标，还包括不盲目地处处与人竞争，以避免过度紧张。大学生处于青年阶段，青年人在一起容易出现争强好胜、相互攀比的现象。有些大学生常暗示并鼓励自己盲目地与他人竞争。然而，正如前面所指出的，每个人的精力有限，优势各异，如果处处与他人竞争，不可避免地会受一些挫折、失败。而且，处处竞争会使自己终日生活在紧张状态之中，心理上承受过大的压力，这对心理健康极为不利。因此，每位大学生应根据自己的实际情况，选择竞争的领域。这样，一方面，有利于充分发挥自己的优势，获得成功；另一方面，也会有助于身心健康发展。

（六）学会自娱自乐

一个人如果能注意培养和发展自己的业余爱好，进行多方面的自我娱乐活动，就可能在寂寞孤独、烦闷忧郁时，通过自我娱乐来缓解心境压抑，这对心理健康是极有好处的。人不可能总是工作和学习，有业余时间，积极开展愉快的娱乐活动，做到积极地放松和休整，才能使自己得到真正的身心保健，并使自己更有效地从事工作和学习。每个大学生在大学阶段，都要依据自己的性格特点和条件，注意培养和发展一些兴趣和业余爱好，学会自我娱乐，这对维护自身的心理健康是十分有益的。

▶ 第二节　我的情绪我做主

情绪是指高兴、快乐、痛苦、悲哀等，一般发生时间短暂、表面，容易变化，是个体与环境、事物之间关系的反映，它具有独特的主观体验和外部表现形式，对人的活动有着非常重要的影响。人们通常以愤怒、悲伤、恐惧、快乐、爱、惊讶、厌恶、羞耻等反应来说明情绪。在生活中，情绪是人的心理状态的晴雨表，它反映着每个人内在的心理状态。无论我们是欣喜若狂，还是悲痛欲绝，是孤独不安，还是热情奔放，我们都在体验着各种各样的情绪。作为特殊的群体，大学生的生理基本成熟而心理尚未完全成熟，易受到外界的干扰，因而对人、事、社会等各种现象特别关注，对新鲜事物十分好奇，对学业和未来充满信心，朝气蓬勃，积极进取，

拥有许多积极的情绪。但大学生正处于青年期，情绪波动较大，情感体验复杂而丰富，经常会面临着各种各样的情绪困扰。正确认知与疏导大学生的情绪，对其学习、生活将很有裨益。

一、大学生的情绪特点

大学时期是青年人心理成熟的重要时期，也是情绪丰富多变、相对不稳定的时期，大学生的情绪带有鲜明的特征。具体表现在以下几方面：

(一)丰富性和复杂性

从生理发展阶段来看，大学生正处于多梦的年龄阶段，几乎人类所具有的各种情绪，都会在大学生身上体现出来，并且各类情绪的强度不一，例如有悲哀、遗憾、失望、难过、悲伤、哀痛、绝望之分；从自我意识的发展来看，大学生表现出较多的自我体验，自我尊重的需要强烈，易产生自卑、自负等情绪体验；从社交方面来看，大学生的交际范围日益扩大，与同学、朋友及师长之间的交往更细腻、更复杂，有的大学生还开始体验一种更突出的情感——恋爱，而恋爱活动往往又伴随着深刻的情绪体验，这种特殊的体验对大学生有十分重要的影响；在情绪体验的内容上，大学生的情绪呈现出相当丰富多彩的特征，以惧怕的情绪来说，大学生所怕的事物，主要与社会的、文化的、想象的、抽象复杂的事物和情势有关，诸如怕考试、怕陌生人、怕惩罚、怕寂寞等。

(二)波动性和两极性

大学时期是人生面临多种选择的时期，学习、交友、恋爱等人生大事基本在这一阶段完成。社会、家庭、学校及生活事件，都会对大学生的情绪产生影响。尽管大学生的认识水平有了一定的提高，对自己的情绪已有了一定的控制能力，情绪亦趋于稳定，但同成年人相比，大学生相对敏感，情绪带有明显的波动性，一句善意的话语，一个感人的故事，一支动听的歌曲，一首情理交融的诗歌，都可以使青年人情绪发生骤然变化。特别是在社会转型过程中，社会的变迁，体制的变革，新与旧价值观的更替，种种复杂的社会现象更容易使大学生产生困惑和迷茫，产生情绪的困扰与波动。

同时，由于大学生正处于情绪表现的"动荡"时期，自我认知、生涯发展及心理发展还未成熟等原因，他们的情绪起伏较大，带有明显的两极化特征：胜利时得意忘形，挫折时垂头丧气，情绪的反应摇摆不定、跌宕起伏。有人对大学生进行调查，发现人70%的情绪都是经常两极波动的，也就是像"波动曲线一样，忽高忽低，忽而愉快，忽而愁闷"。

(三)情绪的冲动性与爆发性

心理学家霍尔认为青年期处于"蒙昧时代"向"文明时代"演化的过滤期，其特点是动摇的、起伏的，他把这一时期称为"狂风暴雨"时期。由于知识水平和认知能力的提高，大学生对自己的情绪能够有所控制，但由于他们兴趣广泛，对外界事物较为敏感，加之年轻气盛和从众心理，因而在许多情况下，其情绪易被激发，犹如急风暴雨不计后果，带有很大的冲动性。他们往往对符合自己信念、观点和理想的事件或行为迅速发生热烈的情绪；对于不符合自己信念、观点和理想的事件或行为，则迅速出现否定情绪。个别的有时甚至会盲目地狂热，而一旦遇到挫折或失败又会灰心丧气，情绪来得快，平息也快。

大学生情绪的冲动性常常是与爆发性相连的。大学生的自制力较弱，一旦出现某种外部强烈的刺激，情绪便会突然爆发，借助于冲动的力量驱使，以至于在语言、神态及动作等方面失去理智的控制，忘却了其他任何事物的存在，极易产生破坏性的行为和后果。

（四）阶段性和层次性

大学阶段由于不同年级的培养目标和培养重点不同，教育方式和课程设置有所区别，各个年级面临的问题不同，大学生的情绪特点也不同，呈现出阶段性和层次性特点。大学新生所面临的是对环境的适应、学习方法的改变、新的交往对象的熟悉、了解以及新的目标确立等问题。新生自豪感和自卑感混杂，放松感和压力感并存，新鲜感和恋旧感交替，情绪波动大。二年级经过了一年级的适应过程，能够融于校园生活中，情绪较为稳定。毕业班学生面临毕业论文（毕业设计）及择业等多方面的重大问题，压力大情绪波动大，消极情绪多。另外，由于社会、家庭及自身要求、期望不同，能力、心理素质的差别，大学生也会体现着不同的情绪状态。

（五）外显性与内隐性

大学生对外界刺激反应迅速敏感，喜、怒、哀、乐常形于色，比起成年人比较外露和直接；但比起中小学生，大学生会掩饰、隐藏或抑制自己的真实情感，表现出内隐、含蓄的特点。一般而言，大学生的很多情绪是一眼就能看出来的，如考试第一名或赢得一场球赛，马上就能喜形于色。但由于自制力的逐渐增强，以及思维的独立性和自尊心的发展，他们情绪的外在表现和内心体验并不总是一致的，在某些场合和特定问题上，有些大学生会隐藏或抑制自己的真实情感，有时会表现出内隐、含蓄的特点。例如，对学习、交友、恋爱和择业等具体问题，他们往往深藏不露，具有很大的内隐性。另外，随着大学生社会化的逐渐完成与心理逐渐成熟，他们能够根据特有条件、规范或目标来表达自己的情绪，使得自己的外部表情与内部体验不一致。例如，有的学生对异性萌生了爱慕之情，却往往留给对方的印象是贬低、冷落人家。

二、大学生情绪问题的表现

大学生的情绪问题，一般是指大学生的消极情绪，指因生活事件引起的悲伤、痛苦长时间持续不能消除的状态。大学期间容易引起大学生产生消极情绪的生活事

件比较多，如与大学生活有关的考试失利、学业失败、考研失利等；与大学生自我发展有关的荣誉的丧失，如入党、评优、考研失利等；与情感方面有关的如失恋、好友失和等；还有重要他人的丧失如亲人去世、家庭发生重大变故等，都对大学生的情绪构成影响，特别是负性生活事件对大学生不良情绪的滋长与蔓延起着不容忽视的作用。如果不及时调整，容量引发情绪问题，一方面，导致大学生大脑神经活动功能紊乱，使情绪中枢部位的控制减弱，使其认识范围缩小，自制力、学习效率降低，不能正确评价自我，甚至会产生某些失去理智的行为，造成心理障碍和心理疾病；另一方面，情绪问题又会降低大学生的免疫功能，导致其正常生理平衡失调，引起心血管、消化、泌尿、呼吸、内分泌等系统的各种疾病。

(一)焦虑

案例：张某，男 20 岁，某大学二年级学生。他告诉我们，在中学的时候他是一名优秀生，在一次考试中，他得了急性肠炎，结果成绩不理想。此后每次走进考场就会心跳加速，呼吸急促，脑子里不知该想什么。心里越急脑子越不听使唤，以致思维无法正常进行。但一旦走出考场，一切就恢复正常。

焦虑是十分常见的现象，是一种类似担忧的反应或是自尊心受到潜在威胁时产生担忧的反应倾向，是个体主观上预料将会有某种不良后果产生的不安感，是紧张、害怕、担忧混合的情绪体验，也可以通过身体特征体现出来，如肌肉紧张、出汗、嘴唇干裂和眩晕等。人们在面临威胁或预料到某种不良后果时，都有可能产生这种体验。

焦虑是大学生常见的情绪状态，当他们在学习、工作、生活各方面遭遇挫折或担心需要付出巨大努力的事情来临时，便会产生这种体验。焦虑对大学生的影响是复杂的，既可以成为大学生成才的内驱力，起促进作用，也可以起阻碍作用。实验证明，中等焦虑能使学生维持适度的紧张状态，注意力高度集中，促进学习。但过度焦虑则会给学生带来不良的影响。例如，有的大学生在临考前夜的失眠或考试时"怯场"，在竞赛中不能发挥正常水平等，多是高度焦虑所致。被过高的焦虑困扰的大学生，常常会感到内心极度紧张不安，惶恐害怕、心神不定、思维混乱、注意力不能集中，甚至记忆力下降，同时还容易产生头痛、失眠、食欲不振、胃肠不适等不良生理反应。焦虑的大学生在内心深处有一种无法解脱、不愿正视的心理问题，焦虑只是矛盾、冲突的外显，借此作为防御机制以避免更深层次的困扰。

大学生常见的焦虑有自我形象焦虑、学习焦虑与情感焦虑。一是自我形象焦虑。自我形象焦虑是担心自己不够漂亮、没有吸引力，体貌过胖或矮小等，也有因为粉刺、雀斑等影响自我形象而引起的焦虑；这类焦虑主要与自我认知有关，需要通过调整自我认知重新接纳自我，建立新的自我形象。二是与学习有关的焦虑如学习焦虑、考试焦虑。三是情感焦虑，多数由于恋爱受挫而引发的自我否定，认为自己不具备爱人与被爱的能力，因而过度担心引起焦虑。

克服焦虑的方法主要有，首先了解大学生焦虑后面深层次的潜在冲突，在此基础上给予支持性的专业心理辅导。

(二)抑郁

案例：小林以全校第一名的成绩考入北京某校，第一学期期末，本来踌躇满志准备获取奖学金的她未能如愿。她的情绪从此一落千丈，变得郁郁寡欢，无心学习，也无法处理好与同学的人际关系，还整夜失眠。最后，她不得不去医院精神科检查，结果诊断她是患了抑郁症。

抑郁症状不单指各种感觉，还指情绪、认知与行为特征。抑郁最明显的症状是压抑的心情，表现为仿佛掉入了一个无底洞或黑洞之中，正被淹没或窒息。其他感觉包括容易发火、感到愤怒或负罪感。抑郁常常伴随着焦虑，对所有活动失去信心、兴趣，渴望一个人独居。抑郁也伴随着个体思维方式的转变，这些认知改变可以是一般性的，比如注意力不集中、记忆力衰退或者很难作出决定。在思考中可能有更多的心境转变，消极地看待世界、自我和未来。因此，抑郁的人很难回忆起美好的记忆，不适当地责备自己，认为他人更消极地看待自己，对未来感到悲观。与此同时，还伴随身体症状，如常常乏力，起床变得困难，更严重时睡眠方式都将改变，睡得太多或者早晨醒得太早，并且不能再次入睡。也可能出现饮食紊乱，吃得过多或过少，随之而来的体重激增或剧减。抑郁是一种持续时间较长的低落、消沉的情绪体验，它常常与苦闷、不满、烦恼、困惑等情绪交织在一起。

一般来说，这种情绪多发生在性格内向、孤僻、敏感多疑、依赖性强、不爱交际、生活遭遇挫折、长期努力得不到报偿的大学生身上。那些不喜欢所学专业，或因人际关系处理不当、失恋等问题的大学生也会产生抑郁情绪。

(三)愤怒

案例：这是一位大一女生的自述："我来自一个并不富有但也比较宽裕的家庭，父亲非常爱我，但在我童年中发生过重大创伤性生活事件，自从这件事发生后，我不再相信任何人，也不再相信很多人们确信不疑的比如友谊、爱情等，我想通过努力学习，离开原来的生活环境，开始新的生活，摆脱童年生活的阴影。来到大学后，看到同学们都快乐无忧地生活着，长久潜藏于心的愤怒悄悄地滋长着，我不知道如何化解与排解这种情绪，便经常翻同学的书柜和床位，将他们正在看的参考书藏起来。我并不是为了看书而是看到他们焦虑、着急的样子，我内在的愤怒便找到了宣泄的出口，这样我还不解气，我将同学的存折悄悄取出，并将钱全部花掉，以化解我心中的愤怒。"

这位女同学在童年遭受的挫折与伤害，因为缺乏必要的心理辅导与心理支持，在她升入大学后，心理问题并没有得到及时的解决，因此她潜在的愤怒并没有得到缓解，而是压抑起来，并寻找适当的机会进行发泄，最后导致受到学校纪律的处分。

愤怒是由于客观事物与人的主观愿望相违背，或因愿望无法实现时，人们内心产生的一种激烈的情绪反应。心理学研究表明，当愤怒发生时，可能导致人体心跳加快、心律失常、高血压等躯体性疾病，同时还会使人的自制力减弱甚至丧失，思维受阻、行为冲动，甚至干出一些后悔不迭的蠢事或造成不可挽回的损失。

愤怒是大学生常见的一种消极情绪，处于精力充沛、血气方刚的青年时期的大学生，在情绪情感发展上往往容易产生好激动、易动怒的特点。例如有的大学生因一句刺耳的话或一件不顺心的小事而暴跳如雷；有的因人际协调受阻而怒不可遏、恶语伤人；有的因别人的观点或意见与自己相左而恼羞成怒；有的因一时的成功、得意而忘乎所以；有的因暂时的挫折或失败而悲观失望，痛不欲生。如此种种遇事缺乏冷静的分析与思考，图一时之快、逞一时之勇的好激动、易动怒的不良情绪特点，在一些大学生身上时有体现。这种情绪对大学生的影响是极其有害的，因而有人说："愤怒是以愚蠢开始，以后悔结束。"

（四）嫉妒

案例：小A与小B是某艺术院校大三的学生，同在一个宿舍生活。入学不久，两个人成了形影不离的好朋友。小A活泼开朗，小B性格内向，沉默寡言。小B逐渐觉得自己像一只丑小鸭，而小A却像一位美丽的公主，心里很不是滋味，她认为小A处处都比自己强，把风头占尽，便时常以冷眼对小A。大学三年级，小A参加了学院组织的服装设计大赛，并得了一等奖，小B得知这一消息先是痛不欲生，而后妒火中烧，趁小A不在宿舍之机将小A的参赛作品撕成碎片，扔在小A的床上。小A发现后，不知道怎样对待小B，更想不通为什么她要遭受这样的对待。

小A与小B从形影不离到反目成仇的变化令人十分惋惜。引起这场悲剧的根源，关键是两个字——嫉妒。嫉妒是指因他人在某些方面胜过自己而引起的不快甚至是痛苦的情绪体验。西班牙作家塞万提斯说："嫉妒是万恶的根源，美德的蠹贼。"

嫉妒是自尊心的一种异常表现，在大学生中普遍存在。具体表现为当看到他人学识能力、品行荣誉甚至穿着打扮超过自己时，内心产生的不平、痛苦、愤怒等感觉；当别人身陷不幸或处于困境时则幸灾乐祸，甚至落井下石，在人后恶语中伤、诽谤。嫉妒是一种情绪障碍，它扭曲人的心灵，妨碍人与人之间正常真诚的交往。

嫉妒是由于别人胜过自己而引起抵触的消极的情绪体验。在日常生活中，嫉妒的存在是很普遍的。英国科学家培根说："在人类的一切情欲中，嫉妒之情恐怕要算作最顽强、最持久了。"当看到别人比自己强时，心里就酸溜溜的不是滋味，于是就产生一种包含着憎恶与羡慕、愤怒与怨恨、猜嫌与失望、屈辱与虚荣以及伤心与悲痛的复杂情感，这种情感就是嫉妒。嫉妒者不能容忍别人超过自己，害怕别人得到自己无法得到的名誉、地位等，在他看来，自己办不到的事别人也不要办成，自己得不到的东西，别人也不要得到。

嫉妒是人本质上的瑕疵点，嫉妒心强的人容易得身心疾病。首先，长期处于不良的情绪状态中，产生压抑感，容易引起忧愁、消沉、怀疑、痛苦、自卑等消极情绪，会严重损害身心健康。其次，嫉妒心强影响大学生的自我发展。不良情绪会大大降低学习的效率。最后，嫉妒心强可能使我们结交不到知心朋友。嫉妒心强的人往往事事好胜，常想方设法阻止别人的发展，总想压倒别人。这可能使同学们想躲开你，不愿与你交往。从而给自己造成一个不良的人际关系氛围，你会感到孤独、寂寞。

嫉妒对人的心理健康不利。一是破坏人际关系的和谐。当一个人嫉妒另一个人的时候，就不会对那个人友善、热情，两个人的关系必然冷淡。嫉妒的对象越多，关系冷淡的对象越多，这就给人际交往带来极大的妨害。甚至还会破坏集体的团结和良好的心理氛围。二是造成个人的内心痛苦。一个嫉妒心强的人，常常陷入苦恼之中不能自拔，时间长了会产生自卑，甚至可能采取不正当的手段去伤害别人，使自己陷入更恶劣的处境。

克服嫉妒首先要开阔视野，开阔心胸。真正做到豁达开朗并非易事，如果正处在愤怒或消极的情态下，也能较平静、客观地面对现实，是能达到克服嫉妒的目标的。其次要学会转移注意力，需要积极进取，使生活充实起来，以期取得成功，并不亚于竞争对手。培根说："每一个埋头沉入自己事业的人，是没有工夫去嫉妒别人的。"因此，积极参与各种有益身心的活动，使大学生活真正充实起来，嫉妒的毒素就不会孳生、蔓延。为了缓解自己的失败带来的心理上的不平衡感，可以找一些理由，使自己不再嫉妒别人。再次要学习并欣赏别人的长处，化嫉妒为动力。一个人在嫉妒别人时，总是关注别人的优点，忽视自己的优点。一般而言，嫉妒心理较多地产生于周围熟悉的年龄相仿、生活背景大致相同的人群中。因此，只有采取正确的比较方法，将己之长比人之短，而不是以人之长比己之短。有意识地想一想自己比对方强的地方，这样就会使自己失衡的心理天平重新恢复到平衡的状态。最后要建立正确的自我意识，提高自我意识水平，正确地评价自己和别人。

（五）冷漠

冷漠是指人对外界刺激缺乏相应的情感反应，对生活中的悲欢离合都无动于衷。具体表现为：凡事漠不关心、冷淡、退让的消极情绪体验。如有的大学生对周围的人和事漠不关心，对集体和同学态度冷淡，对自己的前途命运、国家大事等漠然置之，似乎自己已看破红尘、超凡脱俗。于是，把自己游离于社会群体之外，独来独往，对各种刺激无动于衷。这种冷漠的情绪状态，多是压抑内心情感情绪的一种消极逃避反应。具有这种情绪的人从表面上看虽表现为平静、冷漠，但内心却往往有强烈的痛苦、孤寂和压抑感。如果大学生长时间地处于这种情绪状态下，巨大的心理能量无法释放，超过了一定限度时，就会以排山倒海的形式爆发出来，致使

心理平衡遭到破坏，影响身心健康。

冷漠与退缩一样，是一种消极情绪的内化而非外显的行为。事实上，冷漠比攻击更可怕。冷漠会带来责任感的下降、生活意义的缺失与自我价值的放弃，可以说是有百害而无一利的消极情绪体验。冷漠的形成多数与人生重大生活事件与重要丧失有关，也与个体的生活经历有关。

克服冷漠最根本的是改变认知，发现生活的意义，发现自我的价值，改变长期形成的对人生的消极看法；从行为上，积极投身到各种有意义的活动中，融入到集体中，进行积极的自我暗示与自我提升；正确认识自我与他人、个体与社会，并不断矫正自己的非理性观念。

三、大学生情绪调适的方法

由于不良情绪会妨碍人的身心健康，因此，心理学家积极主张对大学生的情绪进行科学指导，并提倡大学生进行自我调节。不同情境中的负性情绪可以采取不同方法进行自我调节和控制。以下原则对大多数人会有一定的指导与帮助：

一是培养乐观向上、积极进取的人生观；

二是培养广泛的兴趣爱好与主观幸福感，热爱生活；

三是注重沟通的艺术，学会与人合作，建立宽厚的人际关系；

四是悦纳自己，用赞赏的目光看待自己；

五是宽容别人，不苛求别人；

六是学会忘记过去的失败对自己的伤害；

七是避免过分自责；

八是善于控制自己的情绪，并学会消化负性情绪；

九是不要随意扩大某事的严重性，尽可能做到"大事化小，小事化了"；

十是学会忽略对自己不利的事情，以避免因此引起的负性情绪体验。

从操作层面看，不良情绪的自我调节方法很多，人们经常使用的有如下几种：

1. 积极的自我暗示

心理暗示，从心理学角度讲，就是个人通过语言、形象、想象等方式，对自身施加影响的心理过程。这个概念最初由法国医师库埃于1920年提出，他的名言是"我每天在各个方面都变得越来越好"。自我暗示分消极自我暗示与积极自我暗示。积极自我暗示，在不知不觉之中对自己的意志、心理以至生理状态产生影响，积极的自我暗示令我们保持好的心情、乐观的情绪、自信心，从而调动人的内在因素，发挥主观能动性。心理学上所讲的"皮格马利翁效应"也称期望效应，讲的就是积极的自我暗示。而消极的自我暗示会强化我们个性中的弱点，唤醒我们潜藏在心灵深处的自卑、怯懦、嫉妒等，从而影响情绪。

与此同时，我们可以利用语言的指导和暗示作用，来调适和放松心理的紧张状态，使不良情绪得到缓解。心理学的实验表明，当个人静坐时，默默地说"勃然大怒"、"暴跳如雷"、"气死我了"等语句时心跳会加剧，呼吸也会加快，仿佛真的发起怒来。相反，如果默念"喜笑颜开"、"兴高采烈"、"把人乐坏了"之类的语句，那么他的心里面也会产生一种乐滋滋的体验。由此可见，言语活动既能唤起人们愉快的体验，也能唤起不愉快的体验；既能引起某种情绪反应，也能抑制某种情绪反应。因此，当我们在生活中遇到情绪问题时，我们应当充分利用语言的作用，用内部语言或书面语言对自身进行暗示，缓解不良情绪，保持心理平衡。比如默想或用笔在纸上写出下列词语："冷静"、"三思而后行"、"制怒"、"镇定"等。实践证明，这种暗示对人的不良情绪和行为有奇妙的影响和调控作用，既可以放松过分紧张的情绪，又可用来激励自己。

2. 转移注意力

注意力转移法就是把注意力从引起不良情绪反应的刺激情境转移到其他事物上去或从事其他活动的自我调节方法。当出现情绪不佳的情况时，要把注意力转移到使自己感兴趣的事上去，如：外出散步，看看电影、电视，读读书，打打球，下盘棋，找朋友聊天，换换环境等，有助于使情绪平静下来，在活动中寻找到新的快乐。这种方法，一方面中止了不良刺激源的作用，防止不良情绪的恶化、蔓延；另一方面，通过参与新的活动特别是自己感兴趣的活动而达到增进积极的情绪体验的目的。

3. 适度宣泄

过分压抑只会使情绪困扰加重，而适度宣泄则可以把不良情绪释放出来，从而使紧张情绪得以缓解、放松。因此，遇有不良情绪时，最简单的办法就是"宣泄"。宣泄一般是在背地里，在知心朋友中进行的。采取的形式或是用过激的言辞抨击、谩骂、抱怨恼怒的对象；或是尽情地向至亲好友倾诉自己认为的不平和委屈等，一旦发泄完毕，心情也就随之平静下来；或是通过体育运动、劳动等方式来尽情发泄；或是到空旷的山林原野，拟订一个假目标大声叫骂，发泄胸中怨气。必须指出，在采取宣泄法来调节自己的不良情绪时，必须增强自制力，不要随便发泄不满或者不愉快的情绪，要采取正确的方式，选择适当的场合和对象，以免引起意想不到的不良后果。

4. 自我安慰法

当一个人遇有不幸或挫折时，为了避免精神上的痛苦或不安，可以找出一种合乎内心需要的理由来说明或辩解。如为失败找一个冠冕堂皇的理由，用以安慰自己，或寻找的理由强调自己所有的东西都是好的，以此冲淡内心的不安与痛苦。这种方法，对于帮助人们在大的挫折面前接受现实、保护自己、避免精神崩溃是很有益处的。比如，对于失恋者来说，想到"失恋总比结婚后再离婚要好得多"，便可减轻因失恋带来的痛苦。因此，当人们遇到情绪问题时，经常用"胜败乃兵家常事"、

"塞翁失马，焉知非福"、"坏事变好事"等词语来进行自我安慰，可以摆脱烦恼、缓解矛盾冲突、消除焦虑、抑郁和失望，达到自我激励、总结经验、吸取教训之目的，有助于保持情绪的安宁和稳定。

5. 交往调节法

某些不良情绪常常是由人际关系矛盾和人际交往障碍引起的。因此，当我们遇到不顺心、不如意的事，有了烦恼时，能主动地找亲朋好友交流、谈心，比一个人独处冥想、自怨自艾要好得多。因此，在情绪不稳定的时候，找人谈一谈，具有缓和、抚慰、稳定情绪的作用。另外，人际交往还有助于交流思想、沟通情感，增强自己战胜不良情绪的信心和勇气，能更理智地去对待不良情绪。

6. 情绪升华法

升华是改变不为社会所接受的动机、欲望而使之符合社会规范和时代要求，是对消极情绪的一种高水平的宣泄，是将消极情感引导到对人、对己、对社会都有利的方向上去。如一同学因失恋而痛苦万分，但他没有因此而消沉，而是把注意力转移到学习中，立志做生活的强者，证明自己的能力。

在上述方法都失效的情况下，仍不要灰心，在有条件的情况下，去找心理咨询师进行咨询、倾诉，在心理咨询师的指导、帮助下，克服不良情绪。

▶ 第三节　爱与性

爱情是人类永恒的图腾，也是人类精神世界不竭的动力之一。爱与美、爱与人生、爱与永恒紧密相关。正值花样年华的大学生，爱情悄悄地生长并繁茂。爱情如同夏日里的太阳雨，美丽却又有些伤感。爱的琼浆需要理性与智慧，需要等待与心智，由恋爱的双方共同酿造。因而，确立健康的爱情观，是大学生未来幸福生活的金钥匙。

一、爱情是什么

（一）什么是爱情

马克思说："真正的爱情是表现恋人对他的偶像采取含蓄、谦恭甚至羞涩的态度，而决不是表现在随意流露热情的过早的亲昵。如果你以为人同人以及人同世界的关系是一种充满人性的关系为先决条件，那你只能以爱去换取爱，以信任换取信任，如果你想欣赏艺术，你必须是一个有艺术修养的人，如果你想对他人施加影响，你必须是一个能促进和鼓舞他人的人。你同人及自然的每一种关系必须是你真正的个人生活的一种特定的、符合你的意志对象的体现，如果你在爱别人，但却没唤起他人的爱，也就是你的爱作为一种爱情并不能使对方产生爱情，如果作为一个正在爱的人你不能把自己变成一个被人爱的人，那么你的爱情是软弱无力的，是一种不幸。"

瓦西列夫在《情爱论》中说："爱情是作为男女关系上的一种特殊的审美感而发展起来的，爱情创造了美，使人对美的领悟能力敏锐起来，促进对世界的艺术化认识。""爱情把人的自然本性和社会本质连接在一起，它是生物关系和社会关系、生理因素和心理因素的综合体，是物质和意识多方面的、深刻的、有生命的辩证体。"

马斯洛认为："爱的需要涉及给予和接受爱，我们必须懂得爱，必须能教会爱、创造爱、预测爱。"

弗洛姆认为："爱是我们对所爱者生命与成长的主动关切，没有这种关切就没有爱。"

尽管至今没有统一的爱情的定义，但大部分心理学家认为爱情包括了四个要素：

第一，爱情是在男女间产生，狭义的爱情不包括同性恋；

第二，爱情是在人的心理达到相对成熟时产生的，幼儿没有这种爱情；

第三，爱情是一种感情，是一个人对另一个异性的某种特殊的想法和态度，是深层次的亲密关系，包括审美、激情及共同生活的愿望，有奉献的核心倾向，不是低级的情绪；

第四，爱情包括性欲和性感的成分，不是纯粹的精神享受。

爱情有几个明显的特征：第一，仰慕的特指性。不仅仰慕对方的志趣、爱好、人品，更感兴趣的是对方的人体特征如长相、神色、服饰、动作等。第二，交往的排他性。有意无意地总想两个人在一起，总想避开朋友或熟人。第三，感情的冲动性，经常会有一种想见面而不能的焦虑、不安乃至精神恍惚。第四，相互的参与性。想使对方的形象变成自己的一部分，干涉对方的风度举止、服饰打扮、交友等。

（二）什么不是爱情

几乎所有的大学生都能背诵《大话西游》中那段经典的台词："曾经有一份真挚的爱情摆在我的面前，我没有珍惜，等它失去时我才追悔莫及，人世间最痛苦的事莫过于此。如果上天能够给我一个再来一次的机会，我一定要对她说'我爱你！'如果非要给这份爱情加上一个期限，我希望是一万年！"这是大学生心中的理想的爱情。但是，理想并不等于现实，当大学生心中的理想之爱最终注定只能是空想时，这种爱就会化作烟雨，一切都将随风而逝，留给当事人的只能是无尽的遗憾、懊恼与失落。因此，大学生首先需要认清的是什么不是爱情。

一是偶像化的爱情。一个没有达到产生高度自我知觉的人，倾向于把自己所爱的人"神化"，他同自己的力量异化并把自己的力量反射到他爱的人身上，将他爱的人当做一切爱情、光明与祝福的源泉而受到他的崇拜。这一过程中，人失去了对自己力量的觉悟，在被爱者身上失去了自己，而不是找到了自己。从长远观点看，没

有一个人能符合崇拜者心愿，当然不可避免地会出现失望，而解决这一问题的方法是寻找新偶像——这种偶像式的爱情在最初的体验是强烈性与突发性。这种爱常常被看做是真正的与伟大的爱情。恰恰是这种所谓的强烈性和突发性却表现了那些恋爱者的饥渴和孤独。

二是完美的爱情。这种爱情的本质只能存在于想象之中，而不是存在于同另一个人实实在在的结合之中，这种爱情往往是用代用品使自己满足；另一种表现是将现时推移过去。我们常常将恋爱的对方想象得极其完美。特别是校园爱情被称为"真空爱情"或"玻璃爱情"，就是因为大学生扩大了爱情的完美性而忽视了其现实性。当真实的生活摆在面前时，大学生的爱情显得脆弱不堪，因为完美本身拒绝缺点。

三是爱的投射。当恋爱失败或受挫后，将注意力放到"所爱者"的错误和缺点上，对他人的细微错误的反应十分灵敏，而对自己的问题与弱点却不闻不问。他们考虑更多的是如何指责对方或者教育对方。那么，二者之间的爱情关系就成为相互投射。事实上，当恋爱受挫后，当事人需要认真反思自我，而非投射。

四是爱情的非理性观念。认为爱情意味着甜蜜，意味着没有冲突。恋人之间的相互冲突，那些属于人的内在现实并能在人的心灵深处体验到的冲突决不是毁灭性的，这些冲突会带来净化，会带来心灵的沟通与理解。关于爱情的非理性观念主要有以下10类：①没有爱情的大学生活是失败的；②爱情是靠努力可以争取到的，即付出总有回报；③爱不需要理由；④因为相爱而发生的性关系无可非议；⑤恋人是完美的，爱情是至高无上的；⑥爱是缘分也是感觉；⑦不在乎天长地久，只在乎曾经拥有；⑧爱情重在过程不在结果；⑨爱情能够改变对方；⑩失恋是人生重大的失败。由于受非理性观念的影响，部分大学生将恋爱置于其他重要人生任务比如学业之上，甚至因为爱而荒废了学业。有的学生坚信爱情中付出总有回报，做爱情的守望者，耐心地等待，有的甚至采取极端举措。

关于爱情的非理性观念影响着他们的人生选择，经常在咨询中听到学生讲，"我一直在努力，为什么得不到她的爱？我的爱可以感动神灵，唯独不能令她感动"。还有单相思的，"我只是默默地爱他，我不在乎他是否在乎我"；"为什么随着交往的深入，我发现他不是我生命中等候的人"等，都是受到自己头脑中非理性观念的影响。

五是产生于孤独无助时的爱恋。爱情产生于何时？我们无法精确计算。但很多悲剧产生于开始，因为开始本身就意味着错误。特别是大学新生，来到陌生的城市，面对陌生的环境，显得无助与孤独。此时，可能一声问候、一束鲜花都会令孤独无助之中的你感动至极。要记住：在孤独无助时，更需要广泛的社会支持如友情而不一定是爱情。"英雄救美人"的悲剧就始于此。

二、大学生的爱情及爱情产生的原因

通过对大学生恋爱的调查，发现了有以下一些因素对爱情的发生有重要的影响：

1. 社会条件：爱情所具有的社会性，使大学生在选择恋爱对象时总是和一定的社会条件相结合，家庭条件、经济收入、当前社会的流行时尚因素等都对大学生的选择起到重要作用。

2. 性别差异：男女生在选择爱人时有显著的差异。男生对体貌的重视要超过女生对男生外表的要求，而女生对男生能力和才干的要求更是超过男生对女生的要求；男生会很喜欢女生的可爱、温柔和善解人意，女生则更看中男生的勇敢、幽默或未来发展的潜力等。

3. 性格协调：男女生在爱情产生时很强调两人在一起的感觉，这种感觉的由来与双方的性格协调程度有关。因此，人们在选择自己的恋爱对象时，往往会受到双方在性格上的吸引或排斥的影响。当然这种和谐并不等于相等，人与人相爱，不是两个圆的完全重叠，而只是相交，相同气质的人常会本能地相互排斥，人们存在互补心理，希望自己的优缺点与对方互为补偿。

4. 父母和家人的影响：在我们成长的过程中，对男人和女人的认识，对男女之间关系的感觉和了解，以及对爱情、家庭的认识，大都来自父母和家庭。很多同学在选择恋人时无意中会带上许多父母的烙印，父母的个性特征、父母之间及家庭成员间的感情关系等都会影响大学生对恋人的选择。

5. 生活事件的影响：在某些生活事件的压力下，会渴望得到别人的关心和帮助，希望与别人建立亲密的关系。这时候，一个异性伸出援助之手，很多同学会获得某种安全感，如果对方追求自己，就比较容易接受。常常有些大学生因为感到孤独或者对未来没有明确的目标而涉入爱河，对一些低年级的大学生来说，恋爱本身并不是一种现实的需求，而是由于大学生活的不适应、不如意所引起的一种补偿行为，是特殊心境下不成熟的产物，容易随着心境的改变而改变。

三、大学生恋爱心理调适

爱情的神圣与庄严、神秘与美好吸引着无数青年男女为之折腰。有的学者说："有青年人的地方就会有爱。"但是，大学校园里并非都存在着完满的恋爱，并非都闪动着幸福的恋人，并非每个爱情的渴望者都能品尝到甘甜的爱情之羹。

(一)单恋

案例：我爱上了一个女生，内向的我从不敢向她表白，只在内心默默地爱着。我有时感觉她也喜欢我，但有时又在回避我。在这种单恋的苦恼中，几乎无法安心学习，我该怎么办？

单恋也是我们经常说的单相思，是指一方对另一方的以一厢情愿的倾慕与热爱为特点的畸形爱情。单恋多是一场感情误会，是"爱情错觉"的产物。"爱情错觉"是指因受对方言谈举止的迷惑，或自身的各种主观体验的影响而错误地主动涉入爱河，或因自以为某个异性对自己有意而产生的爱意绵绵的主观感受。"爱情错觉"导致一厢情愿式的单恋，俗称单相思。单相思有两种情况：一种是毫无理由的"单相思"，对方毫无表示，甚至对方还不认识自己，而自己执着地爱对方，追求对方，这种恋爱，是纯粹的"单向"；另一种是自认为有"理由"的单相思，错认为对方对自己有情，于是"落花无意"变成"落花有意"，这是假"双向"，真"单向"。

单恋较多地出现在性格内向、敏感、富于幻想、自卑感强者身上。首先是自己爱上了对方，于是也希望得到对方的爱，在这种具有弥散心理的作用下，就会把对方的亲切和蔼、热情大方当作是爱的表示并坚信不疑，从而陷入单恋的深渊不能自拔。单恋者固然能体验到一种深刻的快乐，但更多的是体验到情感的压抑，因为他们无法正常地向自己所钟爱的异性倾诉柔情，更不能感受到对方爱意的温馨。在悲剧和郁闷的单相思中，往往存有许多盲目和非理性的成分，如果得不到合理疏导和调适，就会导致心理失衡，甚至自杀等严重后果。所以，要把单相思放在一个适度的范围内。

第一，如果单相思把你折磨得非常痛苦，最便捷的方法是，将心事告诉自己的密友。让他们为你出谋划策，或者你还会听到朋友的单相思故事，知道自己的相思路上并不寂寞。这样，或许你会轻松些。

第二，如果有勇气，直接表达你的爱。一般而言，会有几种结果：接受、劝慰、拒绝、漠视。接受最好，是喜剧版的单相思；如果得到的劝慰是要你放弃对他（她）的爱，就知道普通朋友还可以做，但情缘已了，这样，犹豫与猜疑的苦恼可以减少；如果是拒绝，大哭一场或消沉几天也正常，而这正是你成长必经的一种磨炼和情感体验，美梦惊醒的那一瞬间是很痛苦，但很快你会发现并非世界末日；如果你得到的是漠视，那可以尝试用批评的眼光去审视你的相思对象："他（她）居然如此不懂得爱。"你会发现，这是种很有用而有趣的体验。

第三，尽可能恢复自己的理智与自信。许多把爱慕的情愫压抑在心底的单相思者，性格往往比较自卑、内向、善良，容易把对方当完美的神或天使来崇拜；或者被拒绝后又情不自禁。这样，应该静下心来清理自己的思维，分析自己是否缺乏自信，自己对自己暗示：我是一个独立的人，我不能失去自尊。多参加一些感兴趣的活动，升华了一部分郁积于内心的能量，从而使人意气风发、情绪高昂，获得自信和自尊；或许可以尝试转移空间，避免触景生情，也许走得远一点，你会发现"天涯何处无芳草"。

（二）失恋

"哪个少女不怀春，哪个男子不钟情"，尤其是青年，由于生理、心理的逐步成熟，都会萌动春心，涉入爱河。浪漫热情之恋是青年男女内心的美好憧憬，它似一杯甘醇芳馨的美酒，令人如痴如醉。然而，有恋爱就有失恋，这是个辩证的自然法则。所谓失恋是指恋爱受挫失败。失恋引起的主要情绪反应是痛苦和烦恼。大多数失恋者能正确对待和处理好这种恋爱受挫现象，愉快地走向新生活。然而，也有一些失恋者不能及时排解这种强烈的情绪，导致心理推移，性格反常。具体到不同的个体，常常出现以下几种消极心态：

第一，内郁反应。在失恋挫折的巨大心理压力和自卑感的阴影下，可能表现为忧郁、冷漠、悲伤、痛苦和焦虑，严重者会对生活感到失望甚至绝望自杀，也有可能变得麻木或颓废，并把这种状态作为减少失恋伤害的一种保护措施持续下去，开始与世隔绝，不愿与异性交往。

第二，报复性反应。极度的占有欲受到挫折后，常会产生报复心理，让人丧失理智，产生或实施伤害原恋爱对象或他人的心理或行为。

第三，自责反应。失恋后陷入悔恨中，或者总检讨自己做错了什么，有的为此做一些盲目的补救。例如：自欺欺人，否认失恋的存在，从此陷入单相思中，或者哭哭啼啼哀求对方重归于好。

第四，自弃反应。当无力摆脱失恋的痛苦，又不敢面对现实时，有的人会选择自暴自弃，以酒浇愁，以烟解闷，在酒精和尼古丁中麻醉自己。

这种消沉和悲伤的反应持续一段时间是可以理解的，但如果长期这样，并且强度大，那应考虑寻求心理帮助。

爱情固然是人生不能缺少的一部分，但人生的全部意义决不仅仅在于爱情（何况只是其中的一次恋爱），失恋并不意味着被爱情抛弃，更不会被生活抛弃。失恋和爱一样，是我们成长的机会，是生活送给我们的特别礼物。

在这个特别礼物里，分析是什么原因促使他或她离开，这使我们有更多的机会了解自己，当然也知道并非所有的过错都在自己。同时，也学会了面对失去，还可以把它当做一次丰富人生的经历。

为失恋而痛苦缠身的不幸者必须学会自我调整、自我拯救。提供的方法如下：

1. 倾诉。失恋者精神遭受打击，被悔恨、遗憾、愤怒、惆怅、失望、孤独等不良情绪困扰，应主动找朋友倾诉，释放心理负荷。可以用口头语言，把自己的烦恼和苦闷向知心朋友毫无保留地倾诉出来，并听听他们的劝慰和评说，这样心理会平静一些。也可以用书面文字，如写日记或书信把自己的苦闷记录下来，或给自己看，或寄给朋友看，这样便能释放自己的苦恼，并寻得心理安慰和寄托。

2. 移情。及时适当地把情感转移到失恋对象以外的人、事或物上。发展密切的朋友关系，交流思想，倾吐苦闷，陶冶性情；投身到大自然的博大胸怀中，从而得到抚慰。当然，密切自己与其他异性的交往，也不失为一个合适的途径。

3. 疏通。指的是借助理智来获得解脱，由理智的"我"来提醒、暗示和战胜感

情的"我"。要想想，爱情是以互爱为前提的，不可因一厢情愿而强求，应该尊重对方选择爱人的权利。也可以进行反向思维，多想对方的不足点，分析自己的优势，鼓足勇气，迎接新的生活。还可以这样设想，失恋固然是失去了一次机会，然而却让你进入了另一个充满机会的世界。正如海伦·凯勒所言"一扇幸福之门对你关闭的同时，另一扇幸福之门却在你面前洞开了"。

4. 立志。失恋者积极的态度会使"自我"得到更新和升华，全身心地投入到工作中去，许多失恋者因此而创造出了辉煌的成就。像歌德、贝多芬、罗曼·罗兰、诺贝尔、居里夫人、牛顿等历史名人都曾饱受失恋的痛苦。他们是用奋斗的办法更新"自我"，积极转移失恋痛苦的楷模。

（三）中止恋爱关系

恋爱双方在交往中，随着交往频度的增加与恋爱深度的加强，如果一方发现对方不是自己心中想找的人时，能够理智地分析恋爱的走向，并提出分手，分手对双方都不是一件非常愉快的事，特别是确立恋人时间较长，具有较为稳定恋爱关系的人。提出分手的一方，要注意以下几点：一是选择恰当的时机；二是使用策略；三是艺术地说明原因；四是不逃避责任；五是不拖泥带水。被动的一方，要注意控制自己的情绪，不可自暴自弃也不可死缠烂打，更不可意气用事，寻求报复。值得注意的是：中止恋爱关系不要给对方留有余地，比如"以兄妹相称"、"再相处一段时间试试看"等，特别是两性恋爱关系中止后，都需要一段时间认真冷静地面对这段感情。

案例： 某著名大学一名优秀的女硕士李某，在大学期间，与同在某一小城市读大学的张某确立了恋爱关系。在研究生考试中，恋人张某失利，而李某以专业第一的优异成绩考入某名牌大学深造，此时的张某决定孤注一掷，辞职来到北京考研。随着阅历的增加，李某感到与张某已缘分不再，却又羞于出口，自觉对不起张某，张某的第二次考研又以失败告终。为鼓励张某继续奋斗，两人又继续交往。当张某第三次考研在即时，李某考虑应当中止恋爱关系，拖延并无好处。经历了两次考研失利打击的张某，无论如何也不能再承受失恋的打击，所以当李某提出中止恋爱关系时，张某选择了杀死李某再自杀的极端行为。

从这个案例我们可以看出：如果李某注意选择时机，运用策略，悲剧也许不会发生。在张某考研焦虑、无助甚至绝望的时候提出分手，对他的打击可想而知；而张某选择了极端的手段，选择剥夺他人生命的手段是非理性和残忍的。

四、大学生性心理的基本特征

谈到爱情，不能不谈到性。从年龄上看，大学生正处于性激素分泌的旺盛期，对异性有渴求，性意识十分活跃，性冲动和性需求较为强烈。具体说来，大学生性心理的特征主要表现为：

1. 渴望了解性知识，性意识进一步加强。进入大学，大学生更加积极主动地关注自我发展，也包括自身的生理与心理发展。由于个体家庭教养方式、成长环境及个体差异的存在。对性意识的关注也不尽相同。有的大学新生对性知识的了解较少，渴望通过科学的途径了解自身；有的学生通过自慰性行为解决自身的性冲突；有的学生因性知识匮乏而带来不必要的心理焦虑。

2. 性冲动及其释放。性冲动是指由于性刺激引起大脑皮层的活动，产生性欲，再通过大脑皮层向身体组织发出指令。性冲动是一个健康、正常人自然和本能的行为表现。性冲动不一定产生性行为，人是通过意识调控的：通过大脑调节性行为。人有社会性，遵守社会行为准则，有人格和尊严，尊重他人的意愿和抉择，人对社会有责任和义务，受法律约束等。在心理尚未成熟前尽量减少声、光刺激；不接触黄色、淫秽读物；适时接触性刺激；锻炼理智和克制能力。

3. 性冲突和性压抑。一方面，生长趋势、性发育年龄不断提前；另一方面，学业需要和事业及社会环境的要求，结婚年龄不断推后，出现漫长的"性等待期"。与此同时，日益开放的社会文化既满足了大学生对性的了解与渴望，又使大学生性的冲突加剧。在繁重的学业任务与就业压力及校纪校规的约束下，大学生的性不可以也不能自由地发挥。事实上，适度性压抑也是社会文明与进步的体现。但性压抑不是一味地压制，而是通过适当的释放、转移、升华得到合理的疏导。

4. 渴望性体验。由于性激素的作用，大学生更加渴望得到恰当的性体验如与异性交往。在男女交往过程中，由于性激素的作用，恋人中双方的亲吻和抚摸都会引起性欲望和性冲动。感情的闸门在巨大的性压力下显得极其脆弱。有的通过自慰性行为如性梦、性幻想、性自慰加以调节，而有的则通过性行为得以实现。

五、爱情与性

案例：小樊与小路是高校"夫妻部落"中的一员，两人在校园附近租下一套房子，过起了同居生活。两人在接受记者采访时坦言，双方对未来都没有太明确的想法，目前生活在一起只是为了"相互取暖"。

爱情与性的关系极其密切，没有爱的性和没有性的爱都是难以想象的。在恋爱中正确处理恋爱与性却不是一件容易的事。当进入诱人而甜蜜的热恋后，恋人们常常相偎相依，两情缱绻，小伙子们很容易产生性冲动，产生性行为。性行为同时意味着责任和承担，既要为对方负责，也要为自己负责。在婚前性行为开始之前，请问一下自己，准备好了吗？

第一，对爱要有足够的安全感。爱是性的前提，但不需要用性来证明，用性证明的爱不仅会给你的身体带来伤害，更有可能打碎你对爱的美好向往，影响对爱的正确判断。从大学生性行为的特点看，大学生婚前性行为具有突发性、自愿性、非理性等特点，由于年龄与观念的影响，一旦发生性行为，便会多次发生，造成未婚

先孕等不良后果。一些研究表明：有婚前性行为的人婚姻满意度普遍低于没有婚前性行为者，而且婚前性行为还直接影响婚姻质量。

第二，有足够的心理能力承受婚前性行为带来的心理挫折和伤害吗？恋爱的前途有二：或是有情人终成眷属，或是无缘分道扬镳，性关系发生后的分手通常会对被动分手的一方造成严重的挫折，特别是给女孩子带来的痛苦更大。婚前性行为给双方带来巨大的心理压力，如恐惧、焦虑、自卑、心理冲突加剧等。当具有性行为后，双方更容易争吵，但当事人并不知道性行为是其中的重要原因。由于两性心理的差异，女性在有亲密行为后，容易以身相许，希望与对方走向婚姻，由于性行为使女性由心理上的优势转化为劣势；而对男性而言，婚前性行为会提高他们的心理优势，使他们对容易到手的东西产生厌倦而不承担由此带来的后果，对女性造成更大的心理伤害。

第三，了解避孕等医学知识。和谐性行为需要安全、私密、舒适的环境，而大学生的婚前性行为多数在隐蔽状态下进行，常常伴随着内心的恐惧、紧张、害怕、担心怀孕及不洁感、不道德感、羞愧感和罪错感，容易引起性反应抑制和性焦虑的产生，导致男性阳痿早泄和心因性性功能障碍；而女大学生还因怀孕而流产。如果觉得性行为的发生已经无法避免，那一定要明白，一次性行为也可能会导致女孩怀孕，应当了解一些避孕常识：避孕套、口服避孕药、体外排精、安全期计算等都可以避孕，但任何一种避孕方式都存在失败的可能性。流产，对女大学生的心理与身体伤害极为巨大。一是身体不能得到很好恢复。手术后，由于集体住宿又担心被老师同学发现，还要应付繁重的课业负担，身体与心理的恢复困难；二是容易损伤生殖器，发生意外事故，特别是容易引发多种并发症。

第四，及时寻求帮助。如果意外怀孕，请寻求安全的解决方式。虽然许多广告都宣传堕胎是一项安全无痛的小手术，但事实上，这类手术的风险并不小，堕胎有手术流产和药物流产两种，手术流产因为必须打开宫颈而有可能造成感染，多次人流则很可能造成终生不孕，失去为人母的机会；药物流产相对痛苦较小，但只适合于早期怀孕，而且会带来很多副作用。所以如果意外怀孕，请务必去正规的大医院就医，千万不要因为怕别人知道而去不正规的医院。如果不具有经济能力支付堕胎的费用，去了不正规的医疗机构，有时甚至会带来生命危险，现在很多城市建立了未成年人意外妊娠援助中心，免费为少女提供帮助。

总之，大学生健康的爱情观是日后幸福生活的基点，目的是与大学生共同探讨恋爱的话题，希望青年大学生能够从更开阔的视野思考人生，思考爱情，思考生活，更加积极、主动、自信地面对今后的人生。那如何健康、安全地度过"性待业期"，并最终"着陆"在幸福的婚姻家庭中呢？

第一，解除对性的神秘感。读些科学介绍性知识的书，增强克制性冲动的能力，减少对性的神秘感。

第二，加强意志锻炼。性冲动时，暗示和提醒自己，要尊重对方；两人多参加一些社交活动，分散对性的注意力，释放性的能量，使爱情升华。

第三，感觉对方有性的冲动时，减少情意绵绵的话和过分亲昵的动作，从生理学角度来说，抚摸、亲吻、拥抱，最容易激起男子的性欲，所以要尽量避免触觉的刺激。

第四，女孩子如果没有准备接受性行为，而当对方要求时，在表达了爱的情况下，坚决而直接地说"不"，用"身体不舒服"等理由会让男孩子误解，而为女孩子下一次拒绝性要求提高难度。

第五，适当运用自慰行为。小伙子们在性爱激情爆发，达到"狂热"地步而不能自制时，只要手淫不是一种嗜好，也不危及社会和他人，也不失为调节和疏导性冲动的一种应急办法。

▶第四节　职业生涯发展与心理健康

职业是一种相对固定的、体现了社会分工的、并要求工作者具备一定技能的劳动。在现代社会，职业是一个人一生重要的工作经历，它不再是简单的个人寻求糊口和温饱的手段，而是一个人寻求自我发展、自我实现的现实途径。特别是伴随着现代科技的高度发达、分工的日益精细、用工体制的变革，青年的择业观念已经发生了很大的变化。青年们不再向往那种稳定而无创造性的职业，不再固执于那种从一而终的工作态度，不再囿于一种工作。职业，特别是职业、职位的变动，不仅是青年们实现工作理想的整个过程，更是他们不断调整、不断适应、不断提高，最终找到适合自己发展位置的过程。对大学生而言，求职择业是他们人生的必经之路，是他们人生真正的开始。选择适合自己的职业，充分发挥自己的潜能，是每一个有进取心的大学生梦寐以求的事。但是，选择职业是人生道路上面临的一次重要抉择，将会遇到比以往任何时候都严肃的课题、复杂的矛盾和深深的困惑。面对选择与被选择，以及竞争日益激烈的就业市场，大学生做好职业的心理准备就显得非常重要。而大学生面对即将开始的职业生涯时，常常产生各种心理矛盾和冲突，导致心理失衡，不但影响大学生择业，而且影响大学生的心理健康，甚至做出一些过激的事情。因此，加强大学生择业的心理辅导，培养大学生健康的择业心理非常重要。

一、大学生职业生涯选择中的心理误区

心理误区是指人在心理上特别是认识和人格上陷入无出路而又不能自拔，且本人对此又缺乏意识的状态。青年大学生由于涉世不深、经验不足、自我调节能力较

弱及自我期望值过高等特点，面对日益激烈的市场竞争与复杂的择业环境，不可避免地会产生因心理矛盾的扭曲和沉积而表现出困惑和不适应，从而导致心理误区。具体表现为：

(一)职业需求模糊

一个大学生，经过十余年的学校生活，从学校走向社会，一开始根本没有考虑到事业发展会怎么样，在找工作时首先是看哪个单位的牌子大，其次就是哪个单位的地方好，再次就是挑哪家单位待遇高，而并没有考虑到自身的发展问题。事实上，大学生很难一毕业就明确干什么，因为大学生刚刚踏入社会，很多想法都与社会现实有相当距离。必须要经历现实生活的磨炼，才能正确地看待自己、看待别人、看待社会，这时候定位才有意义和价值。

大学生首先要解决的是个人独立思考的问题，即"我要不要为自己负责"。我们从小到大在父母、老师的搀扶下走过来，很多人生的重要决定是父母、老师代做的。其次，重要的是你要跟着你的心走，只有你想做的事情你才能做得最好。

你自己到底需要什么？这需要每一个走向社会的学生都要冷静地思考，而且是个性化的，适合于别人的未必对你一定适合。

有的学生问：我学这个专业有什么用？专业定向与职业定向相关但并非一定要匹配；人才市场瞬息万变，今年的热门专业明年也许并不热门，对这一点一定要有清醒的认识。人生就是一个不断选择、不断前进的过程。

(二)职业期望过高

大学本科生只是潜人才，是毛坯，要培养成适销对路的"产品"还需要时间的磨炼。我们的学生普遍存在这样的误区：对自己的估计过高而对用人单位估计过低，习惯性地将用人单位的门槛放得很低，将自己看得较高。比如，大学生经常会问用人单位："你们提供什么样的待遇给我？""你们单位是否有利于我的发展？""能为我提供什么样的发展平台？""收入如何？"很少有学生会讲"我能为你们做些什么"，事实上一个单位选择大学生主要是考虑你能为单位创造什么样的效益。

当然，职业期望过低也不是一件好事。我想每个本科生拥有的家庭资源、个人资源、个人潜能、职业理想等不尽相同，这就要求个性化地考虑自己的职业期望。比如，有的同学缺乏个人资源，家庭又寄予很高的期望，而你又只顾自己奋斗比如考研，考不取不就业再考，此时你就应当考虑自己的家庭背景，不能一味强调自己的未来。

(三)职业起点偏高

很多大学生认为：一个人的起点非常重要，如果毕业时站位不合适，那么将来调整起来就非常困难。有的大学生强调即使不就业，再考研也要追求高起点，高起点包括：地域优势、收入优势、专业优势，总之一个都不能少。当然，一个人如果站在凹地里，他要走到平川必须付出巨大的代价，如果一直处于劣势中，可能会变成井底之蛙，这便是鸡头与凤尾的关系，大学生宁做凤尾不做鸡头。这也是一对矛盾：大城市潜藏着巨大的机遇，你有多大的能力就可以有多大的平台，这也并非说明在大城市一定是一件好事。因为大城市竞争的压力、生存的压力、发展的压力都非常巨大，这就要求每位大学生根据自己的情况适度考虑，不要盲目、盲从、盲行，要审时度势，根据自身的情况去考虑，构成世界的既需要山的伟岸也需要小草的点缀，有时候"背靠大树好乘凉"，但另外一句话是"大树底下不长草"。

(四)职业准备不足

进行正确的职业选择，是大学生迈向人生的第一步。尽管大学生会面临各种各样的选择，但与以往的选择相比，这次选择的意义重大。尽管目前职业流动速度加快，但首次的职业选择尤为重要。对大学生而言，他们的职业生活的第一次体验将影响其日后的事业走向与人生发展。然而，世界上的职业千千万万，而社会环境却又相当复杂多变，要作出正确的职业选择会多么不易。雄心万丈步入人才市场的大学生们在择业时遇到的并非都是鲜花与笑脸，更有可能遭遇到的是冷落甚至拒绝，这可能就是真实的社会。每当此时，部分大学生就会产生困惑、忧虑，甚至是逃避、失落等心理。大学生内心承受不了是因为自己的心理准备不足，特别是女生就业难成为一个无法不面对的问题时，首先，大学生应当有这样的勇气：当你一百次被拒绝，你要有第一百零一次站起来的勇气！其次，积累你的优势，别人长一寸，你长一尺！职业生涯的成功永远属于那些不畏困难向前走的人们！

也有的学生看到人才市场的需求过旺，开始提价待沽，沾沾自喜，感觉颇好，感觉自己是皇帝的女儿不愁嫁，开始漫天要价，甚至今天签约明天就毁约，在用人单位心中缺乏良好信誉；有的学生手中握着数个单位，比较着、衡量着却迟迟不决策，等到自己想决策的时候机遇已经不在。

二、困扰大学生择业的几种常见心理现象

1. 个人定位失之偏颇。高职院校的人才培养目标是为和谐社会培养应用型、岗位型、技能型的高级专门人才，一些学校办学定位不准，一些高职学生自我定位出现偏差，容易出现自卑心理。首先高职生看不到自身的优势，用自身的短处比本科生的长处，觉得一无是处，自卑而不敢与人交往，显得古怪、孤僻。其次是自卑导致冷漠。当高职生在学习生活择业中遭受挫折并感到无能为力时，往往表现为不思进取、情绪低落、情感淡漠、意志麻木等心态。另外，自卑的另一种表现形式为自负自傲，有些学生眼高手低，自命不凡，特立独行。

2. 就业压力大。高职生的"弱势文凭"导致就业难，性别歧视又会使高职女生就业难上加难。这是高职生毕业时心理健康问题频发的主要原因，也是女生心理健康状况亚于男生的重要原因。在全国范围就业压力居高不下，在高校毕业生增长率远高于城镇新增就业岗位增长率的情况下，高职毕业生就业面临更大压力。面对复

杂多变、严峻激烈的市场竞争，特别是即将毕业的学兄、学姐们在求职过程中处处碰壁的就业形势，高职生易出现神经紧张、失眠、胸闷、心跳加剧等焦虑并发症。

3. 应试教育积重难返。一些学校衡量学生好坏的标准只是考试成绩的高低，因为学业成绩不是特别冒尖，高职生的心理亚健康在高中阶段就埋下了伏笔，一旦从考试的牢笼出来到大学的素质发展氛围中，各种不适便接踵而至。

大学生在择业中出现的矛盾心理以及心理误区，如不能得到及时的疏导宣泄，则可能发展成为影响择业的心理障碍。这种不良的心理障碍一旦形成，就会严重困扰大学生的日常学习、生活乃至择业。一般地说，大学生择业中出现的心理障碍多属适应过程中的轻度心理障碍。

（一）焦虑

焦虑是由心理冲突或挫折而引起的，是紧张、不安、焦急、忧虑、恐惧等感受交织成的情绪状态。绝大多数大学生在择业过程中，都会或多或少地出现焦虑。优秀学生焦虑的问题是能否找到实现人生价值的理想单位；学业成绩不理想的学生焦虑没有单位选中自己怎么办；来自边远地区的同学为不想回本地区而焦虑；恋人们为不能继续在一起而焦虑；女同学为用人单位"只要男性"而焦虑；还有一些大学生优柔寡断，竟因不知自己毕业后向何处去而焦虑。

大学生的上述焦虑状态一般并不会对未来职业生涯产生影响。一般来说，适度的焦虑会使学生产生压力，这种压力可以增强人的进取心，从而产生奋发有为的精神。但是，如果焦虑不能得到及时的缓解，就有可能向病态发展，表现出情绪紧张、心情紊乱、注意力不能集中、身心疲倦、头昏目眩、心悸、失眠等症状。这种焦虑，使大学生毕业时精神上负担沉重、紧张烦躁、心神不宁、萎靡不振；学习上得过且过、穷于应付、反应迟钝；生活中意志消沉，长吁短叹，食不甘味，卧不安席。有些学生在屡遭挫折之后，甚至产生了恐惧感，一提择业就心理紧张。此时，焦虑不但干扰了大学生的正常的生活、学习和娱乐，还成为择业的绊脚石。

（二）自负

自负心理是过高地估计个人的能力，失去自知之明。一部分学生自认为是"天之骄子"，什么都懂，什么都会，应得到优待，于是在择业过程中，总是抱有洋洋自得、自负自傲的心理。面试时，夸夸其谈，海阔天空，给用人单位留下浮躁、不踏实的印象，用人单位难以接受。在自负心理的支配下，部分大学生的择业观念不正确，心理定位偏高，只看到自己的优点，看不到自己的弱点，表现出非常强的优越感，往往不切实际地追求高工资、高名利的单位，而对一般的工作单位百般挑剔，甚至提出过高的要求。由于自负的大学生不能审时度势地认清自己，缺乏自知之明，其结果必然会高不成低不就，迟迟不能落实单位。看到别人都签了约，他们常常会牢骚满腹、怨天尤人，对社会、学校和他人都可能怀有不满情绪，但有时也会向相反方向发展，出现比较严重的自卑心理，从而不敢应聘求职。

（三）自卑

自卑心理表现为对自己的能力评价过低，看不起自己。这一消极有害的心理在不少大学生身上存在，严重影响他们的就业。一些同学性格比较内向，不善言辞，成绩平平，面对择业市场，常常产生自卑心理，不敢大胆推荐自己，认为自己竞争力不够。有些大学生不能客观地认识自己，在择业中缺乏自信心，勇气不足，例如，认为自己相貌不好，怕用人单位以貌取人，更害怕用人单位拒绝而无地自容。自卑心理源于他人对自己的不客观评价和自己对自己的消极暗示。反复的消极暗示可能导致认知功能的丧失，尤其是对于一些自我意识发展不健全的大学生，部分择业困难的女大学生以及性格内向或有生理缺陷的大学生来说，强烈的自卑心理会成为他们择业乃至生活的最大障碍。而且，自卑会使大学生在求职时怯于出头、羞于表现、依赖性强，其结果是这些学生不能很好地向求职单位展示自己的才华，常常会坐失良机，使其求职成功率不高。

（四）怯懦

怯懦者害怕面对冲突，害怕别人不高兴，害怕丢面子。所以在择业时，因怯懦，他们常常退避三尺，缩手缩脚，不敢自荐。在用人单位面前他们唯唯诺诺，不是语无伦次，就是面红耳赤、张口结舌。他们谨小慎微，生怕说错话，害怕回答问题不好而影响自己在用人单位代表心目中的形象。在公平的竞争机遇面前，由于怯懦，他们常常不能充分发挥自己的才能，以至于败下阵来，错失良机，于是产生悲观失望的情绪，导致自我评价和自信心的下降。

（五）依赖

在择业中，有的大学生对自己缺乏清醒的认识，择业信心不足，犹豫观望，择业依赖父母，依赖社会关系，依赖学校和老师。在人才市场上，父母代替子女、朋友代替自己与用人单位洽谈的场面屡见不鲜，好像不是大学生自己求职，而是父母亲属在求职。这些大学生缺乏自我选择决断能力，不能积极主动地去竞争，去推销自己。依赖心理是普遍存在的，但人们并没有给予足够的重视。

（六）冷漠

当一些大学生因在择业中受到挫折而感到无能为力，失去信心时，会出现不思进取、情绪低落、情感淡漠、沮丧失落、意志麻木等反应。他们自认为看破了红尘，决定听天由命，任凭自然发落。冷漠是遇到挫折后的一种消极的心理反应，是逃避现实，缺乏斗志的表现。这种心理是与就业的竞争机制不相适应的。

（七）问题行为

问题行为即违背社会行为规范的适应不良行为。毕业前一些大学生因某些主体需要不能满足或强度较大的挫折感，加之平日缺乏应有的品德与个性修养，可能发生各种各样的问题行为。常见的有逃课、损坏东西、对抗、报复、迁怒于人、进行不良交往、过度消费、嗜烟、嗜酒等。问题行为的存在，不仅影响学生的顺利择

业，严重的还可能导致违纪与违法。

(八)躯体化症状

躯体化症状是由于心理压力和生活方式而导致的异常的生理反应。毕业前的大学生，由于心理应激水平高、心理冲突强度大、挫折体验多，加之一部分大学生性格上本来就不十分健全，因此容易导致某些躯体化症状，如头痛、头昏、血压不正常、消化紊乱、背痛、肌肉酸痛、口干、心慌、尿频、饮食障碍或睡眠障碍等。这些症状若不及时排除，则会危及学生的身体健康和心理健康。

从以上种种反应可以看出，大学生在求职择业中产生的心理障碍，具有适应性障碍的特征。主要是因大学生面对求职环境应对不良而引起的，故有的焦虑急躁，有的自卑怯懦，有的冷漠逃避，有的孤傲目空一切，有的全身不适，有的食欲不振，这都说明，他们对求职环境缺乏一种良好的适应。但这种现象只属于发展过程中的适应不良，只要大学生主动适应就业环境，各方面引导得法，这些心理障碍就会随着时间的推移而逐渐消失，大多数不会形成心理疾患。

三、心理调适的具体方法

大学生要控制自己的心境、自觉地调整内在的不平衡心理、增强心理素质、保持乐观向上的情绪，就需要不断地对自己进行心理调适。下面介绍几种常用的心理调适方法，供大学生在择业过程中，根据自己的实际情况有选择地加以使用。

(一)自我激励法

自我激励法主要指用生活中的哲理、榜样的事迹或明智的思想观念来激励自己，同各种不良情绪进行斗争，坚信未来是美好的，因为失败、挫折已经成为过去，要勇敢地面对下一次，尽可能地把不可以预料的事当成预料之中的。即使遇到意外事件出现或择业受挫，也要鼓励自己不要惊慌失措、冲动、急躁，而是开动脑筋、冷静思考、寻找对策。大学生在择业过程中，要相信自己的实力，通过自我激励，增强自信心，消除自卑感，保持良好的情绪和心态。

(二)注意转移法

注意转移法即把注意力从消极情绪转移到积极情绪上。当不良情绪出现时，可以采取转移注意力的方法寻找一个新颖的刺激，激活新的兴奋中心以抵消或冲淡原来的兴奋中心，使不良情绪逐渐消失。如：听听音乐，参加体育运动，进行自我娱乐，接受大自然的熏陶，参加有兴趣的活动等，使自己没有时间沉浸在因各种原因引起的不良情绪反应中，以求得心理平稳。

(三)适度宣泄法

当遇到各种矛盾冲突，引起不良情绪时，应尽早进行调整或适度宣泄，使压抑的心境得到缓解和改善。宣泄的较好方法是向你的挚友、师长倾诉你的忧愁、苦闷，使不良情绪得到疏导。在倾诉烦恼的过程中，可以获得更多的情感支持和理解，获得认识和解决问题的新思路，增强克服困难的信心。也可通过打球、爬山等运动量较大的活动，消除压抑心理，恢复心理平衡，但应注意场合、身份、气氛，注意适度，宣泄应是无破坏性的。

（四）自我安慰法

自我安慰法又称自我慰藉法，关键是自我忍耐。在择业中大学生常常会遇到挫折，当经过主观努力仍无法改变时，可适当地进行自我安慰，以缓解动机的矛盾冲突，解除焦虑、抑郁、烦恼和失望情绪，这样有助于保持心理稳定。在因受挫折而出现情绪困扰时，可用"亡羊补牢，犹未为晚"，"塞翁失马，焉知非福"等话语来做自我安慰，解脱烦恼。

（五）合理情绪疗法

合理情绪疗法认为，人们的情绪困扰是由于不正确的认知即非理性信念所造成的，因此，通过认知纠正，以合理的思维方式代替不合理的思维方式，就可以最大程度地减少不合理的信念给人们的情绪带来的不良影响。例如，有的大学生择业不顺利就怨天尤人，认为"人才市场提供的岗位太少"、"用人单位要求太高"，其原因就在于他只从客观上找原因，认为"大学生择业应当是顺利的"、"社会应该为大学生提供充足的岗位"等。正是由于这些不正确的认知信念，造成了他的不良情绪，而这种不良情绪恰恰来自于他自己。所以，如果能改变这些不合理的观念，调整认知结构，不良情绪就能得到克服。大学生运用合理情绪疗法时要把握三点：第一，要认识到不良情绪不是源于外界，而是由于自己的非理性信念所造成的；第二，情绪困扰得不到缓解是因为自己仍保持过去的非理性信念；第三，只有改变自己的非理性信念，才能消除情绪困扰。

自我调适的方法还有很多，如环境调节法、自我静思法、广交朋友法、松弛练习法、幽默疗法等。这些都是应变的一些方法，但最主要的是大学生要树立正确的择业观，对择业要充满信心，要注意磨炼自己的意志，培养乐观豁达的态度，不要惧怕困难、挫折，要始终保持积极向上的精神状态和健康的心理。

总之，在择业求职过程中，大学生应提高自我调适的自觉性，立足于自身的努力，使自己保持一种良好的心态。同时，社会、学校和家庭各方面也应提供热忱的关注和积极的引导，帮助学生面对现实，排除心理困扰，缓解不必要的心理压力，促使他们尽快实现角色转换，顺利走向工作岗位。

四、择业方法及技巧

大学生在择业时，积极的心理准备和心理调适固然重要，但掌握一定的方法与技巧也是必不可少的。

（一）自荐的方法和技巧

大学生为顺利求职，需要通过各种途径和方法正确地宣传、展示和推销自己。

自荐在很大程度上决定了自己能否进一步获得面试的机会，是一次不见面的"面试"，因此，作为大学生要注意以下几个方面：

1. 选择恰当的自荐方式

常见的自荐方式有：口头自荐、书面自荐、广告自荐等多种。选择何种自荐方式，对每一位求职者而言，无疑是至关重要的，大学生应当从自身的实际情况出发，选择恰当的自荐方式。对谈吐自如，反应敏捷且具有一口流利普通话的求职者，选择口头自荐，较能发挥自己的优势；能写一手隽秀的字体和漂亮文章的求职者，选择书面推荐更能显示出求职者的魅力。在人才竞争日益激烈的情况下，选择哪种自荐方式还要看用人单位的需要。同时，自荐材料的递送方式也很重要，求职者向用人单位当面呈送自荐材料，可加深用人单位的印象，增强求职成功的可能性。

2. 自荐材料准备充分

自荐材料包括自荐信、个人简历、证明材料和学校推荐表等。自荐材料应当完整齐全。自荐信主要是进行自我情况的介绍，展示个人的能力和特点；个人简历主要让用人单位了解自己过去的经历；证明材料是个人所取得的成绩；学校推荐表反映学校对自己的认可情况。自荐材料的准备，一要实事求是，恰如其分；二要突出重点，强调个人的专长和特点；三要文笔流畅，字迹端正；四要措辞谦虚，不用可能引起别人反感的话语。有时，自荐材料用多种文字书写对求职也有帮助。如你在少数民族地区择业，用民族文字和汉语撰写自荐信会取得良好效果，如前往外事、旅游、合资企业工作，可另准备一篇外文自荐信，让用人单位了解你的外文水平。

3. 掌握自我介绍的技巧

灵活掌握自我介绍的技巧有利于帮助大学生顺利打开求职的大门。自我介绍时，要积极主动，自信大方；要突出重点，有针对性地强调自己的专业特长、知识面和兴趣爱好；要实事求是，不要文过饰非；要有的放矢，针对用人单位的具体要求来介绍自己的能力。

4. 赢得好感的技巧

赢得用人单位的好感也就达到了求职目标的一半。为了赢得用人单位的好感，自荐时可从四个方面把握：第一，应聘时着装应整洁大方、干净利落，女同学切忌浓妆艳抹，穿着过分透明或性感的裙装。第二，自荐时要充满信心，落落大方，交谈时从容不迫，声音适度。第三，自荐时要以礼待人，举止得当，在面试场合，无论男生还是女生都不宜将手插进兜里或倒背、叉腰，而吞云吐雾、指手画脚，都不会给人留下良好印象。第四，要注意言语平实、客观，避免锋芒毕露、夸夸其谈，回答问题要切题，要注意文明用语。不使用油腔滑调、格调低下的俚语。建立良好第一印象的方法（SOLER）值得重视。S：表示坐或站着面对别人；O：姿势要自然大方；L：身体微微前倾；E：目光前倾；R：放松。

(二)面试的方法

在择业过程中,用人单位常通过面试来决定是否录用应聘者。面试不仅能考核一个人的综合能力,还可以使招聘者通过观察,了解应聘者是否具备从事某种工作的素质。面试是大学生择业的一个重要环节,应当予以充分重视。

1. **面试的准备**

为了面试时能从容应战,大学生在面试前应从三个方面做好准备:

(1)了解用人单位的情况。大多数招聘者都会提出与本单位有关的问题,因此,求职者对用人单位的情况应有所了解,以缩小双方的距离,增加招聘者对你的好感。在面试前,应通过网络、报纸、电视等媒体或熟人介绍等方式去搜集用人单位的信息,如历史、规模、主要业务、用人特点与要求等,从而在面试时能有的放矢。

(2)进行模拟问答。用人单位在面试过程中常会提出这样或那样的问题,求职者应对用人单位在面试中可能提出的问题作出预测,并进行模拟问答。招聘者要求回答的问题通常有四个方面:一是介绍自己;二是选择该单位的理由;三是对时事政策的了解和看法;四是如被录用将以什么样的抱负和姿态投入工作。事先准备好应聘单位可能的问题及其回答,将有助于应聘者在面试中表现出良好的状态。

(3)保持良好的精神状态。在参加面试前要适当放松,调整自己的心态,应注意休息,以便有充沛的精力参加面试。

2. **面试的基本礼仪**

在日常社交中,礼仪是不可少的,在面试时,求职者更应注意讲究礼仪,否则就会让招聘者觉得你缺乏修养。面试时要遵守时间,一般可提前5~10分钟到达面试地点。衣着应整洁,不要给人不修边幅之感。举止要自信文雅,表情要自然,动作要得体,坐和立都要保持良好的姿态。要注意聆听对方的讲话,向对方介绍问题时,眼睛要注视对方,不要东张西望,也不要眼睑低垂。

3. **面试的语言应用**

面试时的语言表达也是十分重要的。面试者回答问题时口齿要清晰,注意控制说话速度,保持语言流畅,答话要简练完整,注意不要用口头语和不文明语言,注意语调和语速的正确运用。面试时,谈话要含蓄,遇到难以回答的问题,用机智、幽默的语言会增加轻松愉快的气氛,有助于化险为夷。在面试交谈中要随时注意听者的反应,要根据对方的反应,适时地调整语气、语调、音量及内容,发现对方无兴趣,马上转移话题,发现对方侧耳倾听,说明音量太小,要适当提高声音。

4. **回答问题的技巧**

面试中,掌握答问技巧对应聘者十分重要。回答时要抓住重点,言简意赅,切忌长篇大论,让人不得要领。对招聘者提出的问题不可简单地用"是"或"否"作答,应讲清原因和理由,进行适当的解释。如对招聘者提出的问题一时摸不着边际或难

以理解，可陈述自己对问题的理解，待对方确认后，有的放矢，切忌答非所问。回答问题时要有个人独特的见解，但也不必为此而标新立异。面试时遇到自己不知、不懂、不会的问题，不要不懂装懂，牵强附会，应诚恳坦率地承认自己的不足。虚心向对方请教，反而会引起主试的信任和好感。

（三）笔试和签约

笔试是应聘考核的辅助方式，近年来受到用人单位的重视，也反映大学生的心理素质与职业素质，主要的方法有：心理测验，用来测试应聘者的心理健康状况与职业兴趣、职业能力、态度、个性、气质等；专业考试，主要是检验求职者的专业知识与相关能力；命题写作，反映求职者驾驭语言文字的能力和分析解决问题的能力。

签约是求职的最后环节，也是职业选择的最后一步。协议书规定了学校、学生和用人单位三方的权利与义务。因而作为一种合同，大学生一定要慎重对待就业协议，认真考虑合同条款并作最后决定。

总之，职业生涯发展与心理健康密切相关，心理健康的人在将来的职业生涯中更拥有主动权，心理健康的人在未来社会的激烈竞争中拥有更多的机遇。

▶ 第五节　心理问题与危机干预

在某大学心理咨询室，来自武东医院身心疾病科的刘老师，每周一、三、五都要接待大批前来咨询的学生。

"刘老师，我特别烦，要崩溃了。"很多学生刚进门就忍不住说。

小孙，一位大一的男生，家在湖北一个偏僻的小镇。小学、初中、高中，他在当地的学校学习成绩都数一数二。到了大学，他从偏僻的小镇来到城市，身边发生了很多变化，有了从没听过的麦当劳、肯德基等新鲜事物，这让他的心里有了阴影。更让他接受不了的是，进入大学后，他的成绩不再拔尖，"失落感"一直笼罩着他。

大学生能否正确认识与处理情感方面的问题，也直接影响到大学生的心理健康。小李因为失恋，近来紧张、焦虑、心烦，情绪极差，晚上睡不着，还不时出现幻觉，什么事都不想做。还有部分"症状"与这些刚好相反，有的人为了掩饰内心的郁闷，话特别多，表现得特别自信。

学习压力、就业压力、感情变化、社会环境、家庭环境、对网络的过分依赖，以及追求过度"完美"的心理等诸多因素，都引发了大学生的心理问题。心理问题在各个年龄阶段都存在，约20％～30％的大学生患有不同程度的抑郁症、焦虑症、强迫症等心理障碍，如果心理问题得不到及时的诊断、疏导或治疗，就有可能转化为心理急症，如自杀、犯罪等。因此，了解一些关于心理问题的类型和产生的原因，以及如何寻找心理咨询，可以帮助大学生在面对心理问题和心理危机时，更有效地寻找到方法。

一、心理问题概述

心理问题与心理疾病是两个不同的概念，每个人在成长的不同阶段及生活的不同方面，都有可能会遇到这样那样的问题，导致消极情绪的产生。对这些问题如能采取适当的方法予以解决，个体就能顺利健康地发展；若不能及时加以正确处理，则会产生持续的不良影响，甚至导致心理障碍。我们常说的心理问题包括了心理困扰、心理障碍、心理疾病。一般来说，从健康状态到心理疾病状态，可以划分为 4 个等级，即：心理健康—心理困扰—心理障碍—心理疾病。

心理健康是指人在一定时间段里快乐的感觉大于痛苦的感觉，心理活动与周围环境相协调，不出现与周围环境格格不入的现象，能胜任使家庭和社会安定的角色，能在一般社会环境下发挥自身能力，利用现有条件实现自身价值。

心理困扰是介于健康与疾病状态的亚健康状态，是由于自身的心理素质（如过于孤僻、敏感、好胜等）、生活事件（如恋爱挫折、家庭成员的丧失、工作压力大等）、身体状况不好等因素引起的，心理困扰持续时间不长，一般一周左右能缓解，对大学生的日常生活与学习影响不大，只是觉得"心情不好"、"没意思"等，处于这种状态的同学大部分能通过自身的调节，如运动、休息、和朋友倾诉、娱乐等，就可以使心理状态得到改善，少部分人如长时间得不到缓解，则可能形成一种相对固定的状态，就应该寻求心理咨询，尽快得到调整。

心理障碍是指因为个人及外界因素造成自己心理状态的某一方面（或几个方面）发展超前、停滞、延迟或偏离。有心理障碍的人，其心理活动的表现与其生理年龄不相称或其反应方式与常人不同，对外界刺激的反应异常，以至于对人的社会功能影响很大，例如，因为社交恐惧不能参加学习、因为焦虑就不考试等。处于这种状态的同学大部分不能通过自我调整和非专业人员的帮助而解决问题，必须接受专业心理咨询或心理医生的指导。

心理疾病是由于个人或外界因素引起个体强烈的心理反应（思维、情感、行为等），并伴有明显的躯体不适感，是大脑功能失调的外在表现。例如，内心有强烈的自卑感和痛苦感、情绪低落、行为失常、意志减退等。处于这种状态的人不能或勉强能完成社会功能，缺乏轻松愉快的体验，极其痛苦。一般不能通过自身调整和非专业人员的治疗而康复，需要心理医生采用心理治疗和药物治疗相结合的方式，早期通过药物快速调整情绪，中后期结合心理治疗与训练来提高心理健康水平。

二、大学生常见的心理疾病及其表现

(一)神经症

(1)焦虑性神经症：患者的焦虑情绪并非由现实情况引起。常常无端地感到惶恐不安、心烦意乱，好像不幸的事就要发生。同时伴有心悸、头昏、恶心、多汗、手脚发凉或燥热、呼吸困难等生理症状，常处于持续紧张状态。

(2)抑郁性神经症：一种由社会心理因素引起，以持久的抑郁情绪为主要特征的神经症。常表现为自我贬低、悲观、孤独、哀伤等，没有交往的欲望和活动的兴趣。常伴有睡眠障碍和身体不适。多发于进展的生活事件，如亲人的分离、失恋、挫折等。

(3)强迫性神经症：包括强迫观念：反复出现强迫思维(污染、词语、灾难)、强迫性怀疑、强迫性穷思竭虑、对立观念，明知不必要，但无法控制；强迫表象：一种生动、鲜明的形象，有的是回忆形象，通常为暴力或让患者感到不安的情境，不能控制自己力图抵抗；强迫恐惧：害怕丧失自控能力，害怕做出违法事件；强迫意向：有种内在力驱使，马上行动的冲动感；强迫性缓慢：少见，病人行动迟缓，洗澡花3小时；强迫行为：屈从性强迫动作(洁癖、反复检查核对等)，对抗性强迫动作(计数、背诵)。

(4)恐怖性神经症：包括场所恐怖症：害怕对象为特殊环境，如广场、闭室、黑暗场所、拥挤的场所、商场、车厢等；社交恐怖症：害怕对象为社交场合(如在公共场合进食或说话、聚会、开会，或怕自己作出一些难堪的行为等)，和人际接触中怕与人对视；特殊恐怖症：以上未包括的特定物体或情境，如动物(昆虫、鼠、蛇、狗)、高处、雷电、鲜血、外伤、打针、手术，或尖锐锋利物品等。

(二)精神分裂症

精神分裂症是一组病因未明的精神病，其主要临床特征为思维、情感、行为之间互不协调，精神活动脱离现实环境，本病多在青年期起病，病程迁延，如不积极治疗，有发展成慢性精神衰退之可能。

精神分裂症的常见临床类型有：

(1)青春型：其起病急，进展快，病程短，表现有：思维破裂，有片断的幻觉、妄想；行为幼稚、愚蠢、冲动、喜怒无常；性欲，食欲亢进。该型易发现，早诊治，疗效较好。

(2)紧张型：表现以木僵状态多见，或紧张性木僵与短暂的兴奋交替出现。木僵时有感知能力，有自动缓解趋势。该型临床少见，易诊断，疗效好。

(3)偏执型：以妄想为主要临床表现，常伴有幻觉，并有相应的情感和行为反应。该型临床多见，易复发，不易发现，但治疗效果较好。

(4)单纯型：该型起病隐袭，缓慢发展，病程长，表现为思维贫乏，情感淡漠，意志缺乏，社会性退缩。无明显的阳性精神病性症状如幻觉、妄想。逐渐趋向精神衰退。早期不易发现，常误认为是性格问题。该型临床较少见，疗效差。

三、心理危机干预

心理危机是指由于突然遭受严重灾难、重大生活事件或精神压力，使生活状况发生明显的变化，尤其是出现了用现有的生活条件和经验难以克服的困难，以致使当事人陷于痛苦、不安状态，常伴有绝望、麻木不仁、焦虑，以及出现植物神经症状和行为障碍，如心慌、冒冷汗、昏厥等。

生活中，每个人对严重事件都会有所反应，但不同的人对同一性质事件的反应强度及持续时间不同，一般的应对过程可分为：立即反应阶段：当事者表现麻木、否认或不相信；完全反应阶段：感到激动、焦虑、痛苦和愤怒，也可有罪恶感、退缩或抑郁；消除阶段：接受事实并为将来作好计划。危机过程持续不会太久，如亲人或朋友突然死亡的沮丧反应一般在 6 个月内消失，否则应视为病态。

心理危机干预是一种心理治疗方式，指对处于困境或遭受挫折的人予以心理关怀和短程帮助的一种方式。它能够帮助受心理危机所困者正确认识自己的心理状态，正确理解生活中的困境与自身心理障碍之间的关系。

目前，引起大学生心理危机的原因主要有：急性残废或急性严重疾病、恋爱关系破裂、突然失去亲人或朋友、重要考试失败等。如失恋可引起严重的痛苦和愤懑情绪，有的可能采取自杀行动，或者把爱变成恨，采取攻击行为，攻击恋爱对象或所谓的第三者。对个人具有重要意义的考试失败也可能引起痛苦的情感体验，通常表现为退缩、不愿与人接触，严重者也可能采取自杀行动。由于发生这类情况的大多是年轻人，可塑性大，危机过后大多能重新振作起来。

心理危机的干预对象主要是存在心理危机倾向与处于心理危机状态的学生。他们一般表现为情绪剧烈波动或认知、躯体、行为等方面有较大改变，暂时不能应对或无法应对正常的生活模式。对存在下列因素之一的学生，应作为心理危机干预的高危个体予以特别关注：

1. 情绪低落、抑郁、不与家人或朋友交往者；
2. 过去有过自杀企图或行为者，经常有自杀意念者；
3. 存在诸如失恋、学业失败、躯体疾病、家庭变故、人际冲突等明显的动机冲突或突遭重挫者；
4. 家庭亲友中有自杀史或自杀倾向者；
5. 人格有明显缺陷者；
6. 长期有睡眠障碍者；
7. 有强烈的罪恶感、缺陷感或不安全感者；
8. 感到社会支持系统长期缺乏或丧失，感到自己无能，看不到"出路"者；

9. 有明显的精神障碍者；

10. 存在明显的攻击性行为或暴力倾向，或其他可能对自身、他人、社会造成危害者。

四、大学生心理咨询

心理问题是日常生活中经常会遇到的，就这些问题求助于心理咨询并不意味着有什么不正常或有见不得人的隐私，相反，这表明了个体具有较高的生活目标，希望通过心理咨询更好地自我完善，而不是消极地回避和否认问题。大学生心理咨询的核心是围绕学生学习问题、生活问题、适应问题和身心发展问题，确立正确的心理教育观念和方式方法，以预防性和发展性心理健康教育为主要内容，同时辅助以心理咨询与辅导。心理咨询本着科学性原则、面向全体学生的原则、发展性教育和补救性教育相结合的原则三大原则为学生提供服务，从而提高学生的整体心理素质，尤其是提高学生的心理调适能力和社会适应能力，预防和减少心理问题和心理障碍的发生，维护和增进学生的心理健康。

(一)心理咨询的含义

心理咨询是咨询师协助求助者(称来访者或来询者)解决各类心理问题的过程。在这个过程中，由受过专业训练的咨询师，通过与来访者建立一种特殊的人际关系，协助来访者(即来寻求心理咨询帮助的人)认识自己，接纳自己，进而欣赏自己，克服成长障碍，发展个人的潜能。心理咨询的主要工作对象是正常人，它所着重处理的是人们的正常需要和问题。

心理咨询最一般、最主要的对象是健康人群或存在心理问题的人群，当出现下列情况时，应当想到心理咨询：

(1)当你总觉得睡眠不好如失眠、做噩梦或者梦游时；

(2)当某些事引起了你强烈的心理冲突，自己难以解决时；

(3)当你心情烦闷，难以自拔时，一般这类常见的情况有过度抑郁或长期抑郁，神经衰弱，对某些事过度紧张焦虑等；

(4)当你的人际关系中出现了问题，常与他人发生冲突时；

(5)当你在择业时需要准确判断自己的适应性时；

(6)当你在恋爱中出现难以解决的问题时；

(7)当你有明显不平常的感觉和行为时，例如，总感觉有人在说自己的坏话；总听到一个声音指挥、控制你……

(8)当你常会害怕一些并不可怕的事物，如害怕花、害怕水、害怕笔、害怕看人等。再如，脑子里总不停地想一些无意义的小问题，或者不停地洗手等；

(9)当你有一些古怪的性问题时；或对月经、遗精等问题有困惑时；

(10)当你希望进一步改善自己的性格时。

另外，当你发现你周围的同学或朋友、家人出现下列情况时，也要提醒他们去心理咨询：

①生活中遇有重大选择犹豫不决时；②学习压力大，无力承受但又不能自行调节时；③初涉世事，对新环境适应困难时；④经受挫折之后，精神一蹶不振时；⑤过分自卑，经常感到心情压抑者；⑥在社会交往方面，自感有障碍的人（如怯懦、自我封闭）；⑦经历了失恋、失去亲人等情况之后，心灵创伤无法"自愈"者；⑧婚姻及家庭关系不和睦，渴望通过指导改善者；⑨性格变化很大，或出现有奇怪的行为者，如暑天一个月不洗澡，无缘无故长时间不去上课等；⑩患有某种身体疾病，对此产生心理压力者；⑪时常厌食或暴食者或感觉有睡眠障碍者；⑫轻度性心理障碍者。

（二）大学生心理咨询的形式

（1）门诊咨询：门诊心理咨询主要是个别咨询，工作方式主要采用咨询者和来访者直接面谈；（2）电话心理咨询：通过电话进行交谈；（3）互联网心理咨询；（4）信件咨询；（5）专栏心理咨询：通过报纸、杂志、电台、电视等传播媒体，介绍心理咨询、心理健康的一般知识，或针对一些典型问题进行分析、解答的一种咨询方式；（6）团体咨询：它是在团体情境中提供心理帮助与指导的一种心理咨询形式。是通过团体内人际交互作用，促使个体在交往中通过观察、学习、体验，认识自我，探讨自我，接纳自我，调整和改善与他人的关系，学习新的态度与行为方式，以发展良好的生活适应的助人过程。一般而言，团体咨询是由1～2名指导者主持，根据求助者问题的相似性，组成小组，通过共同商讨、训练、引导，解决成员共有的发展课题或心理问题。团体的规模因参加者的问题性质不同而不等，少则3～5人，多则十几人到几十人。

（三）大学生心理咨询的程序

大学生心理咨询一般有以下程序：预约，挂号，然后填写心理咨询记录表等；咨询开始后，先由来访者陈述要求咨询的主要问题。咨询老师根据陈述把问题性质弄清楚，并根据情况进行必要的躯体与心理检查，作出初步诊断；如果诊断明确，问题简单，则可提出咨询意见；若问题比较复杂，需要进行系统性心理治疗者，则宜分阶段进行。首先，由于心理咨询是建立在特定的咨询关系之上的，所以，当发现来询者与咨询师有其他较特殊的人际关系时，最好转给其他咨询师。其次，若感觉咨询效果不满意，或来访者求助的问题正好是咨询师的弱项，也最好转介给其他咨询师。此外，要随时注意心理咨询的适用范围，当发现来访者的问题已经超出心理咨询所能帮助的范畴，如来访者出现有幻觉、妄想和严重的认知、行为障碍等情况时，应建议来访者及时转到相关医院诊治，以防贻误治疗时机，酿成不良后果。

>>> **思考与练习**

一、简答题

1. 大学生常见的情绪问题有哪些？如何调节？

2. 大学生心理健康的标准是什么？如何培养健康心理？

3. 如何看待大学生职业选择中的挫折？

4. 如何处理职业选择中的心理冲突？

5. 如何处理恋爱中的心理问题？

6. 你有过怎样的心理危机？后来是如何解决的？

7. 大学生常见的心理疾病有哪些？

二、训练

1. 试一试，也许你的爱情与学业会获得双丰收。

A. 与你的恋人一起制订日常的计划。首先，将各自必需的日程表列出来，包括双方的课程表、必须参加的各种活动，寻找各自共同的时间段作为学习和谈恋爱的时间。其次，当彼此之间互相了解了对方的日常活动时，双方就能安心做自己的事情，不至于相互猜忌了。

B. 互相监督。恋人之间可以将学习当作双方共同经营的事业，都立下长期和短期的目标，例如，某某这学期的主要任务是通过职业资格证等，在学习中互相监督、互相勉励。

2. 下面有20条文字，请仔细阅读每一条，把意思弄明白。然后根据您最近一星期的实际情况在适当的方格里画一个"√"，每一条文字后有四个格，表示：

A. 没有或很少时间；B. 小部分时间；C. 相当多时间；D. 绝大部分或全部时间。

	A	B	C	D
1. 我觉得比平常容易紧张或着急				
2. 我无缘无故感到害怕				
3. 我容易心里烦乱或觉得惊恐				
4. 我觉得我可能将要发疯				
5. 我觉得一切都很好，也不会发生什么不幸				
6. 我手脚发抖打战				
7. 我因为头痛、颈痛和背痛而苦恼				
8. 我感觉容易衰弱和疲乏				

续表

	A	B	C	D
9. 我觉得心平气和，并且容易安静坐着				
10. 我觉得心跳很快				
11. 我因为一阵阵头晕而苦恼				
12. 我要晕倒发作，或觉得要晕倒似的				
13. 我吸气、呼气都感到很容易				
14. 手脚麻木和刺痛				
15. 我因为胃痛和消化不良而苦恼				
16. 我常常要小便				
17. 我的手脚常常是干燥温暖的				
18. 我脸红发热				
19. 我容易入睡并且一夜睡得很好				
20. 我做噩梦				

记分办法：A、B、C、D 分别记 1、2、3、4 分，将所有得分相加，再将总分乘以 1.25，取整数即可得到标准分，其中 5、9、13、17、19 为反向计分项目。

判断：以 50～55 分为界，超过 55 分为异常，说明你的情绪处于焦虑状态。

3. 抑郁自评量表（SDS）

下面有 20 条文字，请仔细阅读每一条，把意思弄明白。然后根据您最近一星期的实际情况在适当的方格里画一个"√"，每一条文字后有四个格，表示：A. 没有或很少时间；B. 小部分时间；C. 相当多时间；D. 绝大部分或全部时间。

	A	B	C	D
1. 我觉得闷闷不乐，情绪低沉				
2. 我觉得一天之中早晨最好				
3. 我一阵阵哭出来或觉得想哭				
4. 我晚上睡眠不好				
5. 我吃得和平常一样多				
6. 我与异性密切接触时和以往一样感到愉快				
7. 我发觉我的体重在下降				
8. 我有便秘的苦恼				

续表

	A	B	C	D
9. 我心跳比平时快				
10. 我无缘无故地感到疲乏				
11. 我的头脑跟平常一样清楚				
12. 我觉得经常做的事情并没有困难				
13. 我觉得不安而平静不下来				
14. 我对将来抱有希望				
15. 我比平时容易生气激动				
16. 我觉得作出决定是容易的				
17. 我觉得自己是个有用的人,有人需要我				
18. 我的生活过得很有意思				
19. 我认为如果我死了,别人会生活得好些				
20. 我平常感兴趣的事仍然照样感兴趣				

记分办法:A、B、C、D 分别记 1、2、3、4 分,将所有得分相加,再将总分乘以 1.25,取整数即可得到标准分,2、5、6、11、12、14、16、17、18、20 为反向计分项目。

判断:以 50~55 分为界,超过 55 分为异常,说明你的情绪处于抑郁状态。

4. 心理健康状况自测

心理卫生自评量表(SCL—90)常用以评定心理卫生状况。

表 1-1　SCL—90 问卷

以下列出了有些人可能会有的问题,请仔细阅读每一条,然后根据最近一星期来自己的实际感觉,选择最符合您的一种情况,填在测验答卷纸(见表 1-2)中相应题号的评分栏中。

其中"没有"记 1 分,"较轻"记 2 分,"中等"记 3 分,"较重"记 4 分,"严重"记 5 分。

1. 头痛

2. 神经过敏,心中不踏实

3. 头脑中有不必要的想法或字句盘旋

4. 头昏或昏倒

5. 对异性的兴趣减退

6. 对旁人求全责备

7. 感到别人能控制您的思想

8. 责怪别人制造麻烦

9. 忘性大

10. 担心自己的衣饰整齐及仪态的端正

11. 容易烦恼和激动

12. 胸痛

13. 害怕空旷的场所或街道

14. 感到自己的精力下降，活动减慢

15. 想结束自己的生命

16. 听到旁人听不到的声音

17. 发抖

18. 感到大多数人都不可信任

19. 胃口不好

20. 容易哭泣

21. 同异性相处时感到害羞不自在

22. 感到受骗、中了圈套或有人想抓住您

23. 无缘无故地突然感到害怕

24. 自己不能控制地大发脾气

25. 怕单独出门

26. 经常责怪自己

27. 腰痛

28. 感到难以完成任务

29. 感到孤独

30. 感到苦闷

31. 过分担忧

32. 对事物不感兴趣

33. 感到害怕

34. 您的感情容易受到伤害

35. 旁人能知道您的私下想法

36. 感到别人不理解您、不同情您

37. 感到人们对您不友好、不喜欢您

38. 做事必须做得很慢以保证做得正确

39. 心跳得很厉害

40. 恶心或胃部不舒服

41. 感到比不上他人

42. 肌肉酸痛

43. 感到有人在监视您、谈论您

44. 难以入睡

45. 做事必须反复检查

46. 难以作出决定

47. 怕乘电车、公共汽车、地铁或火车之类的

48. 呼吸有困难

49. 一阵阵发冷或发热

50. 因为感到害怕而避开某些东西、场合或活动

51. 脑子变空了

52. 身体发麻或刺痛

53. 喉咙有梗塞感

54. 感到前途没有希望

55. 不能集中注意力

56. 感到身体某一部分软弱无力

57. 感到紧张或容易紧张

58. 感到手或脚发重

59. 想到死亡的事

60. 吃得太多

61. 当别人看着您或谈论您时就感到不自在

62. 有些不属于您自己的想法

63. 有想打人或伤害他人的冲动

64. 醒得太早

65. 必须反复洗手、点数目或触摸某些东西

66. 睡得不稳不深

67. 有想摔坏或破坏东西的冲动

68. 有一些别人没有的想法或念头

69. 感到对别人神经过敏

70. 在商店或电影院等人多的地方感到不自在

71. 感到做任何事情都很困难

72. 一阵阵恐惧和惊慌

73. 感到在公共场合吃东西很不舒服

74. 经常与人争论

75. 单独一人时神经很紧张

76. 感到别人对您的成绩没有作出恰当的评价

77. 即使和别人在一起也感到孤单

78. 感到坐立不安、心神不定

79. 感到自己没有什么价值

80. 感到熟悉的东西变成陌生或不像是真的了

81. 大叫或摔东西

82. 害怕会在公共场合昏倒

83. 感到别人想占您的便宜

84. 为一些有关"性"的想法而苦恼

85. 您认为应该因为自己的过错而受到惩罚

86. 感到要赶快把事情做完

87. 感到自己的身体有严重问题

88. 从未感到和其他人很亲近

89. 感到自己有罪
90. 感到自己的脑子有毛病

表 1-2　SCL—90

F1		F2		F3		F4		F5		F6	
项目	评分	项目	评分	项目	评分	项目	评分	项目	评分	项目	评分
1		3		6		5		2		11	
4		9		21		14		17		24	
12		10		34		15		23		63	
27		28		36		20		33		67	
40		38		37		22		39		74	
42		45		41		26		57		81	
48		46		61		29		72		合计	
49		51		69		30		78			
52		55		73		31		80			
53		65		合计		32		86			
56		合计				54		合计			
58						71					
合计						79					
						合计					

F7		F8		F9		F10		结果处理		
项目	评分	项目	评分	项目	评分	项目	评分	因子	合计/项目数	T 分
13		8		7		19		F1	/12	
25		18		16		44		F2	/10	
47		43		35		59		F3	/9	
50		68		62		60		F4	/13	
70		76		77		64		F5	/10	
75		83		84		66		F6	/6	
82		合计		85		89		F7	/7	
合计				87		合计		F8	/6	
				88				F9	/10	
				90				F10	/7	
				合计						

　　其中测验答卷的 F1、F2…F10 分别代表各因子，即 F1(躯体化)、F2(强迫)、F3(人际敏感)、F4(抑郁)、F5(焦虑)、F6(敌意)、F7(恐怖)、F8(偏执)、F9(精神病性)、F10(附加因子)。

　　T 分为因子分，为某因子的合计分除以该因子的项目数所得。分析时主要看各因子 T 分。

　　表 1-3 是 SCL—90 国内正常人的测验常模。评定时，若某因子的 T 分超过 $\bar{x}+2SD$，则认为该因子项已达中等以上严重程度。

表 1-3 正常成人 SCL—90 的因子分分布

项 目	$\bar{x}+2SD$	项 目	$\bar{x}+2SD$
躯体化	1.37+0.48	敌意	1.46+0.55
强迫	1.62+0.58	恐怖	1.23+0.41
人际敏感	1.65+0.61	偏执	1.43+0.57
抑郁	1.50+0.59	精神病性	1.29+0.43
焦虑	1.39+0.43		

资料来源：金华等，中国神经精神疾病杂志，1986(5)：261

为了便于判别，根据表 1-3，我们制成了表 1-4。若各因子的合计分小于所列分，则为正常范围；反之，该因子项已达到中等严重程度以上。

表 1-4 正常成人 SCL—90 各因子正常值范围

项 目	合计分	项 目	合计分
F1 躯体化	<28	F6 敌意	<16
F2 强迫	<28	F7 恐怖	<15
F3 人际敏感	<26	F8 偏执	<16
F4 抑郁	<35	F9 精神病性	<22
F5 焦虑	<23		

测试结果仅供参考。记分与解释根据表 1-2，可以计算出每一项的得分，累计即为自己的总分。

第十章　计算机网络安全知识

　　计算机作为现代信息处理工具，在经济和社会生活中具有不可替代的重要作用。正因为如此，利用计算机进行犯罪活动或者以计算机系统为对象的犯罪活动呈上升趋势，与计算机有关的犯罪活动正在给社会带来越来越大的危害。作为当代大学生应该了解、掌握相关法律、法规，避免因法律知识欠缺而误入歧途。

▶第一节　计算机犯罪的预防

一、计算机犯罪的概念

　　随着科学技术的飞速发展，计算机技术广泛应用到社会生活的各个方面，给我们带来了极大的便利。但伴随着技术而衍生的各种犯罪现象，也越来越严重地危害社会的稳定，困扰着人们的生活。目前世界各国对"计算机犯罪"的定义各不相同，综合起来，分成广义和狭义两种形式，从犯罪学角度上定义计算机犯罪概念，即指行为人以计算机为工具或以计算机资产为侵害对象实施的危害社会的行为。该行为与计算机操作有关，该定义有两个特点：一是以计算机操作为必要，行为人必须具备一定的知识才能操作计算机；二是计算机犯罪有两种方式，以计算机作为犯罪工具或犯罪对象。从刑法学角度上来看，我国刑法第 285 条"非法侵入计算机信息系统罪"、第 286 条"破坏计算机信息系统罪"和第 287 条"利用计算机信息系统罪"分别对计算机犯罪加以规定。因此，刑法学上关于计算机犯罪的概念可这样表述：因行为人的主观罪过，对计算机信息系统的完整性、保密性和可用性造成危害；或以计算机为工具，应用计算机技术和知识实施的触犯刑事法律规范而应受刑罚处罚的行为。

二、计算机犯罪的主要形式

　　计算机犯罪的主要形式，涉及计算机犯罪的分类和计算机犯罪的手法，国内外对此看法不尽一致。从计算机犯罪的现象出发，计算机犯罪的主要形式可分为以下五类：

　　(1)制作、传播非法有害信息：这个犯罪形式主要有利用互联网制作、贩卖、传播淫秽物品罪，利用互联网传播、教授犯罪方法罪，利用互联网散播谣言、发出威胁，引起民众恐慌，危害社会稳定和正常生活秩序。

　　(2)编制、传播计算机病毒或者利用各种技术手段攻击计算机网络系统，破坏

计算机网络系统的正常运行或非授权获取计算机网络系统的控制权。

使用计算机语言编制计算机病毒，故意将其传到互联网或安装在他人计算机上运行的行为具有极大的危害性。计算机病毒如蠕虫（worm）、特洛伊木马、宏病毒等不但可以损坏数据信息、降低计算机网络系统的运行效率，甚至可以造成系统崩溃，如2003年8月11日爆发的"冲击波（Worm.Blaster）"凡是没有打相应win补丁的在线计算机都中招。同时，木马等可以窃取他人的账户口令等。可以不夸张地说，每个在线的计算机都曾遭受过计算机病毒的困扰。

还有一些犯罪人利用自己掌握的计算机技术攻击他人的计算机或网络系统，破坏其正常运行，堵塞网络控制受害者的计算机网络系统，从事各种非法活动。主要手段像拒绝服务攻击（DDos）、逻辑炸弹、利用各种系统漏洞、"后门"等入侵计算机网络系统（非授权访问的网络系统）。还有人利用一定的设备，接受计算机网络系统的辐射磁波，加以分析后，获取他人的机密信息。当然有的人只是非法入侵了，但是更多的是操控计算机网络系统从事非法活动。这一切行为都威胁着国家安全，给网络社会带来了巨大的危害。

（3）非法获取或非授权地修改获取使用计算机网络中的数据信息。说到这个方面首先会想到网络盗版问题，其实还有很多大家没有注意到的犯罪如网络间谍窃取国家机密、竞争对手的商业秘密以及黑客修改私人或者公共数据信息。另外，近来国内出现的网络犯罪形式就是冒用他人或组织公司企业的身份从事非法活动；利用一定的技术手段以截取通信以及计算机网络系统的电磁辐射以获取信息，如"离计算机显示器（CRT）百米左右，辐射信息的强度可达30DBV以上，因此这是完全可以接收到稳定清晰的信息图像的"。窃取信息的手段还有破译分析信息垃圾以及其他的暗含信息的东西，系统内部人员利用合法身份窃取组织的数据信息等。

（4）金融系统计算机犯罪。这种犯罪的主要方法有，对程序数据进行物理破坏，如消磁短路、改账等；利用金融系统的管理漏洞进行作案，主要有窃取、调用、篡改计算机内部账目，或者内部人员修改计算机存取数据非法牟利等；信用卡犯罪，例如，盗取他人信用卡号码口令骗取巨款。金融系统计算机犯罪的侦查难度远远大于其他形式的犯罪，因为当受害者是金融机构时，其为了自己的利益一般不愿公布这个消息，甚至拒绝配合、阻挠执法机关的调查取证。这样的结果是放纵了犯罪者，损害了公民的利益。

（5）利用计算机网络破坏关系国计民生的关键设施和部门、科技、电力部门等。这种犯罪形式不用说大家可能也会知道，今天是一个资源共享、互联互通的信息时代，在计算机信息技术与我们生活的紧密结合带来极大便利的同时，也让我们被计算机系统在安全方面的脆弱性危险的阴影所笼罩。如果有人攻击了国家电网的计算机控制系统，结果将是可怕的。当然问题不仅是在电网，还有核电、核武器、民航指挥系统等。还有一些人入侵国家关键信息系统制造混乱，破坏社会稳定以及正常经济秩序。2003 年美国东部地区电网系统的大面积瘫痪很有可能就是恐怖组织所为。

三、计算机违法犯罪的预防

计算机犯罪是信息时代的一种高科技、高智能、高度复杂化的犯罪。计算机犯罪的特点决定了对其进行防范应当立足于标本兼治、综合治理，应从发展技术、健全法制、强化管理、加强教育、加强监管、打防结合、健全信息机制等诸多方面着手。但对于大学生而言，加强个人道德修养，形成良好的网络道德环境，加强人文教育，用优秀的文化道德思想引导网络社会，形成既符合时代进步的要求又合理合法的网络道德，是预防计算机违法犯罪的第一步。作为大学生必须大力加强思想道德教育，了解法律、法规，建立科学、健康、和谐的网络道德观，这才是真正有效预防计算机犯罪的重要措施。

(一)关于涉及计算机及网络的法律、法规

根据法律出版社 1999 年 1 月出版的《计算机及网络法律法规》一书统计，1991 年至 1999 年 1 月间，我国颁布有关的法律、法规有 23 个，涉及计算机软件保护及著作权登记、计算机信息系统安全保护、计算机信息网络国际联网管理、计算机工程、电信设备进网管理、中国互联网络域名注册管理、中国公众多媒体通信管理、计算机信息系统保密、软件产品管理、金融机构计算机信息系统安全等诸多方面。

其中和公民个人有较直接关系的法律、法规有：

1.《计算机软件保护条例》(1991 年 6 月 4 日国务院颁布)。

2.《中华人民共和国计算机信息系统安全保护条例》(1994 年 2 月 8 日国务院颁布)。

3.《中华人民共和国计算机信息网络国际联网管理暂行规定》(1996 年 2 月 1 日国务院发布，根据 1997 年 5 月 20 日《国务院关于修改〈中华人民共和国计算机信息网络国际联网管理暂行规定〉的决定》修正)。

4.《中国公用计算机互联网国际联网管理规定》(1996 年 4 月 9 日邮电部颁布)。

5.《计算机信息网络国际联网安全保护管理办法》(1997 年 12 月 16 日公安部颁布)。

6.《中华人民共和国计算机信息网络国际联网管理暂行规定实施办法》(1998 年 2 月 13 日国务院信息化工作领导小组颁布)。

7.《计算机信息系统保密管理暂行规定》(1998 年 2 月 26 日国家保密局颁布)。

据初步统计，分散在上述法律、法规中的涉及公民个人的禁止性规定及法律责任规定有 16 条 22 款。在中国法律管辖的范围内，所有利用计算机信息系统及互联网从事活动的组织和个人，都不得进行相关的违法犯罪活动，否则，必将受到法律制裁。

(二)计算机方面大学生必须遵守的法律规定

1. 遵守《中华人民共和国计算机信息系统安全保护条例》，禁止侵犯计算机软件著作权(有关法规条文见附录)。

2. 任何组织或者个人不得利用计算机信息系统从事危害国家利益、集体利益和公民合法利益的活动，不得危害计算机信息系统的安全。

3. 计算机信息网络直接进行国际联网，必须使用邮电部国家公用电信网提供的国际出入口信道。任何单位和个人不得自行建立或者使用其他信道进行国际联网。

4. 从事国际联网业务的单位和个人，应当遵守国家有关法律、行政法规，严格执行安全保密制度，不得利用国际联网从事危害国家安全、泄露国家秘密等违法犯罪活动，不得制作、查阅、复制和传播妨碍社会治安的信息和淫秽色情等信息。

5. 任何组织或个人，不得利用计算机国际联网从事危害国家安全、泄露国家秘密等犯罪活动；不得利用计算机国际联网查阅、复制、制造和传播危害国家安全、妨碍社会治安和淫秽色情的信息。发现上述违法犯罪行为和有害信息，应及时向有关主管机关报告。

6. 任何组织或个人，不得利用计算机国际联网从事危害他人信息系统和网络安全，侵犯他人合法权益的活动。

7. 国际联网用户应当服从接入单位的管理，遵守用户守则；不得擅自进入未经许可的计算机系统，篡改他人信息；不得在网络上散发恶意信息，冒用他人名义发出信息，侵犯他人隐私；不得制造、传播计算机病毒及从事其他侵犯网络和他人合法权益的活动。

8. 任何单位和个人发现计算机信息系统泄密后，应及时采取补救措施，并按有关规定及时向上级报告。

(三)《计算机信息网络国际联网安全保护办法》第四条、第五条、第六条、第七条的规定

第四条 任何单位和个人不得利用国际联网危害国家安全、泄露国家秘密，不得侵犯国家的、社会的、集体的利益和公民的合法权益，不得从事违法犯罪活动。

第五条 任何单位和个人不得利用国际联网制作、复制、查阅和传播下列信息：

(1)煽动抗拒、破坏宪法和法律、行政法规实施的；

(2)煽动颠覆国家政权，推翻社会主义制度的；

(3)煽动分裂国家、破坏国家统一的；

(4)煽动民族仇恨、民族歧视，破坏民族团结的；

(5)捏造或者歪曲事实，散布谣言，扰乱社会秩序的；

(6)宣扬封建迷信、淫秽、色情、赌博、暴力、凶杀、恐怖，教唆犯罪的；

（7）公然侮辱他人或者捏造事实诽谤他人的；

（8）损害国家机关信誉的；

（9）其他违反宪法和法律、行政法规的。

第六条 任何单位和个人不得从事下列危害计算机信息网络安全的活动：

（1）未经允许，进入计算机信息网络或者使用计算机信息网络资源的。

（2）未经允许，对计算机信息网络功能进行删除、修改或者增加的；

（3）未经允许，对计算机信息网络中存储、处理或者传输的数据和应用程序进行删除、修改或者增加的；

（4）故意制作、传播计算机病毒等破坏性程序的；

（5）其他危害计算机信息网络安全的。

第七条 用户的通信自由和通信秘密受法律保护。任何单位和个人不得违反法律规定，利用国际联网侵犯用户的通信自由和通信秘密。

▶第二节　网络信息安全及其防范

一、网络信息安全概述

自从 Internet 诞生以来，网络的开放性、共享性、互联程度不断扩大，安全问题已经被带入到各个领域。因而，如何保护自己的系统并且尽可能有效地打击系统入侵者，如何检测内部和外部的入侵，如何在被攻击之后恢复和重建，成为系统安全的主要问题。

计算机网络信息安全，是指利用网络管理控制技术，防止网络本身及网上传输的信息被故意的或偶然的非授权泄露、更改、破坏，或使信息被非法系统辨认、控制。

二、威胁信息安全的因素

计算机信息安全受到的威胁包括：黑客攻击、计算机病毒、拒绝服务攻击。

信息安全存在的威胁主要表现为：

非授权访问：没有预先经过同意就使用网络或计算机资源被看做是非授权访问。主要有假冒、身份攻击、非法用户进入网络系统进行违法操作、合法用户以未授权方式进行操作等。

窃听：攻击者通过监视网络数据获得敏感信息。

重传：攻击者事先获得部分或全部信息，以后将此信息发送给接收者。

伪造：攻击者将伪造的信息发送给接收者。

篡改：攻击者对合法用户之间的通信信息进行修改、删除、插入，再发送给接

收者。

拒绝服务攻击：攻击者通过某种方法使系统响应减慢甚至瘫痪，阻止合法用户获得服务。

行为否认：通信实体否认已经发生的行为。

传播病毒：通过网络传播计算机病毒。

三、网络防范技术

1. 防火墙技术

防火墙是用以阻止外部攻击者访问某机构的网络屏障，它保护内部网络免受非法用户的侵入，过滤不良信息，防止信息资源的非授权访问。防火墙是一种基于网络边界的被动安全技术，对内部未授权访问难以有效控制，因此适合于内部网络相对独立，且与外部网络互联途径有限、网络服务种类相对集中的网络。主要的实现技术有：数据包过滤、应用网关和代理服务。

2. 数据加密技术

加密技术是提供信息的加密解密，提供对信息来源的鉴别，保证信息的完整性和不可否认性的一种技术。加密是通过一种复杂的方式将信息变成不规则的加密信息，其主要目的是防止信息的非授权泄密。数据加密技术可以分为对称型加密、不对称型加密和不可逆加密。以数据加密和用户确认为基础的开放型安全保障技术是普遍适用的、对网络服务影响较小的一种途径，并可望成为网络安全问题最终的一体化解决途径。

3. 漏洞扫描技术

漏洞扫描是自动检测远端或本地主机安全的技术，它查询 TCP/IP 各种服务的端口，并记录目标主机的响应，收集关于某些特定项目的有用信息。这项技术的具体实现就是安全扫描程序。扫描程序可以在很短的时间内查出现存的安全脆弱点。扫描程序开发者利用可得到的攻击方法，并把它们集成到整个扫描中，扫描后以统计的格式输出，便于参考和分析。

4. 入侵检测技术

入侵检测是识别针对计算机或网络资源的恶意企图和行为，并对此作出反应的过程。它不仅检测来自外部的入侵行为，同时也检测来自内部用户的未授权活动。入侵检测通常采用 IDS。所谓 IDS 就是一个能够对网络活动进行实时监测的系统，它从计算机网络系统中的若干关键点收集信息，并分析这些信息，检查网络中是否有违反安全策略的行为和遭到袭击的迹象。它可被看做是防火墙之后的第二道安全屏障。

▶第三节　案例警示

宣恩计算机犯罪第一案

20××年上半年，在良莠不齐的互联网上出现了一个中文域名为"百川网（www.12599.com）"的综合性网站，其二级栏目"百川论坛"人气颇旺，频繁的点击率，是小网站少有的，原来……

当年3月，本县移动公司聘用职员李×伙同广东省高州市马贵镇埋垌同罗村无业青年李××，在未得到湖北省通信管理局核发的增值电信业务经营许可证，亦未得到该局的备案确认的情况下，擅自在李×租住的房间内购置网络设备，注册域名，开设起以营利为目的的"百川网"网站。同年6月到7月间，二人为增加网站的浏览人数的点击率，提高网站知名度，在网站栏目"百川论坛"下开设"疯狂影院"，链接淫秽视频文件97个，张贴淫秽电子信息11帖。期间共有9 291人次点击浏览，1 911人进行回复。

当年8月，上级公安部门网管中心监控发现了该网站的犯罪行为，同时也锁定了网站IP地址。在县公安局侦查此案的过程中，县人民检察院提前介入此案，派侦查人员与公安人员一道全程侦查该案，引导侦查取证，仅用四个月时间就依法对二李提起了公诉。县人民法院以犯传播淫秽物品罪，分别判处李×有期徒刑一年、李××有期徒刑八个月。该案成为宣恩县有史以来利用计算机犯罪的第一案。

第十一章　大学生勤工助学安全知识

近年来，我国高校学生勤工助学工作不断得到推进和发展，勤工助学已经成为大学生业余生活的重要组成部分。利用双休日或假期勤工助学的大学生人数越来越多，特别是高职高专类学生，他们所学以技术型、应用型为主，强调实践能力，勤工助学成了他们一个很好的选择。这既有利于培养大学生的劳动观念、自立精神及动手实践能力，也有利于改善大学生的学习条件。但在参加勤工助学的过程中，由于部分学生社会阅历较浅，自我保护意识相对薄弱，致使很多安全问题产生。为了确保勤工助学工作的顺利展开，加强大学生安全教育，本章就大学生开展勤工助学活动时应注意的一些安全问题进行介绍，希望对参加勤工助学的大学生有所帮助。

一、大学生勤工助学的主要类型

勤工助学是指学生利用课余时间参加的，以获得报酬、培养自理能力为主要目的的各种服务和劳动。当前大学生勤工助学涉及的领域比较广，概括起来主要有科技、智力、服务、家教等文化服务和劳动服务三种类型。

(一)科技、智力服务

科技、智力服务是指结合大学生具有一定专业知识技能的特点，利用自己所学的专业知识和掌握的技能能够为社会提供有偿服务。学校可以组织学生承担助教、助研、助管工作，也可以组织理工科学生参与工程项目的研究设计、新产品的研制和开发，如计算机专业的学生可利用专业知识为企业事业单位设计计算机应用软件，还可以组织文科学生广泛地开展社会调查，为地方的经济发展和社会主义精神文明建设发挥积极作用。

(二)家教等文化服务

家教等文化服务是师范院校学生开展勤工助学最主要的内容之一。改革开放以来，随着经济的发展，人民生活水平的提高，人们越来越重视文化教育，特别是家长对自己子女的期望值越来越高。对巩固钻研能力、提高学习自学性都有积极的促进作用。

(三)劳动服务

大学生不仅具有专业知识和技能，还有充沛的精力。可组织学生从事力所能及的体力劳动，如安排学生从事治安巡逻、食堂管理，或在图书馆、资料室、实验室帮忙等辅助性的工作。

二、大学生勤工助学应坚持的原则

(一)大学生勤工助学活动必须坚持课余的原则

从勤工助学的辩证关系来看，勤工是手段、助学是目的。大学生在课余时间从事勤工助学，获得一定的劳动报酬，维持最基本的生活、学习条件，保持良好的身心素质，是为了更好地完成学业。如果因此占用了学习时间，分散了精力，影响了学业或未能达到应有的学习成绩，或因考试不及格而交费重修，则得不偿失，是一种本末倒置的做法。

(二)坚持以校内为主，以解决特困生为主，以运用所学科学文化知识和专业技能服务社会、提高素质为主的原则

所谓以校内为主，就是充分争取并利用学校为大学生提供的相对稳定、报酬合理、安全便利的勤工助学岗位。所谓以解决特困生为主，是由于勤工助学对于做好特困生工作具有特殊的意义和作用，一方面，帮助他们获得一定的经济收入，解决一定的经济困难；另一方面，勤工助学是一种自强不息精神的体现。通过勤工助学活动，可减轻国家、学校和家庭负担，维持最基本的生活、学习条件，顺利完成学业。他们获得的不仅仅是物质利益，还有一定的社会实践能力、心理承受能力，这有益于身心发展，是一笔难得的精神财富。同时，勤工助学活动本身就是一种思想教育活动，使学生在辛苦的劳动中体会到劳动成果来之不易，从而养成艰苦奋斗、艰苦朴素、勤俭节约的优良作风，进而以更加努力的学习态度、更加优良的学习成绩来报答国家、社会、学校对他们的关怀与帮助，这也是学校育人工作的一部分。所谓以运用所学科学文化知识和专业技能服务社会、提高素质为主，是由高等学校以培养人才为中心的任务决定的。通过勤工助学，大学生理论联系实际，学以致用、用而知不足、用而促学。虽然目前这种形式的助学活动受到一定条件的制约，但实践证明，这是最佳的选择。

三、大学生勤工助学过程中存在的安全隐患

大学生社会阅历尚浅，又存在急于找到勤工助学岗位的心态，以及就业和生活的压力，加之目前大学生教育中存在"对很少的东西懂得很多，对很多的东西懂得很少"的非全才教育的状况，社会上一些不法分子借此将他们作为侵害的主要对象。另外，大学生自身的违纪、违法犯罪等，致使不安全问题凸显出来，主要体现在以下几个方面。

(一)受骗上当和被敲诈

曾有报道，个别女大学生由于社会经验不足，思想上缺乏应有的警惕，联系勤工助学工作时没有通过正规渠道，轻信人贩子的花言巧语，被拐卖到交通闭塞且比较贫困的山区当人妻，后来被解救。此事虽是个案，但教训是深刻的。此外，非法

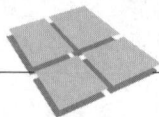

传销组织者经常将大学生作为发展下线的主要物色对象。他们以招聘为名，迎合一些大学生急功近利的心理，向他们灌输"今夜睡地板，明天当老板，成功在眼前"、"一夜就能暴富、人人能成功"等谬论。1998 年 4 月国家明令禁止传销后，仍有许多大学生误入歧途。

大学生在勤工助学过程被欺骗的案例也屡见不鲜。例如，不法分子以提供勤工助学岗位为诱饵，以伪装的身份骗取信任，获取大学生在毫无戒备的情况下提供的家庭和同学的信息，并通过电话等向家长炸称其子女患疾病、出车祸住院等；通过学校周边张贴的提供丰厚待遇，但须交报名费和保证金的广告进行行骗；有的大学生在勤工助学过程中违法、违纪、违德等，被逼迫施以敲诈。

（二）违纪和违法犯罪

有的大学生在勤工助学过程中由于爱慕虚荣而小偷小摸；有的生活散漫，私自到校外租房过准夫妻生活，女生怀孕后到私人小诊所流产导致身体受害；有的为了方便勤工助学在校外租房而导致与房东纠纷，有时还导致煤气中毒等；有时在勤工助学过程中被骗后，为挽回损失也不择手段地骗别人；有的甚至做起签订假合同等经济诈骗活动；有的直接当考试的"枪手"；有的因勤工助学实践的失败而自卑，怀疑自己的能力而失去信心等，在困难和失利面前屈服，从而走向犯罪，甚至走向自残或自杀。

四、大学生勤工助学应注意的安全问题

（一）做家教应注意的问题

家教是一个比较大众化的勤工助学项目，所以历来是大学生勤工助学的首选。大学生的家教活动是社会的一种需要，也是大学生锻炼自己、提高能力的一种途径；而且又能为自己挣得一笔可观的收入，减轻家庭经济上的负担。

然而由于目前家教市场还存在许多不规范、不完善的地方，同时部分大学生还没有真正地接触社会，思想比较单纯，这就被一些不法分子钻了空子，利用大学生勤工助学的急切心理以及想更多地赚钱的愿望，经常通过一些不正规途径向在校大学生发布一些虚假家教信息，以骗取钱财为目的。所以，大学生在做家教时要特别注意以下问题。

1. 安全最重要

在找家教工作的过程中，应时刻牢记安全第一，绝对不能因求职心切而忽略了安全问题。同时，对那些已有多次家教经验的大学生来说，也绝对不能降低自我保护和安全防范意识，因为街头找工作随意性太大，谁也不能确定自己遇到的下一个雇主是好人还是心怀不轨的人。要记住，不要随便相信陌生人，表面热心的人未必就真的是好人。一定要常常提醒自己，安全是最重要的。这里要特别提醒女同学，在没有见到孩子的情况下千万不能轻易跟随陌生的男性家长到家里试讲。另外由于

家教工作大都在校外进行，所以要注意交通安全。遇到恶劣天气最好乘公共汽车，不要独自骑车前往。

2. 通过正规中介

切勿在小区自行张贴个人详细信息，给不法分子提供可乘之机。最好通过正规中介组织求职，如学校家教中心等正规机构，才能有效保护自己的权益。学校家教中心一般会记录下家长的身份证号码和详细的家庭住址及联系方式，确认家长聘请家教的诚意，并与家长签订协议书，要求保证工资发放到位、授课时人身安全等，还会手机家回访长的反馈信息以提高家教质量。另外，通过亲属、老师和同学介绍做家教，也相对比较可靠。

3. 尽量固定时间

一是辅导时间相对固定，没有特殊情况不要随意改动。二是辅导时间不宜过晚，应尽可能将家庭辅导时间安排在周六、周日的白天，或者平常自己没课和学生放学较早的时间段。尽量选择距离学校较近的家庭做家教。

4. 告知行踪

在首次进行家庭辅导时，最好约上同学陪同前往，或者在到达担任家教的家庭后，给同学打个电话，这样一方面可以让同学知道自己的行踪；另一方面即使遇到心怀恶意的人，也可以通过这个方法让对方有所顾忌。另外，要将自己担任家教期间的外出辅导行程表和时间表告知同寝室的人，让要好的同学掌握，以防万一。

5. 衣着得体

夏季随着天气慢慢变热，特别是女生，穿的越来越少，外出做家教的时候严禁穿无袖衫，严禁穿超短裙，严禁穿很性感的网袜等。在从教过程中，如果对方联系人是成年男性，请女生尽量不要和他约在晚上见面。如不得已，最好和朋友一同前往。和对方见面时，请注意自己的钱包、手机安全。无论对方以什么理由向你借用手机，都予以婉言拒绝。建议可以"手机刚好没电"为理由拒绝。如果觉得情况可疑，请及时报案。

(二)做其他劳动服务时应注意的问题

1. 勤工助学不是经商

现在高校都普遍支持和提倡大学生勤工助学，并依法保护学生以诚实劳动和服务获得的收入。同时高校也反对和禁止学生经商，因为勤工助学与经商的内容和目的是有区别的。

高校大学生勤工助学的主要内容是：与专业学习相结合的科学技术和文化服务；有利于培养劳动观念和自立精神的劳动服务。这些与学校的目标相一致。学生通过开展勤工助学，可加强实践环节的锻炼，提高动手能力，培养劳动观念与自立精神。对特困生来说，通过勤工助学还可以减轻家庭负担，有利于改善学习条件。

经商则是参与以营利为目的的商品流通过程。禁止大学生经商，其原因是：首

先，经商是一种职业，必须按国家有关管理法办理营业执照，依法纳税，有的商品还要办理专项特许证，而大学生不具备这项职业资格，从事经商活动本身就是违反国家有关规定；其次，经商是一个复杂的商品流通过程，不但要有物质基础，同时还要耗费大量的精力，学生在校期间应以学习为主，否则就违反了学校的规章制度，干扰学习。近年来，一些高校的少数大学生受"商潮"的影响，无心学习，倾力经营活动，有的连本钱都亏光了，有的甚至违反国家管理法规而陷入泥潭，这些例子屡见不鲜，其教训是很深刻的。

2. 女大学生不要从事陪酒陪舞活动

勤工助学可以从事活动很多，但绝不能认为只要能赚钱什么事情都可以干，特别是对女大学生陪酒陪舞要严厉禁止。因为女大学生陪酒陪舞很容易带来安全方面的问题，极易受到一些不法分子的伤害。当代的女大学生更应自尊、自重、自爱，决不能为了赚钱什么出格的事都干，一旦上当失足，将后悔终生。

3. 遵纪守法，依照学校和工商管理规定，凭诚实劳动获得报酬

首先，要熟悉有关法规、依法办事，决不能做违法的事，其次，要知道依法保护自己。大学生勤工助学以诚实劳动和服务获得的收入应当受保护，为了确保劳动所得，在勤工助学时最好先了解有关规定，熟悉校内有关规定，明确自身行为的依据，并以此维护自身的正当权益。

4. 有组织地开展勤工助学活动

参加勤工助学活动最好是有组织地进行，这样可以避免或减少失误、上当和越轨行为。有的学生不懂得统一组织的重要性，私自从事一些活动，这样很容易违法犯罪，当然统一组织并非限定为全校统一行动，而是指加强组织观念，根据组织的安排进行活动，以确保活动顺利、合法地开展。

5. 勤工助学要量力而行，避免风险

大学生进行勤工助学要找适合自己的事情做，如做家教、参加学校内部的劳务、参加学校治安服务工作等，千万不要盲目到社会上找一些赚钱较多但风险较大的工作。

6. 注意人身安全

还有相当一部分男大学生在假期从事以体力劳动为主的勤工助学工作，如到建筑工地做小工等重体力劳动。参加这些劳动时稍有不慎就可能会发生人身意外伤害。曾有报道，某高校大一学生张某利用暑假时间在一私人建筑队打工，由于工地安全保护设施不完善，从未完工的建筑物上掉下一块砖头将其当场砸晕，脱离生命危险后留下了极为严重的脑震荡后遗症。所以，在做类似建筑小工之类有危险性的工作时，一定要注意自己的人身安全，或者最好不要参与。

附　录

▶《普通高等学校学生管理规定》

（教育部第 21 号令）

《普通高等学校学生管理规定》已于 2005 年 2 月 4 日经部长办公会讨论决定，现予颁布，自 2005 年 9 月 1 日起施行。

第一章　总　则

第一条　为维护普通高等学校正常的教育教学秩序和生活秩序，保障学生身心健康，促进学生德、智、体、美全面发展，依据《教育法》、《高等教育法》以及其他有关法律、法规，制定本规定。

第二条　本规定适用于普通高等学校、承担研究生教育任务的科学研究机构（以下称高等学校或学校）对接受普通高等学历教育的研究生和本科、专科（高职）学生的管理。

第三条　高等学校要以培养人才为中心，按照国家教育方针，遵循教育规律，不断提高教育质量；要依法治校，从严管理，健全和完善管理制度，规范管理行为；要将管理与加强教育相结合，不断提高管理水平，努力培养社会主义合格建设者和可靠接班人。

第四条　高等学校学生应当努力学习马克思列宁主义、毛泽东思想、邓小平理论和"三个代表"重要思想，确立在中国共产党领导下走中国特色社会主义道路、实现中华民族伟大复兴的共同理想和坚定信念；应当树立爱国主义思想，具有团结统一、爱好和平、勤劳勇敢、自强不息的精神；应当遵守宪法、法律、法规，遵守公民道德规范，遵守《高等学校学生行为准则》，遵守学校管理制度，具有良好的道德品质和行为习惯；应当刻苦学习，勇于探索，积极实践，努力掌握现代科学文化知识和专业技能；应当积极锻炼身体，具有健康体魄。

第二章　学生的权利与义务

第五条　学生在校期间依法享有下列权利：

（一）参加学校教育教学计划安排的各项活动，使用学校提供的教育教学资源；

（二）参加社会服务、勤工助学，在校内组织、参加学生团体及文娱体育等

活动；

（三）申请奖学金、助学金及助学贷款；

（四）在思想品德、学业成绩等方面获得公正评价，完成学校规定学业后获得相应的学历证书、学位证书；

（五）对学校给予的处分或者处理有异议，向学校或者教育行政部门提出申诉；对学校、教职员工侵犯其人身权、财产权等合法权益，提出申诉或者依法提起诉讼；

（六）法律、法规规定的其他权利。

第六条 学生在校期间依法履行下列义务：

（一）遵守宪法、法律、法规；

（二）遵守学校管理制度；

（三）努力学习，完成规定学业；

（四）按规定缴纳学费及有关费用，履行获得贷学金及助学金的相应义务；

（五）遵守学生行为规范，尊敬师长，养成良好的思想品德和行为习惯；

（六）法律、法规规定的其他义务。

第三章 学籍管理

第一节 入学与注册

第七条 按国家招生规定录取的新生，持录取通知书，按学校有关要求和规定的期限到校办理入学手续。因故不能按期入学者，应当向学校请假。未请假或者请假逾期者，除因不可抗力等正当事由以外，视为放弃入学资格。

第八条 新生入学后，学校在三个月内按照国家招生规定对其进行复查。复查合格者予以注册，取得学籍。复查不合格者，由学校区别情况，予以处理，直至取消入学资格。

凡属弄虚作假、徇私舞弊取得学籍者，一经查实，学校应当取消其学籍。情节恶劣的，应当请有关部门查究。

第九条 对患有疾病的新生，经学校指定的二级甲等以上医院（下同）诊断不宜在校学习的，可以保留入学资格一年。保留入学资格者不具有学籍。在保留入学资格期内经治疗康复，可以向学校申请入学，由学校指定医院诊断，符合体检要求，经学校复查合格后，重新办理入学手续。复查不合格或者逾期不办理入学手续者，取消入学资格。

第十条 每学期开学时，学生应当按学校规定办理注册手续。不能如期注册者，应当履行暂缓注册手续。未按学校规定缴纳学费或者其他不符合注册条件的不予注册。家庭经济困难的学生可以申请贷款或者其他形式资助，办理有关手续后注册。

第二节　考核与成绩记载

第十一条　学生应当参加学校教育教学计划规定的课程和各种教育教学环节（以下统称课程）的考核，考核成绩记入成绩册，并归入本人档案。

第十二条　考核分为考试和考查两种。考核和成绩评定方式，以及考核不合格的课程是否重修或者补考，由学校规定。

第十三条　学生思想品德的考核、鉴定，要以《高等学校学生行为准则》为主要依据，采取个人小结，师生民主评议等形式进行。学生体育课的成绩应当根据考勤、课内教学和课外锻炼活动的情况综合评定。

第十四条　学生学期或者学年所修课程或者应修学分数以及升级、跳级、留级、降级、重修等要求，由学校规定。

第十五条　学生可以根据学校有关规定，申请辅修其他专业或者选修其他专业课程。

学生可以根据校际间协议跨校修读课程。在他校修读的课程成绩（学分）由本校审核后予以承认。

第十六条　学生严重违反考核纪律或者作弊的，该课程考核成绩记为无效，并由学校视其违纪或者作弊情节，给予批评教育和相应的纪律处分。给予留校察看及以下处分的，经教育表现较好，在毕业前对该课程可以给予补考或者重修机会。

第十七条　学生不能按时参加教育教学计划规定的活动，应当事先请假并获得批准。未经批准而缺席者，根据学校有关规定给予批评教育，情节严重的给予纪律处分。

第三节　转专业与转学

第十八条　学生可以按学校的规定申请转专业。学生转专业由所在学校批准。

学校根据社会对人才需求情况的发展变化，经学生同意，必要时可以适当调整学生所学专业。

第十九条　学生一般应当在被录取学校完成学业。如患病或者确有特殊困难，无法继续在本校学习的，可以申请转学。

第二十条　学生有下列情形之一，不得转学：

（一）入学未满一学期的；

（二）由招生时所在地的下一批次录取学校转入上一批次学校、由低学历层次转为高学历层次的；

（三）招生时确定为定向、委托培养的；

（四）应予退学的；

（五）其他无正当理由的。

第二十一条　学生转学，经两校同意，由转出学校报所在地省级教育行政部门确认转学理由正当，可以办理转学手续；跨省转学者由转出地省级教育行政部门转

入地省级教育行政部门，按转学条件确认后办理转学手续。须转户口的由转入地省级教育行政部门将有关文件抄送转入校所在地公安部门。

第四节 休学与复学

第二十二条 学生可以分阶段完成学业。学生在校最长年限（含休学）由学校规定。

第二十三条 学生申请休学或者学校认为应当休学者，由学校批准，可以休学。休学次数和期限由学校规定。

第二十四条 学生应征参加中国人民解放军（含中国人民武装警察部队），学校应当保留其学籍至退役后一年。

第二十五条 休学学生应当办理休学手续离校，学校保留其学籍。学生休学期间，不享受在校学习学生待遇。休学学生患病，其医疗费按学校规定处理。

第二十六条 学生休学期满，应当于学期开学前向学校提出复学申请，经学校复查合格，方可复学。

第五节 退 学

第二十七条 学生有下列情形之一，应予退学：

（一）学业成绩未达到学校要求或者在学校规定年限内（含休学）未完成学业的；

（二）休学期满，在学校规定期限内未提出复学申请或者申请复学经复查不合格的；

（三）经学校指定医院诊断，患有疾病或者意外伤残无法继续在校学习的；

（四）未请假离校连续两周未参加学校规定的教学活动的；

（五）超过学校规定期限未注册而又无正当事由的；

（六）本人申请退学的。

第二十八条 对学生的退学处理，由校长会议研究决定。

对退学的学生，由学校出具退学决定书并送交本人，同时报学校所在地省级教育行政部门备案。

第二十九条 退学的本、专科学生，按学校规定期限办理退学手续离校，档案、户口退回其家庭户籍所在地。

退学的研究生，按已有毕业学历和就业政策可以就业的，由学校报所在地省级毕业生就业部门办理相关手续；在学校规定期限内没有聘用单位的，档案、户口退回其家庭户籍所在地。

第三十条 学生对退学处理有异议的，参照本规定第六十一条、第六十二条、第六十三条、第六十四条办理。

第六节 毕业、结业与肄业

第三十一条 学生在学校规定年限内，修完教育教学计划规定内容，德、智、体达到毕业要求，准予毕业，由学校发给毕业证书。

第三十二条　学生在学校规定年限内，修完教育教学计划规定内容，未达到毕业要求，准予结业，由学校发给结业证书。结业后是否可以补考、重修或者补作毕业设计、论文、答辩，以及是否颁发毕业证书，由学校规定。对合格后颁发的毕业证书，毕业时间按发证日期填写。

第三十三条　符合学位授予条件者，学位授予单位应当颁发学位证书。

第三十四条　学满一学年以上退学的学生，学校应当颁发肄业证书。

第三十五条　学校应当严格按照招生时确定的办学类型和学习形式，填写、颁发学历证书、学位证书。

第三十六条　学校应当执行高等教育学历证书电子注册管理制度，每年将颁发的毕(结)业证书信息报所在地省级教育行政部门注册，并由省级教育行政部门报国务院教育行政部门备案。

第三十七条　对完成本专业学业同时辅修其他专业并达到该专业辅修要求者，由学校发给辅修专业证书。

第三十八条　对违反国家招生规定入学者，学校不得发给学历证书、学位证书；已发的学历证书、学位证书，学校应当予以追回并由教育行政部门宣布证书无效。

第三十九条　毕业、结业、肄业证书和学位证书遗失或者损坏，经本人申请，学校核实后应当出具相应的证明书。证明书与原证书具有同等效力。

第四章　校园秩序与课外活动

第四十条　学校应当维护校园正常秩序，保障学生的正常学习和生活。

第四十一条　学校应当建立和完善学生参与民主管理的组织形式，支持和保障学生依法参与学校民主管理。

第四十二条　学生应当自觉遵守公民道德规范，自觉遵守学校管理制度，创造文明、整洁、优美、安全的学习和生活环境。

学生不得有酗酒、打架斗殴、赌博、吸毒，传播、复制、贩卖非法书刊和音像制品等违反治安管理规定的行为；不得参与非法传销和进行邪教、封建迷信活动；不得从事或者参与有损大学生形象、有损社会公德的活动。

第四十三条　任何组织和个人不得在学校进行宗教活动。

第四十四条　学生可以在校内组织、参加学生团体。学生成立团体，应当按学校有关规定提出书面申请，报学校批准。

学生团体应当在宪法、法律、法规和学校管理制度范围内活动，接受学校的领导和管理。

第四十五条　学校提倡并支持学生及学生团体开展有益于身心健康的学术、科技、艺术、文娱、体育等活动。学生进行课外活动不得影响学校正常的教育教学秩

序和生活秩序。

第四十六条 学校应当鼓励、支持和指导学生参加社会实践、社会月服务和开展勤工助学活动，并根据实际情况给予必要帮助。学生参加勤工助学活动应当遵守法律、法规以及学校、用工单位的管理制度，履行勤工助学活动的有关协议。

第四十七条 学生举行大型集会、游行、示威等活动，应当按法律程序和有关规定获得批准。对未获批准的，学校应当依法劝阻或者制止。

第四十八条 学生使用计算机网络，应当遵循国家和学校关于网络使用的有关规定，不得登录非法网站、传播有害信息。

第四十九条 学校应当建立、健全学生住宿管理制度。学生应当遵守学校关于学生住宿管理的规定。

第五章　奖励与处分

第五十条 学校、省(自治区、直辖市)和国家有关部门应当对在德、智、体、美等方面全面发展或者在思想品德、学业成绩、科技创造、锻炼身体及社会服务等方面表现突出的学生，给予表彰和奖励。

第五十一条 对学生的表彰和奖励可以采取授予"三好学生"称号或者其他荣誉称号、颁发奖学金等多种形式，给予相应的精神鼓励或者物质奖励。

第五十二条 对有违法、违规、违纪行为的学生，学校应当给予批评教育或者纪律处分。

学校给予学生的纪律处分，应当与学生违法、违规、违纪行为的性质和过错的严重程度相适应。

第五十三条 纪律处分的种类分为：

(一)警告；

(二)严重警告；

(三)记过；

(四)留校察看；

(五)开除学籍。

第五十四条 学生有下列情形之一，学校可以给予开除学籍处分：

(一)违反宪法，反对四项基本原则、破坏安定团结、扰乱社会秩序的；

(二)触犯国家法律，构成刑事犯罪的；

(三)违反治安管理规定受到处罚，性质恶劣的；

(四)由他人代替考试、替他人参加考试、组织作弊、使用通信设备作弊及其他作弊行为严重的；

(五)剽窃、抄袭他人研究成果，情节严重的；

(六)违反学校规定，严重影响学校教育教学秩序、生活秩序以及公共场所管理秩序，侵害其他个人、组织合法权益，造成严重后果的；

（七）屡次违反学校规定受到纪律处分，经教育不改的。

第五十五条　学校对学生的处分，应当做到程序正当、证据充足、依据明确、定性准确、处分恰当。

第五十六条　学校在对学生作出处分决定之前，应当听取学生或者其代理人的陈述和申辩。

第五十七条　学校对学生作出开除学籍处分决定，应当由校长会议研究决定。

第五十八条　学校对学生作出处分，应当出具处分决定书，送交本人。对学生开除学籍的处分决定书报学校所在地省级教育行政部门备案。

第五十九条　学校对学生作出的处分决定书应当包括处分和处分事实、理由及依据，并告知学生可以提出申诉及申诉的期限。

第六十条　学校应当成立学生申诉处理委员会，受理学生对取消入学资格、退学处理或者违规、违纪处分的申诉。学生申诉处理委员会应当由学校负责人、职能部门负责人、教师代表、学生代表组成。

第六十一条　学生对处分决定有异议的，在接到学校处分决定书之日起五个工作日内，可以向学校学生申诉处理委员会提出书面申诉。

第六十二条　学生申诉处理委员会对学生提出的申诉进行复查，并在接到书面申诉之日起十五个工作日内，作出复查结论并告知申诉人。需要改变原处分决定的，由学生申诉处理委员会提交学校重新研究决定。

第六十三条　学生对复查决定有异议的，在接到学校复查决定书之日起十五个工作日内，可以向学校所在地省级教育行政部门提出书面申诉。省级教育行政部门在接到学生书面申诉之日起三十个工作日内，对申诉人的问题给予处理并答复。

第六十四条　从处分决定或者复查决定送交之日起，学生在申诉期内未提出申诉的，学校或者省级教育行政部门不再受理其提出的申诉。

第六十五条　被开除学籍的学生，由学校发给学习证明。学生按学校规定期限离校，档案、户口退回其家庭户籍所在地。

第六十六条　对学生的奖励、处分材料，学校应当真实完整地归入学校文书档案和本人档案。

第六章　附　则

第六十七条　对接受成人高等学历教育的学生、港澳台侨学生、留学生的管理参照本规定实施。

第六十八条　高等学校应当根据本规定制定或修改学校的学生管理规定，报主管教育行政部门备案（中央部委属校同时抄报所在地省级教育行政部门），并及时向学生公布。

省级教育行政部门根据本规定，指导、检查和督促本地区高等学校实施学生管理。

第六十九条 本规定自 2005 年 9 月 1 日起施行。原国家教育委员会发布的《普通高等学校学生管理规定》(国家教育委员会令第 7 号)、《研究生学籍管理规定》(教学[1995]4 号)同时废止。其他有关文件规定与本规定不一致的，以本规定为准。

▶《中华人民共和国治安管理处罚法》(2012 年修正本)

(2005 年 8 月 28 日第十届全国人民代表大会常务委员会第十七次会议通过 2005 年 8 月 28 日中华人民共和国主席令第三十八号公布自 2006 年 3 月 1 日起施行 根据 2012 年 10 月 26 日第十一届全国人民代表大会常务委员会第二十九次会议通过 2012 年 10 月 26 日中华人民共和国主席令第 67 号公布自 2013 年 1 月 1 日起施行 的《全国人民代表大会常务委员会关于修改〈中华人民共和国治安管理处罚法〉的决定》修正)

第一章 总则

第一条 为维护社会治安秩序，保障公共安全，保护公民、法人和其他组织的合法权益，规范和保障公安机关及其人民警察依法履行治安管理职责，制定本法。

第二条 扰乱公共秩序，妨害公共安全，侵犯人身权利、财产权利，妨害社会管理，具有社会危害性，依照《中华人民共和国刑法》的规定构成犯罪的，依法追究刑事责任；尚不够刑事处罚的，由公安机关依照本法给予治安管理处罚。

第三条 治安管理处罚的程序，适用本法的规定；本法没有规定的，适用《中华人民共和国行政处罚法》的有关规定。

第四条 在中华人民共和国领域内发生的违反治安管理行为，除法律有特别规定的外，适用本法。

在中华人民共和国船舶和航空器内发生的违反治安管理行为，除法律有特别规定的外，适用本法。

第五条 治安管理处罚必须以事实为依据，与违反治安管理行为的性质、情节以及社会危害程度相当。

实施治安管理处罚，应当公开、公正，尊重和保障人权，保护公民的人格尊严。

办理治安案件应当坚持教育与处罚相结合的原则。

第六条 各级人民政府应当加强社会治安综合治理，采取有效措施，化解社会矛盾，增进社会和谐，维护社会稳定。

第七条　国务院公安部门负责全国的治安管理工作。县级以上地方各级人民政府公安机关负责本行政区域内的治安管理工作。

治安案件的管辖由国务院公安部门规定。

第八条　违反治安管理的行为对他人造成损害的，行为人或者其监护人应当依法承担民事责任。

第九条　对于因民间纠纷引起的打架斗殴或者损毁他人财物等违反治安管理行为，情节较轻的，公安机关可以调解处理。经公安机关调解，当事人达成协议的，不予处罚。经调解未达成协议或者达成协议后不履行的，公安机关应当依照本法的规定对违反治安管理行为人给予处罚，并告知当事人可以就民事争议依法向人民法院提起民事诉讼。

第二章　处罚的种类和适用

第十条　治安管理处罚的种类分为：

（一）警告；

（二）罚款；

（三）行政拘留；

（四）吊销公安机关发放的许可证。

对违反治安管理的外国人，可以附加适用限期出境或者驱逐出境。

第十一条　办理治安案件所查获的毒品、淫秽物品等违禁品，赌具、赌资，吸食、注射毒品的用具以及直接用于实施违反治安管理行为的本人所有的工具，应当收缴，按照规定处理。

违反治安管理所得的财物，追缴退还被侵害人；没有被侵害人的，登记造册，公开拍卖或者按照国家有关规定处理，所得款项上缴国库。

第十二条　已满十四周岁不满十八周岁的人违反治安管理的，从轻或者减轻处罚；不满十四周岁的人违反治安管理的，不予处罚，但是应当责令其监护人严加管教。

第十三条　精神病人在不能辨认或者不能控制自己行为的时候违反治安管理的，不予处罚，但是应当责令其监护人严加看管和治疗。间歇性的精神病人在精神正常的时候违反治安管理的，应当给予处罚。

第十四条　盲人或者又聋又哑的人违反治安管理的，可以从轻、减轻或者不予处罚。

第十五条　醉酒的人违反治安管理的，应当给予处罚。

醉酒的人在醉酒状态中，对本人有危险或者对他人的人身、财产或者公共安全有威胁的，应当对其采取保护性措施约束至酒醒。

第十六条　有两种以上违反治安管理行为的，分别决定，合并执行。行政拘留

处罚合并执行的，最长不超过二十日。

第十七条 共同违反治安管理的，根据违反治安管理行为人在违反治安管理行为中所起的作用，分别处罚。

教唆、胁迫、诱骗他人违反治安管理的，按照其教唆、胁迫、诱骗的行为处罚。

第十八条 单位违反治安管理的，对其直接负责的主管人员和其他直接责任人员依照本法的规定处罚。其他法律、行政法规对同一行为规定给予单位处罚的，依照其规定处罚。

第十九条 违反治安管理有下列情形之一的，减轻处罚或者不予处罚：

（一）情节特别轻微的；

（二）主动消除或者减轻违法后果，并取得被侵害人谅解的；

（三）出于他人胁迫或者诱骗的；

（四）主动投案，向公安机关如实陈述自己的违法行为的；

（五）有立功表现的。

第二十条 违反治安管理有下列情形之一的，从重处罚：

（一）有较严重后果的；

（二）教唆、胁迫、诱骗他人违反治安管理的；

（三）对报案人、控告人、举报人、证人打击报复的；

（四）六个月内曾受过治安管理处罚的。

第二十一条 违反治安管理行为人有下列情形之一，依照本法应当给予行政拘留处罚的，不执行行政拘留处罚：

（一）已满十四周岁不满十六周岁的；

（二）已满十六周岁不满十八周岁，初次违反治安管理的；

（三）七十周岁以上的；

（四）怀孕或者哺乳自己不满一周岁婴儿的。

第二十二条 违反治安管理行为在六个月内没有被公安机关发现的，不再处罚。

前款规定的期限，从违反治安管理行为发生之日起计算；违反治安管理行为有连续或者继续状态的，从行为终了之日起计算。

第三章 违反治安管理的行为和处罚

第一节 扰乱公共秩序的行为和处罚

第二十三条 有下列行为之一的，处警告或者二百元以下罚款；情节较重的，处五日以上十日以下拘留，可以并处五百元以下罚款：

（一）扰乱机关、团体、企业、事业单位秩序，致使工作、生产、营业、医疗、教学、科研不能正常进行，尚未造成严重损失的；

（二）扰乱车站、港口、码头、机场、商场、公园、展览馆或者其他公共场所秩序的；

（三）扰乱公共汽车、电车、火车、船舶、航空器或者其他公共交通工具上的秩序的；

（四）非法拦截或者强登、扒乘机动车、船舶、航空器以及其他交通工具，影响交通工具正常行驶的；

（五）破坏依法进行的选举秩序的。

聚众实施前款行为的，对首要分子处十日以上十五日以下拘留，可以并处一千元以下罚款。

第二十四条 有下列行为之一，扰乱文化、体育等大型群众性活动秩序的，处警告或者二百元以下罚款；情节严重的，处五日以上十日以下拘留，可以并处五百元以下罚款：

（一）强行进入场内的；

（二）违反规定，在场内燃放烟花爆竹或者其他物品的；

（三）展示侮辱性标语、条幅等物品的；

（四）围攻裁判员、运动员或者其他工作人员的；

（五）向场内投掷杂物，不听制止的；

（六）扰乱大型群众性活动秩序的其他行为。

因扰乱体育比赛秩序被处以拘留处罚的，可以同时责令其十二个月内不得进入体育场馆观看同类比赛；违反规定进入体育场馆的，强行带离现场。

第二十五条 有下列行为之一的，处五日以上十日以下拘留，可以并处五百元以下罚款；情节较轻的，处五日以下拘留或者五百元以下罚款：

（一）散布谣言，谎报险情、疫情、警情或者以其他方法故意扰乱公共秩序的；

（二）投放虚假的爆炸性、毒害性、放射性、腐蚀性物质或者传染病病原体等危险物质扰乱公共秩序的；

（三）扬言实施放火、爆炸、投放危险物质扰乱公共秩序的。

第二十六条 有下列行为之一的，处五日以上十日以下拘留，可以并处五百元以下罚款；情节较重的，处十日以上十五日以下拘留，可以并处一千元以下罚款：

（一）结伙斗殴的；

（二）追逐、拦截他人的；

（三）强拿硬要或者任意损毁、占用公私财物的；

（四）其他寻衅滋事行为。

第二十七条 有下列行为之一的，处十日以上十五日以下拘留，可以并处一千元以下罚款；情节较轻的，处五日以上十日以下拘留，可以并处五百元以下罚款：

（一）组织、教唆、胁迫、诱骗、煽动他人从事邪教、会道门活动或者利用邪教、会道门、迷信活动，扰乱社会秩序、损害他人身体健康的；

（二）冒用宗教、气功名义进行扰乱社会秩序、损害他人身体健康活动的。

第二十八条 违反国家规定，故意干扰无线电业务正常进行的，或者对正常运行的无线电台（站）产生有害干扰，经有关主管部门指出后，拒不采取有效措施消除的，处五日以上十日以下拘留；情节严重的，处十日以上十五日以下拘留。

第二十九条 有下列行为之一的，处五日以下拘留；情节较重的，处五日以上十日以下拘留：

（一）违反国家规定，侵入计算机信息系统，造成危害的；

（二）违反国家规定，对计算机信息系统功能进行删除、修改、增加、干扰，造成计算机信息系统不能正常运行的；

（三）违反国家规定，对计算机信息系统中存储、处理、传输的数据和应用程序进行删除、修改、增加的；

（四）故意制作、传播计算机病毒等破坏性程序，影响计算机信息系统正常运行的。

第二节　妨害公共安全的行为和处罚

第三十条 违反国家规定，制造、买卖、储存、运输、邮寄、携带、使用、提供、处置爆炸性、毒害性、放射性、腐蚀性物质或者传染病病原体等危险物质的，处十日以上十五日以下拘留；情节较轻的，处五日以上十日以下拘留。

第三十一条 爆炸性、毒害性、放射性、腐蚀性物质或者传染病病原体等危险物质被盗、被抢或者丢失，未按规定报告的，处五日以下拘留；故意隐瞒不报的，处五日以上十日以下拘留。

第三十二条 非法携带枪支、弹药或者弩、匕首等国家规定的管制器具的，处五日以下拘留，可以并处五百元以下罚款；情节较轻的，处警告或者二百元以下罚款。

非法携带枪支、弹药或者弩、匕首等国家规定的管制器具进入公共场所或者公共交通工具的，处五日以上十日以下拘留，可以并处五百元以下罚款。

第三十三条 有下列行为之一的，处十日以上十五日以下拘留：

（一）盗窃、损毁油气管道设施、电力电信设施、广播电视设施、水利防汛工程设施或者水文监测、测量、气象测报、环境监测、地质监测、地震监测等公共设施的；

（二）移动、损毁国家边境的界碑、界桩以及其他边境标志、边境设施或者领土、领海标志设施的；

（三）非法进行影响国（边）界线走向的活动或者修建有碍国（边）境管理的设施的。

第三十四条 盗窃、损坏、擅自移动使用中的航空设施，或者强行进入航空器驾驶舱的，处十日以上十五日以下拘留。

在使用中的航空器上使用可能影响导航系统正常功能的器具、工具，不听劝阻的，处五日以下拘留或者五百元以下罚款。

第三十五条 有下列行为之一的，处五日以上十日以下拘留，可以并处五百元以下罚款；情节较轻的，处五日以下拘留或者五百元以下罚款：

（一）盗窃、损毁或者擅自移动铁路设施、设备、机车车辆配件或者安全标志的；

（二）在铁路线路上放置障碍物，或者故意向列车投掷物品的；

（三）在铁路线路、桥梁、涵洞处挖掘坑穴、采石取沙的；

（四）在铁路线路上私设道口或者平交过道的。

第三十六条 擅自进入铁路防护网或者火车来临时在铁路线路上行走坐卧、抢越铁路，影响行车安全的，处警告或者二百元以下罚款。

第三十七条 有下列行为之一的，处五日以下拘留或者五百元以下罚款；情节严重的，处五日以上十日以下拘留，可以并处五百元以下罚款：

（一）未经批准，安装、使用电网的，或者安装、使用电网不符合安全规定的；

（二）在车辆、行人通行的地方施工，对沟井坎穴不设覆盖物、防围和警示标志的，或者故意损毁、移动覆盖物、防围和警示标志的；

（三）盗窃、损毁路面井盖、照明等公共设施的。

第三十八条 举办文化、体育等大型群众性活动，违反有关规定，有发生安全事故危险的，责令停止活动，立即疏散；对组织者处五日以上十日以下拘留，并处二百元以上五百元以下罚款；情节较轻的，处五日以下拘留或者五百元以下罚款。

第三十九条 旅馆、饭店、影剧院、娱乐场、运动场、展览馆或者其他供社会公众活动的场所的经营管理人员，违反安全规定，致使该场所有发生安全事故危险，经公安机关责令改正，拒不改正的，处五日以下拘留。

第三节 侵犯人身权利、财产权利的行为和处罚

第四十条 有下列行为之一的，处十日以上十五日以下拘留，并处五百元以上一千元以下罚款；情节较轻的，处五日以上十日以下拘留，并处二百元以上五百元以下罚款：

（一）组织、胁迫、诱骗不满十六周岁的人或者残疾人进行恐怖、残忍表演的；

（二）以暴力、威胁或者其他手段强迫他人劳动的；

（三）非法限制他人人身自由、非法侵入他人住宅或者非法搜查他人身体的。

第四十一条 胁迫、诱骗或者利用他人乞讨的，处十日以上十五日以下拘留，可以并处一千元以下罚款。

反复纠缠、强行讨要或者以其他滋扰他人的方式乞讨的，处五日以下拘留或者

警告。

第四十二条　有下列行为之一的，处五日以下拘留或者五百元以下罚款；情节较重的，处五日以上十日以下拘留，可以并处五百元以下罚款：

（一）写恐吓信或者以其他方法威胁他人人身安全的；

（二）公然侮辱他人或者捏造事实诽谤他人的；

（三）捏造事实诬告陷害他人，企图使他人受到刑事追究或者受到治安管理处罚的；

（四）对证人及其近亲属进行威胁、侮辱、殴打或者打击报复的；

（五）多次发送淫秽、侮辱、恐吓或者其他信息，干扰他人正常生活的；

（六）偷窥、偷拍、窃听、散布他人隐私的。

第四十三条　殴打他人的，或者故意伤害他人身体的，处五日以上十日以下拘留，并处二百元以上五百元以下罚款；情节较轻的，处五日以下拘留或者五百元以下罚款。

有下列情形之一的，处十日以上十五日以下拘留，并处五百元以上一千元以下罚款：

（一）结伙殴打、伤害他人的；

（二）殴打、伤害残疾人、孕妇、不满十四周岁的人或者六十周岁以上的人的；

（三）多次殴打、伤害他人或者一次殴打、伤害多人的。

第四十四条　猥亵他人的，或者在公共场所故意裸露身体，情节恶劣的，处五日以上十日以下拘留；猥亵智力残疾人、精神病人、不满十四周岁的人或者有其他严重情节的，处十日以上十五日以下拘留。

第四十五条　有下列行为之一的，处五日以下拘留或者警告：

（一）虐待家庭成员，被虐待人要求处理的；

（二）遗弃没有独立生活能力的被扶养人的。

第四十六条　强买强卖商品，强迫他人提供服务或者强迫他人接受服务的，处五日以上十日以下拘留，并处二百元以上五百元以下罚款；情节较轻的，处五日以下拘留或者五百元以下罚款。

第四十七条　煽动民族仇恨、民族歧视，或者在出版物、计算机信息网络中刊载民族歧视、侮辱内容的，处十日以上十五日以下拘留，可以并处一千元以下罚款。

第四十八条　冒领、隐匿、毁弃、私自开拆或者非法检查他人邮件的，处五日以下拘留或者五百元以下罚款。

第四十九条　盗窃、诈骗、哄抢、抢夺、敲诈勒索或者故意损毁公私财物的，处五日以上十日以下拘留，可以并处五百元以下罚款；情节较重的，处十日以上十五日以下拘留，可以并处一千元以下罚款。

第四节　妨害社会管理的行为和处罚

第五十条　有下列行为之一的，处警告或者二百元以下罚款；情节严重的，处五日以上十日以下拘留，可以并处五百元以下罚款：

（一）拒不执行人民政府在紧急状态情况下依法发布的决定、命令的；

（二）阻碍国家机关工作人员依法执行职务的；

（三）阻碍执行紧急任务的消防车、救护车、工程抢险车、警车等车辆通行的；

（四）强行冲闯公安机关设置的警戒带、警戒区的。

阻碍人民警察依法执行职务的，从重处罚。

第五十一条　冒充国家机关工作人员或者以其他虚假身份招摇撞骗的，处五日以上十日以下拘留，可以并处五百元以下罚款；情节较轻的，处五日以下拘留或者五百元以下罚款。

冒充军警人员招摇撞骗的，从重处罚。

第五十二条　有下列行为之一的，处十日以上十五日以下拘留，可以并处一千元以下罚款；情节较轻的，处五日以上十日以下拘留，可以并处五百元以下罚款：

（一）伪造、变造或者买卖国家机关、人民团体、企业、事业单位或者其他组织的公文、证件、证明文件、印章的；

（二）买卖或者使用伪造、变造的国家机关、人民团体、企业、事业单位或者其他组织的公文、证件、证明文件的；

（三）伪造、变造、倒卖车票、船票、航空客票、文艺演出票、体育比赛入场券或者其他有价票证、凭证的；

（四）伪造、变造船舶户牌，买卖或者使用伪造、变造的船舶户牌，或者涂改船舶发动机号码的。

第五十三条　船舶擅自进入、停靠国家禁止、限制进入的水域或者岛屿的，对船舶负责人及有关责任人员处五百元以上一千元以下罚款；情节严重的，处五日以下拘留，并处五百元以上一千元以下罚款。

第五十四条　有下列行为之一的，处十日以上十五日以下拘留，并处五百元以上一千元以下罚款；情节较轻的，处五日以下拘留或者五百元以下罚款：

（一）违反国家规定，未经注册登记，以社会团体名义进行活动，被取缔后，仍进行活动的；

（二）被依法撤销登记的社会团体，仍以社会团体名义进行活动的；

（三）未经许可，擅自经营按照国家规定需要由公安机关许可的行业的。

有前款第三项行为的，予以取缔。

取得公安机关许可的经营者，违反国家有关管理规定，情节严重的，公安机关可以吊销许可证。

第五十五条　煽动、策划非法集会、游行、示威，不听劝阻的，处十日以上十

五日以下拘留。

第五十六条 旅馆业的工作人员对住宿的旅客不按规定登记姓名、身份证件种类和号码的，或者明知住宿的旅客将危险物质带入旅馆，不予制止的，处二百元以上五百元以下罚款。

旅馆业的工作人员明知住宿的旅客是犯罪嫌疑人员或者被公安机关通缉的人员，不向公安机关报告的，处二百元以上五百元以下罚款；情节严重的，处五日以下拘留，可以并处五百元以下罚款。

第五十七条 房屋出租人将房屋出租给无身份证件的人居住的，或者不按规定登记承租人姓名、身份证件种类和号码的，处二百元以上五百元以下罚款。

房屋出租人明知承租人利用出租房屋进行犯罪活动，不向公安机关报告的，处二百元以上五百元以下罚款；情节严重的，处五日以下拘留，可以并处五百元以下罚款。

第五十八条 违反关于社会生活噪声污染防治的法律规定，制造噪声干扰他人正常生活的，处警告；警告后不改正的，处二百元以上五百元以下罚款。

第五十九条 有下列行为之一的，处五百元以上一千元以下罚款；情节严重的，处五日以上十日以下拘留，并处五百元以上一千元以下罚款：

(一)典当业工作人员承接典当的物品，不查验有关证明、不履行登记手续，或者明知是违法犯罪嫌疑人、赃物，不向公安机关报告的；

(二)违反国家规定，收购铁路、油田、供电、电信、矿山、水利、测量和城市公用设施等废旧专用器材的；

(三)收购公安机关通报寻查的赃物或者有赃物嫌疑的物品的；

(四)收购国家禁止收购的其他物品的。

第六十条 有下列行为之一的，处五日以上十日以下拘留，并处二百元以上五百元以下罚款：

(一)隐藏、转移、变卖或者损毁行政执法机关依法扣押、查封、冻结的财物的；

(二)伪造、隐匿、毁灭证据或者提供虚假证言、谎报案情，影响行政执法机关依法办案的；

(三)明知是赃物而窝藏、转移或者代为销售的；

(四)被依法执行管制、剥夺政治权利或者在缓刑、暂予监外执行中的罪犯或者被依法采取刑事强制措施的人，有违反法律、行政法规或者国务院有关部门的监督管理规定的行为。

第六十一条 协助组织或者运送他人偷越国(边)境的，处十日以上十五日以下拘留，并处一千元以上五千元以下罚款。

第六十二条 为偷越国(边)境人员提供条件的，处五日以上十日以下拘留，并处五百元以上二千元以下罚款。

偷越国(边)境的,处五日以下拘留或者五百元以下罚款。

第六十三条　有下列行为之一的,处警告或者二百元以下罚款;情节较重的,处五日以上十日以下拘留,并处二百元以上五百元以下罚款:

(一)刻划、涂污或者以其他方式故意损坏国家保护的文物、名胜古迹的;

(二)违反国家规定,在文物保护单位附近进行爆破、挖掘等活动,危及文物安全的。

第六十四条　有下列行为之一的,处五百元以上一千元以下罚款;情节严重的,处十日以上十五日以下拘留,并处五百元以上一千元以下罚款:

(一)偷开他人机动车的;

(二)未取得驾驶证驾驶或者偷开他人航空器、机动船舶的。

第六十五条　有下列行为之一的,处五日以上十日以下拘留;情节严重的,处十日以上十五日以下拘留,可以并处一千元以下罚款:

(一)故意破坏、污损他人坟墓或者毁坏、丢弃他人尸骨、骨灰的;

(二)在公共场所停放尸体或者因停放尸体影响他人正常生活、工作秩序,不听劝阻的。

第六十六条　卖淫、嫖娼的,处十日以上十五日以下拘留,可以并处五千元以下罚款;情节较轻的,处五日以下拘留或者五百元以下罚款。

在公共场所拉客招嫖的,处五日以下拘留或者五百元以下罚款。

第六十七条　引诱、容留、介绍他人卖淫的,处十日以上十五日以下拘留,可以并处五千元以下罚款;情节较轻的,处五日以下拘留或者五百元以下罚款。

第六十八条　制作、运输、复制、出售、出租淫秽的书刊、图片、影片、音像制品等淫秽物品或者利用计算机信息网络、电话以及其他通讯工具传播淫秽信息的,处十日以上十五日以下拘留,可以并处三千元以下罚款;情节较轻的,处五日以下拘留或者五百元以下罚款。

第六十九条　有下列行为之一的,处十日以上十五日以下拘留,并处五百元以上一千元以下罚款:

(一)组织播放淫秽音像的;

(二)组织或者进行淫秽表演的;

(三)参与聚众淫乱活动的。

明知他人从事前款活动,为其提供条件的,依照前款的规定处罚。

第七十条　以营利为目的,为赌博提供条件的,或者参与赌博赌资较大的,处五日以下拘留或者五百元以下罚款;情节严重的,处十日以上十五日以下拘留,并处五百元以上三千元以下罚款。

第七十一条　有下列行为之一的,处十日以上十五日以下拘留,可以并处三千

元以下罚款；情节较轻的，处五日以下拘留或者五百元以下罚款：

（一）非法种植罂粟不满五百株或者其他少量毒品原植物的；

（二）非法买卖、运输、携带、持有少量未经灭活的罂粟等毒品原植物种子或者幼苗的；

（三）非法运输、买卖、储存、使用少量罂粟壳的。

有前款第一项行为，在成熟前自行铲除的，不予处罚。

第七十二条 有下列行为之一的，处十日以上十五日以下拘留，可以并处二千元以下罚款；情节较轻的，处五日以下拘留或者五百元以下罚款：

（一）非法持有鸦片不满二百克、海洛因或者甲基苯丙胺不满十克或者其他少量毒品的；

（二）向他人提供毒品的；

（三）吸食、注射毒品的；

（四）胁迫、欺骗医务人员开具麻醉药品、精神药品的。

第七十三条 教唆、引诱、欺骗他人吸食、注射毒品的，处十日以上十五日以下拘留，并处五百元以上二千元以下罚款。

第七十四条 旅馆业、饮食服务业、文化娱乐业、出租汽车业等单位的人员，在公安机关查处吸毒、赌博、卖淫、嫖娼活动时，为违法犯罪行为人通风报信的，处十日以上十五日以下拘留。

第七十五条 饲养动物，干扰他人正常生活的，处警告；警告后不改正的，或者放任动物恐吓他人的，处二百元以上五百元以下罚款。

驱使动物伤害他人的，依照本法第四十三条第一款的规定处罚。

第七十六条 有本法第六十七条、第六十八条、第七十条的行为，屡教不改的，可以按照国家规定采取强制性教育措施。

第四章 处罚程序

第一节 调查

第七十七条 公安机关对报案、控告、举报或者违反治安管理行为人主动投案，以及其他行政主管部门、司法机关移送的违反治安管理案件，应当及时受理，并进行登记。

第七十八条 公安机关受理报案、控告、举报、投案后，认为属于违反治安管理行为的，应当立即进行调查；认为不属于违反治安管理行为的，应当告知报案人、控告人、举报人、投案人，并说明理由。

第七十九条 公安机关及其人民警察对治安案件的调查，应当依法进行。严禁刑讯逼供或者采用威胁、引诱、欺骗等非法手段收集证据。

以非法手段收集的证据不得作为处罚的根据。

第八十条　公安机关及其人民警察在办理治安案件时，对涉及的国家秘密、商业秘密或者个人隐私，应当予以保密。

第八十一条　人民警察在办理治安案件过程中，遇有下列情形之一的，应当回避；违反治安管理行为人、被侵害人或者其法定代理人也有权要求他们回避：

（一）是本案当事人或者当事人的近亲属的；

（二）本人或者其近亲属与本案有利害关系的；

（三）与本案当事人有其他关系，可能影响案件公正处理的。

人民警察的回避，由其所属的公安机关决定；公安机关负责人的回避，由上一级公安机关决定。

第八十二条　需要传唤违反治安管理行为人接受调查的，经公安机关办案部门负责人批准，使用传唤证传唤。对现场发现的违反治安管理行为人，人民警察经出示工作证件，可以口头传唤，但应当在询问笔录中注明。

公安机关应当将传唤的原因和依据告知被传唤人。对无正当理由不接受传唤或者逃避传唤的人，可以强制传唤。

第八十三条　对违反治安管理行为人，公安机关传唤后应当及时询问查证，询问查证的时间不得超过八小时；情况复杂，依照本法规定可能适用行政拘留处罚的，询问查证的时间不得超过二十四小时。

公安机关应当及时将传唤的原因和处所通知被传唤人家属。

第八十四条　询问笔录应当交被询问人核对；对没有阅读能力的，应当向其宣读。记载有遗漏或者差错的，被询问人可以提出补充或者更正。被询问人确认笔录无误后，应当签名或者盖章，询问的人民警察也应当在笔录上签名。

被询问人要求就被询问事项自行提供书面材料的，应当准许；必要时，人民警察也可以要求被询问人自行书写。

询问不满十六周岁的违反治安管理行为人，应当通知其父母或者其他监护人到场。

第八十五条　人民警察询问被侵害人或者其他证人，可以到其所在单位或者住处进行；必要时，也可以通知其到公安机关提供证言。

人民警察在公安机关以外询问被侵害人或者其他证人，应当出示工作证件。

询问被侵害人或者其他证人，同时适用本法第八十四条的规定。

第八十六条　询问聋哑的违反治安管理行为人、被侵害人或者其他证人，应当有通晓手语的人提供帮助，并在笔录上注明。

询问不通晓当地通用的语言文字的违反治安管理行为人、被侵害人或者其他证人，应当配备翻译人员，并在笔录上注明。

第八十七条　公安机关对与违反治安管理行为有关的场所、物品、人身可以进行检查。检查时，人民警察不得少于二人，并应当出示工作证件和县级以上人民政

府公安机关开具的检查证明文件。对确有必要立即进行检查的，人民警察经出示工作证件，可以当场检查，但检查公民住所应当出示县级以上人民政府公安机关开具的检查证明文件。

检查妇女的身体，应当由女性工作人员进行。

第八十八条　检查的情况应当制作检查笔录，由检查人、被检查人和见证人签名或者盖章；被检查人拒绝签名的，人民警察应当在笔录上注明。

第八十九条　公安机关办理治安案件，对与案件有关的需要作为证据的物品，可以扣押；对被侵害人或者善意第三人合法占有的财产，不得扣押，应当予以登记。对与案件无关的物品，不得扣押。

对扣押的物品，应当会同在场见证人和被扣押物品持有人查点清楚，当场开列清单一式二份，由调查人员、见证人和持有人签名或者盖章，一份交给持有人，另一份附卷备查。

对扣押的物品，应当妥善保管，不得挪作他用；对不宜长期保存的物品，按照有关规定处理。经查明与案件无关的，应当及时退还；经核实属于他人合法财产的，应当登记后立即退还；满六个月无人对该财产主张权利或者无法查清权利人的，应当公开拍卖或者按照国家有关规定处理，所得款项上缴国库。

第九十条　为了查明案情，需要解决案件中有争议的专门性问题的，应当指派或者聘请具有专门知识的人员进行鉴定；鉴定人鉴定后，应当写出鉴定意见，并且签名。

第二节　决定

第九十一条　治安管理处罚由县级以上人民政府公安机关决定；其中警告、五百元以下的罚款可以由公安派出所决定。

第九十二条　对决定给予行政拘留处罚的人，在处罚前已经采取强制措施限制人身自由的时间，应当折抵。限制人身自由一日，折抵行政拘留一日。

第九十三条　公安机关查处治安案件，对没有本人陈述，但其他证据能够证明案件事实的，可以作出治安管理处罚决定。但是，只有本人陈述，没有其他证据证明的，不能作出治安管理处罚决定。

第九十四条　公安机关作出治安管理处罚决定前，应当告知违反治安管理行为人作出治安管理处罚的事实、理由及依据，并告知违反治安管理行为人依法享有的权利。

违反治安管理行为人有权陈述和申辩。公安机关必须充分听取违反治安管理行为人的意见，对违反治安管理行为人提出的事实、理由和证据，应当进行复核；违反治安管理行为人提出的事实、理由或者证据成立的，公安机关应当采纳。

公安机关不得因违反治安管理行为人的陈述、申辩而加重处罚。

第九十五条　治安案件调查结束后，公安机关应当根据不同情况，分别作出以下处理：

（一）确有依法应当给予治安管理处罚的违法行为的，根据情节轻重及具体情况，作出处罚决定；

（二）依法不予处罚的，或者违法事实不能成立的，作出不予处罚决定；

（三）违法行为已涉嫌犯罪的，移送主管机关依法追究刑事责任；

（四）发现违反治安管理行为人有其他违法行为的，在对违反治安管理行为作出处罚决定的同时，通知有关行政主管部门处理。

第九十六条　公安机关作出治安管理处罚决定的，应当制作治安管理处罚决定书。决定书应当载明下列内容：

（一）被处罚人的姓名、性别、年龄、身份证件的名称和号码、住址；

（二）违法事实和证据；

（三）处罚的种类和依据；

（四）处罚的执行方式和期限；

（五）对处罚决定不服，申请行政复议、提起行政诉讼的途径和期限；

（六）作出处罚决定的公安机关的名称和作出决定的日期。

决定书应当由作出处罚决定的公安机关加盖印章。

第九十七条　公安机关应当向被处罚人宣告治安管理处罚决定书，并当场交付被处罚人；无法当场向被处罚人宣告的，应当在二日内送达被处罚人。决定给予行政拘留处罚的，应当及时通知被处罚人的家属。

有被侵害人的，公安机关应当将决定书副本抄送被侵害人。

第九十八条　公安机关作出吊销许可证以及处二千元以上罚款的治安管理处罚决定前，应当告知违反治安管理行为人有权要求举行听证；违反治安管理行为人要求听证的，公安机关应当及时依法举行听证。

第九十九条　公安机关办理治安案件的期限，自受理之日起不得超过三十日；案情重大、复杂的，经上一级公安机关批准，可以延长三十日。

为了查明案情进行鉴定的期间，不计入办理治安案件的期限。

第一百条　违反治安管理行为事实清楚，证据确凿，处警告或者二百元以下罚款的，可以当场作出治安管理处罚决定。

第一百零一条　当场作出治安管理处罚决定的，人民警察应当向违反治安管理行为人出示工作证件，并填写处罚决定书。处罚决定书应当当场交付被处罚人；有被侵害人的，并将决定书副本抄送被侵害人。

前款规定的处罚决定书，应当载明被处罚人的姓名、违法行为、处罚依据、罚款数额、时间、地点以及公安机关名称，并由经办的人民警察签名或者盖章。

当场作出治安管理处罚决定的，经办的人民警察应当在二十四小时内报所属公安机关备案。

第一百零二条 被处罚人对治安管理处罚决定不服的，可以依法申请行政复议或者提起行政诉讼。

第三节 执行

第一百零三条 对被决定给予行政拘留处罚的人，由作出决定的公安机关送达拘留所执行。

第一百零四条 受到罚款处罚的人应当自收到处罚决定书之日起十五日内，到指定的银行缴纳罚款。但是，有下列情形之一的，人民警察可以当场收缴罚款：

(一)被处五十元以下罚款，被处罚人对罚款无异议的；

(二)在边远、水上、交通不便地区，公安机关及其人民警察依照本法的规定作出罚款决定后，被处罚人向指定的银行缴纳罚款确有困难，经被处罚人提出的；

(三)被处罚人在当地没有固定住所，不当场收缴事后难以执行的。

第一百零五条 人民警察当场收缴的罚款，应当自收缴罚款之日起二日内，交至所属的公安机关；在水上、旅客列车上当场收缴的罚款，应当自抵岸或者到站之日起二日内，交至所属的公安机关；公安机关应当自收到罚款之日起二日内将罚款缴付指定的银行。

第一百零六条 人民警察当场收缴罚款的，应当向被处罚人出具省、自治区、直辖市人民政府财政部门统一制发的罚款收据；不出具统一制发的罚款收据的，被处罚人有权拒绝缴纳罚款。

第一百零七条 被处罚人不服行政拘留处罚决定，申请行政复议、提起行政诉讼的，可以向公安机关提出暂缓执行行政拘留的申请。公安机关认为暂缓执行行政拘留不致发生社会危险的，由被处罚人或者其近亲属提出符合本法第一百零八条规定条件的担保人，或者按每日行政拘留二百元的标准交纳保证金，行政拘留的处罚决定暂缓执行。

第一百零八条 担保人应当符合下列条件：

(一)与本案无牵连；

(二)享有政治权利，人身自由未受到限制；

(三)在当地有常住户口和固定住所；

(四)有能力履行担保义务。

第一百零九条 担保人应当保证被担保人不逃避行政拘留处罚的执行。

担保人不履行担保义务，致使被担保人逃避行政拘留处罚的执行的，由公安机关对其处三千元以下罚款。

第一百一十条 被决定给予行政拘留处罚的人交纳保证金，暂缓行政拘留后，逃避行政拘留处罚的执行的，保证金予以没收并上缴国库，已经作出的行政拘留决定仍应执行。

第一百一十一条 行政拘留的处罚决定被撤销，或者行政拘留处罚开始执行的，公安机关收取的保证金应当及时退还交纳人。

第五章　执法监督

第一百一十二条　公安机关及其人民警察应当依法、公正、严格、高效办理治安案件，文明执法，不得徇私舞弊。

第一百一十三条　公安机关及其人民警察办理治安案件，禁止对违反治安管理行为人打骂、虐待或者侮辱。

第一百一十四条　公安机关及其人民警察办理治安案件，应当自觉接受社会和公民的监督。

公安机关及其人民警察办理治安案件，不严格执法或者有违法违纪行为的，任何单位和个人都有权向公安机关或者人民检察院、行政监察机关检举、控告；收到检举、控告的机关，应当依据职责及时处理。

第一百一十五条　公安机关依法实施罚款处罚，应当依照有关法律、行政法规的规定，实行罚款决定与罚款收缴分离；收缴的罚款应当全部上缴国库。

第一百一十六条　人民警察办理治安案件，有下列行为之一的，依法给予行政处分；构成犯罪的，依法追究刑事责任：

（一）刑讯逼供、体罚、虐待、侮辱他人的；

（二）超过询问查证的时间限制人身自由的；

（三）不执行罚款决定与罚款收缴分离制度或者不按规定将罚没的财物上缴国库或者依法处理的；

（四）私分、侵占、挪用、故意损毁收缴、扣押的财物的；

（五）违反规定使用或者不及时返还被侵害人财物的；

（六）违反规定不及时退还保证金的；

（七）利用职务上的便利收受他人财物或者谋取其他利益的；

（八）当场收缴罚款不出具罚款收据或者不如实填写罚款数额的；

（九）接到要求制止违反治安管理行为的报警后，不及时出警的；

（十）在查处违反治安管理活动时，为违法犯罪行为人通风报信的；

（十一）有徇私舞弊、滥用职权，不依法履行法定职责的其他情形的。

办理治安案件的公安机关有前款所列行为的，对直接负责的主管人员和其他直接责任人员给予相应的行政处分。

第一百一十七条　公安机关及其人民警察违法行使职权，侵犯公民、法人和其他组织合法权益的，应当赔礼道歉；造成损害的，应当依法承担赔偿责任。

第六章　附则

第一百一十八条　本法所称以上、以下、以内，包括本数。

第一百一十九条　本法自 2006 年 3 月 1 日起施行。1986 年 9 月 5 日公布、1994 年 5 月 12 日修订公布的《中华人民共和国治安管理处罚条例》同时废止。

▶《普通高等学校学生安全教育及管理暂行规定》

中华人民共和国国家教育委员会

教〔1992〕7 号

第一章　总　则

第一条　为了加强高等学校管理，维护正常的教学和生活秩序，保障学生人身和财物安全，促进身心健康发展，特制定本暂行规定。

第二条　高等学校学生安全教育及管理的主要任务是，宣传、贯彻国家有关安全管理工作的方针、政策、法律、法规，对学生实施安全教育及管理，妥善处理各类安全事故，引导学生健康成长。

第三条　高等学校学生安全教育及管理，要以预防为主，本着保护学生、教育先行、明确责任、教管结合、实事求是、妥善处理的原则，做好教育、管理和处理工作。

第四条　本暂行规定所称学生指在普通高等学校学习取得学籍的全日制学生，即按国家任务、用人单位委托培养、自费三种计划形式录取的学生。

第二章　安全教育

第五条　高等学校应将对学生进行安全教育作为一项经常性工作，列入学校工作的重要议事日程，加强领导。学校各部门和有关群众团体或组织要相互配合，积极开展安全教育，普及安全知识。增强学生的安全意识和法制观念，提高防范能力。

第六条　学生安全教育应根据不同专业及青年学生的特点，从学生入学到毕业，在各种教学活动和日常生活中，特别是节假日前适时进行，并善于利用发生的安全事故教育学生，防患于未然。学校应根据环境、季节及有关规定进行防盗、防火、防特、防病、防事故等方面的教育，并使之经常化、制度化。

第七条　高等学校对学生进行安全教育须注重心理疏导，加强思想政治工作，教育学生注意保持健康的心理状态，帮助学生克服各种原因造成的心理障碍，把事故消除在萌芽状态。

第三章　安全管理

第八条　高等学校要做好学生日常安全管理工作，加强安全防范，建立和健全规章制度，严格管理。学校要把安全教育及管理工作纳入领导任期的责任目标，落实到年级班主任。学校应由一名校领导主要负责。

第九条　高等学校应确定学生安全教育及管理工作的主管部门。明确其职责，具体组织实施安全教育及其管理工作。各有关部门应分工协作，积极配合。

第十条　全体教职工要从关心学生、爱护学生出发，树立安全思想，努力做好本职工作和改善环境条件，保护学生人身和财产安全。

第十一条　学生发生意外事故以及学生要求保护人身或财物安全等情况时，学校应迅速采取有效措施。

第十二条　学生必须严格遵守国家法律、法规和学校各项规章制度，注意自身的人身和财物安全，防止各种事故的发生。

第十三条　学生在日常教学及各项活动中，应遵守纪律和有关规定，听从指导，服从管理；在公共场所，要遵守社会公德，增强安全防范意识，提高自我保护能力。

第十四条　学生组织集体课外活动，须经学校同意，按学校规定进行。学校须认真进行安全审查，条件不具备时不得批准。

第十五条　学生应严格遵守宿舍管理的规定，自觉维护宿舍的安全与卫生，提高自我管理能力。

第十六条　发现刑事、治安案件或交通、灾害等事故，在场学生应保护现场，及时报告学校或公安部门并协助处理。在学校范围内的，学校应迅速采取措施，控制事态发展，减轻伤害和损失。

第四章　事故处理

第十七条　学生人身和财产发生一般伤害后，学校要及时调查处理，根据当事人或他人的过错，责令其赔偿损失，并给予批评教育或相应行政、纪律处分。在校园内，发生学生非正常死亡、重伤和被窃、失火等造成财产重大损害事故后，学校应迅速采取措施进行抢救、保护现场，同时加强思想政治工作，稳定情绪，恢复秩序，并协同地方有关部门妥善处理。

第十八条　学校对事故调查后认为涉及追究刑事责任的，要及时与公安部门联系，协助调查处理。重大事故学校有关领导应亲自参与调查工作，并认真研究调查报告，及时处理。

第十九条　在安全管理或事故处理过程中，学校认为有必要需搜查学生住处，须报请公安部门依法进行。调查处理案件中以事实为依据，不得逼供或诱供。

第二十条　重大事故发生后，学校应在一天内向所在省、直辖市、自治区有关主管部门报告，并及时通知学生家长。事故处理结束后一周内书面报告有关主管部门。

第二十一条　学生在教学、实习过程与日常生活中，因学校或有关单位责任发生死亡、重伤或残疾，由学校或有关单位承担责任，做好处理及善后工作。在教学、实习过程与日常生活中，学生因不遵守纪律或不按要求活动而发生意外事故，学校不承担责任。

第二十二条　因忽视安全生产，管理不善；工作不负责，违章指挥；玩忽职守，徇私舞弊等对学生造成严重的人身、财物损害的，由其所在单位或上级主管部门，视具体情况对有关责任人员分别给予责令检查、赔偿损失、行政处分，直至依法追究刑事责任。

第二十三条　学生未经批准擅自离校不归发生意外事故的，学校不承担责任。对擅自离校不归，学校不知去向的学生，学校应及时寻找并报告当地公安部门，及时通知学生家长。半月不归且未说明原因者，学校可张榜公布，按自动退学除名。

第二十四条　学生假期或办理离校手续后发生意外事故的，学校不承担责任。

第二十五条　在校内正常生活及由学校在校外组织活动中，由于不能避免的原因或自然灾害而发生的事故，由学校视具体情况处理。

第二十六条　有条件的高等学校可为学生办理人身保险。

第二十七条　凡经学校指定的专业医院确诊为精神病、癫痫病患者的学生，应予退学，由其监护人员负责领回。学生及其监护人不得无理纠缠，扰乱学校教学、生活秩序。

第二十八条　因事故伤残的学生，经治疗后病情稳定，学校认为生活能自理，能坚持在校学习，可留校继续学习；不能坚持在校学习者，应予退学，由学校按其实际学习年限发给肄业证书，并根据事故性质和伤残程度一次性给予适当经济补助。退学学生回其监护人所在地，当地民政等有关部门应协助做好接收、落户等工作，由当地劳动部门按国家关于残疾人劳动就业有关规定安置。

第二十九条　学生因病死亡和责任不由学校承担的意外死亡，学校不承担丧葬费。如家庭确有困难者，学校可酌情予以一次性经济补助。

第三十条　因责任不在本人的意外死亡学生，由学校或有关单位参照国家关于事业单位职工死亡丧葬有关规定处理，负担丧葬费的全部，学校可一次性给予适当经济补助。无论何种情况（事故）给予的经济补助，一般不超过国家规定的学生在校期间（以四年计）的平均奖学金数。凡是事故责任由学校以外的其他单位、个人承担的，学校不再给予经济补助。

第三十一条　因保护国家财产和他人人身安全，见义勇为而致残或英勇牺牲的学生，学校应报请所在省、自治区、直辖市人民政府授予荣誉称号，并给予相应的待遇。

第三十二条　对事故处理不服或持有异议者，可向学校或学校上一级部门申诉，或者依法向人民法院提起民事诉讼。

第五章　附　则

第三十三条　普通高等学校研究生事故处理，参照本办法执行。

第三十四条　本暂行规定结合《普通高等学校学生管理规定》、《高等学校校园秩序管理若干规定》执行。

第三十五条　各省、自治区、直辖市教育行政部门和各高等学校可根据本暂行规定制定实施细则。

第三十六条　本暂行规定由国家教育部解释。

第三十七条　本暂行规定自发布之日起试行。

▶《学生伤害事故处理办法》

中华人民共和国教育部令第 12 号

（2002-06-25）

第一章　总　则

第一条　为积极预防、妥善处理在校学生伤害事故，保护学生、学校的合法权益，根据《中华人民共和国教育法》、《中华人民共和国未成年人保护法》和其他相关法律、行政法规及有关规定，制定本办法。

第二条　在学校实施的教育教学活动或者学校组织的校外活动中，以及在学校负有管理责任的校舍、场地、其他教育教学设施、生活设施内发生的，造成在校学生人身损害后果的事故的处理，适用本办法。

第三条　学生伤害事故应当遵循依法、客观公正、合理适当的原则，及时、妥善地处理。

第四条　学校的举办者应当提供符合安全标准的校舍、场地、其他教育教学设施和生活设施。教育行政部门应当加强学校安全工作，指导学校落实预防学生伤害事故的措施，指导、协助学校妥善处理学生伤害事故，维护学校正常的教育教学秩序。

第五条　学校应当对在校学生进行必要的安全教育和自护自救教育；应当按照规定，建立、健全安全制度，采取相应的管理措施，预防和消除教育教学环境中存在的安全隐患；当发生伤害事故时，应当及时采取措施救助受伤害学生。

学校对学生进行安全教育、管理和保护，应当针对学生年龄、认知能力和法律行为能力的不同，采用相应的内容和预防措施。

第六条　学生应当遵守学校的规章制度和纪律；在不同的受教育阶段，应当根据自身的年龄、认知能力和法律行为能力，避免和消除相应的危险。

第七条 未成年学生的父母或者其他监护人(以下称为监护人)应当依法履行监护职责，配合学校对学生进行安全教育、管理和保护工作。

学校对未成年学生不承担监护职责，但法律有规定的或者学校依法接受委托承担相应监护职责的情形除外。

第二章 事故与责任

第八条 学生伤害事故的责任，应当根据相关当事人的行为与损害后果之间的因果关系依法确定。

因学校、学生或者其他相关当事人的过错造成的学生伤害事故，相关当事人应当根据其行为过错程度的比例及其与损害后果之间的因果关系承担相应的责任。当事人的行为是损害后果发生的主要原因，应当承担主要责任；当事人的行为是损害后果发生的非主要原因，承担相应的责任。

第九条 因下列情形之一造成的学生伤害事故，学校应当依法承担相应的责任：

(一)学校的校舍、场地、其他公共设施，以及学校提供给学生使用的学具、教育教学和生活设施、设备不符合国家规定的标准，或者有明显不安全因素的；

(二)学校的安全保卫、消防、设施设备管理等安全管理制度有明显疏漏，或者管理混乱，存在重大安全隐患，而未及时采取措施的；

(三)学校向学生提供的药品、食品、饮用水等不符合国家或者行业的有关标准、要求的；

(四)学校组织学生参加教育教学活动或者校外活动，未对学生进行相应的安全教育，并未在可预见的范围内采取必要的安全措施的；

(五)学校知道教师或者其他工作人员患有不适宜担任教育教学工作的疾病，但未采取必要措施的；

(六)学校违反有关规定，组织或者安排未成年学生从事不宜未成年人参加的劳动、体育运动或者其他活动的；

(七)学生有特异体质或者特定疾病，不宜参加某种教育教学活动，学校知道或者应当知道，但未予以必要的注意的；

(八)学生在校期间突发疾病或者受到伤害，学校发现，但未根据实际情况及时采取相应措施，导致不良后果加重的；

(九)学校教师或者其他工作人员体罚或者变相体罚学生，或者在履行职责过程中违反工作要求、操作规程、职业道德或者其他有关规定的；

(十)学校教师或者其他工作人员在负有组织、管理未成年学生的职责期间，发现学生行为具有危险性，但未进行必要的管理、告诫或者制止的；

(十一)对未成年学生擅自离校等与学生人身安全直接相关的信息，学校发现或者知道，但未及时告知未成年学生的监护人，导致未成年学生因脱离监护人的保护

而发生伤害的;

(十二)学校有未依法履行职责的其他情形的。

第十条 学生或者未成年学生监护人由于过错,有下列情形之一,造成学生伤害事故,应当依法承担相应的责任:

(一)学生违反法律、法规的规定,违反社会公共行为准则、学校的规章制度或者纪律,实施按其年龄和认知能力应当知道具有危险或者可能危及他人的行为的;

(二)学生行为具有危险性,学校、教师已经告诫、纠正,但学生不听劝阻、拒不改正的;

(三)学生或者其监护人知道学生有特异体质,或者患有特定疾病,但未告知学校的;

(四)未成年学生的身体状况、行为、情绪等有异常情况,监护人知道或者已被学校告知,但未履行相应监护职责的;

(五)学生或者未成年学生监护人有其他过错的。

第十一条 学校安排学生参加活动,因提供场地、设备、交通工具、食品及其他消费与服务的经营者,或者学校以外的活动组织者的过错造成的学生伤害事故,有过错的当事人应当依法承担相应的责任。

第十二条 因下列情形之一造成的学生伤害事故,学校已履行了相应职责,行为并无不当的,无法律责任:

(一)地震、雷击、台风、洪水等不可抗的自然因素造成的;

(二)来自学校外部的突发性、偶发性侵害造成的;

(三)学生有特异体质、特定疾病或者异常心理状态,学校不知道或者难于知道的;

(四)学生自杀、自伤的;

(五)在对抗性或者具有风险性的体育竞赛活动中发生意外伤害的;

(六)其他意外因素造成的。

第十三条 下列情形下发生的造成学生人身损害后果的事故,学校行为并无不当的,不承担事故责任;事故责任应当按有关法律法规或者其他有关规定认定:

(一)在学生自行上学、放学、返校、离校途中发生的;

(二)在学生自行外出或者擅自离校期间发生的;

(三)在放学后、节假日或者假期等学校工作时间以外,学生自行滞留学校或者自行到校发生的;

(四)其他在学校管理职责范围外发生的。

第十四条 因学校教师或者其他工作人员与其职务无关的个人行为,或者因学生、教师及其他个人故意实施的违法犯罪行为,造成学生人身损害的,由致害人依法承担相应的责任。

第三章　事故处理程序

第十五条　发生学生伤害事故，学校应当及时救助受伤害学生，并应当及时告知未成年学生的监护人；有条件的，应当采取紧急救援等方式救助。

第十六条　发生学生伤害事故，情形严重的，学校应当及时向主管教育行政部门及有关部门报告；属于重大伤亡事故的，教育行政部门应当按照有关规定及时向同级人民政府和上一级教育行政部门报告。

第十七条　学校的主管教育行政部门应学校要求或者认为必要，可以指导、协助学校进行事故的处理工作，尽快恢复学校正常的教育教学秩序。

第十八条　发生学生伤害事故，学校与受伤害学生或者学生家长可以通过协商方式解决；双方自愿，可以书面请求主管教育行政部门进行调解。成年学生或者未成年学生的监护人也可以依法直接提起诉讼。

第十九条　教育行政部门收到调解申请，认为必要的，可以指定专门人员进行调解，并应当在受理申请之日起六十日内完成调解。

第二十条　经教育行政部门调解，双方就事故处理达成一致意见的，应当在调解人员的见证下签订调解协议，结束调解；在调解期限内，双方不能达成一致意见，或者调解过程中一方提起诉讼，人民法院已经受理的，应当终止调解。调解结束或者终止，教育行政部门应当书面通知当事人。

第二十一条　对经调解达成的协议，一方当事人不履行或者反悔的，双方可以依法提起诉讼。

第二十二条　事故处理结束，学校应当将事故处理结果书面报告主管的教育行政部门；重大伤亡事故的处理结果，学校主管的教育行政部门应当向同级人民政府和上一级教育行政部门报告。

第四章　事故损害的赔偿

第二十三条　对发生学生伤害事故负有责任的组织或者个人，应当按照法律、法规的有关规定，承担相应的损害赔偿责任。

第二十四条　学生伤害事故赔偿的范围与标准，按照有关行政法规、地方性法规或者最高人民法院司法解释中的有关规定确定。

教育行政部门进行调解时，认为学校有责任的，可以依照有关法律、法规及国家有关规定，提出相应的调解方案。

第二十五条　对受伤害学生的伤残程度存在争议的，可以委托当地具有相应鉴定资格的医院或者有关机构，依据国家规定的人体伤残标准进行鉴定。

第二十六条　学校对学生伤害事故负有责任的，根据责任大小，适当予以经济赔偿，但不承担解决户口、住房、就业等与救助受伤害学生、赔偿相应经济损失无直接关系的其他事项。学校无责任的，如果有条件，可以根据实际情况，本着自愿和可能的原则，对受伤害学生给予适当的帮助。

第二十七条　因学校教师或者其他工作人员在履行职务中的故意或者重大过失造成的学生伤害事故，学校予以赔偿后，可以向有关责任人员追偿。

第二十八条　未成年学生对学生伤害事故负有责任的，由其监护人依法承担相应的赔偿责任。学生的行为侵害学校教师及其他工作人员以及其他组织、个人的合法权益，造成损失的，成年学生或者未成年学生的监护人应当依法予以赔偿。

第二十九条　根据双方达成的协议、经调解形成的协议或者人民法院的生效判决，应当由学校负担的赔偿金，学校应当负责筹措；学校无力完全筹措的，由学校的主管部门或者举办者协助筹措。

第三十条　县级以上人民政府教育行政部门或者学校举办者有条件的，可以通过设立学生伤害赔偿准备金等多种形式，依法筹措伤害赔偿金。

第三十一条　学校有条件的，应当依据《保险法》的有关规定，参加学校责任保险。

教育行政部门可以根据实际情况，鼓励中小学参加学校责任保险。

提倡学生自愿参加意外伤害保险。在尊重学生意愿的前提下，学校可以为学生参加意外伤害保险创造便利条件，但不得从中收取任何费用。

第五章　事故责任者的处理

第三十二条　发生学生伤害事故，学校负有责任且情节严重的，教育行政部门应当根据有关规定，对学校的直接负责的主管人员和其他直接责任人员，分别给予相应的行政处分；有关责任人的行为触犯刑律的，应当移送司法机关依法追究刑事责任。

第三十三条　学校管理混乱，存在重大安全隐患的，主管的教育行政部门或者其他有关部门应当责令其限期整顿；对情节严重或者拒不改正的，应当依据法律、法规的有关规定，给予相应的行政处罚。

第三十四条　教育行政部门未履行相应职责，对学生伤害事故的发生负有责任的，由有关部门对直接负责的主管人员和其他直接责任人员分别给予相应的行政处分；有关责任人的行为触犯刑律的，应当移送司法机关依法追究刑事责任。

第三十五条　违反学校纪律，对造成学生伤害事故负有责任的学生，学校可以给予相应的处分；触犯刑律的，由司法机关依法追究刑事责任。

第三十六条　受伤害学生的监护人、亲属或者其他有关人员，在事故处理过程中无理取闹，扰乱学校正常教育教学秩序，或者侵犯学校、学校教师或者其他工作人员的合法权益的，学校应当报告公安机关依法处理；造成损失的，可以依法要求赔偿。

第六章 附 则

第三十七条 本办法所称学校，是指国家或者社会力量举办的全日制的中小学（含特殊教育学校）、各类中等职业学校、高等学校。本办法所称学生是指在上述学校中全日制就读的受教育者。

第三十八条 幼儿园发生的幼儿伤害事故，应当根据幼儿为完全无行为能力人的特点，参照本办法处理。

第三十九条 其他教育机构发生的学生伤害事故，参照本办法处理。

在学校注册的其他受教育者在学校管理范围内发生的伤害事故，参照本办法处理。

第四十条 本办法自 2002 年 9 月 1 日起实施，原国家教委、教育部颁布的与学生人身安全事故处理有关的规定，与本办法不符的，以本办法为准。

在本办法实施之前已处理完毕的学生伤害事故不再重新处理。

▶《中华人民共和国国家安全法》

（1993 年 2 月 22 日，第七届全国人民代表大会常务委员会第三十次会议通过，中华人民共和国主席令第 68 号公布施行过一部国家安全法，主要是规定国家安全机关履行的职责特别是反间谍工作方面的职责。但随着国家安全形势的发展变化，这部法律已难以适应全面维护各领域国家安全的需要。

2014 年 11 月 1 日，十二届全国人大常委会第十一次会议审议通过了《中华人民共和国反间谍法》，相应废止了 1993 年 2 月 22 日通过的国家安全法。

2015 年 7 月 1 日，第十二届全国人民代表大会常务委员会第十五次会议通过，中华人民共和国主席令第 29 号公布《中华人民共和国国家安全法》，自公布之日起施行。）

第一章 总 则

第一条 为了维护国家安全，保卫人民民主专政的政权和中国特色社会主义制度，保护人民的根本利益，保障改革开放和社会主义现代化建设的顺利进行，实现中华民族伟大复兴，根据宪法，制定本法。

第二条 国家安全是指国家政权、主权、统一和领土完整、人民福祉、经济社会可持续发展和国家其他重大利益相对处于没有危险和不受内外威胁的状态，以及保障持续安全状态的能力。

第三条 国家安全工作应当坚持总体国家安全观，以人民安全为宗旨，以政治安全为根本，以经济安全为基础，以军事、文化、社会安全为保障，以促进国际安全为依托，维护各领域国家安全，构建国家安全体系，走中国特色国家安全道路。

第四条　坚持中国共产党对国家安全工作的领导，建立集中统一、高效权威的国家安全领导体制。

第五条　中央国家安全领导机构负责国家安全工作的决策和议事协调，研究制定、指导实施国家安全战略和有关重大方针政策，统筹协调国家安全重大事项和重要工作，推动国家安全法治建设。

第六条　国家制定并不断完善国家安全战略，全面评估国际、国内安全形势，明确国家安全战略的指导方针、中长期目标、重点领域的国家安全政策、工作任务和措施。

第七条　维护国家安全，应当遵守宪法和法律，坚持社会主义法治原则，尊重和保障人权，依法保护公民的权利和自由。

第八条　维护国家安全，应当与经济社会发展相协调。

国家安全工作应当统筹内部安全和外部安全、国土安全和国民安全、传统安全和非传统安全、自身安全和共同安全。

第九条　维护国家安全，应当坚持预防为主、标本兼治，专门工作与群众路线相结合，充分发挥专门机关和其他有关机关维护国家安全的职能作用，广泛动员公民和组织，防范、制止和依法惩治危害国家安全的行为。

第十条　维护国家安全，应当坚持互信、互利、平等、协作，积极同外国政府和国际组织开展安全交流合作，履行国际安全义务，促进共同安全，维护世界和平。

第十一条　中华人民共和国公民、一切国家机关和武装力量、各政党和各人民团体、企业事业组织和其他社会组织，都有维护国家安全的责任和义务。

中国的主权和领土完整不容侵犯和分割。维护国家主权、统一和领土完整是包括港澳同胞和台湾同胞在内的全中国人民的共同义务。

第十二条　国家对在维护国家安全工作中作出突出贡献的个人和组织给予表彰和奖励。

第十三条　国家机关工作人员在国家安全工作和涉及国家安全活动中，滥用职权、玩忽职守、徇私舞弊的，依法追究法律责任。

任何个人和组织违反本法和有关法律，不履行维护国家安全义务或者从事危害国家安全活动的，依法追究法律责任。

第十四条　每年4月15日为全民国家安全教育日。

第二章　维护国家安全的任务

第十五条　国家坚持中国共产党的领导，维护中国特色社会主义制度，发展社

会主义民主政治，健全社会主义法治，强化权力运行制约和监督机制，保障人民当家作主的各项权利。

国家防范、制止和依法惩治任何叛国、分裂国家、煽动叛乱、颠覆或者煽动颠覆人民民主专政政权的行为；防范、制止和依法惩治窃取、泄露国家秘密等危害国家安全的行为；防范、制止和依法惩治境外势力的渗透、破坏、颠覆、分裂活动。

第十六条　国家维护和发展最广大人民的根本利益，保卫人民安全，创造良好生存发展条件和安定工作生活环境，保障公民的生命财产安全和其他合法权益。

第十七条　国家加强边防、海防和空防建设，采取一切必要的防卫和管控措施，保卫领陆、内水、领海和领空安全，维护国家领土主权和海洋权益。

第十八条　国家加强武装力量革命化、现代化、正规化建设，建设与保卫国家安全和发展利益需要相适应的武装力量；实施积极防御军事战略方针，防备和抵御侵略，制止武装颠覆和分裂；开展国际军事安全合作，实施联合国维和、国际救援、海上护航和维护国家海外利益的军事行动，维护国家主权、安全、领土完整、发展利益和世界和平。

第十九条　国家维护国家基本经济制度和社会主义市场经济秩序，健全预防和化解经济安全风险的制度机制，保障关系国民经济命脉的重要行业和关键领域、重点产业、重大基础设施和重大建设项目以及其他重大经济利益安全。

第二十条　国家健全金融宏观审慎管理和金融风险防范、处置机制，加强金融基础设施和基础能力建设，防范和化解系统性、区域性金融风险，防范和抵御外部金融风险的冲击。

第二十一条　国家合理利用和保护资源能源，有效管控战略资源能源的开发，加强战略资源能源储备，完善资源能源运输战略通道建设和安全保护措施，加强国际资源能源合作，全面提升应急保障能力，保障经济社会发展所需的资源能源持续、可靠和有效供给。

第二十二条　国家健全粮食安全保障体系，保护和提高粮食综合生产能力，完善粮食储备制度、流通体系和市场调控机制，健全粮食安全预警制度，保障粮食供给和质量安全。

第二十三条　国家坚持社会主义先进文化前进方向，继承和弘扬中华民族优秀传统文化，培育和践行社会主义核心价值观，防范和抵制不良文化的影响，掌握意识形态领域主导权，增强文化整体实力和竞争力。

第二十四条　国家加强自主创新能力建设，加快发展自主可控的战略高新技术和重要领域核心关键技术，加强知识产权的运用、保护和科技保密能力建设，保障重大技术和工程的安全。

第二十五条　国家建设网络与信息安全保障体系，提升网络与信息安全保护能力，加强网络和信息技术的创新研究和开发应用，实现网络和信息核心技术、关键基础设施和重要领域信息系统及数据的安全可控；加强网络管理，防范、制止和依法惩治网络攻击、网络入侵、网络窃密、散布违法有害信息等网络违法犯罪行为，维护国家网络空间主权、安全和发展利益。

第二十六条　国家坚持和完善民族区域自治制度，巩固和发展平等团结互助和谐的社会主义民族关系。坚持各民族一律平等，加强民族交往、交流、交融，防范、制止和依法惩治民族分裂活动，维护国家统一、民族团结和社会和谐，实现各民族共同团结奋斗、共同繁荣发展。

第二十七条　国家依法保护公民宗教信仰自由和正常宗教活动，坚持宗教独立自主自办的原则，防范、制止和依法惩治利用宗教名义进行危害国家安全的违法犯罪活动，反对境外势力干涉境内宗教事务，维护正常宗教活动秩序。

国家依法取缔邪教组织，防范、制止和依法惩治邪教违法犯罪活动。

第二十八条　国家反对一切形式的恐怖主义和极端主义，加强防范和处置恐怖主义的能力建设，依法开展情报、调查、防范、处置以及资金监管等工作，依法取缔恐怖活动组织和严厉惩治暴力恐怖活动。

第二十九条　国家健全有效预防和化解社会矛盾的体制机制，健全公共安全体系，积极预防、减少和化解社会矛盾，妥善处置公共卫生、社会安全等影响国家安全和社会稳定的突发事件，促进社会和谐，维护公共安全和社会安定。

第三十条　国家完善生态环境保护制度体系，加大生态建设和环境保护力度，划定生态保护红线，强化生态风险的预警和防控，妥善处置突发环境事件，保障人民赖以生存发展的大气、水、土壤等自然环境和条件不受威胁和破坏，促进人与自然和谐发展。

第三十一条　国家坚持和平利用核能和核技术，加强国际合作，防止核扩散，完善防扩散机制，加强对核设施、核材料、核活动和核废料处置的安全管理、监管和保护，加强核事故应急体系和应急能力建设，防止、控制和消除核事故对公民生命健康和生态环境的危害，不断增强有效应对和防范核威胁、核攻击的能力。

第三十二条　国家坚持和平探索和利用外层空间、国际海底区域和极地，增强安全进出、科学考察、开发利用的能力，加强国际合作，维护我国在外层空间、国际海底区域和极地的活动、资产和其他利益的安全。

第三十三条　国家依法采取必要措施，保护海外中国公民、组织和机构的安全和正当权益，保护国家的海外利益不受威胁和侵害。

第三十四条　国家根据经济社会发展和国家发展利益的需要，不断完善维护国家安全的任务。

第三章　维护国家安全的职责

第三十五条　全国人民代表大会依照宪法规定，决定战争和和平的问题，行使

宪法规定的涉及国家安全的其他职权。

全国人民代表大会常务委员会依照宪法规定，决定战争状态的宣布，决定全国总动员或者局部动员，决定全国或者个别省、自治区、直辖市进入紧急状态，行使宪法规定的和全国人民代表大会授予的涉及国家安全的其他职权。

第三十六条 中华人民共和国主席根据全国人民代表大会的决定和全国人民代表大会常务委员会的决定，宣布进入紧急状态，宣布战争状态，发布动员令，行使宪法规定的涉及国家安全的其他职权。

第三十七条 国务院根据宪法和法律，制定涉及国家安全的行政法规，规定有关行政措施，发布有关决定和命令；实施国家安全法律法规和政策；依照法律规定决定省、自治区、直辖市的范围内部分地区进入紧急状态；行使宪法法律规定的和全国人民代表大会及其常务委员会授予的涉及国家安全的其他职权。

第三十八条 中央军事委员会领导全国武装力量，决定军事战略和武装力量的作战方针，统一指挥维护国家安全的军事行动，制定涉及国家安全的军事法规，发布有关决定和命令。

第三十九条 中央国家机关各部门按照职责分工，贯彻执行国家安全方针政策和法律法规，管理指导本系统、本领域国家安全工作。

第四十条 地方各级人民代表大会和县级以上地方各级人民代表大会常务委员会在本行政区域内，保证国家安全法律法规的遵守和执行。

地方各级人民政府依照法律法规规定管理本行政区域内的国家安全工作。

香港特别行政区、澳门特别行政区应当履行维护国家安全的责任。

第四十一条 人民法院依照法律规定行使审判权，人民检察院依照法律规定行使检察权，惩治危害国家安全的犯罪。

第四十二条 国家安全机关、公安机关依法搜集涉及国家安全的情报信息，在国家安全工作中依法行使侦查、拘留、预审和执行逮捕以及法律规定的其他职权。

有关军事机关在国家安全工作中依法行使相关职权。

第四十三条 国家机关及其工作人员在履行职责时，应当贯彻维护国家安全的原则。

国家机关及其工作人员在国家安全工作和涉及国家安全活动中，应当严格依法履行职责，不得超越职权、滥用职权，不得侵犯个人和组织的合法权益。

第四章 国家安全制度

第一节 一般规定

第四十四条 中央国家安全领导机构实行统分结合、协调高效的国家安全制度与工作机制。

第四十五条 国家建立国家安全重点领域工作协调机制，统筹协调中央有关职能部门推进相关工作。

第四十六条　国家建立国家安全工作督促检查和责任追究机制，确保国家安全战略和重大部署贯彻落实。

第四十七条　各部门、各地区应当采取有效措施，贯彻实施国家安全战略。

第四十八条　国家根据维护国家安全工作需要，建立跨部门会商工作机制，就维护国家安全工作的重大事项进行会商研判，提出意见和建议。

第四十九条　国家建立中央与地方之间、部门之间、军地之间以及地区之间关于国家安全的协同联动机制。

第五十条　国家建立国家安全决策咨询机制，组织专家和有关方面开展对国家安全形势的分析研判，推进国家安全的科学决策。

第二节　情报信息

第五十一条　国家健全统一归口、反应灵敏、准确高效、运转顺畅的情报信息收集、研判和使用制度，建立情报信息工作协调机制，实现情报信息的及时收集、准确研判、有效使用和共享。

第五十二条　国家安全机关、公安机关、有关军事机关根据职责分工，依法搜集涉及国家安全的情报信息。

国家机关各部门在履行职责过程中，对于获取的涉及国家安全的有关信息应当及时上报。

第五十三条　开展情报信息工作，应当充分运用现代科学技术手段，加强对情报信息的鉴别、筛选、综合和研判分析。

第五十四条　情报信息的报送应当及时、准确、客观，不得迟报、漏报、瞒报和谎报。

第三节　风险预防、评估和预警

第五十五条　国家制定完善应对各领域国家安全风险预案。

第五十六条　国家建立国家安全风险评估机制，定期开展各领域国家安全风险调查评估。

有关部门应当定期向中央国家安全领导机构提交国家安全风险评估报告。

第五十七条　国家健全国家安全风险监测预警制度，根据国家安全风险程度，及时发布相应风险预警。

第五十八条　对可能即将发生或者已经发生的危害国家安全的事件，县级以上地方人民政府及其有关主管部门应当立即按照规定向上一级人民政府及其有关主管部门报告，必要时可以越级上报。

第四节　审查监管

第五十九条　国家建立国家安全审查和监管的制度和机制，对影响或者可能影响国家安全的外商投资、特定物项和关键技术、网络信息技术产品和服务、涉及国

家安全事项的建设项目，以及其他重大事项和活动，进行国家安全审查，有效预防和化解国家安全风险。

第六十条　中央国家机关各部门依照法律、行政法规行使国家安全审查职责，依法作出国家安全审查决定或者提出安全审查意见并监督执行。

第六十一条　省、自治区、直辖市依法负责本行政区域内有关国家安全审查和监管工作。

第五节　危机管控

第六十二条　国家建立统一领导、协同联动、有序高效的国家安全危机管控制度。

第六十三条　发生危及国家安全的重大事件，中央有关部门和有关地方根据中央国家安全领导机构的统一部署，依法启动应急预案，采取管控处置措施。

第六十四条　发生危及国家安全的特别重大事件，需要进入紧急状态、战争状态或者进行全国总动员、局部动员的，由全国人民代表大会、全国人民代表大会常务委员会或者国务院依照宪法和有关法律规定的权限和程序决定。

第六十五条　国家决定进入紧急状态、战争状态或者实施国防动员后，履行国家安全危机管控职责的有关机关依照法律规定或者全国人民代表大会常务委员会规定，有权采取限制公民和组织权利、增加公民和组织义务的特别措施。

第六十六条　履行国家安全危机管控职责的有关机关依法采取处置国家安全危机的管控措施，应当与国家安全危机可能造成的危害的性质、程度和范围相适应；有多种措施可供选择的，应当选择有利于最大程度保护公民、组织权益的措施。

第六十七条　国家健全国家安全危机的信息报告和发布机制。

国家安全危机事件发生后，履行国家安全危机管控职责的有关机关，应当按照规定准确、及时报告，并依法将有关国家安全危机事件发生、发展、管控处置及善后情况统一向社会发布。

第六十八条　国家安全威胁和危害得到控制或者消除后，应当及时解除管控处置措施，做好善后工作。

第五章　国家安全保障

第六十九条　国家健全国家安全保障体系，增强维护国家安全的能力。

第七十条　国家健全国家安全法律制度体系，推动国家安全法治建设。

第七十一条　国家加大对国家安全各项建设的投入，保障国家安全工作所需经费和装备。

第七十二条　承担国家安全战略物资储备任务的单位，应当按照国家有关规定和标准对国家安全物资进行收储、保管和维护，定期调整更换，保证储备物资的使用效能和安全。

第七十三条　鼓励国家安全领域科技创新，发挥科技在维护国家安全中的作用。

第七十四条　国家采取必要措施，招录、培养和管理国家安全工作专门人才和特殊人才。

根据维护国家安全工作的需要，国家依法保护有关机关专门从事国家安全工作人员的身份和合法权益，加大人身保护和安置保障力度。

第七十五条　国家安全机关、公安机关、有关军事机关开展国家安全专门工作，可以依法采取必要手段和方式，有关部门和地方应当在职责范围内提供支持和配合。

第七十六条　国家加强国家安全新闻宣传和舆论引导，通过多种形式开展国家安全宣传教育活动，将国家安全教育纳入国民教育体系和公务员教育培训体系，增强全民国家安全意识。

第六章　公民、组织的义务和权利

第七十七条　公民和组织应当履行下列维护国家安全的义务：

（一）遵守宪法、法律法规关于国家安全的有关规定；

（二）及时报告危害国家安全活动的线索；

（三）如实提供所知悉的涉及危害国家安全活动的证据；

（四）为国家安全工作提供便利条件或者其他协助；

（五）向国家安全机关、公安机关和有关军事机关提供必要的支持和协助；

（六）保守所知悉的国家秘密；

（七）法律、行政法规规定的其他义务。

任何个人和组织不得有危害国家安全的行为，不得向危害国家安全的个人或者组织提供任何资助或者协助。

第七十八条　机关、人民团体、企业事业组织和其他社会组织应当对本单位的人员进行维护国家安全的教育，动员、组织本单位的人员防范、制止危害国家安全的行为。

第七十九条　企业事业组织根据国家安全工作的要求，应当配合有关部门采取相关安全措施。

第八十条　公民和组织支持、协助国家安全工作的行为受法律保护。

因支持、协助国家安全工作，本人或者其近亲属的人身安全面临危险的，可以向公安机关、国家安全机关请求予以保护。公安机关、国家安全机关应当会同有关部门依法采取保护措施。

第八十一条　公民和组织因支持、协助国家安全工作导致财产损失的，按照国家有关规定给予补偿；造成人身伤害或者死亡的，按照国家有关规定给予抚恤优待。

第八十二条　公民和组织对国家安全工作有向国家机关提出批评建议的权利，对国家机关及其工作人员在国家安全工作中的违法失职行为有提出申诉、控告和检举的权利。

第八十三条　在国家安全工作中，需要采取限制公民权利和自由的特别措施时，应当依法进行，并以维护国家安全的实际需要为限度。

第七章　附则

第八十四条　本法自公布之日起施行。

▶《中华人民共和国集会游行示威法》

（一九八九年十月三十一日第七届全国人民代表大会
常务委员会第十次会议通过）

第一章　总则

第一条　为了保障公民依法行使集会、游行、示威的权利，维护社会安定和公共秩序，根据宪法，制定本法。

第二条　在中华人民共和国境内举行集会、游行、示威，均适用本法。

本法所称集会，是指聚集于露天公共场所，发表意见、表达意愿的活动。

本法所称游行，是指在公共道路、露天公共场所列队行进、表达共同意愿的活动。

本法所称示威，是指在露天公共场所或者公共道路上以集会、游行、静坐等方式，表达要求、抗议或者支持、声援等共同意愿的活动。

文娱、体育活动，正常的宗教活动，传统的民间习俗活动，不适用本法。

第三条　公民行使集会、游行、示威的权利，各级人民政府应当依照本法规定，予以保障。

第四条　公民在行使集会、游行、示威的权利的时候，必须遵守宪法和法律，不得反对宪法所确定的基本原则，不得损害国家的、社会的、集体的利益和其他公民的合法的自由和权利。

第五条　集会、游行、示威应当和平地进行，不得携带武器、管制刀具和爆炸物，不得使用暴力或者煽动使用暴力。

第六条　集会、游行、示威的主管机关，是集会、游行、示威举行地的市、县公安局、城市公安分局；游行、示威路线经过两个以上区、县的，主管机关为所经过区、县的公安机关的共同上一级公安机关。

第二章　集会游行示威的申请和许可

第七条　举行集会、游行、示威，必须依照本法规定向主管机关提出申请并获得许可。

下列活动不须申请：

（一）国家举行或者根据国家决定举行的庆祝、纪念等活动；

（二）国家机关、政党、社会团体、企业事业组织依照法律、组织章程举行的集会。

第八条　举行集会、游行、示威，必须有负责人。

依照本法规定需要申请的集会、游行、示威，其负责人必须在举行日期的五日前向主管机关递交书面申请。申请书中应当载明集会、游行、示威的目的、方式、标语、口号、人数、车辆数、使用音响设备的种类与数量、起止时间、地点（包括集合地和解散地）、路线和负责人的姓名、职业、住址。

第九条　主管机关接到集会、游行、示威申请书后，应当在申请举行日期的二日前，将许可或者不许可的决定书面通知其负责人。不许可的，应当说明理由。逾期不通知的，视为许可。

确因突然发生的事件临时要求举行集会、游行、示威的，必须立即报告主管机关；主管机关接到报告后，应当立即审查决定许可或者不许可。

第十条　申请举行集会、游行、示威要求解决具体问题的，主管机关接到申请书后，可以通知有关机关或者单位同集会、游行、示威的负责人协商解决问题，并可以将申请举行的时间推迟五日。

第十一条　主管机关认为按照申请的时间、地点、路线举行集会、游行、示威，将对交通秩序和社会秩序造成严重影响的，在决定许可时或者决定许可后，可以变更举行集会、游行、示威的时间、地点、路线，并及时通知其负责人。

第十二条　申请举行的集会、游行、示威，有下列情形之一的，不予许可：

（一）反对宪法所确定的基本原则的；

（二）危害国家统一、主权和领土完整的；

（三）煽动民族分裂的；

（四）有充分根据认定申请举行的集会、游行、示威将直接危害公共安全或者严重破坏社会秩序的。

第十三条　集会、游行、示威的负责人对主管机关不许可的决定不服的，可以自接到决定通知之日起三日内，向同级人民政府申请复议，人民政府应当自接到申请复议书之日起三日内作出决定。

第十四条　集会、游行、示威的负责人在提出申请后接到主管机关通知前，可以撤回申请；接到主管机关许可的通知后，决定不举行集会、游行、示威的，应当

及时告知主管机关，参加人已经集合的，应当负责解散。

第十五条　公民不得在其居住地以外的城市发动、组织、参加当地公民的集会、游行、示威。

第十六条　国家机关工作人员不得组织或者参加违背有关法律、法规规定的国家机关工作人员职责、义务的集会、游行、示威。

第十七条　以国家机关、社会团体、企业事业组织的名义组织或者参加集会、游行、示威，必须经本单位负责人批准。

第三章　集会游行示威的举行

第十八条　对于依法举行的集会、游行、示威，主管机关应当派出人民警察维持交通秩序和社会秩序，保障集会、游行、示威的顺利进行。

第十九条　依法举行的集会、游行、示威，任何人不得以暴力、胁迫或者其他非法手段进行扰乱、冲击和破坏。

第二十条　为了保障依法举行的游行的行进，负责维持交通秩序的人民警察可以临时变通执行交通规则的有关规定。

第二十一条　游行在行进中遇有不可预料的情况，不能按照许可的路线行进时，人民警察现场负责人有权改变游行队伍的行进路线。

第二十二条　集会、游行、示威在国家机关、军事机关，广播电台、电视台、外国驻华使馆领馆等单位所在地举行或者经过的，主管机关为了维持秩序，可以在附近设置临时警戒线，未经人民警察许可，不得逾越。

第二十三条　在下列场所周边距离十米至三百米内，不得举行集会、游行、示威，经国务院或者省、自治区、直辖市的人民政府批准的除外：

（一）全国人民代表大会常务委员会、国务院、中央军事委员会、最高人民法院、最高人民检察院的所在地；

（二）国宾下榻处；

（三）重要军事设施；

（四）航空港、火车站和港口。

前款所列场所的具体周边距离，由省、自治区、直辖市的人民政府规定。

第二十四条　举行集会、游行、示威的时间限于早六时至晚十时，经当地人民政府决定或者批准的除外。

第二十五条　集会、游行、示威应当按照许可的目的、方式、标语、口号、起止时间、地点、路线及其他事项进行。

集会、游行、示威的负责人必须负责维持集会、游行、示威的秩序，并严格防止其他人加入。

集会、游行、示威的负责人在必要时，应当指定专人协助人民警察维持秩序。

负责维持秩序的人员应当佩戴标志。

第二十六条 举行集会、游行、示威，不得违反治安管理法规，不得进行犯罪活动或者煽动犯罪。

第二十七条 举行集会、游行、示威，有下列情形之一的，人民警察应当予以制止：

(一)未依照本法规定申请或者申请未获许可的；

(二)未按照主管机关许可的目的、方式、标语、口号、起止时间、地点、路线进行的；

(三)在进行中出现危害公共安全或者严重破坏社会秩序情况的。

有前款所列情形之一，不听制止的，人民警察现场负责人有权命令解散；拒不解散的，人民警察现场负责人有权依照国家有关规定决定采取必要手段强行驱散，并对拒不服从的人员强行带离现场或者立即予以拘留。

参加集会、游行、示威的人员越过依照本法第二十二条规定设置的临时警戒线、进入本法第二十三条所列不得举行集会、游行、示威的特定场所周边一定范围或者有其他违法犯罪行为的，人民警察可以将其强行带离现场或者立即予以拘留。

第四章 法律责任

第二十八条 举行集会、游行、示威，有违反治安管理行为的，依照治安管理处罚条例有关规定予以处罚。

举行集会、游行、示威，有下列情形之一的，公安机关可以对其负责人和直接责任人员处以警告或者十五日以下拘留：

(一)未依照本法规定申请或者申请未获许可的；

(二)未按照主管机关许可的目的、方式、标语、口号、起止时间、地点、路线进行，不听制止的。

第二十九条 举行集会、游行、示威，有犯罪行为的，依照刑法有关规定追究刑事责任。

携带武器、管制刀具或者爆炸物的，比照刑法第一百六十三条的规定追究刑事责任。

未依照本法规定申请或者申请未获许可，或者未按照主管机关许可的起止时间、地点、路线进行，又拒不服从解散命令，严重破坏社会秩序的，对集会、游行、示威的负责人和直接责任人员依照刑法第一百五十八条的规定追究刑事责任。

包围、冲击国家机关，致使国家机关的公务活动或者国事活动不能正常进行的，对集会、游行、示威的负责人和直接责任人员依照刑法第一百五十八条的规定追究刑事责任。

占领公共场所、拦截车辆行人或者聚众堵塞交通，严重破坏公共场所秩序、交

通秩序的，对集会、游行、示威的负责人和直接责任人员依照刑法第一百五十九条的规定追究刑事责任。

第三十条 扰乱、冲击或者以其他方法破坏依法举行的集会、游行、示威的，公安机关可以处以警告或者十五日以下拘留；情节严重，构成犯罪的，依照刑法有关规定追究刑事责任。

第三十一条 当事人对公安机关依照本法第二十八条第二款或者第三十条的规定给予的拘留处罚决定不服的，可以自接到处罚决定通知之日起五日内，向上一级公安机关提出申诉，上一级公安机关应当自接到申诉之日起五日内作出裁决；对上一级公安机关裁决不服的，可以自接到裁决通知之日起五日内，向人民法院提起诉讼。

第三十二条 在举行集会、游行、示威过程中，破坏公私财物或者侵害他人身体造成伤亡的，除依照刑法或者治安管理处罚条例的有关规定可以予以处罚外，还应当依法承担赔偿责任。

第三十三条 公民在本人居住地以外的城市发动、组织当地公民的集会、游行、示威的，公安机关有权予以拘留或者强行遣回原地。

第五章 附则

第三十四条 外国人在中国境内举行集会、游行、示威，适用本法规定。

外国人在中国境内未经主管机关批准不得参加中国公民举行的集会、游行、示威。

第三十五条 国务院公安部门可以根据本法制定实施条例，报国务院批准施行。

省、自治区、直辖市的人民代表大会常务委员会可以根据本法制定实施办法。

第三十六条 本法自公布之日起施行。

后 记

"平安是福",消灾避难,化解危机,是构建和谐社会最基本的要求。安全是民生之本,无知是最大的安全隐患。差不多每个人在一生中都会遇到某种形式的灾害。了解有关灾害的常识,并学会对付它的方法是你所能获得的最好的灾害保险。在安全无事时,一定要居安思危。灾害发生有很大的偶然性,一旦灾害降临,不少人葬身灾害,但也有人死里逃生幸免于难。面对突如其来的各种灾害,只要冷静机智运用科学的自救与逃生知识,就有极大可能拯救自己。因此,多掌握一些科学自救的要诀,险境中也许就能获得第二次生命。近年来,高校青年学生在校园内外的安全事故时有发生,给家庭、学校乃至国家带来了重大损失,在痛心遗憾之余,我们发现,很多安全事故是可以通过系统的安全教育加以避免和减少的。高校目前面临着复杂严峻的安全形势,而大学生的安全意识又相对薄弱,这就迫切需要对大学生进行安全教育,培养安全知识,树立新的安全观,显得非常必要和紧迫。为提高高校广大青年学生的安全意识,在高校普及安全知识,培养必要的安全技能,营造人人讲安全,事事讲安全,时时讲安全的安全文化氛围,应北京师范大学出版社之约,我们组织了一批长期在高校安全教育管理岗位上具有丰富经验的一些专家和学者编写了这本《大学生安全知识读本》,可作为高校青年学生强化安全意识,掌握安全技能的自学书籍,也可作为高校安全教育的辅助教材。

本书由云南经济管理学院杨军、李磊担任主编;晋中职业技术学院刘莉、邵金莉,许昌学院音乐舞蹈学院刘毅飞担任副主编。杨军编写了第一、二、三章,刘莉编写了第四、五章,邵金莉编写了第六、十一章,李磊编写了第七章、附录,刘毅飞编写了第九章。王琳、杨春华、杨绍昌、雷云、杨松慧、沈世强、周石桥、李佳、杨东昌、曾永群、者胜祥、季绍文、陈洪兵参与了其他章节编写。全书由杨军、李磊统稿审定。本书在策划、编辑和出版过程中,得到了北京师范大学出版社陈兴慧、周光明两位老师的大力支持,在此表示衷心的感谢。本书在编写过程中调阅、参考了大量的书籍、报刊、网络资料,吸收了部分研究成果,引用了相关案例,在此,谨向这些资料的作者表示诚挚的感谢。

因时间仓促,水平有限,在编辑过程中难免会有不足和欠妥之处,敬请批评指正。本书所述内容如与国家新的文件精神相抵触的,以文件精神为准。

作者

2015 年 12 月

参考文献

1. 汪大海等. 学生安全防范知识读本. 北京：北京师范大学出版社，2005
2. 陈维主编. 汉英日消防技术辞典. 上海：上海科学技术出版社，2005
3. 王世奎等. 大学生安全实用知识. 武汉：华中师范大学出版社，2000
4. 史保国等. 大学生法制与安全教育. 陕西：陕西师范大学出版总社有限公司，2012
5. 张密丹等. 大学生安全教育. 北京：中国轻工业出版社，2011
6. 陈武等. 大学生安全教育探析. 北京：北京理工大学出版社，2013